東アジアのレス-古土壌と旧石器編年

Loess-paleosol and Paleolithic Chronology in East Asia

松藤 和人 編

MATSUFUJI, Kazuto (ed.)

雄山閣

中国陝西省洛川　　　　　中国安徽省五里棚　　　　中国吉林省長春
(Luochuan, Shaanxi, China)　(Wulipeng, Anhui, China)　(Changchun, Jilin, China)

韓国京畿道全谷里　　　韓国忠清北道萬水里　　　韓国全羅南道長洞里
(Chongokni, Korea)　　(Mansuri, Korea)　　(Jangdongri, Korea)

口絵写真1　中国・韓国のレス−古土壌断面
PL.1　Loess-paleosol profiles in China and Korea

II

（檀原論文参照）

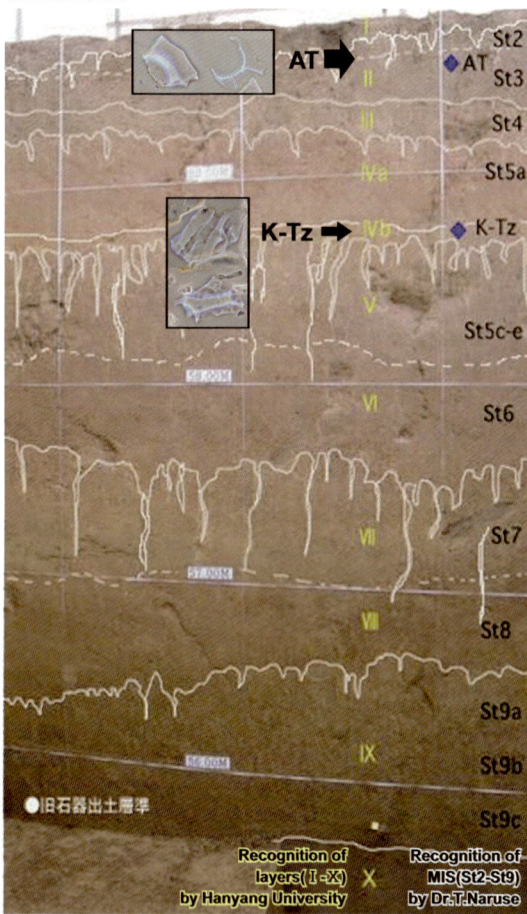

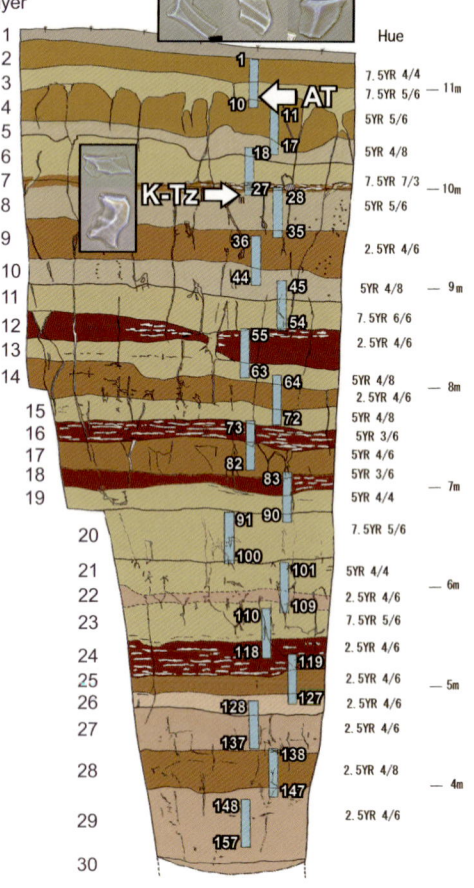

口絵写真 2　全谷里遺跡堆積物（E55S20-Ⅳpit）におけるレス－古土壌の分層，海洋酸素同位体ステージおよびテフラ層位の関係［本文46頁］

PL.2　Relationship of loess-paleosol layers, marine isotope stage (MIS) number and tephra horizons for sedimentary sequence in the E55S20-Ⅳpit of the Chongokni site ［See p.46 of Danhara, this book］

口絵写真 3　長洞里遺跡堆積物におけるレス－古土壌の分層とテフラ層位の関係［本文47頁］
　　　　　白抜き文字（1～157）は試料番号を示す

PL.3　Relationship of loess-paleosol layers and tephra horizons for sedimentary sequence of the Jangdongri site ［See p.47 of Danhara, this book］
Numbers (1-157) in white indicate sample number for the tephra analysis

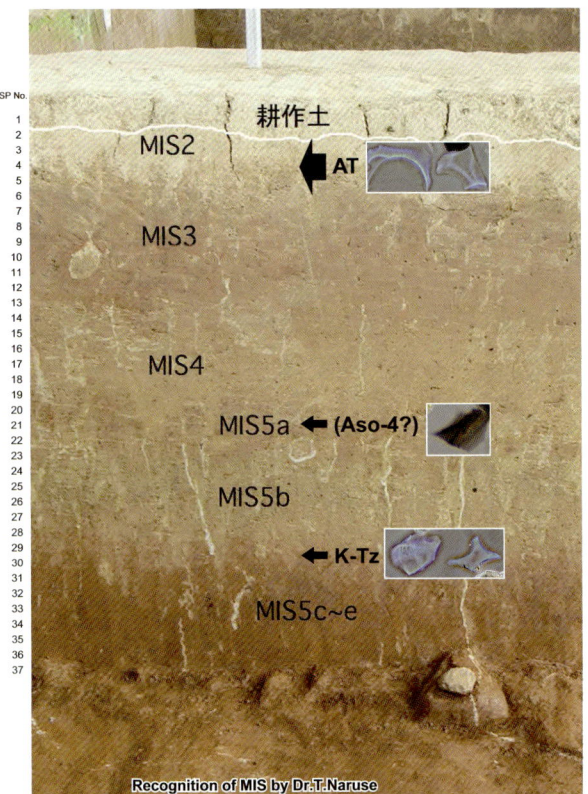

口絵写真 4 萬水里遺跡堆積物における海洋酸素同位体ステージとテフラ層位の関係［本文48頁］
SP No. は試料番号を示す

PL.4 Relationship of MIS number and tephra horizons for sedimentary sequence of the Mansuri site ［See p.48 of Danhara, this book］
SP No. ; sample number

口絵写真 5 和尚墩遺跡東地区堆積物における海洋酸素同位体ステージとテフラ層位の関係［本文49頁］
SP No. は試料番号を示す

PL.5 Relationship of MIS number and tephra horizons for sedimentary sequence of the Heshangdun Loc. east site ［See p.49 of Danhara, this book］
SP No. ; sample number

（檀原論文参照）

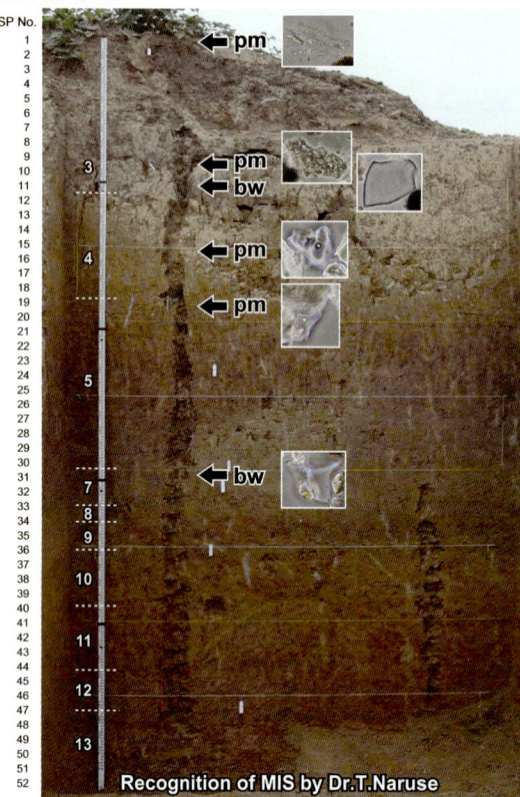

口絵写真6　和尚墩遺跡西地区堆積物における海洋酸素同位体ステージとテフラ層位の関係［本文50頁］
SP No. は試料番号を示す

PL.6 Relationship of MIS number and tephra horizons for sedimentary sequence of the Heshangdun Loc. west site. [See p.50 of Danhara, this book]
SP No. ; sample number

口絵写真7　将軍崖遺跡堆積物における海洋酸素同位体ステージとテフラ層位の関係［本文50頁］
SP No. は試料番号を示す

PL.7 Relationship of MIS number and tephra horizons for sedimentary sequence of the Jiangjunya site [See p.50 of Danhara, this book]
SP No. ; sample number

（長岡ほか論文参照）

口絵写真 8　車灘玄武岩と全谷玄武岩にはさまれた土壌［本文91頁］
PL. 8　Soil between Chatan and Chongok basalts near Loc. 7 in Chongokni area ［See p.91 of Nagaoka *et al.*, this book］

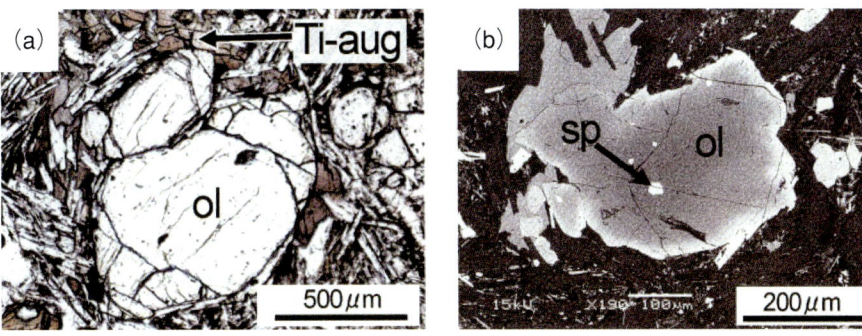

口絵写真 9　全谷玄武岩に含まれるカンラン石斑晶の直交ニコル顕微鏡写真（a）と反射電子像写真（b）［本文94頁］
　　　　　　ol, Ti-aug, およびspはそれぞれカンラン石, チタンオージャイトおよびスピネルを示す
PL. 9　(a) Photomicrograph of olivine phenocryst of the Chongok basalt under crossed-polarized light.　(b) Back-scattered electron image of olivine phenocryst of the Chongok basalt ［See p.94 of Nagaoka *et al.*, this book］
　　　　ol, Ti-aug, and sp represent olivine, titanaugite, and spinel respectively.

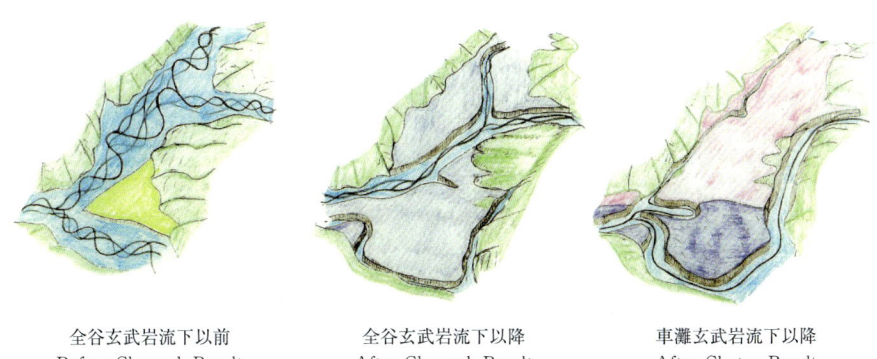

全谷玄武岩流下以前　　　　　全谷玄武岩流下以降　　　　　車灘玄武岩流下以降
Before Chongok Basalt　　　　After Chongok Basalt　　　　After Chatan Basalt

口絵写真10　全谷里周辺の古地理図［本文99頁］
PL. 10　Paleogeographical map in Chongokni area ［See p.99 of Nagaoka *et al.*, this book］

（王社江ほか論文参照）

(Scale 1：4)

口絵写真11　中国洛南盆地開地型遺跡群採集のアシュール型石器［本文151頁］
PL.11 Acheulian-type tools collected from open-air sites in the Luonan Basin ［See p.151 of Wang *et al.*, this book］ 1-6；ハンドアックス（handaxes），7-9；クリーヴァー（cleavers）

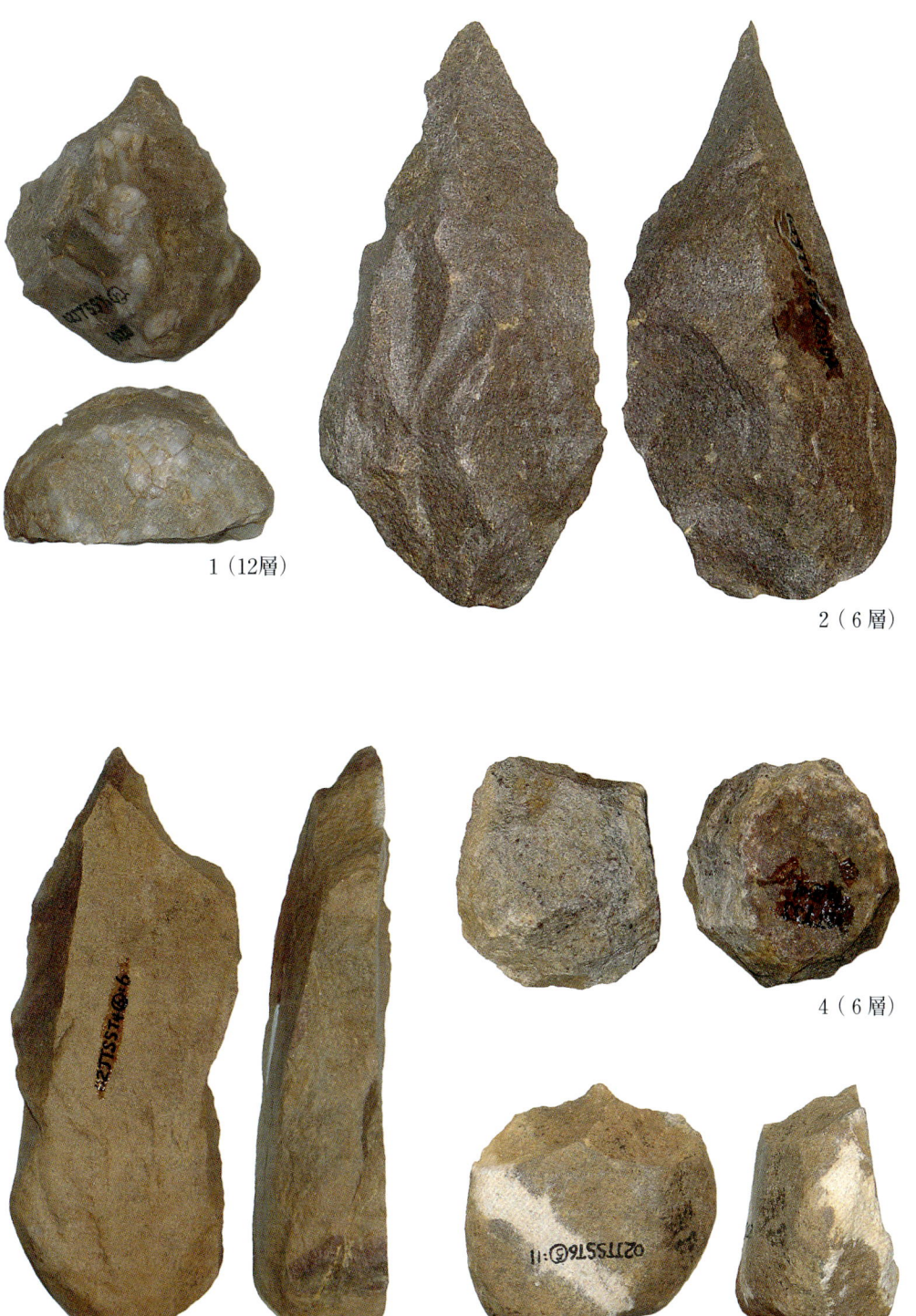

口絵写真12 　中国和尚墩遺跡出土の石器　[本文189-191, 207, 209, 210頁]
PL.12　Stone tools from the Heshangdun site ［See pp.189-191, 207, 209, 210 of Magara *et al.*, this book］
1-3；ピック（picks），4；石球（polyhedron），5；チョッパー（chopper）

(Scale 1：5)

口絵写真13　韓国萬水里遺跡出土旧石器のMIS編年［本文230頁］
PL. 13　MIS chronology of the Paleolithic artifacts from the Mansuri site, Korea［See p.230 of Nakagawa *et al.*, this book］

序

　1970年代の後半から宮城県を中心とした東北南部で，"前期旧石器時代の遺跡"なるものが次々に捏造されたことは日本の考古学史上，稀にみる汚点となった。

　遺跡の捏造は，年代不明の本物の石器を使い切通し面の地層のなかに埋めこむことによって，見かけのうえでの遺物包含層らしきものをこしらえることであった。多くの第一線の研究者がこのことを見抜けず，なかには積極的にその架空の遺跡の学界発表に協力する者まであらわれ，何はともあれ日本の旧石器研究そのものの脆弱さが露呈した。

　捏造事件が明るみにでた直後，新進の旧石器研究者がぼくに"今まで縄文前期の石器を細かく見ていなかったことが，捏造を見抜けなかった原因の一つです"と述懐していて，ぼくはなるほどとおもうと同時にそれ位のことは当然研究しているはずというおもいがした。とにかく学問はできるだけ研究の裾野を広げておき，そのうえに各人の得意領域を練磨することが望ましい。

　今回，松藤和人教授を中心に東アジアの範囲で旧石器編年と古環境把握のための基礎研究がおこなわれたことは，前期旧石器遺跡捏造の発覚以来の学界の停滞というか，混迷から立直る兆しのようにおもえる。これには地質学者や古生物学者も発掘のおわった遺跡を見るだけでなく，発掘に参加し遺物が出土する状況を自分の目で確認することが大切である。

　イギリスの考古学者のL．ウーリーがいうように，発掘の終った遺物はたんに博物館の陳列を飾るだけの役割しかもたない。発掘される瞬間に土との関係で無数といってよい学問的情報がでつくすのである。そういう意味では考古学は遺跡学であり，たんなる遺物だけの研究に終らせるのでなく遺跡での遺物のあり方を学ぶべきであろう。それをつづけるうちに，今日なおぼんやりとしか見えない旧石器人の知恵や技術，さらに生活や文化にもせまる日がくるであろう。本書が旧石器研究の確かな土台のひとつとなることは確かであろう。

　2008年5月6日

同志社大学名誉教授　森　浩一

例　言

1. 本書は，2001〜2007年に韓国京畿道全谷里遺跡・全羅南道長洞里遺跡・忠清北道萬水里遺跡，中国江蘇省和尚墩遺跡ほかで実施したレス－古土壌連続にもとづく古環境変動・旧石器編年に関する国際共同研究の成果を収録したものである。

2. 本研究の遂行にあたって下記の研究費の助成を受けた。記して謝意を表するものである。
   同志社大学学術奨励研究費・学術奨励研究Ⅱ（2003・2004年度）
   　　研究課題名；東北アジアにおける更新世人類史・環境変遷史をめぐる年代枠組みの研究
   　　研究代表者；松藤和人（同志社大学文学部教授）
   同志社大学理工学研究所　第1期部門研究費（2003・2004年度）
   　　研究課題名；東アジアにおける旧石器出土層の編年と環境解析
   　　研究代表者；松藤和人（同志社大学文学部教授）
   平成16（2004）年度〜平成19（2007）年度科学研究費補助金基盤研究（A）（2）
   　　研究課題番号；16251005
   　　研究課題名；東アジアにおける旧石器編年・古環境変遷に関する基礎的研究
   　　研究代表者；松藤和人（同志社大学文学部教授）
   同志社大学理工学研究所　第2期部門研究費（2005・2006年度）
   　　究課題名；東アジアにおける環境変動と旧石器編年
   　　研究代表者；松藤和人（同志社大学文学部教授）
   同志社大学理工学研究所　第3期部門研究費（2007・2008年度）
   　　研究課題名；東アジアにおける環境変動と旧石器編年
   　　研究代表者；松藤和人（同志社大学文学部教授）

3. 本研究を遂行した研究組織については，「Ⅰ研究の目的と経過」に掲げるとおりである。また本研究の遂行に際して，次の諸機関ならびに諸氏からご協力を受けた。記して，謝意を表するものである。
   　　漢陽大学校文化財研究所，漢陽大学校博物館，木浦国立大学校，南京博物院考古研究所，北京大学考古文博学院，中国科学院古脊椎動物与古人類研究所，吉林大学辺境考古研究中心，西北大学文博学院，陝西省考古研究所，南京大学城市与資源学系，Korea Basic Science Institute，韓国文化財保護財団，忠清文化財研究院，韓国先史文化研究院，江原考古学研究所，江原文化財研究所，延世大学校博物館，同志社大学理工学研究所，同志社大学考古学研究室，㈱京都フィッション・トラック，岡山理科大学自然科学研究所，大阪市立大学大学院理学研究科都市地盤構造学研究室，東京大学大学院理学系研究科地球惑星科学専攻，旭地研，高星，朱泓，陳全家，宋玉彬，楊達源，朱誠，冉万里，金周龍，李允秀，申宰鳳，李隆助，崔福奎，韓昌均，朴英哲，金尚泰，洪美瑛，崔三鎔，崔承燁，崔鍾模，成春澤，李漢龍，田範煥，金大一，金永妍，金基龍，李哲眠，具俊謀，洪恵媛，李義之、北川靖夫，豊田　新，岩田修一，山下　透，澤田めぐみ，山下暢子，岩野英樹，奥野博子，若林邦彦，福岡正春，池田公徳，矢田浩太郎，上峯篤史，宮城一木，佐藤純一，吉村駿吾，川西大祐，相場　学、宇敷典子，田中　暢，中山洋一郎，五味昭博

4．本書には，本研究に関連して発表した報告・論文のほか，公開国際セミナーにおけるパネル・ディスカッションの発言記録，学会動向等も併せて収録した。

5．本書で用いる主な略号は以下のとおりである。

　　μm；1000分の1mm，ka；1000年前，Ma；100万年前，MIS；Marine Isotope Stage（海洋酸素同位体ステージ），RIMS；温度変化型屈折率測定装置，EPMA；Electron Probe Microanalysis（電子プローブ微量分析），K-Ah；鬼界アカホヤ火山灰（7.3ka），AT；姶良Tn火山灰（26～29ka），Aso-4；阿蘇4火山灰（90ka），K-Tz；鬼界葛原火山灰（95ka），Ata；阿多火山灰（105～110ka），Ata-Th；阿多鳥浜火山灰（240ka），B-Og；白頭山男鹿火山灰（450ka），^{14}C法；放射性炭素年代測定法，^{14}C-AMS法；放射性炭素加速器質量分析法，K-Ar法；カリウム－アルゴン法，FT法；フィッション・トラック法，TL法；熱ルミネッセンス法，OSL；光励起ルミネッセンス法，ESR；電子スピン共鳴法

6．中国語・ハングル・英語による原稿は日本語に翻訳した。中国語原稿の翻訳は河森一浩氏（田原本町教育委員会）がおこない，中国語専門用語の日本語訳については加藤真二氏（独立行政法人 奈良文化財研究所）の教示を得た。またハングル原稿は黄昭姫氏，英語原稿は上峯篤史氏（同志社大学大学院文学研究科博士後期課程）が日本語に翻訳した。ハングル表記地名の漢字訳については池田公徳氏（東山高校非常勤講師）の助言を得た。

7．国際セミナーのパネル・ディスカッションのテープ起しは，上峯篤史氏・岩塚祐治氏（同博士前期課程）がおこない，松藤が校閲した。

8．本書の編集は松藤がおこない，上峯篤史・岩塚祐治両氏がこれを補助した。

目　次

序（森　浩一） ………………………………………………………………………… i

I　研究の目的と経過（松藤和人） ……………………………………………… 1

II　東アジアの古環境変遷

韓国全谷里遺跡における年代研究の新進展―日韓共同研究2001-2004の成果と課題―
　　（松藤和人，裵基同，檀原　徹，成瀬敏郎，林田　明，兪剛民，井上直人，黄昭姫）…… 13

韓国全谷里遺跡の地質学・年代測定における新展開
　　―韓国全谷里旧石器遺跡国際セミナー2006―（松藤和人）……………………………… 33

韓国・中国の旧石器遺跡で検出された火山ガラスとその広域テフラ対比の試み
　　（檀原　徹）……………………………………………………………………………… 43

東アジアの風成堆積物の磁気特性―古地磁気編年と環境復元をめざして―
　　（林田　明，福間浩司，横尾頼子，浅井健司，楊振宇）……………………………… 57

東アジア旧石器編年構築のための90万年前以降のレス－古土壌層序と編年
　　（成瀬敏郎，兪剛民，渡辺満久）……………………………………………………… 67

大韓民国・全谷里周辺における第四紀玄武岩類の層序と年代および古地理復元
　　（長岡信治，檀原　徹，板谷徹丸，柵山徹也，渡辺満久，裵基同，松藤和人）……… 87

全谷里遺跡周辺の比抵抗構造（井上直人，黄昭姫，林田　明）………………………… 103

III　東アジアの旧石器編年

全谷里旧石器文化研究の成果と展望（裵基同）…………………………………………… 115

江蘇金壇和尚墩旧石器遺跡の地層・遺跡と年代（房迎三，何未艾，恵　強）………… 125

中国東秦嶺地区洛南盆地における旧石器考古学研究の新展開
　　（王社江，Richard COSGROVE，鹿化煜，沈　辰，魏　鳴，張小兵）……………… 145

中国・丹江水庫地区の旧石器文化（李超栄）……………………………………………… 163

中国・織機洞遺跡の古人類活動と年代学・古環境的背景（王幼平） ················ 173

　　レス−古土壌編年による東アジア旧石器編年の再構築（Ⅰ）―中国―
　　　（麻柄一志，松藤和人，津村宏臣，上峯篤史） ················ 183

　　韓国・栄山江流域の旧石器編年（李憲宗，金正彬） ················ 213

　　レス−古土壌編年による東アジア旧石器編年の再構築（Ⅱ）―韓国―
　　　（中川和哉，松藤和人，裵基同，津村宏臣，黄昭姫） ················ 223

Ⅳ　パネル・ディスカッション "東アジアにおける古環境変動と旧石器編年"

　　Ⅰ部　東アジアにおける中期更新世以降の気候変動 ················ 243

　　Ⅱ部　東アジアの前期・中期旧石器文化研究の現状と課題 ················ 253

Ⅴ　総　括

　　東アジアにおける古環境変動と旧石器編年
　　　―2004〜2007年度調査研究の成果と今後の課題―（松藤和人） ················ 265

　　おわりに（松藤和人） ················ 279

Contents

Preface (Koichi MORI) ·· i

I Purpose and Process of Studies (Kazuto MATSUFUJI) ·· 1

II Paleoenvironmental changes in East Asia

New Progress of Studies at the Chongokni Paleolithic Site, Korea: Korea-Japan
    Cooperative Project in 2001-2004 (Kazuto MATSUFUJI, Kidong BAE, Tohru DANHARA,
    Toshiro NARUSE, Akira HAYASHIDA, Kang-Min YU, Naoto INOUE, Sohee HWANG) ········· 13

New Progress of the Geology and Radiometric Dating in the Chongok Basin, Korea ;
    Chongokni International Seminar 2006 (Kazuto MATSUFUJI) ·································· 33

Volcanic Glasses found in the Sediments of Paleolithic Sites in Korea and China, and their
    Comparison with Widespread Tephras (Tohru DANHARA) ······································ 43

Magnetic Properties of Eolian Deposits in East Asia ; Paleomagnetic Chronology and
    Paleoenvironmental Implications (Akira HAYASHIDA, Koji FUKUMA, Yoriko YOKOO,
    Kenji ASAI, Zenyu YANG) ·· 57

Loess-paleosol stratigraphy and chronology after 900 ka for constructing the Paleolithic
    chronology in East Asia (Toshiro NARUSE, Kang-Min YU, Mitsuhisa WATANABE) ············ 67

Stratigraphy and Age of Quaternary basaltic lavas and reconstruction of paleogeography in
    Chongokni, Korea (Shinji NAGAOKA, Tohru DANHARA, Tetsumaru ITAYA, Tetsuya
    SAKUYAMA, Mitsuhisa WATANABE, Kidong BAE, Kazuto MATSUFUJI) ··············· 87

Resistivity Structure around Chongokni Paleolithic Site (Naoto INOUE, Sohee HWANG,
    Akira HAYASHIDA) ··· 103

III Paleolithic Chronology in East Asia

Results and Prospect of the Research
    of the Chongokni Paleolithic Site in the Korean Peninsula (Kidong BAE) ···················· 115

Strata and Ages of the Heshangdun Paleolithic Site in Jintan City, Jiangsu Province, China
(Ying-san FANG, Wei-ai HE, Qiang HUI) ··· 125

New Progress on Paleolithic Archaeological Studies in the Luonan Basin, Eastern Qinling
Mountains, China (She-jiang WANG, Richard COSGROVE, Hua-yu LU, Chen SHEN,
Ming WEI, Xiao-bing ZHANG) ·· 145

The Culture of the Paleolithic at Danjiang Reservoir in China (Chaorong LI) ············ 163

Pleistocene human activity in the Zhijidong site, China, and its chronological
and environmental context (Youping WANG) ·· 173

Reconstruction of the Paleolithic chronology by loess-paleosol chronostratigraphy in China
(Hitoshi MAGARA, Kazuto MATSUFUJI, Hiroomi TSUMURA, Atsushi UEMINE) ············ 183

Chronology of the Paleolithic in Youngsan River Region (Heonjong LEE and Cheong-Bin KIM) 213

Reconstruction of the Paleolithic chronology by loess-paleosol chronostratigraphy in Korea
(Kazuya NAKAGAWA, Kazuto MATSUFUJI, Kidong BAE, Hiroomi TSUMURA,
Sohee HWANG) ·· 223

Ⅳ Panel discussion "Paleoenvironmental Changes and Paleolithic Chronology in East Asia"

Part Ⅰ Climatic Change after the middle Pleistocene in East Asia ······················ 243

Part Ⅱ Present Condition and Issues of the Lower and Middle Paleolithic Studies in East Asia ··· 253

Ⅴ Conclusion

Paleoenvironmental Changes and Paleolithic Chronology in East Asia ;
Results and Issues of the Studies in 2004-2007 (Kazuto MATSUFUJI) ······················· 265

Epilogue (Kazuto MATSUFUJI) ·· 279

挿図・表目次

Ⅰ 研究の目的と経過

図1　本研究に関連する旧石器時代遺跡とレス模式地 …………………………………………………… 3
図2　中国洛南盆地上白川遺跡の離石黄土 ………………………………………………………………… 4
図3　中国江蘇省金壇市和尚墩遺跡東地点のMIS 3〜11のレス－古土壌 ……………………………… 6
図4　韓国萬水里遺跡の共同調査 ………………………………………………………………………… 7

Ⅱ 東アジアの古環境変遷

韓国全谷里遺跡における年代研究の新進展

図1　全谷里遺跡の位置 …………………………………………………………………………………… 13
図2　漢灘江－全谷里遺跡の地質表面 …………………………………………………………………… 13
図3　全谷里遺跡E55S20-Ⅳpit南壁地層断面図 ………………………………………………………… 14
図4　全谷里周辺のK-Ar，FT試料採取地点 …………………………………………………………… 16
図5　全谷里E55S20-Ⅳpitの磁化率測定結果 …………………………………………………………… 20
図6　全谷里E55S20-Ⅳpitおよび全谷里周辺の黄土－古土壌編年 …………………………………… 21
図7　中国山東半島蓬莱のAT・K-Tz検出層準 ………………………………………………………… 23
図8　全谷里遺跡全景 ……………………………………………………………………………………… 27
図9　全谷里遺跡E55S20-Ⅳpit南壁地層断面 …………………………………………………………… 27
図10　隠垈里漳津川左岸の玄武岩露頭 …………………………………………………………………… 28
図11　隠垈里豊川農園の道路脇に露出する玄武岩 ……………………………………………………… 28
図12　全谷里沙浪橋北方の玄武岩 ………………………………………………………………………… 28
図13　全谷里漢灘江左岸のFT年代測定試料の採取地層 ……………………………………………… 29
図14　全谷里遺跡E55S20-ⅣpitのATガラス …………………………………………………………… 29
図15　全谷里遺跡E55S20-ⅣpitのK-Tzガラス ………………………………………………………… 29
図16　全谷里遺跡E55S20-Ⅳpit Ⅺ層出土の石英製遺物（1） ………………………………………… 30
図17　全谷里遺跡E55S20-Ⅳpit Ⅺ層出土の石英製遺物（2） ………………………………………… 30

表1　全谷玄武岩のK-Ar年代 …………………………………………………………………………… 17
表2　全谷玄武岩下位のFT年代 ………………………………………………………………………… 18
表3　全谷里E55S20-Ⅳpitの火山灰分析 ………………………………………………………………… 19

韓国全谷里遺跡の地質学・年代測定における新展開

図1　培材大学校学術支援センターにおけるセミナー風景 …………………………………………… 33
図2　漳津川右岸の全谷玄武岩・車灘玄武岩境界 ……………………………………………………… 35
図3　全谷玄武岩と車灘玄武岩の分布 …………………………………………………………………… 36
図4　全谷盆地のレス－古土壌 …………………………………………………………………………… 38
図5　mantle beddingを見せる全谷盆地のレス-古土壌 ………………………………………………… 38

韓国・中国の旧石器遺跡で検出された火山ガラスとその広域テフラ対比の試み

図1　韓国および中国でテフラ分析をおこなった旧石器遺跡 ………………………………………… 43
図2　テフラ分析の流れ …………………………………………………………………………………… 44
図3　テフラ分析用試料の採取方法 ……………………………………………………………………… 45
図4　全谷里遺跡のテフラ分析結果 ……………………………………………………………………… 46
図5　全谷里遺跡堆積物におけるレス－古土壌の分層，海洋酸素同位体ステージおよびテフラ層位の関係 ………… 46

図6	長洞里遺跡のテフラ分析結果	47
図7	長洞里遺跡堆積物におけるレース−古土壌の分層とテフラ層位の関係	47
図8	萬水里遺跡のテフラ分析結果	48
図9	萬水里遺跡堆積物における海洋酸素同位体ステージとテフラ層位の関係	48
図10	和尚墩遺跡東地区のテフラ分析結果	49
図11	和尚墩遺跡東地区堆積物における海洋酸素同位体ステージとテフラ層位の関係	49
図12	和尚墩遺跡西地区のテフラ分析結果	50
図13	和尚墩遺跡西地区堆積物における海洋酸素同位体ステージとテフラ層位の関係	50
図14	将軍崖遺跡のテフラ分析結果	50
図15	将軍崖遺跡堆積物における海洋酸素同位体ステージとテフラ層位の関係	50
図16	春城地点のテフラ分析結果	51
図17	官山遺跡のテフラ分析結果	52
図18	五里棚地点のテフラ分析結果	52

東アジアの風成堆積物の磁気特性

図1	東アジアにおける風成堆積物の分布と調査地点	57
図2	過去90万年間の地磁気極性の変化および黄土高原に分布するレース−古土壌の初期磁化率と深海底堆積物の酸素同位体比記録	58
図3	全谷里遺跡のE55S20-Ⅳpitから得られた初期磁化率と周波数依存性の変動	59
図4	萬水里遺跡から得られた初期磁化率の変動	60
図5	長洞里龍洞遺跡から得られた初期磁化率と周波数依存性の変動	61
図6	和尚墩遺跡から得られた初期磁化率と周波数依存性の変動	62
図7	長洞里龍洞遺跡の堆積物から採取した試料の段階交流消磁の結果	63
図8	和尚墩遺跡の台地Ⅰ面を構成する水成堆積物の柱状図と定方位試料の採取層準および残留磁化測定と段階交流消磁の結果の例	64

東アジア旧石器編年構築のための90万年前以降のレース−古土壌層序と編年

図1	MIS 2の氷河, 沙漠, レスの分布	68
図2	アジアのレス堆積開始時期	69
図3	和尚墩の地形分類	71
図4	曙光Ⅰと和尚墩Ⅲの地質断面	71
図5	和尚墩遺跡の地形・地質断面	72
図6	曙光と和尚墩のレース−古土壌層序と年代	72
図7	漢灘江流域, 全谷里の地形・地質断面	73
図8	全谷里E55S20-Ⅳpitの層序	74
図9	全谷玄武岩と車灘玄武岩上のレース−古土壌	75
図10	萬水里遺跡の地質断面	76
図11	長洞里遺跡のレース−古土壌の層序	77
図12	黄土高原, 下蜀, 韓国, 日本のレース−古土壌対比	79
図13	徳沼レスに含まれる石英の電子顕微鏡写真	80
図14	中国黄土・古土壌, 韓国徳沼・大川, 日本の黄砂の風化程度	81
図15	東アジアのMIS 5古土壌の色調	81
図16	金浦市のペディメント堆積物を擾乱するインボリューション	82
図17	金浦市の古土壌に形成されたソイル・ウェッジと乾裂痕	82

表1	レスに含まれる石英の酸素空孔量	79

大韓民国・全谷里周辺における第四紀玄武岩類の層序と年代および古地理復元

図 1　東アジアにおける主なプレート内玄武岩の分布と楸哥嶺火山および全谷里の位置 ……………… 87
図 2　アメリカの偵察衛星コロナの画像に基づく楸哥嶺火山とその玄武岩の分布 …………………… 88
図 3　全谷里周辺の層序 ……………………………………………………………………………………… 89
図 4　全谷里周辺の全谷玄武岩および車灘玄武岩の分布 ………………………………………………… 90
図 5　地質断面図 ……………………………………………………………………………………………… 91
図 6　柱状図 …………………………………………………………………………………………………… 91
図 7　全谷玄武岩と車灘玄武岩の斑晶モード組成 ………………………………………………………… 93
図 8　全谷玄武岩に含まれるカンラン石斑晶の直交ニコル顕微鏡写真と反射電子像写真 …………… 94
図 9　全谷玄武岩と車灘玄武岩のMgOに対する全岩化学組成図 ……………………………………… 94
図10　全谷玄武岩と車灘玄武岩のMgOに対する元素比変化図および微量元素組成図 ……………… 95
図11　全谷玄武岩の基底地形 ……………………………………………………………………………… 97
図12　車灘玄武岩の基底地形 ……………………………………………………………………………… 98
図13　全谷里周辺の古地理図 ……………………………………………………………………………… 99

表 1　全谷玄武岩と車灘玄武岩の代表的なサンプルに関する主要元素，微量元素の全岩化学組成，
　　　および斑晶モード組成 ……………………………………………………………………………… 92
表 2　全谷玄武岩と車灘玄武岩に含まれるカンラン石斑晶の化学組成 ………………………………… 93
表 3　全谷玄武岩・車灘玄武岩のK-Ar年代測定結果 …………………………………………………… 95
表 4　全谷玄武岩および車灘玄武岩直下のFT年代測定結果 …………………………………………… 96

全谷里遺跡周辺の比抵抗構造

図 1　比抵抗探査システム概要図 ………………………………………………………………………… 103
図 2　比抵抗探査地点図 …………………………………………………………………………………… 104
図 3　層序および比抵抗構造との関係 …………………………………………………………………… 104
図 4　比抵抗断面図 ………………………………………………………………………………………… 105

資料 1　比抵抗探査地点図 ………………………………………………………………………………… 108
資料 2　各探査地点の見かけ比抵抗曲線と推定された比抵抗構造（1） …………………………… 109
資料 3　各探査地点の見かけ比抵抗曲線と推定された比抵抗構造（2） …………………………… 110

Ⅲ　東アジアの旧石器編年

全谷里旧石器文化研究の成果と展望

図 1　全谷里遺跡の俯瞰 …………………………………………………………………………………… 115
図 2　全谷里遺跡主要トレンチの位置図 ………………………………………………………………… 116
図 3　石英製楕円形石器 …………………………………………………………………………………… 118
図 4　E94N65-Ⅰpit出土の石器群 ……………………………………………………………………… 119
図 5　韓日共同調査チーム ………………………………………………………………………………… 122

表 1　全谷里遺跡の年度別発掘ピット …………………………………………………………………… 117

江蘇金壇和尚墩旧石器遺跡の地層・遺跡と年代

図 1　和尚墩遺跡および周辺の旧石器遺跡 ……………………………………………………………… 126
図 2　和尚墩遺跡におけるトレンチの配置 ……………………………………………………………… 127
図 3　和尚墩遺跡2002年T5～6と2005年T8の地層対比 …………………………………………… 129
図 4　T1～T6における石製遺物の平面・断面分布 …………………………………………………… 130
図 5　T8・T9石器製作址平面図 ………………………………………………………………………… 132

図6	T1・T5石器製作址分布	133
図7	接合資料2～4の分布	134
図8	接合資料2・3の石製品	135
図9	礫石堆の形態	136
図10	チベット地区融凍石圏写真	136
図11	オルドヴァイDKI遺跡発見の円形石堆	137

表1	和尚墩遺跡T8・T9出土全石製遺物の石材統計	130
表2	和尚墩遺跡出土石製品の層別統計	131
表3	和尚墩遺跡出土石製品の調査区別統計	131
表4	T8・T9石器製作址の統計	131
表5	上部礫石層と礫石層以外から出土した石製遺物の摩滅度と風化	133
表6	T8・T9石器製作址出土石製遺物の分類と統計	133
表7	石製品接合統計	134
表8	和尚墩遺跡出土礫石堆統計	135
表9	和尚墩遺跡第四紀堆積物の電子スピン共鳴法年代分析結果	138
表10	和尚墩遺跡第四紀堆積物の熱ルミネッセンス年代測定結果	140
表11	和尚墩遺跡における年代測定結果の対比	140

中国東秦嶺地区洛南盆地における旧石器考古学研究の新展開

図1	各段丘における開地型旧石器遺跡と石製品の数量	146
図2	上白川・劉湾遺跡の地層断面と磁性地層・光励起ルミネッセンス年代・磁化率変化および洛川との地層対比	149
図3	洛南盆地の開地型遺跡群で採集されたアシュール型石器	151

表1	各段丘における開地型旧石器遺跡と石製品の数量	147
表2	周坡遺跡第2段丘堆積層の熱ルミネッセンス年代	148
表3	上白川・劉湾遺跡における黄土断面の光励起ルミネッセンス年代	149
表4	龍牙洞遺跡堆積層の熱ルミネッセンス法年代	154
表5	龍牙洞遺跡における各文化期の石器組成と洛南盆地開地型旧石器遺跡群との比較	156

中国・丹江水庫地区の旧石器文化

図1	紅石坎遺跡のハンドアックス	164
図2	曲遠河口遺跡のハンドアックス	164
図3	紅石坎遺跡のスクレイパー	165
図4	石器組成の比率	165
図5	スクレイパーの重量分布	166
図6	スクレイパーの長幅比	166
図7	北泰山廟遺跡の各形態のハンドアックス	166
図8	杜店遺跡のハンドアックス（1）	166
図9	杜店遺跡のハンドアックス（2）	166
図10	ハンドアックスの重量分布	167
図11	ハンドアックスの長幅比	167
図12	双樹遺跡	168
図13	双樹遺跡出土のハンドアックス	168
図14	フランスのテラ・アマタ遺跡出土のハンドアックス	169
図15	フランスのラザレ遺跡出土のハンドアックス	169

中国・織機洞遺跡の古人類活動と年代学・古環境的背景

図1	織機洞遺跡の洞口と部分堆積	173
図2	織機洞遺跡下部文化層胞粉ヒストグラム	175
図3	織機洞遺跡5～9層の石材の比較	177
図4	織機洞遺跡7層の燧石製石器	178
図5	織機洞遺跡7層の石英製石器	178
図6	織機洞遺跡9層の礫石器	179
図7	織機洞遺5～9層の石器の平均長と重量	179
表1	層位別花粉組成と環境	174
表2	織機洞遺跡下部文化層のOSL年代	176

レス－古土壌編年による東アジア旧石器編年の再構築（Ⅰ）—中国—

図1	陳山遺跡の層序と出土遺物	185
図2	放牛山遺跡の層位	186
図3	放牛山遺跡の出土石器	187
図4	和尚墩遺跡の層位	188
図5	和尚墩遺跡の出土石器(1)	189
図6	和尚墩遺跡の出土石器(2)	190
図7	和尚墩遺跡の出土石器(3)	191
図8	丁村遺跡群・匼河遺跡群・大荔遺跡他の層位	193
図9	中国旧石器時代遺跡の層位対比と出土石器	196
図10	中国における大形石器の分布	197
図11	中国における大形石器の消長	203
図12	放牛山遺跡の出土石器	206
図13	和尚墩遺跡の出土石器(1)	207
図14	和尚墩遺跡の出土石器(2)	208
図15	和尚墩遺跡の出土石器(3)	209
図16	和尚墩遺跡の出土石器(4)	210
表1-1	中国の大形石器出土地(1)	199
表1-2	中国の大形石器出土地(2)	200
表1-3	中国の大形石器出土地(3)	201
表1-4	中国の大形石器出土地(4)	202

韓国・栄山江流域の旧石器編年

図1	発掘調査された栄山江流域の主な遺跡	213
図2	長洞里龍洞遺跡の断面と石製遺物	214
図3	唐加遺跡の俯瞰と断面	214
図4	村谷遺跡のサンプル採取箇所	215
図5	代表的なAT火山ガラスの写真	216
図6	龍虎洞遺跡の石製遺物	217
図7	村谷遺跡の石製遺物	218
図8	沙倉遺跡の石製遺物	218
表1	栄山江流域における主な石製遺物	219
表2	栄山江流域における旧石器時代の編年	220

レス－古土壌編年による東アジア旧石器編年の再構築（Ⅱ）─韓国─

 図1 本文中紹介遺跡位置図··223
 図2 韓国各地域のレス－古土壌の堆積··224
 図3 漢灘江流域の旧石器時代遺跡··224
 図4 全谷里遺跡重要調査トレンチ位置図··225
 図5 全谷里遺跡地点別土層柱状図··225
 図6 全谷里遺跡地点・層位別出土遺物··226
 図7 金坡里遺跡土層柱状図と出土遺物··228
 図8 佳月里遺跡土層柱状図··229
 図9 萬水里遺跡土層柱状図と出土遺物··230
 図10 錦山里葛屯遺跡土層柱状図··231
 図11 大形石器種別分布図··233

 表1 韓国の大形石器出土遺跡··234

Ⅳ パネル・ディスカッション"東アジアにおける古環境変動と旧石器編年"

Ⅰ部 東アジアにおける中期更新世以降の気候変動

 図1 アジアのテフラ降灰域··244
 図2 韓国全谷里遺跡のソイル・ウェッジ··248
 図3 パネル・ディスカッションのパネリスト··251

 表1 中国大陸・韓半島地域で検出される可能性の高いテフラ··245

Ⅱ部 東アジアの前期・中期旧石器文化研究の現状と課題

 図1 モヴィウス・ライン··259

Ⅴ 総括

東アジアにおける古環境変動と旧石器編年

 図1 全谷里層序表··267

Figure and table contents

I Purpose and Process of Studies

Fig. 1 Studied Paleolithic sites and type locations of loess ·· 3
Fig. 2 Lishi loess at the Shangbaichuan site in Luonan basin, China ·· 4
Fig. 3 Loess-paleosol sequence of MIS 3–11 at the Heshangdun site ; Loc. East, Jintan Jiangsu, China ·············· 6
Fig. 4 Cooperative survey at the Mansuri site, Korea ·· 7

II Paleoenvironmental changes in East Aisa

New Progress of Studies at the Chongokni Paleolithic site, Korea

Fig. 1 Location of the Chongokni site ·· 13
Fig. 2 Geological section of the Chongokni site and Hantan river ·· 13
Fig. 3 Sediment profile of the south wall at E55S20-IV pit of the Chongokni site ·················· 14
Fig. 4 Locations of sampling for K-Ar and FT dating around Chongokni ·················· 16
Fig. 5 Magnetic susceptibility from E55S20-IV pit ·· 20
Fig. 6 Loess-paleosol Chronology of E55S20-IV pit and around Chongokni ·················· 21
Fig. 7 Horizons of AT and K-Tz in the Shangdong Peninsula, China ·················· 23
Fig. 8 Wide view of the Chongokni site ·· 27
Fig. 9 Geological section on the south wall at at E55S20-IV pit of the Chongokni site ·················· 27
Fig. 10 Basalt of the left bank of the Changjin river ·· 28
Fig. 11 Basalt of Pungcheon Farm, Eundaeri ·· 28
Fig. 12 Basalt near Sarang Bridge ·· 28
Fig. 13 Silt and the FT ages below Chongok basalt ·· 29
Fig. 14 AT volcanic glass from E55S20-IV pit, the Chongokni site ·· 29
Fig. 15 K-Tz volcanic glass from E55S20-IV pit, the Chongokni site ·· 29
Fig. 16 Quartz artifacts from Layer XI of E55S20-IV pit in the Chongokni site ·················· 30
Fig. 17 Quartz artifacts from Layer XI of E55S20-IV pit in the Chongokni site ·················· 30

Table 1 K-Ar ages from the samples of the Chongok basalt ·· 17
Table 2 FT ages from the sediments under Chongok basalt in the Chongok basin ·················· 18
Table 3 Tephra analysis of E55S20-IV pit in the Chongokni site ·· 19

New Progress of the Geology and Radiometric Dating in the Chongok Basin, Korea

Fig. 1 International Seminar held at Pai-Chai University in Seoul ·· 33
Fig. 2 Boundary between the Chongok basalt and the Chatan basalt at the left bank of Changjin River ·············· 35
Fig. 3 Distribution of the Chongok and Chatan basalts in Chongok Basin ·················· 36
Fig. 4 Loess-paleosol stratigraphy in Chongok Basin ·· 38
Fig. 5 Loess-paleosol showing mantle bedding in Chongok Basin ·· 38

Volcanic Glasses found in the Sediments of Paleolithic Sites in Korea and China, and their Comparison with Widespread Tephras

Fig. 1 Localities of Paleolithic sites for studying tephrochronology in Koea and China ·················· 43
Fig. 2 Flow chart of tephra analysis ·· 44
Fig. 3 Systematic sampling for tephra analysis ·· 45
Fig. 4 Results of tephra analysis of the Chongokni Paleolithic site ·· 46
Fig. 5 Relationship of loess-paleosol layers, MIS number and tephra horizons for sedimentary sequence

Fig.		Page
	in the E55S20-IV pit of the Chongokni site	46
Fig. 6	Results of tephra analysis of the Jangdongri site	47
Fig. 7	Relationship of loess-paleosol layers and tephra horizons for sedimentary sequence of the Jangdongri site	47
Fig. 8	Results of tephra analysis of the Mansuri site	48
Fig. 9	Relationship of MIS number and tephra horizons for sedimentary sequence of the Mansuri site	48
Fig. 10	Results of tephra analysis of east location in the Heshangdun site	49
Fig. 11	Relationship of MIS number and tephra horizons for sedimentary sequence of the Heshangdun Loc. east site	49
Fig. 12	Results of tephra analysis of west location in the Heshangdun site	50
Fig. 13	Relationship of MIS number and tephra horizons for sedimentary sequence of the Heshangdun Loc. west site	50
Fig. 14	Results of tephra analysis of the Jiangjunya site	50
Fig. 15	Relationship of MIS number and tephra horizons for sedimentary sequence of the Jiangjunya site	50
Fig. 16	Results of tephra analysis at Chuncheng	51
Fig. 17	Results of tephra analysis at the Guangshan site	52
Fig. 18	Results of tephra analysis at Wulipeng	52

Magnetic Properties of Eolian Deposits in East Asia

Fig. 1	Map showing distribution of eolian deposits in East Asia and the studied Paleolithic sites	57
Fig. 2	Geomagnetic polarity time scale for the past 900 kyr, a stacked magnetic susceptibility record from the Chinese Loess Plateau, and an oxygen isotope record from giant piston core MD900963	58
Fig. 3	Plots of mass-specific magnetic susceptibility and its frequency dependence obtained from the E55S20-IV pit of the Chongokni Paleolithic site	59
Fig. 4	Plots of volume-specific magnetic susceptibility obtained from the Mansuri Paleolithic site	60
Fig. 5	Plots of mass-specific magnetic susceptibility and its frequency dependence obtained from the Jangdongri-Yongdong Paleolithic site	61
Fig. 6	Plots of mass-specific magnetic susceptibility and its frequency dependence obtained from the Heshangdun Paleolithic site	62
Fig. 7	Results of alternating field demagnetization from the Jangdongri-Yongdong Paleolithic site, showing normal and reversed polarities	63
Fig. 8	Columnar section of the fluvio-lacustrine sediments on the Surface I of the Heshangdun site and results of alternating field demagnetization, showing normal and reversed polarities	64

Loess-paleosol stratigraphy and chronology after 900 ka for constructing the Paleolithic chronology in East Asia

Fig. 1	Distribution of glacier, desert and loess during MIS 2	68
Fig. 2	Beginning ages of loess deposition in Asia	69
Fig. 3	Geomorphological classification in Heshangdun	71
Fig. 4	Geological section of Shuguang I and Heshangdun III	71
Fig. 5	Geomorphological and geological profile in Heshangdun	72
Fig. 6	Loess-paleosol section and age in Shuguang and Heshangdun	72
Fig. 7	Geomorphological and geological profile in Chongokni	73
Fig. 8	Geology and chronology of Chongokni E55S20-IV pit	74
Fig. 9	Loess-paleosol on the Chongok and Chatan basalts in Chongokni	75
Fig. 10	Geological section in the Mansuri site	76
Fig. 11	Chronology of loess-paleosol stratigraphy at Jangdongri	77
Fig. 12	Correlation of loess-paleosol stratigraphy in Chinese Loess Plateau, Shashu, Korea and Japan	79

Fig. 13　Scanning electric microscopic photograph of quartz grain from Dukso loess ……………………… 80
Fig. 14　Weathering of loess-paleosol and eolian dust in Daecheon, Dukso, China and Japan …………………… 81
Fig. 15　Color of MIS 5 paleosols in East Asia ……………………………………………………………………… 81
Fig. 16　Fossil involution structure in the pediment deposit correlated with MIS 6 in Gimpo city …………… 82
Fig. 17　Fossil soil wedge and desiccation crack in the paleosol correlated with MIS 3 in Gimpo city ………… 82

Table 1　ESR oxygen vacancies of quartz in loess ……………………………………………………………… 79

Stratigraphy and Age of Quaternary basaltic lavas and reconstruction of paleogeography in Chongokni, Korea

Fig. 1　Distribution of intraplate basalts in East Asia and location of Chugaryong Volcano
　　　　and Chongokni in Korea …………………………………………………………………………………… 87
Fig. 2　Distribution of the basalts from Chugaryong Volcano on the satellite image by CORONA, USA ……… 88
Fig. 3　Stratigraphy of Chongokni area ……………………………………………………………………………… 89
Fig. 4　Distribution of the Chongok and Chatan basalts in Chongokni area …………………………………… 90
Fig. 5　Geological cross-sections ……………………………………………………………………………………… 91
Fig. 6　Columnar sections ……………………………………………………………………………………………… 91
Fig. 7　Phenocryst abundances in representative samples from the Chongok and Chatan basalts …………… 93
Fig. 8　Photomicrograph of olivine phenocryst of the Chongok basalt under crossed-polarized light
　　　　; Back-scattered electron image of olivine phenocryst of the Chongok basalt ……………………… 94
Fig. 9　Whole rock MgO variation diagrams for representative major and trace elements
　　　　from the Chongok and Chatan basalts …………………………………………………………………… 94
Fig. 10　Whole rock MgO variation diagrams for major and trace element ratios
　　　　and Zr variation diagrams for trace elements from the Chongok and Chatan basalts ……………… 95
Fig. 11　Basal topography of the Chongok basalt …………………………………………………………………… 97
Fig. 12　Basal topography of the Chatan basalt …………………………………………………………………… 98
Fig. 13　Paleogeographical map in Chongokni area ………………………………………………………………… 99

Table 1　Major and trace element concentrations, and modal compositions of phenocrysts
　　　　for representative samples of the Chongok and Chatan basalts …………………………………… 92
Table 2　Representative chemical compositions of olivine phenocrysts of the Chongok and Chatan basalts …… 93
Table 3　Results of K-Ar dating from the Chongok and Chatan basalts ………………………………………… 95
Table 4　Results of FT dating from sediments beneath the Chongok and Chatan basalts ……………………… 96

Resistivity Structure around Chongokni Paleolithic Site

Fig. 1　Schematic of resistivity observation system ……………………………………………………………… 103
Fig. 2　Location map of resistivity survey site …………………………………………………………………… 104
Fig. 3　Relationship between stratigraphy and resistivity structure ……………………………………………… 104
Fig. 4　Resistivity profiles interpreted based on the result of the geological investigation …………………… 105

Appendix 1　Location map of resistivity survey site ……………………………………………………………… 108
Appendix 2　Observed apparent resistivity and estimated resistivity structure in observed sites (1) ………… 109
Appendix 3　Observed apparent resistivity and estimated resistivity structure in observed sites (2) ………… 110

Ⅲ　Paleolithic Chronology in East Aisa
Results and Prospect of the Research of the Chongokni Paleolithic Site in the Korean Peninsula

Fig. 1　Bird's eye view of the Chongokni site …………………………………………………………………… 115
Fig. 2　Location map of main trenches in the Chongokni site …………………………………………………… 116

Fig.3　Quartz Ovate 118
Fig.4　Stone artifacts at E94N65-I pit 119
Fig.5　Korea-Japan joint research team 122

Table 1　List of excavation pits in the Chongokni site 117

Strata and Ages of the Heshangdun Paleolithic Site in Jintan City, Jiangsu Province, China

Fig.1　Map showing the geographic position of the Heshangdun site 126
Fig.2　Distribution of excavation squares at the Heshangdun site 127
Fig.3　Comparison of strata between 02T5-6 and 05T8 in the Heshangdun site 129
Fig.4　Distribution of stone samples unearthed from T 1 -T 6 130
Fig.5　Plan map showing the stone artifacts manufactory in T 8 and T 9 132
Fig.6　Distribution of the stone artifacts manufactory in T 1 and T 5 133
Fig.7　Distribution of the assemblage group 2-4 from 05T8 134
Fig.8　Stone artifacts from refitted groups 2 and 3 135
Fig.9　Map showing conformation of the pebble stacks 136
Fig.10　Photos showing the frozen and defrozen pebble circle in Tibet 136
Fig.11　The larger circular of basalt fragments from Site DK I at Olduvai Gorge 137

Table 1　Statistics of lithology of pebble samples in T8 and T9 from the Heshangdun site 130
Table 2　Statistics of stone artifacts in stratum from the Heshangdun site 131
Table 3　Statistics of stone artifacts in different pits at the Heshangdun site 131
Table 4　Statistics of the stone artifacts manufactory in T 8 and T 9 131
Table 5　Comparison of stone samples from upper gravel and other layers 133
Table 6　Statistics of stone artifacts unearthed from the manufactory in T 8 and T 9 133
Table 7　Statistics of assemblage of stone artifacts 134
Table 8　Statistics of the pebble stacks at the Heshangdun site 135
Table 9　ESR dating of Quaternary sediments from the Heshangdun site 138
Table 10　TL dating of Quaternary sediments from the Heshangdun site 140
Table 11　Summary of the age results using 4 dating method at the Heshangdun site 140

New Progress on Paleolithic Archaeological Studies in the Luonan Basin, Eastern Qinling Mountains, China

Fig.1　Number of open-air sites and lithic artifacts in different terrace 146
Fig.2　Pedostratigraphy, magnetostratigraphy, optical stimulated luminescence ages, magnetic susceptibility changes of Shangbaichuan and Liuwan loess sections, and comparison with the typical Luochuan loess sequence in central Chinese Loess Plateau 149
Fig.3　Acheulian-type artifacts collected from open-air sites in the Luonan Basin 151

Table 1　Number of open-air sites and lithic artifacts in different terrace 147
Table 2　TL chronological data of Zhoupo open-air site 148
Table 3　Optical stimulated luminescence dating results of samples from Shangbaichuan and Liuwan loess sections, Eastern Qinling Mountains 149
Table 4　TL chronological data of the Longyadong cave site 154
Table 5　Comparison of lithic artifact categories between Longyadong cave and open-air sites 156

The Culture of the Paleolithic at Danjiang Reservoir in China

Fig.1　Handaxe from the Hongshikan site 164

Fig. 2	Handaxe from the Qyuanhekou site	164
Fig. 3	Scrapers from the Hongshikan site	165
Fig. 4	Stone tools assemblage	165
Fig. 5	Weight distribution of scrapers	166
Fig. 6	Ratio of length and width of scrapers	166
Fig. 7	Different handaxes from the Baitaishanmiao site	166
Fig. 8	Handaxes from the Dudian site (1)	166
Fig. 9	Handaxes from the Dudian site (2)	166
Fig. 10	Weight distribution of handaxes	167
Fig. 11	Ratio of length and width of handaxes	167
Fig. 12	Shuangshu Paleolithic Site	168
Fig. 13	Handaxe from the Shuangshu Paleolithic site	168
Fig. 14	Handaxes from the Terra Amata site in France	169
Fig. 15	Handaxes from the Lazaret site in France	169

Pleistocene human activity in the Zhijidong site, China, and its chronological and environmental context

Fig. 1	The entrance and partial deposit of the Zhijidong site	173
Fig. 2	Result of pollen analysis from the Zhijidong site	175
Fig. 3	Comparison of lithic materials in the layer 5-9 at the Zhijidong site	177
Fig. 4	Stone artifacts made of flint from the layer 7 at the Zhijidong site	178
Fig. 5	Stone artifacts made of quartz from the layer 7 at the Zhijidong site	178
Fig. 6	Pebble tools from the layer 9 at the Zhijidong site	179
Fig. 7	Average length and weight of stone artifacts in the layer 5-9 at the Zhijidong site	179

| Table 1 | Combination of pollen from cultural layers and presumed environment | 174 |
| Table 2 | OSL ages of lower cultural layer at the Zhijidong site | 176 |

Reconstruction of the Paleolithic chronology by loess-paleosol chronostratigraphy in China

Fig. 1	Loess-paleosol stratigraphy and stone artifacts from the Chenshan site	185
Fig. 2	Stratification of the Fangniushan site	186
Fig. 3	Stone artifacts from the Fangniushan site	187
Fig. 4	Stratification of the Heshangdun site	188
Fig. 5	Stone artifacts from the Heshangdun site (1)	189
Fig. 6	Stone artifacts from the Heshangdun site (2)	190
Fig. 7	Stone artifacts from the Heshangdun site (3)	191
Fig. 8	Stratification of the Dingcun sites, Kehe sites, Dali sites and others	193
Fig. 9	Loess-paleosol Chronology and heavy-duty tools from Paleolithic sites in China	196
Fig. 10	Distribution of heavy-duty tools in China	197
Fig. 11	Duration of heavy-duty tools in China	203
Fig. 12	Stone artifacts from the Fangniushan site	206
Fig. 13	Stone artifacts from the Heshangdun site (1)	207
Fig. 14	Stone artifacts from the Heshangdun site (2)	208
Fig. 15	Stone artifacts from the Heshangdun site (3)	209
Fig. 16	Stone artifacts from the Heshangdun site (4)	210

Table 1-1	Location list of heavy-duty tools in China (No.1)	199
Table 1-2	Location list of heavy-duty tools in China (No.2)	200
Table 1-3	Location list of heavy-duty tools in China (No.3)	201

Table 1-4　Location list of heavy-duty tools in China (No. 4) ……………………………… 202

Chronology of the Paleolithic in Youngsan River Region
　　Fig. 1　Paleolithic sites in the Youngsan river basin ……………………………………… 213
　　Fig. 2　Profile of the Jangdongri Yongdong site and stone artifacts …………………… 214
　　Fig. 3　Aerial photo and profile of the Dangga site ……………………………………… 214
　　Fig. 4　Sampling profile of the Chongok site ……………………………………………… 215
　　Fig. 5　Photographs of the representative volcanic glass shards from Aira-Tanzawa (AT) ash …………… 216
　　Fig. 6　Stone artifacts from the Yonghodong site ………………………………………… 217
　　Fig. 7　Stone artifacts from the Chongok site …………………………………………… 218
　　Fig. 8　Stone artifacts from the Sachang site …………………………………………… 218

　　Table 1　Main stone artifacts in the Youngsan river region …………………………… 219
　　Table 2　Chronology of the Paleolithic period in the Youngsan river region ………… 220

Reconstruction of the Paleolithic chronology by loess-paleosol chronostratigraphy in Korea
　　Fig. 1　Fig. 1 Location map of the sites introduced in this paper ……………………… 223
　　Fig. 2　Loess-paleosol stratigraphy in Korea ……………………………………………… 224
　　Fig. 3　Paleolithic sites in the Hantan-Imjin river basin ………………………………… 224
　　Fig. 4　Location of trenches in the Chongokni site ……………………………………… 225
　　Fig. 5　Loess-paleosol stratigraphy of the Chongokni site ……………………………… 225
　　Fig. 6　Stone artifacts from the Chongokni site ………………………………………… 226
　　Fig. 7　Loess-paleosol stratigraphy and stone artifacts from the Kumpari site ……… 228
　　Fig. 8　Loess-paleosol stratigraphy from the Gawolri site ……………………………… 229
　　Fig. 9　Loess-paleosol stratigraphy and stone artifacts from the Mansuri site ……… 230
　　Fig. 10　Loess-paleosol stratigraphy of the Geumsanri site …………………………… 231
　　Fig. 11　Distribution of heavy-duty tools in Korea ……………………………………… 233

　　Table 1　Sites of heavy-duty tools in Korea …………………………………………… 234

Ⅳ　Panel discussion "Paleoenvironmental Changes and Paleolithic Chronology in East Asia"
Part Ⅰ　Climatic Change after the middle Pleistocene in East Asia
　　Fig. 1　Distribution area of Tephra in Asia ………………………………………………… 244
　　Fig. 2　Soil wedge in the Chongokni site, Korea ………………………………………… 248
　　Fig. 3　Panelists at the panel discussion ………………………………………………… 251

　　Table 1　Tephras found possibly in China and Korean Peninsula …………………… 245

Part Ⅱ　Present Condition and Issues of the Lower and Middle Paleolithic Studies in East Asia
　　Fig. 1　Movius's Line ………………………………………………………………………… 259

Ⅴ　Conclusion
Paleoenvironmental Changes and Paleolithic Chronology in East Asia
　　Fig. 1　Lithostratigraphy of Chongokni Basin …………………………………………… 267

I 研究の目的と経過

研究の目的と経過

松藤 和人

同志社大学

1. 研究の目的と方法

　過去をあつかう学問分野は，研究の出発点にあって確かな年代根拠に依拠しなければならないことはいうまでもない。東アジアの旧石器時代研究の現状を俯瞰するとき，高精度かつグローバルな年代枠組みを欠如する。

　中国・朝鮮半島において更新世人類活動の証拠を包含する陸上堆積物は，周期的なレス（黄土）－古土壌もしくはそれに類する堆積物から構成され，それらは更新世に地球的規模で生じた氷期・間氷期の気候変動，アジア・モンスーン変動を反映する可能性が高まってきた。

　近年，海洋酸素同位体編年（MISまたはOIS）の確立にともない，東アジアの中・高緯度地帯で観察される周期的なレス－古土壌堆積物を海洋酸素同位体編年ステージに精確に対比・同定することによって，東アジア各地の旧石器時代遺跡・古環境データを地球的規模で生じた年代枠組み，すなわちグローバルな時間尺度の中に位置づける途が拓けてきた。

　本研究は，韓国・中国において旧石器を包含する厚い風成堆積物からなる代表的な旧石器時代遺跡を選定し，考古学，地形学，地質学，火山灰編年学，レス－古土壌編年学，古地磁気学，年代学等による研究を総合する中で堆積物の形成年代を解明するとともに，さらに海洋酸素同位体編年に対比する作業を通じて，東アジアの中期・後期更新世における人類進化と古環境変遷の解明に向けての高精度・高分解能かつ普遍的な時間尺度の構築を目的とした。

　韓国では，本プロジェクトに先行し平成13（2001）～平成15（2003）年度に実施した京畿道全谷里遺跡における日韓共同研究の成果を拡大・発展させる方向で，新たに全羅南道長洞里（龍洞）・忠清北道萬水里遺跡の陸上堆積物を対象に初期磁化率測定，古地磁気年代測定，粒度分析，広域火山灰の検出作業を経てレス－古土壌編年ならびに酸素同位体ステージとの対応関係を究明するのと同時に，全谷里遺跡で構築されたレス－古土壌編年モデルをクロスチェックした。

　また中国長江（揚子江）下流域に所在する旧石器遺跡を対象に，黄土高原のレス－古土壌連

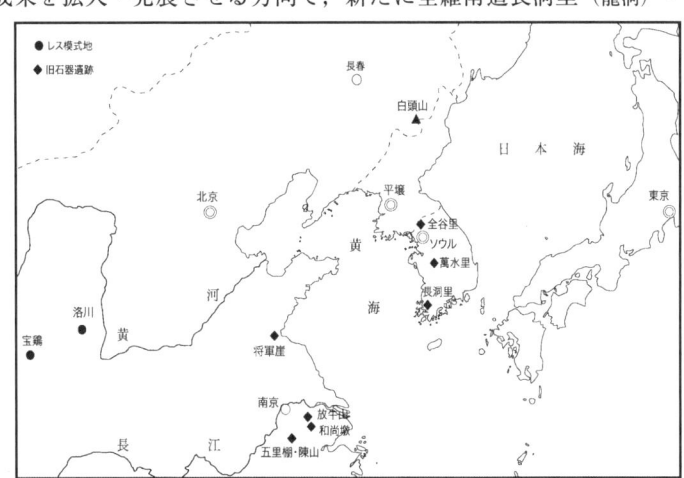

図1　本研究に関連する旧石器時代遺跡（◆）とレス模式地（●）
Fig.1　Studied Paleolithic sites and type locations of loess

図2　中国洛南盆地上白川遺跡の離石黄土
Fig.2 Lishi loess at the Shangbaichuan site in Luonan basin, China

続に対応すると予想される風成堆積物の精確な層序と年代を把握し，朝鮮半島の全谷里・長洞里遺跡のレス－古土壌連続との比較検討を通じて，東アジアを包括する中期・後期更新世堆積物と旧石器の高精度編年モデルの構築を企図した。

2．研究の意義

本研究は，国内はもとより韓国・中国の研究者との学際・国際共同研究のもとで高精度・高分解能の各種技術・手法を組織的かつ系統的に適用し，東アジアにおける人類進化史ならびに古環境変動史を解明するうえでの信頼度の高い年代尺度の創出をめざすところに研究上の独創性と先進性をもつ。

また本プロジェクトは更新世の人類遺跡を主たる対象として考古学・地質学・地形学・年代測定学にわたる学際的研究の東アジアにおける最初の試みであり，日本で開発され，また長年にわたって培われた最先端の分析手法・技術を用いて推進される本研究は，韓国・中国の当該分野の研究者との共同研究を通じて共通の問題意識と研究水準の向上に寄与し，当該地域の研究基盤を底上げする効果が期待される。

3．研究の波及効果

2000年11月に発覚した日本の前・中期旧石器発掘捏造事件は，はからずもわが国の研究基盤の脆弱性を露呈するところとなった。その反省点の一つとして，大陸側の最新の研究動向の把握はもとより，国際共同研究を通じての大陸側資料との恒常的な比較研究が欠如していたことが痛感される。その一方で，大陸側の研究においても遺跡の年代決定に少なからず問題を抱えている。日本の前・中期旧石器時代研究の再出発にあたって，比較基準となる大陸側の年代枠組みの整備・再編成が不可避となってきた。本研究は大陸側の旧石器時代資料・第四紀堆積物の年代解明に寄与するばかりでなく，その成果は東アジア的視野をもった日本の旧石器研究にも寄与するところが少なくない。さらに国際共同研究を通じて洗練された研究法や研究成果の共有によって東アジア地域の研究レベルを引き上げ，国境を越えた科学的な議論をおこなううえでの包括的な研究基盤を醸成する相乗効果が期待される。

4．本研究課題の研究組織　（所属は2008年3月30日現在）

研究代表者	松藤和人	同志社大学文学部・教授	研究統括・旧石器考古学
研究分担者	林田　明	同志社大学工学部・教授	古地磁気学
	成瀬敏郎	兵庫教育大学学校教育学部・教授	自然地理学

	渡辺満久	東洋大学社会学部・教授	変動地形学
	板谷徹丸	岡山理科大学自然科学研究所・教授	年代学
	長岡信治	長崎大学教育学部・准教授	層序学
	福間浩司	同志社大学工学部・准教授	堆積物の磁気分析
	横尾頼子	同志社大学工学部・専任講師	堆積物の化学分析
	津村宏臣	同志社大学文化情報学部・専任講師	旧石器データ解析
研究協力者	檀原 徹	㈱京都フィッション・トラック	火山灰分析・FT年代測定
	麻柄一志	魚津市立図書館・館長	旧石器考古学
	井上直人	㈶地域地盤環境研究所	物理探査
	柵山徹也	東京大学大学院理学系研究科博士後期課程	火山岩岩石学
	中川和哉	㈶京都府埋蔵文化財調査研究センター	旧石器考古学
	黄昭姫	漢陽大学校文化財研究所・研究員	旧石器考古学
	河森一浩	田原本町教育委員会・嘱託	中国語通訳
	池田公徳	同志社大学大学院文学研究科博士後期課程	韓国語通訳
	上峯篤史	同志社大学大学院文学研究科博士後期課程	石器解析
海外共同研究者	裵基同	漢陽大学校博物館・館長・教授	旧石器考古学
	兪剛民	延世大学校理科大学・教授	堆積学
	李憲宗	木浦国立大学校歴史文化学部・教授	旧石器考古学
	金正彬	順天国立大学校科学教育学部・准教授	火山灰分析
	張 敏	南京博物院考古研究所・所長	考古学
	房迎三	南京博物院考古研究所・研究員	旧石器考古学
	王幼平	北京大学考古文博学院・教授	旧石器考古学
	李超栄	中国科学院古脊椎動物与古人類研究所・副研究員	旧石器考古学
	王社江	陝西省考古研究所・研究員	旧石器考古学
	楊振宇	南京大学地球科学系・教授	古地磁学

5．平成16年度～平成19年度の研究経過

◆平成16（2004）年度

5月　韓国羅州市長洞里（龍洞）遺跡の調査（木浦国立大学校李憲宗教授との共同調査）。層厚7.5mの断面から火山灰分析，レース－古土壌編年，磁気層序，粒度分析，OSL年代測定のための系統的なサンプリングを実施。予備的な火山灰分析の結果，AT火山ガラス・K-Tzに付随するβ-quartzを検出。

7月　木浦国立大学校（現順天国立大学校）金正彬氏を同志社大学に招聘し，長洞里遺跡採取試料分析の検討会を開催。京都フィッション・トラックの火山灰分析装置等を視察。

8月　中国江蘇省・安徽省所在旧石器遺跡のレース－古土壌堆積物の予備調査（南京博物院房迎三研究員，北京大学王幼平教授，中国科学院古脊椎動物与古人類研究所李超栄副研究員同行）。江蘇省放牛山・和尚墩・曙光遺跡，安徽省毛竹山・官山・陳山・五里棚遺跡を巡検し，レ

図3　中国江蘇省金壇市和尚墩遺跡東地点のMIS 3〜11のレス－古土壌
Fig.3 Loess-paleosol sequence of MIS 3－11 at the Heshangdun site；Loc. East, Jintan, Jiangsu, China

　　　　ス－古土壌堆積物の観察を実施。次年度予定の共同調査対象遺跡を選定するため，予想
　　　　されるAT，K-Tzの降灰層準を中心に予備的な試料採取を実施。また次年度予定の共同
　　　　調査の方法につき協議。南京大学地球科学系教室で全谷里研究成果の発表会を開催・学
　　　　術交流。
　10月　韓国京畿道全谷盆地内の玄武岩調査に向けての予備調査。
　3月　全谷盆地内において玄武岩・水成堆積物の地質調査ならびに化学分析用・K-Ar年代測
　　　　定用玄武岩試料の系統的な採取。FT年代測定用の試料採取。盆地内外でのレス－古土
　　　　壌調査・磁化率測定用の試料採取。隠垈里一帯の玄武岩台地上での電気比抵抗調査。

◆平成17（2005）年度
　5月　中国吉林省長春郊外でレス－古土壌堆積物の観察，吉林省内出土旧石器の見学。吉林大
　　　　学辺境考古研究センター・吉林省考古研究所において学術交流・情報交換。吉林大学辺
　　　　境考古研究センターにおいて全谷里遺跡研究成果の発表会を開催。白頭山（長白山）北
　　　　麓でテフラ堆積物の観察。
　7月　南京博物院考古研究所張敏所長・房迎三研究員を同志社大学に招聘し，共同調査の打ち
　　　　合わせと学術講演（張敏所長）。
　9月　中国江蘇省金壇市和尚墩遺跡において各種分析用試料の採取および出土遺物の調査。
　　　　陝西省考古研究所臨潼分室（王社江研究員）において洛南盆地採集石器の調査ならびに
　　　　洛南盆地の遺跡群，レス－古土壌断面の調査。
　11月　韓国全谷里周辺においてレス－古土壌・地質調査，古地磁気関連試料のサンプリング。
　3月　全谷里北方の隠垈里一帯で電気比抵抗調査および地質補足調査。
　　　　"韓国全谷里旧石器遺跡国際セミナー"（於培材大学校学術研究支援センター；ソウル）にお
　　　　いて最新の全谷盆地地質調査の成果を発表。

◆平成18（2006）年度
　5月　漢陽大学校文化財研究所（安山市）・漢陽大学校博物館（ソウル）において全谷里遺跡出

土石器の観察とデータ収集。

8月 韓国忠清北道清原郡萬水里遺跡（漢陽大学校文化財研究所・韓国先史文化研究院担当調査区）においてレス－古土壌調査，火山灰分析，初期磁化率測定，古地磁気年代測定，粒度分析，OSL年代測定用の試料採取。

図4　韓国萬水里遺跡の共同調査
Fig.4 Cooperative survey at the Mansuri site, Korea

9月 中国陝西省洛川黒木溝・宝鶏においてレス－古土壌模式地の観察調査。西北大学文博学院において研究成果を発表。西北大学関係者との学術交流。

11月 南京博物院考古研究所において和尚墩・放牛山遺跡出土旧石器の補足調査。

12月 延世大学校博物館において開催中の韓国・フランス旧石器展の見学ならびに金浦場基遺跡の堆積物・出土旧石器の見学。

1月 韓国金浦市金浦場基遺跡の堆積物・旧石器の観察調査。

3月 全谷里遺跡E89N65 pitで堆積物の調査。同調査区で初期磁化率測定用試料を採取。

3月 中国貴州省・雲南省所在主要旧石器遺跡（盤県大洞，観音洞，元謀ほか）・堆積物の現地踏査ならびに出土遺物の観察調査。貴州省考古研究所・雲南省考古研究所・昆明市博物館において研究所員との学術交流および情報交換。

◆平成19（2007）年度

9月 中国江蘇省金壇市曙光・和尚墩遺跡周辺において地質補足調査。

11月 海外共同研究者11名を招聘し，4年間の研究成果を発表する公開国際セミナー"東アジアにおける古環境変遷と旧石器編年"を同志社大学において開催。

3月 韓国済州島において第四紀風成堆積物・玄武岩・先史遺跡の調査。

6．本研究課題に関連する発表論文ほか

【単著論文】

Kazuto Matsufuji, 2004 Hakuhen-sentoki and the Neighbors ; People with Stemmed Points Crossed over the Tsushima Channel. *Proceedings of the 9th International Symposium ; SUYANGGAE and Her neighbours*, 203-208.

松藤和人，2005 日本列島における初期石刃石器群の出現をめぐって—東アジア的視点から—．日本旧石器学会第2回シンポジウム予稿集，日本旧石器学会，5-6．

松藤和人，2005 東アジアにおける環境変動と旧石器編年．第43回同志社大学理工学研究所研究発

表会；2005年度同志社大学ハイテク・リサーチ，学術フロンティア合同シンポジウム；講演予稿集，同志社大学・同志社大学理工学研究所・同志社大学工学部・工学研究科，12-19.

松藤和人，2006 韓国全谷里遺跡の地質学・年代測定における新展開—韓国全谷里旧石器遺跡国際セミナー2006—．旧石器考古学，68, 43-48.

松藤和人，2007 東アジア旧石器時代の文化圏—中国・朝鮮半島を中心に—．アジアの歴史地理1；領域と移動，朝倉書店，102-115.

松藤和人，2007 日本列島の旧石器はどこまで遡る—岩手県金取遺跡第Ⅳ文化層の年代をめぐって—．考古学に学ぶⅢ（同志社大学考古学シリーズⅨ），同志社大学考古学シリーズ刊行会，1-16.

【共著論文】

松藤和人，裵基同，檀原 徹，成瀬敏郎，林田 明，兪剛民，井上直人，黄昭姫，2005 韓国全谷里における年代研究の新展開—日韓共同研究2001-2004の成果と課題—．旧石器考古学，66, 1-16.

Naruse, T., K. Matsufuji, H. J. Lee, T. Danhara, A. Hayashida, C. B. Kim, K.M. Yu, K. Yata, S.H. Hwang and K. Ikeda, 2006 Preliminary report of the loess-paleosol stratigraphy in Jangdongri Site, Korea. *"The Paleolithic Archaeology and Quaternary Geology in Young-san River Region"*, 考古学叢書，40, 269-289.

신재봉（Jae-Bong Shin），유강민（Kang-Min Yu），T. Naruse, A. Hayashida, 2004 전곡리구석기유적발굴지인 E55S20-Ⅳ 지점의 미고결 퇴적층에 대한 뢰스・고토양 충서에 관한 고찰 (Study on loess-paleosol stratigraphy of Quaternary unconsolidated sediments at E55S20-Ⅳpit of Chongokni Paleolithic Site). 지질학회지（*Journal of the Geological Society of Korea*)", 40 (4), 369-381.

【口頭発表，ポスター・セッション発表】

Kazuto Matsufuji, 2004 Hakuhen-sentoki and the Neighbors；People with Stemmed Points Crossed over the Tsushima Channel. *Proceedings of the 9th International Symposium；SUYANGGAE and Her neighbours*, 203-208.（Tokyo）

井上直人，黄昭姫，相場 学，林田 明，松藤和人，Kidong BAE, 2004 韓国全谷里遺跡周辺における比抵抗調査，日本第四紀学会2004年大会.

松藤和人，2005 日本列島における初期石刃石器群の出現をめぐって—東アジア的視点から—．日本旧石器学会第2回シンポジウム 予稿集，日本旧石器学会，5-6.（東京）

井上直人，黄昭姫，林田 明，若林邦彦，松藤和人，Kidong BAE, 2005 韓国全谷里遺跡周辺における比抵抗調査-Ⅱ-，日本第四紀学会2005年大会.

福間浩司，林田 明，宇敷典子，2005 交流磁化率による韓国全谷里遺跡の風成堆積物の超常磁性—単磁区境界の粒径分布，地球電磁気・地球惑星圏学会第118回講演会.（京都）

林田 明，福間浩司，横尾頼子，宇敷典子，田中 暢，松藤和人，Kidong Bae, Heon-jong Lee, 2005 韓国の旧石器遺跡に分布する風成堆積物の磁気特性と環境変動の記録，地球電磁気・地球惑星圏学会第118回講演会.（京都）

松藤和人, 2005 東アジアにおける環境変動と旧石器編年, 第43回同志社大学理工学研究所研究発表会；2005年度同志社大学ハイテク・リサーチ, 学術フロンティア合同シンポジウム；講演予稿集, 同志社大学・同志社大学理工学研究所・同志社大学工学部・工学研究科, 12-19. (京都)

Shinji NAGAOKA, Tohru DANHARA, Tesumaru ITAYA, Tetsuya SAKUYAMA, Mitsuhisa WATANABE, Kidong BAE and Kazuto MATSUFUJI, 2006 Stratigraphy and age of Quaternary basaltic lavas in the Chongok Basin, Korea. *Proceedings New Development in Age Dates and Geology of the Chongokni Paleolithic site, Korea.* Institute of Cultural Properties, Hanyang University. 5 - 6 .(Seoul)

Akira HAYASHIDA, 2006 Magnetic Properties of the Quaternary Sediments at the Chongokni Paleolithic site；Comparison with Chinese Loess and Paleosol Layers. *Proceedings of New Development in Age Dates and Geology of the Chongokni Paleolithic site, Korea.* Institute of Cultural Properties, Hanyang University. 11-12.(Seoul)

Toshiro Naruse, Kazuto Matsufuji, Tohru Danhara and Mitsuhisa Watanabe, 2006 Significance of Korean loess-paleosols in relation to the chronology of paleolith and the reconstruction of the paleo-climate. *Proceedings of New development in Age Dates and Geology of the Chongokni Paleolithic site, Korea.* 13-14(Seoul)

林田 明, 福間浩司, 横尾頼子, 宇敷典子, 田中 暢, 2006 韓国全谷里遺跡に分布する風成堆積物の磁気特性と古気候学的示唆, 地球惑星科学関連学会2006年合同大会. (幕張)

浅井健司, 福間浩司, 林田 明, 2007 中国長江下流域に分布する風成堆積物の磁気特性と気候変動との対応, 地球惑星科学関連学会2007年合同大会. (幕張)

井上直人, 黄昭姫, 林田 明, 松藤和人, Kidong BAE, 2007 韓国全谷里遺跡周辺における比抵抗調査-Ⅲ-, 日本第四紀学会2007年大会.

松藤和人, 2007 公開国際セミナー"東アジアにおける古環境変遷と旧石器編年"の開催にあたって―2004～2007年度調査研究の成果と今後の展望―. 公開国際セミナー 東アジアにおける古環境変遷と旧石器編年；予稿集, 1 - 6. (京都)

裵基同, 2007 全谷里旧石器文化研究の成果と展望. 公開国際セミナー 東アジアにおける古環境変遷と旧石器編年；予稿集, 7 -12. (京都)

成瀬敏郎, 兪剛民, 渡辺満久, 2007 東アジア旧石器編年構築のための90万年前以降のレス－古土壌編年. 公開国際セミナー 東アジアにおける古環境変遷と旧石器編年；予稿集, 13-22. (京都)

檀原 徹, 2007 韓国・中国の旧石器遺跡で検出された火山ガラスとその広域テフラ対比の試み. 公開国際セミナー 東アジアにおける古環境変遷と旧石器編年；予稿集, 23-28. (京都)

林田 明, 福間浩司, 横尾頼子, 浅井健司, 楊振宇, 2007 東アジアの風成堆積物の磁気特性―古地磁気編年と環境復元をめざして―. 公開国際セミナー 東アジアにおける古環境変遷と旧石器編年；予稿集, 29-36. (京都)

井上直人, 黄昭姫, 林田 明, 2007 全谷里遺跡周辺の比抵抗構造. 公開国際セミナー 東アジアにおける古環境変遷と旧石器編年；予稿集, 37-41. (京都)

長岡信治, 檀原 徹, 板谷徹丸, 栅山徹也, 渡辺満久, 裵基同, 松藤和人, 2007 大韓民国・全谷里周辺

の第四紀玄武岩類の層序と年代および古地理復元. 公開国際セミナー 東アジアにおける古環境変遷と旧石器編年；予稿集, 42-59.（京都）

房迎三, 2007 江蘇省金壇和尚墩遺跡の地層と年代. 公開国際セミナー 東アジアにおける古環境変遷と旧石器編年；予稿集, 60-76.（京都）

松藤和人, 麻柄一志, 津村宏臣, 中川和哉, 黄昭姫, 2007 レス－古土壌編年による東アジア旧石器編年の再構築. 公開国際セミナー 東アジアにおける古環境変遷と旧石器編年；予稿集, 77-99.（京都）

李憲宗, 金正彬, 2007 韓国・栄山江流域の旧石器編年. 公開国際セミナー 東アジアおける古環境変遷と旧石器編年；予稿集, 100-116.（京都）

王幼平, 2007 織機洞遺跡の古人類活動と年代学・古環境的背景. 公開国際セミナー 東アジアにおける古環境変遷と旧石器編年；予稿集, 117-126.（京都）

李超栄, 2007 中国湖北省丹江流域の旧石器文化. 公開国際セミナー 東アジアにおける古環境変遷と旧石器編年；予稿集, 127-133.（京都）

王社江, Richard COSGROVE, 鹿化煜, 沈辰, 2007 中国南洛河渓谷における旧石器考古学研究の進展. 公開国際セミナー 東アジアにおける古環境変遷と旧石器編年；予稿集, 134-139.（京都）

【その他】

松藤和人, 2007 巻頭言 韓国の最新旧石器研究事情―日韓共同研究を回顧して―. 旧石器研究, 第3号, 1-4.

松藤和人, 2007 雲貴高原の旧石器遺跡を訪ねて. 旧石器考古学, 68, 27-52.

松藤和人, 2007 特別寄稿 50万年前の半島に原人進出？. 産経新聞, 2007年10月19日朝刊.

【刊行物】

松藤和人（編）, 2007 平成16～19年度科学研究費補助金〔基盤研究（A）〕に伴う公開国際セミナー"東アジアにおける古環境変遷と旧石器編年"予稿集, 発行者；松藤和人, 総139頁.（京都）

Ⅱ　東アジアの古環境変遷

韓国全谷里遺跡における年代研究の新進展
―日韓共同研究2001-2004の成果と課題―

松藤和人[1], 裵基同[2], 檀原 徹[3], 成瀬敏郎[3]
林田 明[1], 兪剛民[5], 井上直人[6], 黄昭姫[7]

[1]同志社大学, [2]漢陽大学校, [3]㈱京都フィッション・トラック, [4]兵庫教育大学,
[5]延世大学校, [6]京都大学, [7]漢陽大学校文化財研究所

1. はじめに

　全谷里遺跡は，1978年，アメリカ人軍属によって発見された開地遺跡で，韓国を代表する旧石器時代遺跡として知られる。遺跡は軍事境界線（DMZ）の南約15km，ソウル北方約50kmの京畿道漣川郡全谷邑全谷里に所在し，漢灘江（臨津江支流）の蛇行によって東・南・西を画された海抜60m前後の玄武岩溶岩台地上に立地する（図1，図8）。

　遺跡の発見後，1979～83年，ソウル大学校（金元龍）・嶺南大学校（鄭永和）・慶熙大学校（黄龍渾）・建国大学校（崔茂蔵）・国立博物館（姜仁求・李健茂・韓永熙）・文化財研究所が参加し第2地点でトレンチ調査が実施され，その成果は1981・1983年に公刊された（金ほか，1981；文化財管理局文化財研究所，1983）。その後も1986・1991・1992・1994～95・2000～2001・2004年に漣川郡・漢陽大学校・ソウル大学校を中心に調査が進められ，韓国内では調査密度の最も高い遺跡のひとつにあげられる。

　遺跡周辺の地質環境は，先カンブリア紀の片麻岩の上を第四系の礫層・シルト層から構成される白蟻里層群（層厚2～7m）が不整合に被覆し，その上位に全谷玄武岩が約10～20mの厚さで堆積しており，この玄武岩が遺跡の基盤岩となっている（Yi, S-B., 1988）。E55S20-Ⅳ pitにおいては玄武岩上に水成堆積物（砂・シルト）が約3mの厚さで堆積し，さらにその上位に約4mの風成堆積物がのっている（図3）。

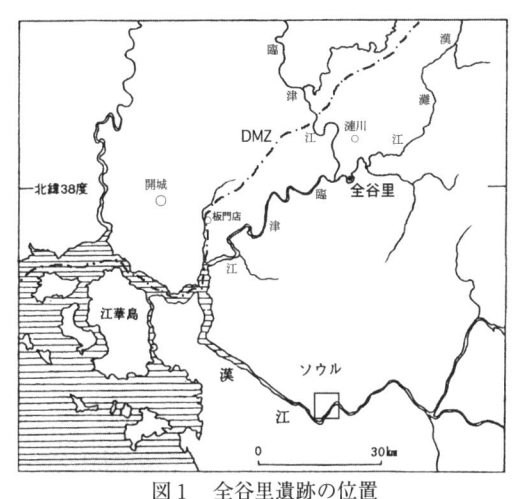

図1　全谷里遺跡の位置
Fig. 1　Location of the Chongokni site

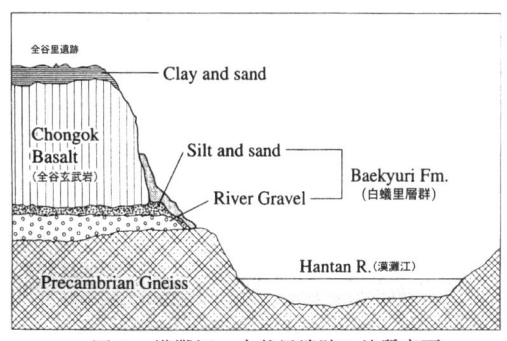

図2　漢灘江-全谷里遺跡の地質表面
(Bae, 1989)
Fig. 2　Geological section of the Chongokni site and Hantan river

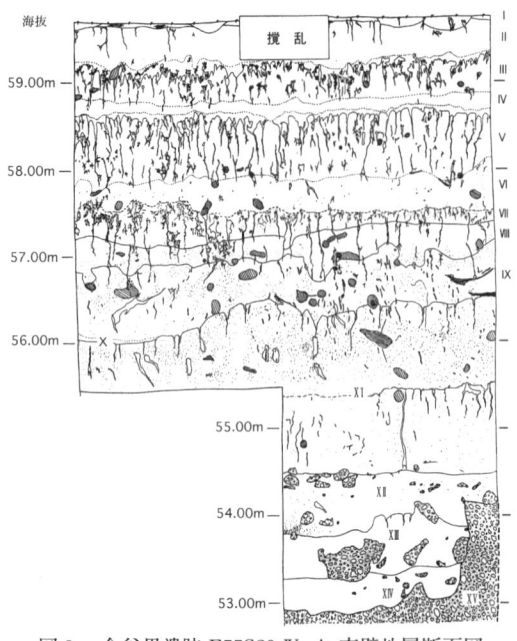

図3　全谷里遺跡 E55S20-Ⅳ pit 南壁地層断面図
（裵ほか，2001）
Fig.3 Sediment profile of the south wall at E55S20-Ⅳ pit of the Chongokni site (Bae et al., 2001)

本遺跡で特に注目されるのは，脈石英・石英岩製のハンドアックス，クリーヴァー，ピック，石球，馬蹄形石器等に代表される大形重厚な石器である。これらは，H. L. モヴィウスが提唱した東アジアの前期旧石器を特徴づける「チョッパー・チョッピングトゥール文化圏」の真っただ中にあってアシュール型ハンドアックス[1]の東アジアへの伝播を示す証拠としてひときわ注目された。報告書によれば，石英製石器は水成・風成堆積物のさまざまな層準から出土するものの，おしなべてハンドアックス文化に帰属するものと理解されている[2]（金ほか，1981）。これまで臨津江－漢灘江流域のハンドアックスを伴う石器群の年代観をめぐって約30万年前から4万年前頃まで多様な見解が提示されている（李鮮馥，1998）。こうした年代観は，アシュール型ハンドアックスという石器型式からの年代類推，基盤岩（玄武岩）に対するK-Ar年代，堆積物のTL年代から導き出されたものである[3]。

2001年3月，全谷里遺跡の範囲確認調査に伴い，第3地点のE55S20-Ⅳpitにおいて石英製石器群が現地表下4mから検出されたのが契機となり松藤・檀原・岩田修一・黄昭姫は現地を訪れ，裵基同とともに旧石器を包含する堆積物の年代を解明するための科学的な方法を模索する一方で，FT法による年代測定に供するため全谷玄武岩直下の堆積物中からサンプリングを実施した。同年6月には，E55S20-Ⅳpitで火山灰分析用の土壌サンプルを系統的に採取し，さらに全谷玄武岩の放射年代測定（FT法，K-Ar法）を目的に全谷里遺跡並びに盆地周辺の露頭7ヵ所でサンプルを採取した。また2002年8月には成瀬・林田・兪による火山灰分析，粒度分析，磁化率測定，OSL年代測定を目的とした各種サンプリングを実施し，2003年9月には遺跡下に埋没する玄武岩上面の現地表面からの深度等を探るため，井上直人・林田明は電気探査にもとづく比抵抗調査をおこなった。

地質学的調査の成果は，2002・2003年春，全谷里体育館で開催された国際学術セミナーで発表され，詳報は2冊のProceedingsに収録されている（Bae, K-D. & Lee, J-C., 2002；Bae, K-D. et al., 2003）。しかし，いずれも英文で発表されたうえ印刷部数も限られ，日本の研究者にはなじみの薄いものであった。本稿では，これまでの全谷里遺跡における一連の日韓共同研究の概要を紹介するとともに，東北アジアにおける高精度旧石器編年研究に向けて今後の展望を探ることにしたい。

2．全谷里日韓共同研究 2001－2003

(1) 全谷里遺跡E55S20-Ⅳpitの基本層序

全谷里遺跡E55S20-Ⅳpitにおいては，現地表から基盤の玄武岩に至る7m余の堆積物が層相の変化にもとづき，地表面に近いほうから下に順を追ってⅠ～ⅩⅣ層に細分された（裵ほか，2001）。以下

に概略を記載する（図3，図9）。

Ⅰ層は7.5YR4/4，褐色シルト。層厚約5cm。後世の削平・耕作による撹乱を受けており，削平以前の地表は現地表から1m以上の高さにあったと推定される[4]。

Ⅱ層は7.5YR4/6，褐色〜暗褐色のシルト。層厚約50cm。上部（Ⅱa層）と下部（Ⅱb層）に分けられ，両層の間は凹凸を見せ，軽微なクラックが観察される。後述するように，Ⅱ層の上部を中心にATガラスが検出された。

Ⅲ層は5YR3/6，暗赤褐色シルト。層厚約50cm。上面から下方に長さ30cm前後のクラックが発達する。

Ⅳ層は7.5YR4/6，褐色シルト。層厚20〜25cm。下部は黄土の初生に近い明黄褐色シルトからなる。本層下部を中心にK-Tzに由来する火山灰・β-quartz（高温型石英）が検出された。

Ⅴ層は7.5YR3/4，堅く締まった暗褐色シルト。層厚約75cm。上面から下方に長さ約50〜70cmのクラックが密接して発達し，Ⅵ層との境界は漸移的である。

Ⅵ層は5YR3/6，暗赤褐色シルト。層厚約30cm。Ⅴ層と較べて赤みが強い。

Ⅶ層は5YR4/4，にぶい赤褐色シルト。層厚約50cm。上面から下方に間隔がまばらな長さ約30〜70cmのクラックを伴う。

Ⅷ層は10YR5/8，黄褐色のシルト。層厚約20〜30cm。

Ⅸ層は5YR4/8，マンガン粒をまばらに含む赤褐色シルト。層厚約50〜80cm。多くの生痕を伴う。上面は波状の凹凸を見せる。

Ⅹ層は7.5YR4/4，褐色シルト。層厚約5〜40cm。南壁の東端から東壁にかけて分布する。

Ⅺ層は7.5YR5/8，明褐色の砂質シルト。層厚約200cm。生痕を伴う。中部に痕跡的にソイル・クラックが観察されることから上部と下部に細分が可能である。上部には2〜3mm大のマンガン粒を多量に含む。Ⅸ・Ⅹ層とⅪ層との層理面は軽微な不整合面を見せながら東に傾斜する。

Ⅻ層は2.5Y5/1，赤灰色砂質シルト。

ⅩⅢ層は2.5Y6/2，灰赤色砂質シルト。葉理構造が観察される。

ⅩⅣ層は5Y6/4，オリーヴ色を帯びたにぶい橙色砂質シルト。

ⅩⅤ層は基盤岩の全谷玄武岩。

Ⅻ層〜ⅩⅣ層は河湖相としての性格を見せ，遊離した玄武岩礫を挟在する。玄武岩上面が漢灘江による激しい侵食を受けたことを物語る。

Ⅺ層の中部（海抜55.74m付近）から石英製石器群58点が出土した[5]。粒度分析（Danhara et al., 2002）からも明らかなように，石英製旧石器が出土した層準は，やや粗粒の河湖成堆積物からきめの細かい風成堆積物（Ⅸ層〜Ⅱ層）への移行帯にあたる。ほかにⅥ層からも微量の石英製石器が出土している。

E55S20-Ⅳpitの地層断面の観察では，幅10cm以下，深さ30〜100cmを測る垂直方向の亀裂すなわちソイル・クラック[6]（soil crack）が地層区分上のメルクマールとなる。顕著なソイル・クラックがⅢ層，Ⅴ層，Ⅶ層の各上面に顕著に観察されるほか，Ⅱ層，Ⅸ層，Ⅺ層の各上面にも軽微なクラックが認められる。ソイル・クラックの多くは古土壌層の上面から古土壌層を貫通する垂直方向のクラックとして観察され，ソイル・クラックの内部は黄土に由来すると見られる黄褐色〜灰白色の土

(2) 全谷玄武岩のカリウム－アルゴン（K-Ar）年代

　遺跡の基盤岩を構成する玄武岩の年代解明は，その上位に堆積する水成層・風成層（旧石器包含）の年代上限を把握するうえで重要である。江原道鉄原の北方，平康（北朝鮮領）の鴨山付近から噴出した玄武岩は，漢灘江に沿って流れ下り臨津江下流の坡州まで達したとされている。この玄武岩のK-Ar年代は69万年前（最近の測定では118万年前）から10万年前までさまざまな年代を示し，混乱の一因になっている。また全谷里遺跡近辺の露頭から採取された全谷玄武岩のK-Ar年代は上部で0.12 ± 0.15 Ma，中部で0.4 ± 0.1 Ma，下部で0.6 ± 0.2 Maと測定された（Yi, S-B., 1984）。遺跡近辺の漢灘江に沿って分布する玄武岩の露頭観察によれば，玄武岩の間に砂礫・シルトなどの堆積物を全く挟まず1回性もしくはきわめて接近した年代の複数玄武岩流としての岩相を見せ[8]，これらの異なったK-Ar年代を導いた原因については明らかにされていない。

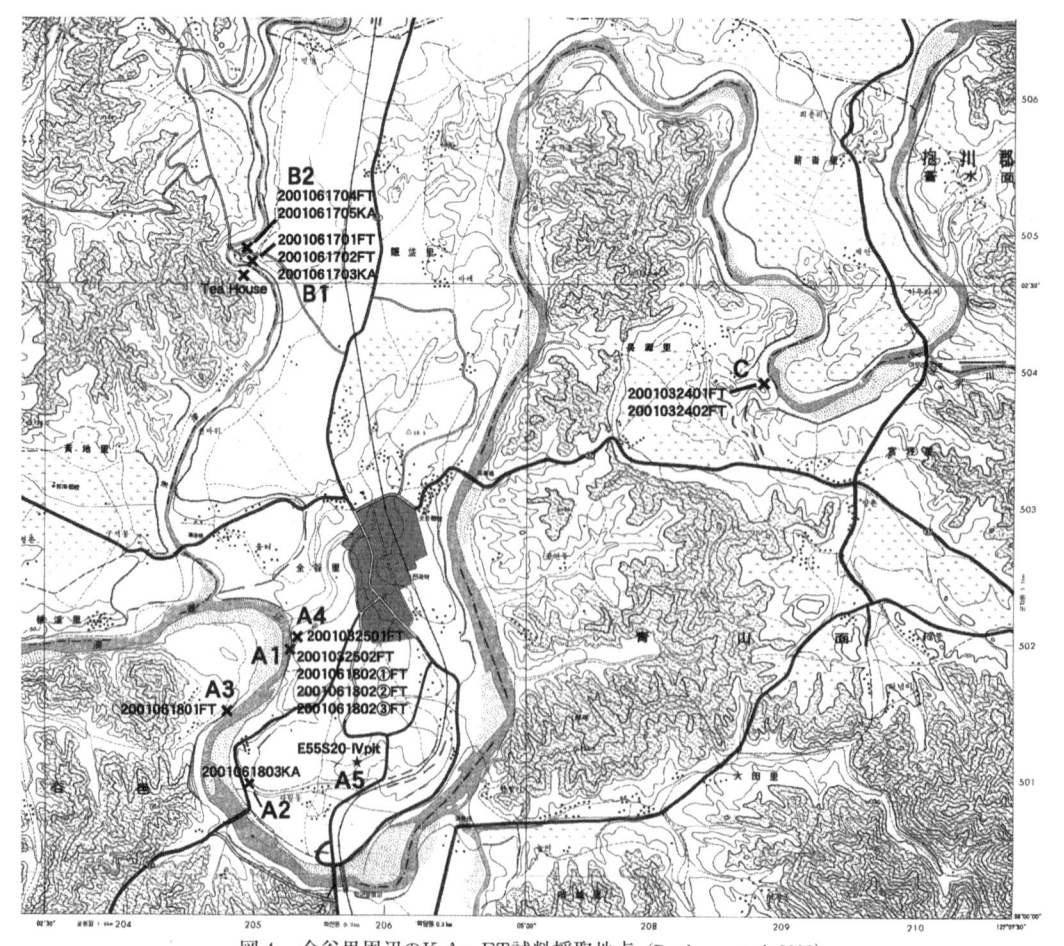

図4　全谷里周辺のK-Ar, FT試料採取地点（Danhara et al., 2002）
A1・A4：漢灘江右岸，A2：沙浪橋，A3：漢灘江左岸，A5：E55S20-Ⅳ Pit, B1：漳津川左岸，B2：豊川農園，C：宮坪里
Fig. 4　Locations of sampling for K-Ar and FT dating around Chongokni
A1・A4 ; the right bank of Hantan River, A2 ; Sarang Bridge, A3 ; the left bank of Hantan River, A5 ; E55S20-Ⅳ Pit, B1 ; the left bank of Changjin River, B2 ; Pungcheon Farm, C ; Gungpyeongri

表1　全谷玄武岩のK-Ar年代 (Danhara et al., 2002)
Table 1　K-Ar ages from the samples of the Chongok basalt (Danhara et al., 2002)

Sample name	Area / Locality	Rock type	Weight (g)	Size	Specific gravity	Remarks
2001061803 KA-pl*	Chongokni (Sa rang-gyo) / A2	alkali basalt	1.919	3φ-4φ	2.69〜2.75	
2001061803 KA-WR**			9.447	2φ-2.5φ		highly magnetic minerals were excluded.
2001061703 KA-pl*	Eundaeri (Chang jin-chon) / B1	alkali basalt	2.108	3φ-4φ	2.69〜2.75	
2001061703 KA-WR**			8.028	2φ-2.5φ		highly magnetic minerals were excluded.
2001061705 KA-pl*	Eundaeri (Pung cheon Farm) / B2	alkali basalt	3.128	3φ-4φ	2.69〜2.75	
2001061705 KA-WR**			7.943	2φ-2.5φ		highly magnetic minerals were excluded.

*plagioclase (labradorite〜bytownite), **whole-rock
Area : Chongokni, Sa rang-gyo (全谷里沙浪橋), Eundaeri, Chang jin-chon (隠岱里漳津川), Eundaeri, Pung cheon Farm (隠岱里豊川農園)

Number of Specimen	Number in Laboratory	Potassium (wt. %)	Rad. Argon 40 (10-8 cc STP/g)	K-Ar age ± 2σ (Ma)	Non Rad. Ar (%)
2001061803 KA-pl*	S37-822	1.458 ± 0.029	2.77 ± 0.25	0.49 ± 0.05	83.9
2001061803 KA-WR**	S37-825	1.330 ± 0.027	4.36 ± 0.13	0.85 ± 0.03	57.7
2001061703 KA-pl*	S37-823	2.262 ± 0.045	4.37 ± 0.28	0.50 ± 0.03	78.2
2001061703 KA-WR**	S37-827	1.485 ± 0.030	3.26 ± 0.13	0.57 ± 0.03	65.2
2001061705 KA-pl*	S37-824	1.187 ± 0.024	0.75 ± 0.23	0.16 ± 0.05	94.7
2001061705 KA-WR**	S37-826	1.186 ± 0.024	0.82 ± 0.10	0.18 ± 0.02	87.5

*plagioclase (labradorite〜bytownite), **whole-rock

　檀原は，全谷里盆地の3ヵ所，すなわち漳津川左岸（図4のB1，図10），豊川農園（図4のB2，図11），漢灘江沙浪橋付近の玄武岩露頭（図4のA2，図12）で新たに試料を採取した。漳津川左岸と沙浪橋付近の玄武岩露頭は直線で約4km離れているが，岩相の類似から同一の玄武岩流と判断される。K-Ar年代測定には全岩（whole rock）試料と斜長石（plagioclase）だけを抽出した試料とに分けて供され，岡山理科大学板谷徹丸教授のもとで測定され表1に示すような結果が得られた。測定結果は，漢灘江沙浪橋付近で採取した玄武岩の全岩試料で測定した0.85±0.03Maだけがとびぬけて古くなっている[9]が，残余の3点は0.49±0.05Ma（斜長石試料），0.50±0.03Ma（斜長石試料），0.57±0.03Ma（全岩試料）ときわめて近接した年代を示す。

　一方，豊川農園の道路際露頭で観察される厚さ4mの玄武岩は，直下に堆積物（砂・シルト・粘土）が観察され，岩相のうえでも漳津川左岸の玄武岩とは区別される。豊川農園の玄武岩は0.16±0.05Ma（斜長石試料），0.18±0.02Ma（全岩試料）と測定された。

　今回新たに測定されたK-Ar年代は，約17万年前と50万年前の2回の玄武岩噴出時期を示し，これは豊川農園と漳津川左岸の玄武岩の層位的関係からも支持される。今後，豊川農園で17万年前と測定された玄武岩流の起源と分布の解明が課題として残される。

(3) 全谷玄武岩のフィッション・トラック（FT）年代

　ジルコンを含む堆積物の上を溶岩が流れたときの高熱でジルコンがリセットされた場合，フィッション・トラック法による全谷玄武岩直下堆積物の加熱年代を測定することが可能となる。これは，

表2 全谷玄武岩下位のFT年代 (Danhara et al., 2002)
Table 2 FT ages from the sediments under Chongok basalt in the Chongok basin (Danhara et al., 2002)

Sample name	Area / Locality	Formation	Material	Distance from Basalt / basement boundary	Mineral	No. of grains	Spontaneous ρ_s ($\times 10^6 cm^{-2}$)	N_s	Induced ρ_i ($\times 10^6 cm^{-2}$)	N_i	Pr(χ^2) (%)	Dosimeter ρ_d ($\times 10^6 cm^{-2}$)	N_d	r	U (ppm)	Age $\pm 2\sigma$ (Ma)	Method
Sample																	
2001302502	Chongokni / A1	Baegeuiri	Silt	0-2cm below	Zr	133	0.108	244	3.37	7593	22	8.583	2197	0.358	310	0.51 ± 0.07 *	ED1
2001061802-①	Chongokni / A1	Baegeuiri	Silt	10-15cm below	Zr	140	0.125	246	3.69	7272	5	8.099	2073	0.639	360	0.51 ± 0.07 *	ED1
2001061802-②	Chongokni / A1	Baegeuiri	Silt	25-30cm below	Zr	36	6.11	3406	1.91	1065	0	8.112	2077	0.530	180	47.8 ± 4.0	ED1
2001061802-③	Chongokni / A1	Baegeuiri	Silt	45-50cm below	Zr	30	1.41	5791	2.24	916	0	8.126	2080	0.678	220	94.3 ± 8.1	ED1
2001061801	Chongokni / A3	Baegeuiri	Matrix	0-10cm below	Zr	36	3.29	2481	2.28	1719	0	8.086	2070	0.330	220	21.6 ± 1.8	ED1
2001032501	Chongokni / A4	Chongok, Top	Basalt				No zircon crystals										
2001061701	Eundaeri / B1	Baegeuiri	Gravel	10-15cm below	Zr	22	12.40	6208	1.76	879	1	8.046	2060	0.729	170	104.3 ± 9.0	ED1
2001061702	Eundaeri / B1	Baegeuiri	Matrix	10cm below	Zr	28	9.61	8025	1.58	1316	0	8.059	2063	0.520	150	90.3 ± 7.0	ED1
2001061704	Eundaeri / B2	Baegeuiri	Clay	0-5cm below	Zr	16	11.40	1716	1.71	257	18	8.073	2067	0.793	170	99.0 ± 14.0	ED1
2001032401	Kungpyeongri / C	Baegeuiri	Black soil	0-5cm below	Zr	8	10.40	1239	1.71	203	2	8.570	2194	0.420	150	96.0 ± 15.2	ED1
2001032402	Kungpyeongri / C	Chongok, Bott.	Basalt				No zircon crystals										
Age standard																	
Fish Canyon Tuff (87KN) ED1					Zr	30	6.37	5903	3.52	3263	0	8.192	2097	0.825	340	27.4 ± 1.8	ED1
OGPK 010411-1 (ED1)					Zr	30	0.064	90	0.96	1362	56	8.605	2203	0.455	90	1.05 ± 0.23	ED1
OGPK 010411-2 (ED1)					Zr	30	0.060	106	0.98	1736	72	7.927	2029	0.495	100	0.90 ± 0.18	ED1

ρ and N : density and total number of counted tracks, respectively; analyses were made by the external detector method (ED1, internal surface) (Gleadow, 1981); ages were calculated using a dosimeter glass NIST-SRM612 and age calibration factors $\zeta_{akn} = 370 \pm 4 (1\sigma)$ (Danhara et al., 1991); Pr (χ^2): probability of obtaining the χ^2 value for v degrees of freedom (v = number of cristals - 1) (Galbraith, 1981); r : correlation coefficient between ρ_s and ρ_i; U: uranium content; zircon grains were irradiated using TRIGA MARK II nuclear reactor of St. Paul's University (Rikkyo Daigaku), Japan; age standard (reference age): Fish Canyon Tuff (27.8 ± 0.2 Ma; Hurford and Hammerschmidt, 1985), OGPK (1.00 ± 0.08 Ma; Danhara et al., 1997). Area : Chongkoni (全谷里), Eundaeri (隠垈里), Kungpyeongri (宮坪里). *A weighted mean value was calculated to be 0.51±0.05Ma.

測定原理を異にする上記のK-Ar年代をクロスチェックするうえで重要である。

試料は豊川農園（図4のB2），漳津川左岸（図4のB1），全谷里遺跡第1地点に近接した漢灘江右岸（図4のA1・A4），同第4地点南方の漢灘江左岸（図4のA3），全谷里東方約3kmに位置する宮坪里左岸（図4のC）の玄武岩直下の白蟻里層群中の礫層またはシルト層から採取されたものである（Danhara et al., 2002）。測定の結果，全谷里遺跡第1地点漢灘江右岸（図4のA1）の試料のみが明確にリセットされた年代を示した（表2）。

A1地点では，玄武岩の直下にシルト層（白蟻里層群）が堆積し，2度にわたる試料採取とFT年代測定の結果，リセットされた深度さえも明らかにすることができた。玄武岩基底に接するシルト層の上部は深さ10数cmにわたって堅く焼き締められた状態を見せ，色調も灰白色を呈し，下位のシルト層とは明瞭に識別することができる（図13）。玄武岩直下の焼き締められたシルト層中に含まれるジルコンのFT年代は0.51±0.07Maを測り，玄武岩基底下30cmの試料の年代47.8±2.0Ma，同基底下60cmの試料の年代94.3±4.1Maとは対照的である。残余の地点の試料はいずれも1億年前後（90〜104Ma）の年代幅に収まり，測定試料のジルコンが周辺の古い地層に由来することを示唆する。玄武岩直下の堅く焼き締められたシルト層からは再度に及ぶ慎重な試料採取・測定が試みられ，いずれも0.51±0.07Maと測定された。50万年前と1億年前と測定されたジルコンのFT年代は，前者が溶岩流によってリセットされたことを如実に物語る。

全谷里遺跡の地下に埋没する玄武岩が原理を異にするK-Ar，FT両年代測定法によってはからずも49〜57.5万年前と測定されたことは，旧石器を包含する堆積物の上限年代を固定するうえで重要な意義をもつ。つまり，K-Ar，FT法による測定値は，玄武岩の上位に層序づけられる堆積物が約50万年前以降の所産とする科学的な根拠を提供する。

(4) 火山灰分析

全谷里遺跡では，これまで姶良Tn火山灰ガラス（AT：28 ka）が旧石器陳列館前の露頭で地表下50cmを中心にその下位10cmにわたって検出されている（李鮮馥，1998）。檀原は，すでに中国山東半島で鬼界−葛原火山灰（K-Tz：90〜95 ka）が報告されている事実と全谷里の地理的位置からK-Tzの

降灰を念頭に置き，現地での系統的なサンプリングと試料の周到な前処理を計画・指導した。E55S20-Ⅳpit西壁において，現地表直下から玄武岩上面まで4つのラインに沿って縦5cm×幅10cmのブロックを5cm間隔で連続採取し，計132個の火山灰分析用試料を得た[10]。なおAT，Aso-4，K-Tzの降灰が予想される層準では水平方向にサンプ

表3　全谷里E55S20-Ⅳpitの火山灰分析（Danhara et al., 2002）
Table 3　Tephra analysis of E55S20-Ⅳpit in the Chongokni site

Sample No.	Height (m)	No. of glass shards	Type of glass	Refractive index	Characteristics of glass	Tephra identification	Other remarks
A1	59.59 - 59.64	2	bw	1.498, 1.500	non-hydrated core	AT	
A3	59.49 - 59.54	6	bw	1.498-1.501	non-hydrated core	AT	
E8, 14, 17	59.465-59.515	27	bw	1.498-1.500	non-hydrated core	AT	
A5	59.39 - 59.44	1	bw	1.499	hydrated	AT	
E15, 18, 20	59.365-59.415	8	bw	1.498-1.500	non-hydrated core	AT	
E21	59.265-59.315	3	bw	1.497-1.498	non-hydrated core	AT	
E29	58.74 - 58.79	1	bw	1.500	completely hydrated, shallow pits	K-Tz	(β-quartz)
E33	58.64 - 58.69	1	bw	1.500	completely hydrated, shallow pits	K-Tz	β-quartz

リング数を追加した。膨大なサンプルは漢陽大学校で慎重に水洗処理を経たのち，㈱京都フィッション・トラックに移して分析をおこなった（Danhara et al., 2002）。

　分析の結果，Ⅱ層（現地表下10〜45cm）からAT火山灰ガラス（図14），またⅣ層（現地表下100〜110cm）からK-Tzの火山ガラス（図15）とβ-quartz（高温型石英）が検出された（表3）。両火山灰ともガラス形態の観察，水和層の状態，屈折率測定をもとに同定されたものである。近年，日本海東部の海底ボーリング・コアから確認されている白頭山起源のB-Og（白頭山－男鹿火山灰；450 ka）（白井，2001），Aso-4等の火山灰は検出されなかった。

　なお2002年8月，E55S20-Ⅳpit東南隅で長さ50cmの金属製チャネルを用いてコアを採取し，ATおよびK-Tz検出層準を中心とした予備的な火山灰分析を実施した。その結果，AT火山灰ガラス，β-quartzの含有率のピークにもとづき，AT降灰層準（海抜59.45〜59.50m）並びにK-Tz降灰層準（同58.75〜58.80m）を推定するうえで有力なデータを得た（黄昭姫，2003）。

(5) 堆積物の磁化率測定

　中国黄土高原の黄土－古土壌連続に対する系統的な磁化率測定の結果，古土壌層では磁化率が高く，逆に黄土層では磁化率が低いことが知られ，第四紀の気候変動を探るうえで堆積物の磁化率測定が有効な手法のひとつであることが確立された。2001年における玄武岩のK-Ar・FT年代測定，火山灰分析，粒度分析に続いて，2002年にはE55S20-Ⅳpitにおいて系統的なサンプリングを経て，磁化率測定が林田明と金周龍・李允秀等によってそれぞれ別個に実施された（金周龍ほか，2002；Hayashida, 2003）。

　全谷里遺跡における磁化率測定の結果，韓国で初めて中期更新世中頃から後期更新世末に至る磁化率変動曲線が提示された（図5）。それによれば，ステージ3からステージ9に至る気候変動を読み取ることができ，黄土高原の磁化率変動曲線との対比はもとよりグローバルな深海底酸素同位体比（MIS）ステージとの対比に途を拓くことになった。

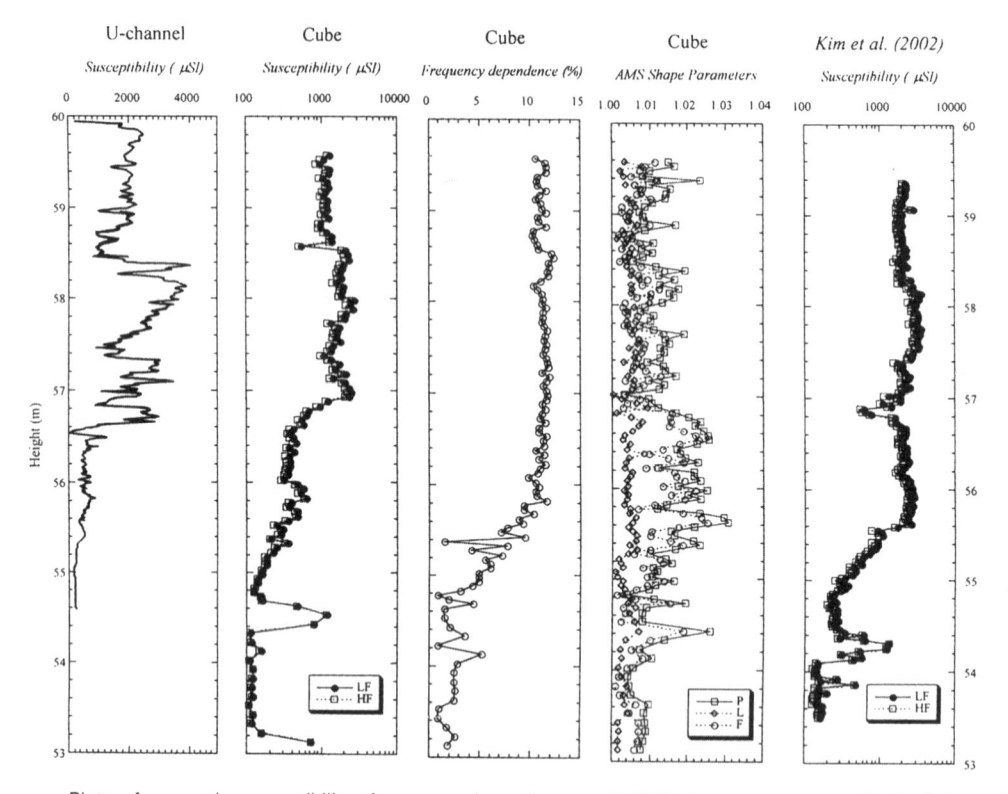

Plots of magnetic susceptibility, frequency dependence and AMS shape parameters obtained from the E55S20-IV pit of the Chongokni Paleolithic Site. Susceptibility data obtained by Kim et al. (2002) from the same pit is shown in the right side panel. Magnetic susceptibility of the cubic samples were measured at two frequencies, 0.47 kHz (LF) and 4.7 kHz (HF). The frequency dependency is represented by 100×(LF-HF) / LF. AMS shape parameters are; P: degree of anisotropy, L: lineation, and F: flattening.

図5　全谷里E55S20-IV pitの磁化率測定結果 (Hayashida, 2003)
Fig. 5 Magnetic susceptibility from E55S20-IV pit (Hayashida, 2003)

(6) 電気探査による比抵抗調査

2003年9月，全谷里遺跡の基盤をなす玄武岩の分布，現地表面からの埋没深度を明らかにするため電気探査による比抵抗調査をおこなった（井上ほか，2004）。比抵抗構造と実際の玄武岩深度とを比較検討するため玄武岩深度が明らかな既掘トレンチを中心に13ヵ所で実施した。予備的な解析結果によれば，風化玄武岩層をのぞき玄武岩深度は2m程度の誤差で推定され，玄武岩深度はおおむね10m以浅を示し，台地縁辺部で若干浅い深度を示す傾向が認められた。また低比抵抗を示す砂層は台地南部で連続分布している可能性が指摘されている。今回の調査では，豊川農園，漳津川左岸で観察される上下2層の玄武岩に対応するような高比抵抗構造は得られなかった。比抵抗調査の結果，遺跡北方の隠垈里で確認された若い年代を示す玄武岩流（Danhara et al., 2002）は全谷里遺跡まで及んでいないものと推定される。今後，全谷里北方の隠垈里一帯に広がる平坦な玄武岩台地下での組織的な比抵抗調査が大きな鍵を握ることになろう。

(7) 黄土－古土壌編年・MIS編年への対比

全谷里遺跡第3地点のE55S20-IV pitにおいて明らかにされた層序，火山灰分析，磁化率測定，粒

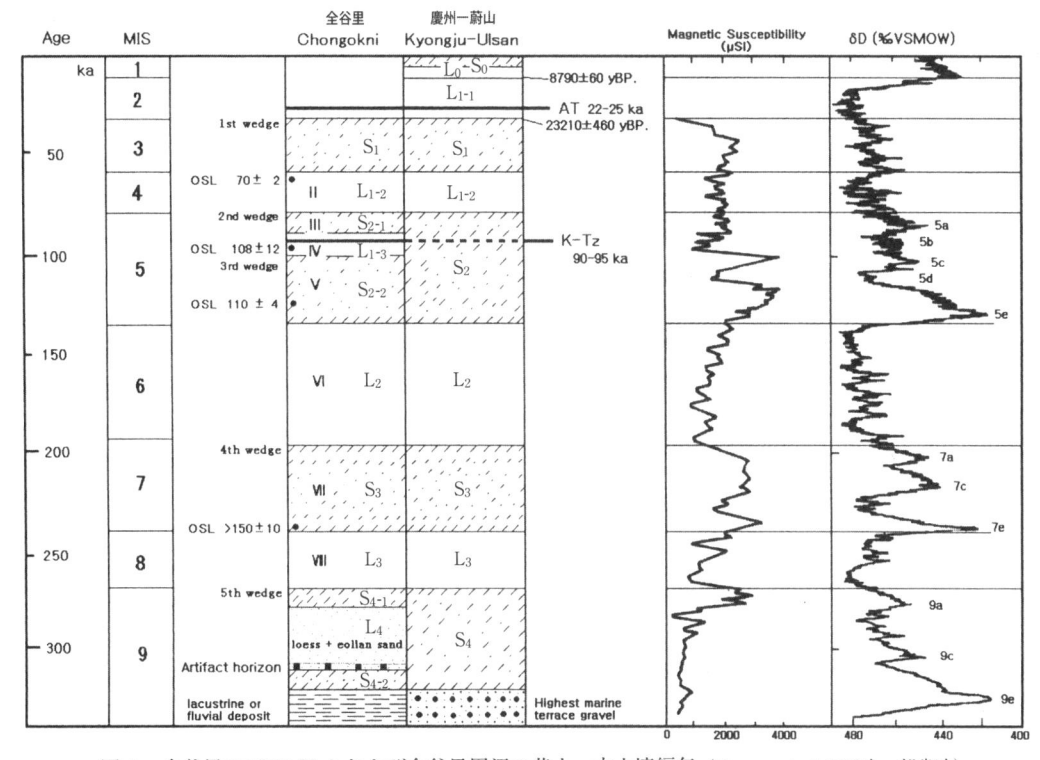

図6　全谷里E55S20-Ⅳpitおよび全谷里周辺の黄土 – 古土壌編年（Naruse et al., 2003を一部省略）
L：レス（黄土），S：古土壌
Fig. 6　Loess-paleosol Chronology of E55S20-Ⅳpit and around Chongokni（Naruse et al., 2003）
L；loess　S；paleosol

度分析は，サイクリックな黄土 – 古土壌連続をMIS編年に対比するうえでの基礎的なデータを提供した。全谷玄武岩のK-Ar法，FT法によるクロスチェックも漢灘江流域では初めての試みであり，原理を異にする2つの測定法により導かれた50万年前という噴出年代も合理的なものといえる。

檀原によって進められた高精度・高分解能の火山灰分析は，一連の堆積物連続の中でATならびにK-Tzの降灰層準を明らかにしたばかりでなく，黄土 – 古土壌連続に時間的な定点を与え，それをグローバルなMIS編年の枠組みの中で把握するのを可能とした（Danhara et al., 2002；黄昭姫, 2003）。日本列島でのテフラのMISステージ対比研究によれば，ATはMISステージ3とステージ2の間に，またK-Tzはステージ5c直後に降灰したことが知られている（町田・新井, 2003）。E55S20-Ⅳpitでは，ATが寒冷期の堆積相を見せるⅡ層上部，K-Tzが寒冷期の堆積相を見せるⅣ層から検出された。しかしながら，K-Tz以下の堆積物中では広域火山灰が検出されていないことから，確固とした年代上の定点を与えることはできない。そこで，磁化率変動曲線から読み取れるMISステージとサイクリックな堆積物連続とを比較検討することによって堆積物の年代を推定する方法が唯一の手段として残される。

成瀬は，これまでフィールドとした韓国東南部慶州 – 蔚山地域の高位段丘を被覆する黄土 – 古土壌連続と対比しながら，E55S20-Ⅳpitの黄土 – 古土壌連続をAT並びにK-Tzの降灰層準，磁化率測定，OSL測定年代にもとづきMIS編年と対比する編年試案（図6）を発表した（Naruse et al., 2003）。Uチャネル試料による磁化率分析によれば，ステージ2以新の堆積物を欠如しているのは明瞭であ

る。また原因は不明ながらも，ステージ9相当層以下では急激に磁化率が低くなる現象が認められる。一方，E55S20-Ⅳpitの別の断面から採取された試料による古地磁気分析では，54.50mと53.20m付近に磁化率の高い部分が検出されている（金ほか，2002）。これらがステージ11・13に対応するものであれば，玄武岩の噴出年代（ca. 500 ka）にきわめて接近し，7mに達する堆積物が玄武岩噴出後の堆積物を網羅している可能性も考慮される。

MIS編年試案によれば，全谷里遺跡にあっては必ずしも赤褐色土壌－温暖期，灰褐色・黄褐色－寒冷期という単純な相関をもつものではないことが知られる。例えば，温暖期に比定されるステージ3，7相当層はそれぞれ褐色，黄褐色の色調を見せ，寒冷期のステージ6は暗赤褐色の色調を呈する。こうした土色の変化は遺跡が位置する緯度，降水量，気温，植生などの地域的な環境因子を複雑に反映した可能性が高いが，詳細な検討は今後の研究にゆだねられる。

3．全谷里旧石器群編年と今後の研究課題

全谷里遺跡では，これまでの調査で多くのトレンチのさまざまな層準から旧石器の出土が報じられているが，それらを層序学的枠組みの中で再構成する研究が待たれる。個々の剥離面の観察がいたって困難な石英脈岩の使用が遺物研究の進展を制約する要因になっていることも否めないが，比較基準としての石器型式の確立，それを踏まえた個々の石器群の技術形態学的検討が急務といえる。

2001～2003年に実施された日韓共同研究は，一連の堆積物連続に広域火山灰を用いて時間面を与える一方で，K-Ar法，FT法による玄武岩の噴出年代をクロスチェックしながら堆積物の年代上限を固定し，サイクリックな風成堆積物を黄土－古土壌編年さらには世界標準年代尺度としての酸素同位体比編年に対比することによって年代上の枠組みを提供することを可能とした。ここで仮説的に提示された堆積物編年は，今後，朝鮮半島各地の多くの調査事例にもとづいて検証されねばならないことはいうまでもない。

全谷里遺跡では，さまざまな層準から旧石器を出土する事実が報告されており，E55S20-Ⅳpitの標準層序に照らして，既掘の旧石器包含層の対応関係を明らかにすることによって石英製石器群の推移を解明する展望が拓けてきた。それは，全谷里にとどまらず臨津江・漢灘江流域の旧石器遺跡群に対する層序編年学研究において一つの比較基準を提供することになろう。

E55S20-ⅣpitのⅪ層から出土した石英製石器群は，不定形剥片を主体に少量の小形チョッパー，鋸歯縁石器，小形両面調整石器（？）をともなうものの，重厚な両面調整石器を含んでいない（図16・17）。出土資料数に制約があり，石器群の性格を把握するには自ずと限界があるが，石英・脈石英の盛用とも相まって華北の小形剥片石器文化の系統に属する可能性も排除できない。その一方で，中期更新世の基準遺跡としての周口店遺跡をはじめ当該期の華北の剥片石器文化伝統を特徴づける多様な形態の尖頭状石器（尖状器）・連続した調整剥離を施した削器（刮削器）を欠如するきわめて貧弱な点に大きな差異が認められる。E55S20-ⅣpitのⅪ層の石器組成が遺跡内での活動内容の違いを反映したものなのか，当該期の石器群に普遍的な様相を示すものかについては今後の検討が待たれる。全谷里遺跡では過去の調査によって膨大な資料と地質情報の蓄積がはかられてきており，それらの整理・再検討にもとづいた文化層単位の再構成が緊急の課題となろう。

全谷里遺跡は，過去20年余に及ぶ継続的な調査・研究の蓄積，朝鮮半島の中央部に位置する地理

的位置，過去50万年以降の地史をとどめる潜在的な地質学的情報，中期更新世以降長期間に亘る遺跡形成過程など，環境変遷史と人類史を相互補完的に究明するうえで測り知れない情報を秘める，まさに超一級の学術的価値を秘めた遺跡といえる。全谷里遺跡をめぐる学際的研究は，爾後，東北アジアの地域研究をリードする牽引車としての役割を果たし続けることであろう。その研究動向は，朝鮮半島における人類史の遡源と展開を探求するのに寄与するばかりでなく，隣接する日本列島の人類史の起源を探求するうえでも重要な意義をもつものとなろう。

4．高精度・高分解能分析による東アジア旧石器編年の再構築に向けて

考古学をはじめ人類進化学，地質学など過去を対象とする学問分野にあっては，研究の出発点として年代学的位置づけ，換言すれば時間尺度の確立が何よりも優先されるべき作業であることは多言を要しない。

さいわいにも，1970年代以降，世界標準尺度としての深海底・グリーンランド氷床の酸素同位体比編年の確立によって地球的規模で第四紀を包摂する年代基準SPECMAPが提供されてきた。東アジアでは，中国黄土高原の黄土－古土壌編年が酸素同位体比編年との精細な対比のもとに確立され，更新世のほぼ全期間を包摂するタイム・スケールが提供されている（孫・趙ほか，1991；岳・薛，1996）。しかしながら，黄土－古土壌は黄土高原からの距離に比例して層厚を減じる一方で，地域的な気候環境の影響を受け堆積物自体の2次的変質も予測される。朝鮮半島に分布する黄土の成因をめぐって最近まで中国起源に否定的な見解が支配的であった韓国第四紀学界にあって，慶州－蔚山地域，全谷里遺跡の研究が通説を打破するうえで一定の貢献を果たしている事実も否定できない。

大陸と日本列島の中間に位置する朝鮮半島の地理的位置は，世界的規模で生じた気候変動を反映する黄土－古土壌連続に，日本列島に由来する広域テフラを介して時間上の定点を与えるうえで絶好の位置を占める。つまり，朝鮮半島の黄土－古土壌連続に広域テフラで実年代を与え，さらには中国と朝鮮半島の黄土－古土壌連続を相互に対比同定するうえで精度の高い時間面を与えることを可能にする。実際，これまでに朝鮮半島南部においては，陸上・湖沼堆積物の中に南九州起源のAT（ca. 25 ka），K-Tz（ca. 95 ka），Ata（阿多：ca. 105～110 ka）の各火山灰が検出されており，とりわけ対馬海峡に面した地域では，Aso-4（阿蘇-4：ca. 90 ka），Ata-Th（阿多－鳥浜：ca. 240）火山灰の発見も期待され，それを視野に入れた調査が望まれる。将来，白頭山起源のB-Og火山灰（白頭山－男鹿：ca. 450）

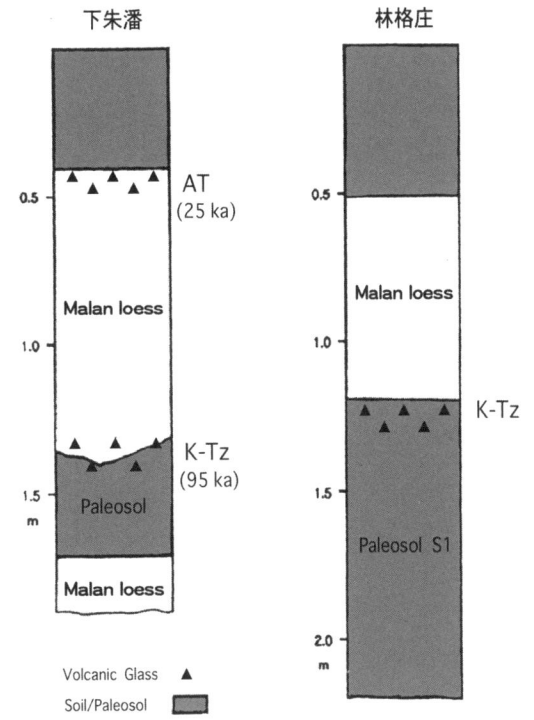

図7　中国山東半島蓬莱のAT・K-Tz検出層準
　　　　（Eden *et al.*, 1996）

Fig.7　Horizons of AT and K-Tz in the Shangdong Peninsula, China

が半島北部，中国東北地方から検出されれば，中期更新世のタイム・マーカーとして堆積物ひいては人類遺跡の年代決定に大きく寄与することになろう。こうした広域テフラの検出は，ひとえに入念な試料の前処理作業と高精度・高分解能の分析技術に依拠することはいうまでもない。

　中国山東省蓬莱では，ATおよびK-Tzが黄土－古土壌連続中で検出され（図7），前者は下朱潘の現地表下50cmの馬蘭黄土最上部，後者は林格庄の現地表下130cm付近の馬蘭黄土中に含まれる古土壌（S_1）最上部から報告されている（Eden *et al.* 1996；周ほか, 2000）。これらは中国における火山灰編年の先駆的研究であり，中国で初めて黄土－古土壌連続に火山灰編年学を用いて年代上の定点を与えた画期的な研究として高く評価される。今後，中国における高精度の旧石器編年研究を推進するうえで，長江（揚子江）下流域に所在する旧石器遺跡での日本列島起源の広域テフラの検出が期待されるところである。中国・北朝鮮国境に位置する白頭山（中国名長白山）起源のテフラ編年研究は，中国東北部，ロシア沿海州，朝鮮半島北部の第四紀編年研究において最優先されるべき課題の一つといえよう。それはまた当該地域の旧石器編年研究はもとより中期更新世後半以降の第四紀環境変動史の復原に画期的な転換をもたらすにちがいない。こうした研究の遂行にあたっては，フィールドおよび研究分野が多岐に亘ることが予想され，当該国の多くの研究機関と研究者が参加する国境を越えた学際的なプロジェクトの立ち上げが不可欠といえる。

謝辞　本研究は，2003～2004年度同志社大学学術奨励研究「東北アジアにおける更新世人類史・環境変遷史をめぐる年代枠組みの研究」（研究代表者：松藤和人，共同研究者：林田 明），2003～2004年度同志社大学理工学研究所部門研究「東アジアにおける環境変動と旧石器編年」（研究代表者：松藤和人，共同研究者：林田 明・成瀬敏郎），2004～2007年度科学研究費補助金基盤研究（A）による「東アジアにおける旧石器編年と古環境変遷に関する基礎的研究」の成果の一部である。

補註

（1）アシュール文化を代表する両面調製石器の一形態。礫核または大形剥片の両面を剥離して仕上げられた重厚な石器で，平面形状にもとづいて尖頭形，杏仁形，楕円形，心臓形，三角形などに分類されているが，楕円形・尖頭形のものが多い。アフリカでは160万年前頃に出現し，中期更新世末頃まで盛んにつくられた。アジアではインドまで確実に分布し，近年，長江（揚子江）流域を中心とした中国南部でのハンドアックスの出土例が注目されつつある。

（2）全谷里遺跡では，大形石器以外にも剥片を用いた小形石器が見られるが，刃部を精巧に加工したものは少なく，剥片の多くは2次加工が施されないまま使用したと考えられている（裵, 2001）。

（3）全谷里遺跡以外にも，長坡里，佳月里，舟月里遺跡等でTL法による年代測定が試みられているが，整合的な年代は得られていない（李鮮馥, 1998）。

（4）遺跡地では，煉瓦用土取り，畑地整形などにより，MISステージ1・2の堆積物を欠如し，本来の地表面を遺存しない。

（5）E55S20-Ⅳpitでは，Ⅺ層以外にも他の層から14点の石英製遺物が出土している。

（6）ソイル・クラックの成因については，① 氷楔（アイス・ウェッジ）説，② 周氷河環境のもとで冬季の凍結，夏季の融解作用のもとで形成されたソイル・ウェッジとする説，③ 氷期の寒冷・乾燥気候下で形成されたとする説，④ 温暖期に形成された乾裂説などがある。韓国の旧石器遺跡では，一般的にソイル・クラックが3つの層準に認められ，上位からMISステージ2，4，6に対応するものと仮定され，

出土石器群の年代を考えるうえでの目安とされている。しかしながら，全谷里遺跡では後述するように，K-Tz降灰層準の直下にクラックが発達しており，そのクラックはステージ5bの寒冷期に対応するものと考えるのが合理的である。本遺跡で観察されるソイル・クラックはMISステージ2，4，5b，6，8に対応するものと推定される。

（7）ソイル・クラックの内部を充填する土壌は，黄土本来の色調に近い黄褐色（Ⅲ・Ⅴ層）を見せる。

（8）全谷里遺跡近辺の玄武岩露頭の観察では，下底と上部には柱状節理が発達する一方で，中央部は水平方向に細かく破砕した構造を見せる。柱状節理を伴う上・下部は急冷され，中央部は徐々に冷却したものであろう。その間にいかなる砂礫・シルト等の堆積物も介在しない。K-Ar測定に供したサンプルは，急激な冷却に伴いガラス質物質が生成される部位からの試料の採取を避け，徐々に冷却が進んだ中央部から採取したものである。

（9）この1例のみが突出した年代を示す理由としては，全岩試料中にガラス質物質が混入していたために古い測定値が得られた可能性がある。

（10）E55S20-Ⅳpit西壁での火山灰分析用土壌のサンプリングに際して，日本から多量のステンレス製釘を持参し，採取位置を明示・保存するとともに爾後の検証に備えて同釘を壁面に打ち込んで残していたが，サンプリングの2ヵ月後（2001年8月），壁面は突如崩壊した。2002年8月，崩壊したトレンチの整備に伴って拡張されたトレンチの東南隅で火山灰分析試料の再サンプリングをおこなった。

引用文献

Bae, K. D., 1989 The development of the Hantan River Basin, Korea and the age of the sedement on the top of the Chongok basalt. *The Korean Journal of Quaternary Resarch*, 3, 87-101.

裵基同, 洪美瑛, 李漢龍, 金永姸, 2001 全谷里旧石器遺跡. 漣川郡・漢陽大学校文化財研究所.

裵基同／黄昭姫訳, 2001 韓半島の前期・中期旧石器時代. 旧石器考古学, 62, 1-110.

Bae, Kidong & Lee, Jungchul (eds.), 2002 *Paleolithic Archaelogy in Northeast Asia*. Yeoncheon County & the Institute of Cultural Properties, Hanyang University.

Bae, Kidong *et al.*, 2003 *Geological Formation of the Chongokni Paleolithic Site and Paleolithic Archaeology in East Asia*. Yeoncheon County and the Institute of Cultural Properties, Hanyang University.

文化財管理局文化財研究所, 1983 全谷里遺跡発掘調査報告書.

Danhara, T., Bae, K., Okada, T., Matsufuji, K. and Hwang, S, 2002 What is the real age of Chongokni Paleolithic site? *Paleolithic Archaeology in Northeast Asia*, Yeoncheon County and Institute of Cultural Properties Hanyang University, 77-116.

Eden. D. N., Frogatt, P. C., Zheng, H. and Machida, H., 1996 Volcanic glass found in the late Quaternary Chinese loess: A pointer for future studies? *Quaternary International*, 34-36, 107-111.

Hayashida, A., 2003 Magnetic Properties of the Quaternary Sediments at the Chongokni Paleolithic Site: a Preliminary Result. *Geological Formation of the Chongokni Paleolithic Site and Paleolithic Archaeology in East Asia*.

黄昭姫, 2003 全谷里旧石器遺跡E55S20-Ⅳpitの火山灰分析. *Geological Formation of the Chongokni Paleolithic Site and Archaeology in East Asia*, Yeoncheon County and the Institute of Cultural Properties, Hanyang University, 75-76.

井上直人, 黄昭姫, 相場 学, 林田 明, 松藤和人, 裵基同, 2004 韓国全谷里遺跡周辺における比抵抗調査（ポスター発表）. 日本第四紀学会.

金元龍, 崔茂蔵, 鄭永和, 1981 韓国旧石器文化研究. 韓国精神文化研究院研究叢書, 81-1.

金周龍, 裵基同, 梁東潤, 南旭鉉, 洪世善, 高尚模, 李允秀, 姜文卿, 2002 韓国全谷旧石器遺跡E55S20-Ⅳpitの土壌・堆積物分析結果. *Paleolithic Archaelogy in Northeast Asia*, Yeoncheon County and the Institute of Cultural Properties, HanYang University, 117-146.

町田 洋, 新井房夫編, 2003 新編火山灰アトラス. 東京大学出版会, 67, 75.

Naruse, T., Bae, K-D., Yu, K-M., Matsufuji, K., Danhara, T., Hayashida, A., Hwang, S-H., Yum, J-G. and Shin, J-B., 2003 Loess-Paleosol sequence in the Chongokni Paleolithic site. *Geological Formation of the Chongokni Paleolithic Site and Paleolithic Archaeology in East Asia*, Yeoncheon County Hanyang University and Institute of Cultural Properties, 143-156.

白井正明, 2001 日本海東部で見出された更新世中期の広域テフラ. 月刊地球, 267, 600-604.

周厚雲, 郭国章, 鄭洪漢, 2000 山東半島黄土堆積中的火山玻璃. 海洋地質与第四紀地質. 20(4), 99-102.

孫建中, 趙景波ほか, 1991 黄土高原第四紀. 科学出版社.

Yi, Seon-Buk, 1984 Geoarchaeological Observations of Chon'gok-ri, Korea. *Korea Journal* (September), 4-10.

Yi, Seonbok, 1988 Quaternary Geology and Paleoecology of Hominid Occupation of Imjin Basin. *The Korean Journal of Quaternary Research*, 2(1), 25-50.

李鮮馥／小畑弘己訳, 1998 臨津江流域の旧石器遺跡の年代について. 旧石器考古学, 57, 67-81.

岳楽平, 薛祥煦, 1996 中国黄土古地磁学. 地質出版社, 71-77.

（原載；旧石器考古学, 66, 2005年）

図 8　全谷里遺跡全景（西から）

右から左へ漢灘江が大きく蛇行して流れる。画面中央左は全谷里市街。漢灘江の手前の台地は第 4 地点。中央の玄武岩台地上が第 2 地点。中央左の玄武岩台地上が第 1 地点。玄武岩の溶岩は画面左方向から盆地に溢流した。

Fig. 8　Wide view of the Chongokni site (from west)

図 9　全谷里遺跡E55S20-Ⅳpit南壁地層断面

サイクリックな黄土－古土壌連続とともにソイル・クラックが 3 枚観察される。下部に行くほど古土壌は不鮮明となる。ATが地表面直下、K-Tzが上から 2 枚目のソイル・クラックの直上から検出された。

Fig. 9　Geological section on the south wall at E55S20-Ⅳ pit of the Chongokni site

図10 隠垈里漳津川左岸（図4のB1地点）の玄武岩露頭
左下に白蟻里層群の礫層が見え、その上を玄武岩流が覆う。玄武岩の基底部にはマッシーヴな部分があり、その上は徐々に冷却した部分を見せる。玄武岩の上面は植物の葉に隠されている。
Fig. 10 Basalt of the left bank of the Changjin river (Loc. B1 on Fig. 4)

図11 隠垈里豊川農園（図4のB2地点）の道路脇に露出する玄武岩
堆積物（砂・粘土）の上位に玄武岩（厚さ約4m）が堆積する。本地点の玄武岩は K-Ar法により0.16±0.05Ma、0.18±0.02Maと測定された。
Fig. 11 Basalt of Pungcheon Farm, Eundaeri (Loc. B2 on Fig. 4)

図12 全谷里沙浪橋北方（図4のA2地点）の玄武岩
E55S20-Ⅳpit西方約800mの道路脇に露出する玄武岩。玄武岩はK-Ar法により0.49±0.05Ma（斜長石試料）、0.85±0.03 Ma（全岩試料）と測定された。
Fig. 12 Basalt near Sarang Bridge (Loc. A2 on Fig. 4)

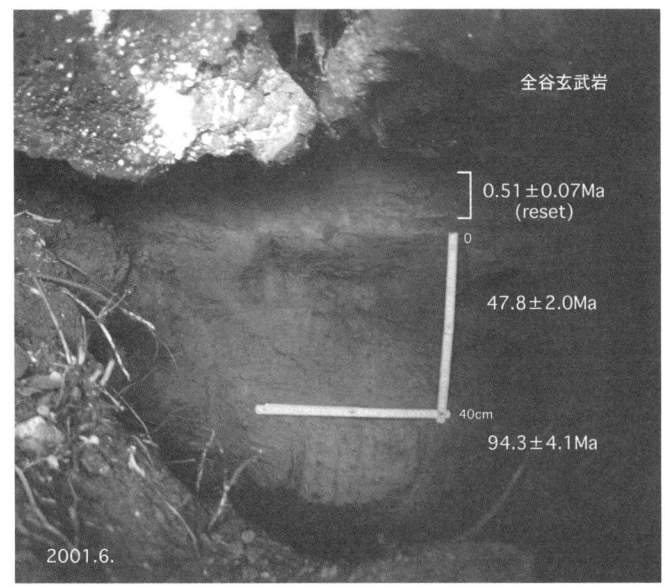

図13 全谷里漢灘江左岸(図4のA1地点)
　　のFT年代測定試料の採取地層

全谷里遺跡第1地点に接する漢灘江右岸の全谷玄武岩露頭。玄武岩に接する白蟻里層群のシルト上部約10数cmが溶岩流の熱によって堅く焼き締められている。

Fig. 13 Silt and the FT ages below
　　　Chongok basalt (Loc. A1 on Fig. 4)

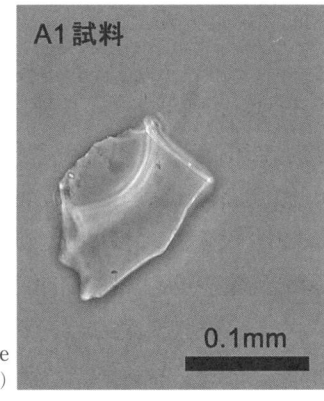

図14　全谷里遺跡E55S20-IVpitのAT
　　　ガラス（京都FT提供）
Fig. 14 AT volcanic glass from
　　　E55S20-IVpit, the Chongokni site
　　　(after Kyoto Fission-Track Co., Ltd.)

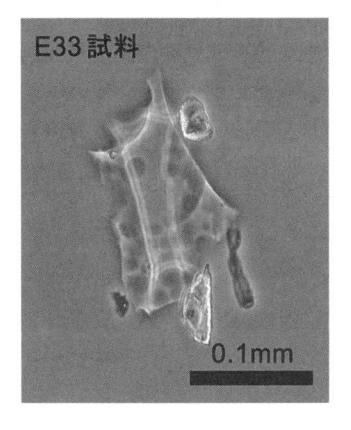

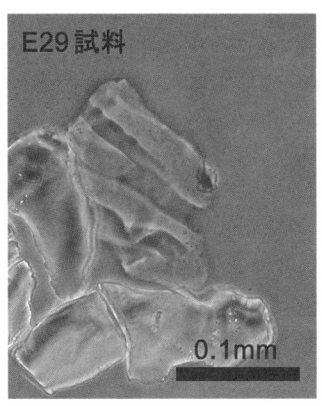

図15　全谷里遺跡E55S20-IVpitのK-
　　　Tzガラス（京都FT提供）
Fig. 15 K-Tz volcanic glass from
　　　E55S20-IVpit, the Chongokni site
　　　(after Kyoto Fission-Track Co., Ltd.)

図16　全谷里遺跡E55S20-Ⅳpit XI層出土の石英製遺物（1）
1～6・9 剥片，7 鋸歯縁石器，8 石核，10 小形両面調整石器
Fig. 16　Quartz artifacts from Layer XI of E55S20-Ⅳpit in the Chongokni site
1-6・9 ; flakes, 7 ; denticulate, 8 ; core, 10 ; small biface

図17　全谷里遺跡E55S20-Ⅳpit XI層出土の石英製遺物（2）
1～13・15 剥片・砕片，14 小形掻器，16 掻器？
Fig. 17　Quartz artifacts from Layer XI of E55S20-Ⅳpit in the Chongokni site
1-13・15 ; flakes and chips, 14 ; small scraper, 16 ; scraper?

New Progress of Studies at the Chongokni Paleolithic site, Korea ; Korea-Japan Cooperative Project in 2001-2004*

Kazuto MATSUFUJI[1], Kidong BAE[2], Tohru DANHARA[3], Toshiro NARUSE[4], Akira HAYASHIDA[1], Kang-Min YU[5], Naoto INOUE[6], Sohee HWANG[7]

[1] Doshisha Univ., [2] Hanyang University Museum., [3] Kyoto Fission-Track Co. Ltd.

[4] Hyogo Teacher Education Univ., [5] Yonsei Univ., [6] Geo-Research Institute,

[7] Institute of Cultural Properties Hanyang Univ.

The Chongokni (Jeongokni) Paleolithic site is one of the most famous sites in the Korean Peninsula, which yields Acheullean-type massive handaxe, cleaver, spheroid pick and so on. The site, discovered in 1978, is located on the basalt tableland near DMZ in latitude 38°N, 50 km north of Metropolitan Seoul. Since the first excavation in 1979, So many Paleolithic tools made of vein-quartz have been recovered from various horizons of the eolian and fluvial sediments over the Quaternary Chongok basalt. K-Ar dating for the Chongok basalt as a basal rock shows various ages from ca. 700 to 100 ka, which have caused a large confusion up to now.

This geo-archaeological project as Korea-Japan cooperative researches was planned to elucidate the date of the lithic assmblage from the layer XI at E55S20-IV pit on Location 3 of the site. The assemblage consists of total 58 quartz artifacts. It contains a small chopper, denticulate, small biface, irregular flakes and cores. However, it has no any massive tool such as handaxe, cleaver, pick and spheroid, which made this site famous.

All of the sediment was divided into I to XIV layers, from the top downwards, on the basis of observing color, texture, soil cracks, mineral and unit of sedimentation. The stratigraphy of E55S20-IV pit is composed of eolian sediment 4 m thick in the upper part and fluvio-lacustrine sediment 3 m thick in the lower part over the Chongok basalt. The former is alternative deposition of loess-paleosol, and the later consists of fine sand or silt.

Geo-scientists approached to make clear the age of the cultural layer, applying tephra analysis, magnetic susceptibility, grain size distribution, OSL dating for the sediment and K-Ar, FT dating for the Chongok basalt as bedrock.

As a result both K-Ar and FT dating show ca. 500 ka for the basalt flow. Accordingly the Chongok basalt has been crosschecked on the basis of two different methods. Tephra analysis found the volcanic glasses of AT (ca. 26-29 ka) in the upper part of the Layer II, and a few volcanic glasses and peculiar β-quartz with K-Tz (ca. 95 ka) in the lower part of the Layer IV. Based of the refractive ratio and morphology of the glass, it is proved that both tephras came from two huge calderas in the southern Kyushu Island, the Japanese archipelago.

In addition to K-Ar and FT dating for the Chongok basalt, the synthetic examination of magnetic susceptibility, loess-paleosol sequence, tephra analysis and OSL dating for the sediment allows to correlate a series of the eolian sediment at E55S20-IV pit with MIS 9 to 2. Accordingly the lithic assemblage from the layer XI at E55S20-IV pit would date back to ca. 300 ka of MIS 9 at latest.

Acknowledgments This study is a part of the result of Reconstruction of Chronological Framework on the *Pleistocene Human History and Environmental Transition in Northeast Asia* with the Aid of Doshisha University's Research Promotion Fund in 2003-2004 and the Grant-in-Aid for Scientific Research (A) in2004-2007 by Japan Society for the Promotion of Science.

Key words： Chongokni Paleolithic site, Chongok basalt, loess-paleosol sequence, K-Ar and FT dating, AT, K-Tz

韓国全谷里遺跡の地質学・年代測定における新展開
― 韓国全谷里旧石器遺跡国際セミナー 2006 ―

松藤和人
同志社大学

1．はじめに

　2006年3月16日の午後，ソウル特別市中区の培材大学校学術支援センターにおいて，「韓国全谷里旧石器遺跡の地質学・年代測定における新展開」と題する国際セミナーが，漢陽大学校文化財研究所の主催で開催された。全谷盆地における日韓共同調査の最新成果を紹介することを目的としたものである。セミナーには，韓国の地質学・旧石器考古学の研究者，中国・ネパールの研究者，漢陽大学校大学院生，マスコミ関係者など20名余の参加があり，研究発表後，活発な質疑応答が交わされた（図1）。

図1　培材大学校学術支援センターにおける
　　　セミナー風景
Fig. 1　International Seminar held at Pai-Chai University in Seoul

　全谷里遺跡をめぐる年代研究は，日韓共同研究（韓国側代表：裵基同漢陽大学校教授，日本側代表：松藤和人同志社大学教授）の一環として2001年以来，地質学・地形学・年代学・考古学分野を結合した学際研究として進められ，着実な成果をおさめてきた（Bae & Lee eds., 2002；Danhara, et al., 2002；Bae, et al., 2003；Hayashida, 2003；Naruse, et al., 2003；黄昭姫，2003；金周龍ほか，2002；井上ほか，2004；松藤ほか，2005）。2004年までの研究成果については，『旧石器考古学』66号で概要を紹介した（松藤ほか，2005）ので，ここでは2005年の調査で新たに判明した事柄を中心にふれることにしたい。

　今回の国際セミナーでは，2005年3月・11月に実施した全谷里遺跡周辺における地質，レス-古土壌調査の最新の成果が披露され，全谷里遺跡の年代ならびに堆積物（玄武岩，レス）に深い関心を寄せる多数の研究者の参加を見た。

　セミナーにおける発表者と発表タイトル（原英文）は，以下の通りである。
　長岡信治（長崎大学教育学部助教授）
　　韓国・全谷盆地における第四紀玄武岩溶岩の層序と年代
　房迎三（南京博物院考古研究所研究員）
　　揚子江下流域における旧石器時代開地遺跡の年代について―全谷里遺跡との比較―
　林田 明（同志社大学工学部教授）
　　全谷里旧石器遺跡の第四紀堆積物の磁気特性について―中国のレス-古土壌との比較―
　成瀬敏郎（兵庫教育大学学校教育学部教授）

旧石器編年・古気候復原に関連した韓国レス－古土壌の意義

裵基同（漢陽大学校文化人類学科教授）

全谷玄武岩上の河床系と堆積プロセス

ここでは，日本人研究者による2005年における全谷里遺跡の年代をめぐる日韓共同研究の成果を中心に速報的に紹介することにしたい。なお詳細は，近い将来に報告の予定である。

長岡信治は，最近，全谷盆地で実施した地質調査の概要と系統的な玄武岩のカリウム・アルゴン（K-Ar）年代測定結果について発表した。また全谷盆地における白蟻里層形成以降の古地理変遷を明らかにした。

房迎三は，揚子江下流域における近年の前期旧石器時代遺跡の調査にもとづいて安徽省宣城市陳山遺跡（126～817 kaBP）・同寧国市毛竹山遺跡（631 kaBP），江蘇省句容市放牛山遺跡（205.9～405.5 kaBP）・同金壇市和尚墩遺跡（130～600 kaBP）の石器群の内容とESR・古地磁気年代を紹介した。毛竹山遺跡をのぞき，いずれも文化層が累重する開地遺跡である。全谷里遺跡で約30万年前という年代が推定された旧石器インダストリーは，揚子江下流域のものと大変類似し，陳山遺跡の更新世中期後半のインダストリーに対比できるという。

林田明は，全谷里遺跡E55S20-Ⅳpitの初期磁化率測定にもとづき，黄土高原洛川の試料との比較検討をおこない，全谷里遺跡のレス－古土壌連続を典型的な中国のレス連続に対比可能という。中国のレス－古土壌連続における古土壌部位での磁気強度の増大は温暖湿潤気候のもとでの土壌化過程の間にマグネタイトないしはマグヘマイトの生成に帰されるが，全谷里遺跡では古土壌に挟まれたレス層準にあっても超磁性鉱物が支配的である点に注目する。全谷里の化石土壌形成プロセスは，乾燥した中国黄土高原にもまして長期に亘ったようで，それは朝鮮半島における高い降水量に起因したものと推定する。全谷里の下位の古土壌層中での磁化率の減少もまた，温暖湿潤気候による磁性鉱物の激しい酸化の結果として説明できるという。

成瀬敏郎は，最近の韓国各地におけるレス－古土壌の精力的な調査にもとづき，韓国のレスはMIS 11（0.4 MaBP）まで追跡することができ，北アジア大陸と氷期に陸化した黄海海底に由来する風成塵の混合した物質からなり，東アジアの第四紀後期のモンスーン変動と古環境変遷を窺ううえで重要なデータを提供するものであるという。韓国の古土壌の中でも，褐色土壌のMIS 3，赤色土のMIS 5，濃赤色を呈するMIS 11は視覚的に識別することが可能で，それらは韓国のレス－古土壌編年上の鍵層としての役割を果たすという。全谷盆地のレス－古土壌層序の検討から，全谷玄武岩を基盤とする台地上ではMIS 10以降，車灘玄武岩を基盤とする台地上ではMIS 6以降のレス－古土壌が堆積する事実を明らかにした。なお全谷里遺跡E55S20-Ⅳpitの最古のレス－古土壌はMIS 9に対比されていたが，その後の再検討の結果，もう一段階古いMIS 10（0.334～0.364 MaBP）まで遡ることになった。

裵基同は，1979年以来，全谷里遺跡で調査された膨大な数に達するトレンチの堆積物観察にもとづき，全谷盆地における玄武岩流出後の古地理復原を試みた。全谷玄武岩の上に堆積する河湖層と風成堆積物の分布，それらの高度を手がかりに，古漢灘江の河床は現在見るような全谷里市街の東方を流れていたものではなく市街地の北側にあったと推定している。

以上の発表の後，約1時間に亘って質疑応答がなされ，中国と朝鮮半島のレスに共通する性質と

差異,朝鮮半島におけるレス認定問題とその供給源,ソイル・ウェッジの成因などに議論が集中した。朝鮮半島のレスあるいはレス状堆積物の成因をめぐって,韓国内では斜面崩壊堆積物説をはじめこれまでさまざまな見解が提出されていたが,最近の韓国人・日本人研究者によるフィールド調査は成因としての風成説を強力に支持するものである (Naruse, et al., 2003 ; Shin, 2003 ; 成瀬, 2006)。当然,氷期に陸化した黄海平原や近辺の河川氾濫原から吹き上げられた物質も含まれると推定されるが,風成起源説にあってはアジア大陸の内陸部から冬季北西季節風によって搬送された風成塵が主体を占めるとみなす点で共通する。今回のセミナーを通じて,はからずもシベリアや黄土高原をはじめとする大陸側のレスと朝鮮半島のレスとの間で鉱物組成・化学的特性・気候因子にともなう変質等々の比較研究の重要性がクローズアップされることになった。

　林田明による研究は,高い降雨量という気候因子が朝鮮半島におけるレス-古土壌の磁気的特性に深く関与したことを示唆するものとして注目され,今後,こうした方面の研究を推進するうえで重要なステップになろう。また黄海海底のボーリング・コアの採取と堆積物の分析,氷河性海水面変動量の解明も今後の中国を含めた国際共同研究の重要課題の一つとして提起されることになった。これらは,ひとり地質学分野にとどまらず,朝鮮半島の旧石器人をめぐる環境的背景,旧石器人の移動ルートの解明にも寄与することになろう。

2. 玄武岩層序とK-Ar年代

　長岡信治は,2004年10月の予備調査,2005年3月・11月の現地での綿密な地質踏査を踏まえ,これまで「全谷玄武岩」として一括されていた全谷盆地の玄武岩を層位学的に全谷玄武岩 (Chongok basalt) と車灘玄武岩 (Chatan basalt) に細分し,両者の間に不整合を示す浸食谷と土壌層の存在を明らかにした。図2の写真は,車灘川 (漳津川) 下流に架かる漳津橋の露頭における両玄武岩のアバッド関係を示し,全谷玄武岩は複数のフロー・ユニット (flow units) をみせる。車灘玄武岩につ

図2　漳津川右岸の全谷玄武岩 (左)・車灘玄武岩 (右) 境界
Fig.2 Boundary between the Chongok basalt (left) and the Chatan basalt (right) at the left bank of Changjin River

いても，全谷里市街地北方の漢灘江本流に面した露頭では，複数のフロー・ユニットを見せる。

全谷盆地に分布する玄武岩の噴出年代を明らかにするため，全谷玄武岩と車灘玄武岩から合計18個を数える試料を系統的に採取し，各試料とも斜長石のみを分離抽出しK-Ar年代測定に供した。岡山理科大学の板谷徹丸のもとで測定された16個のK-Ar年代は，全谷玄武岩が0.5 MaBP，車灘玄武岩は若干の年代幅（0.14～0.18 MaBP）を示すものの，0.15 MaBPと仮定された。

全谷玄武岩は古漢灘江に沿って全谷盆地を広範囲に埋積する一方，車灘玄武岩は全谷玄武岩を侵食して形成された河谷に沿って盆地の東北から西南方向へ流出した事実が判明した。全谷里遺跡（第1～第4地点）が位置する場所には，全谷玄武岩だけが存在し，車灘玄武岩は全谷盆地の旧石器地点（全谷里・楠渓里遺跡）を被覆していない事実が判明した（図3）。また現漢灘江は，車灘玄武岩の噴出（0.15 MaBP）後，盆地の基盤岩をなす片麻岩と全谷玄武岩が接する場所を開析して形成されたことも判明した。その下刻深度は約30mに達する。

長岡は，一連の地質調査にもとづいた全谷盆地における第四紀白蟻里層群形成以降の精密な古地理復原案を今回のセミナーで披露した。

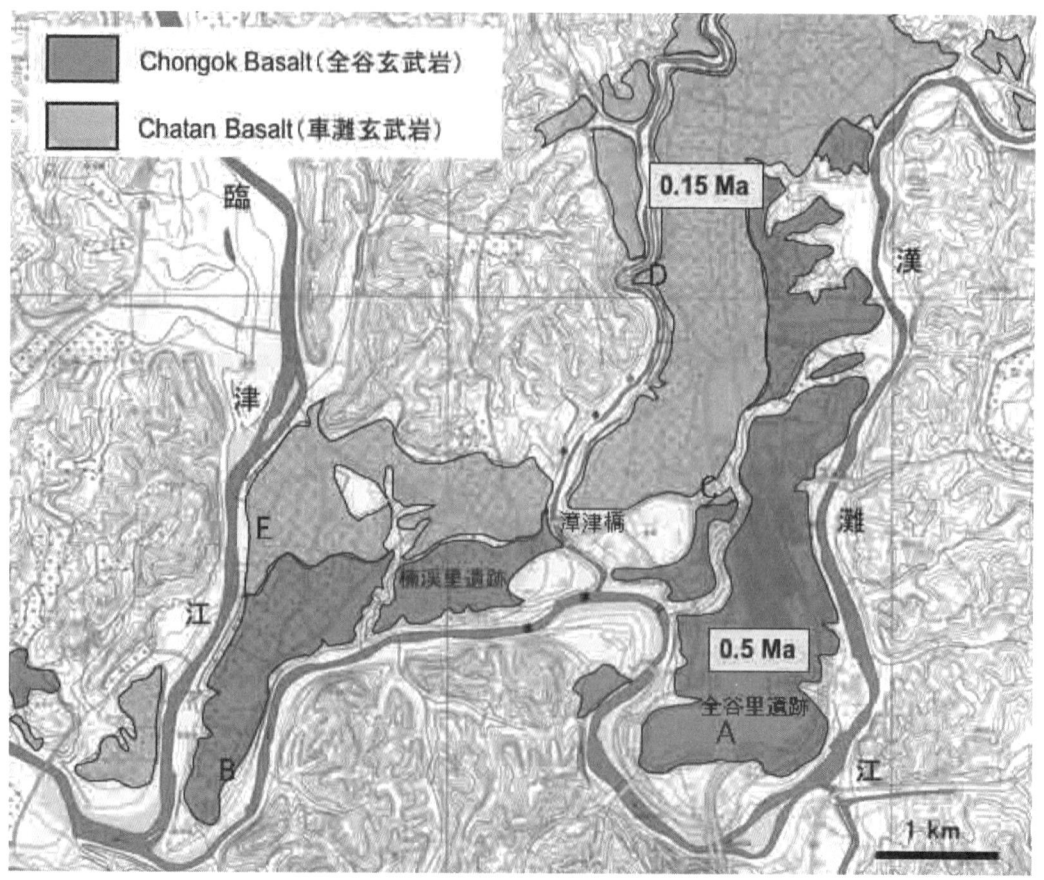

図3　全谷玄武岩と車灘玄武岩の分布（渡辺満久原図）
A～Eは図4の地層柱状図と対応
Fig.3　Distribution of the Chongok and Chatan basalts in Chongok Basin.
(after Mitsuhisa Watanabe's original)
Locations A-E correspond to ones of geological column on Fig. 4.

3．K-Ar年代のクロスチェック

　2001年以前の全谷里遺跡の年代研究においては，遺跡の基盤岩を形成する玄武岩のK-Ar年代測定は測定されるたびごとに多様な年代を提供し，大きな混乱を招いたのも事実である。測定された年代のみが先行し，試料が採取された場所・地点や層準はもとより，どの測定機関がいかなる鉱物を試料として測定されたものかもはっきりせず，検証性という点で大きな問題を抱えていた。

　2005年の地質調査で採取された玄武岩試料の特性を踏まえた系統的なK-Ar年代測定により，過去に測定された年代のバラツキの原因を把握することが可能となった。やみくもに年代測定に供する従来の方法を避け，まず全谷盆地に存在する玄武岩とその他の堆積物の層序関係を明らかにしたうえで，測定者の板谷徹丸と試料分析担当者の柵山徹也（東京大学大学院生）が自ら現地に脚を運んで慎重に試料を採取し，個々に薄片を作成したのちアルゴンを蓄積するolivine（橄欖石）の状態を顕微鏡下で確認の上，玄武岩試料中から斜長石（plagioclase）のみを㈱京都フィッション・トラックで分離抽出し，K-Ar年代測定に供された。今回は，コンタミによって年代が古く出る傾向のある全岩（whole rock）による年代測定は実施しなかった。

　いかなる理化学的年代といえども，原理を異にする他の測定法によりクロスチェックされなければならないことはあらためていうまでもない。全谷里遺跡の年代研究では，2001年の研究着手時からK-Ar年代測定と並行してFT年代測定を実施した。当初，全谷玄武岩の下底に接触する白蟻里層中の赤変した礫，砂利，粘土，クロボク土を用いて年代測定が試みられたが，それらは90.3～104.3 MaBPという年代が得られ，ジルコンをリセットするほどの高温または加熱時間に達しなかったことが判明した。このような試行錯誤を経ながら，さいわいにも全谷里遺跡第1地点の漢灘江に面した全谷玄武岩露頭の直下，全谷里市街地北方2.7kmに位置する隠垈4里の車灘玄武岩の直下，車灘川上流の旺林里の車灘玄武岩の直下の3地点で，溶岩流の高温で焼かれウグイス色に変色したシルト中のジルコンを試料に用いてFT年代の測定に成功した。前者は0.51±0.07 MaBP（Danhara, et al., 2002），後2者はそれぞれ0.13±0.02 MaBP，0.11±0.03 MaBP（㈱京都フィッション・トラック測定：未発表）と測定された。

　本例のようなケースは世界的に見ても希有の事例と思われる。その測定結果は，K-Ar年代測定結果ときわめて調和的である。これは，条件さえ備われば世界各地で広く応用することが可能であることを証明するものである。

4．レス－古土壌編年からの検証

　段丘層を被覆する風成堆積物の層序関係から地形面の形成時期を把握する方法は，日本はもとより世界各地で試みられ多くの成果をあげているが，韓国でも北漢江支流の洪川江流域にある段丘面の形成時期の解明で実証された（Shin, 2003）。このような方法を応用して，全谷盆地の2つの玄武岩流の生成時期を決定することができる。

　全谷玄武岩と車灘玄武岩のK-Ar年代は，成瀬敏郎による全谷盆地におけるレス－古土壌編年研究からも強力に支持される。今回のセミナーで初めて発表されたが，全谷玄武岩の上にはMIS 10（0.364～0.334 Ma）以降のレス－古土壌，車灘玄武岩の上にはMIS 6（0.186～0.127 Ma）以降のレス－

図4 全谷盆地のレス－古土壌（成瀬敏郎原図を一部改変）
Fig.4 Loess-paleosol stratigraphy in Chongok Basin
(modified T.Naruse's original)

古土壌を連続的に堆積している事実が確認された（図4）。

これによれば，全谷里遺跡の旧石器文化層は0.5 MaBPに形成された全谷玄武岩を基盤岩としながらも，その上位を被覆する砂層・風成層中に包含されており（金ほか，1983；裵，1989），玄武岩台地上の離水後，全谷里旧石器人の活動にいかなる地質・地形学的障害もともなわなかったことになる。全谷里遺跡のこれまでの調査によれば，MIS 5（0.127～0.071 MaBP）相当層を中心にした旧石器人の頻繁な活動・土地利用を物語る多くの証拠が報告されている。

全谷体育館駐車場の露頭ではMIS 6相当層中から石英製遺物，また臨津江左岸のタンブンドン集落北方でもMIS 5相当層中から石英製剥片が採集されており，車灘玄武岩の流出後，長い時間を経ずに旧石器人がこの地に足を踏み入れたことを示している。場合によっては，全谷里遺跡に居住した旧石器人が車灘玄武岩の溶岩流を目撃した可能性さえも否定できない。今後，全谷玄武岩分布域に限らず，車灘玄武岩域における広範な遺跡分布調査の実施が期待される。そこで発見された石器群は，車灘玄武岩を上限とする地質年代に収まり全谷里遺跡出土の石器群との比較検討に有効な年代基準を提供することになろう。

全谷里旧石器遺跡の下限あるいは開始年代について，韓国の一部の研究者が主張する後期更新世以降という年代観が成立しがたいことは，いまとなっては明白である。それは火山灰編年学（AT

図5 mantle beddingを見せる全谷盆地のレス－古土壌
（漢灘江・臨津江合流地点付近）
上位の古土壌はMIS 5，下位の古土壌はMIS 7。断面の下底から約1 m下に全谷玄武岩がある。
Fig.5 Loess-paleosol showing mantle bedding in Chongok Basin
(near junction of Hantan and Imjin Rivers)

火山ガラス，K-Tzの火山ガラス・β-quartzの検出），堆積物のレス−古土壌編年，初期磁化率測定から導き出される古気候変動，2005年の調査で明らかとなった噴出年代を異にする2枚の玄武岩溶岩流の分布とそれらの系統的なK-Ar年代およびFT年代の測定などを総合して得られた科学的な結論であり，現時点でこれ以上のものを期待すべくもない。

5．今後の展望と課題

　2001年以来の全谷里遺跡ならびにその周辺地域を対象とした学際調査によって，全谷里遺跡をめぐる年代研究は飛躍的な進展を見るに至った。本プロジェクトには専門分野を異にするさまざまな研究者が参加し，それぞれの分析データを相互に検証する中で結論への精度を高めていくという科学的な方法が忠実に実践されてきた。

　このような一連の研究の結果，全谷里遺跡は東アジアにおいて最も信頼すべき年代枠組みの中に位置づけることのできる，いまや超一級の旧石器時代遺跡としての地位を確立できたように思える。2001年春，筆者は本格的な日韓共同研究の開始にさきだち，全谷里旧石器遺跡館の脇で開催されたささやかなセミナーの席で，全谷里遺跡の国際的な知名度に相応しい科学的な裏づけを与えることの重要性を切々と訴えた。それは，5年の歳月を費やした日韓共同プロジェクトにより，所期の目的をほぼ達成できたように思える。

　しかしながら，今後の研究によって解決されねばならない多くの課題も残されている。全谷盆地に流下した全谷玄武岩・車灘玄武岩の噴出源の究明と漢灘江上流の鉄原に分布する玄武岩との関連は手付かずのまま残されており，臨津江下流の汶山花石亭付近まで流出した玄武岩との対比も今後の課題とされる。

　全谷里遺跡の基盤岩となっている全谷玄武岩の形成後，MIS 10（0.364～0.334 Ma）のレス堆積までの約14万年間の古漢灘江による埋積・下刻作用の解明もまた今後の研究にゆだねられなければならない。共同研究者の裵基同（2002）が指摘する全谷玄武岩直上の砂層中に包含される石製遺物は，河湖成堆積物から風成層への移行帯に包含されるE55S20-Ⅳpit Ⅺ層出土石器群の年代をさらに遡らせる可能性もあるが，今後の調査による類例の増加を待ちたい。これまで全谷里遺跡のほぼ全域にわたる数百ヵ所にのぼるトレンチ調査によって蓄積されたデータが，レスの堆積にさきだつ河湖層の形成時期と漢灘江河谷への人類の最初の拡散時期を解明するうえで重要な役割を果たすものと予想されるが，それらのデータ解析にはなお少なからぬ時間を要することであろう。

　旧石器考古学の分野では，全谷里遺跡群全体にわたる遺跡形成過程の究明，遺跡内でおこなわれた諸活動の復原，レス−古土壌編年にもとづいた既知文化層の編年的再構成，厳密な技術形態学的分類にもとづく文化層単位による石器群の定量的分析，さらには全谷里石器群の東アジア的視野の中での位置づけと評価がなされなければならない。これらの研究課題の一部は，すでに日韓共同研究の一環として着手されているが，過去に蓄積された膨大な資料に対して効果的な研究を遂行するには，なお一定の歳月が必要とされる。

引用文献

裵基同, 1989 全谷里―1986年度発掘調査報告―. ソウル大学校考古人類学叢刊 第15冊, ソウル大学校博物館

（韓語）．

裵基同，2002 漢灘江・臨津江流域の旧石器遺跡と石器群．我が国の旧石器文化（延世大学校博物館学術叢書 1），123-151（韓語）．

Bae, Kidong & Lee, Jungchul (eds.), 2002 *Paleolithic Archaeology in Northeast Asia*. Yeoncheon County and the Institute of Cultural Properties of Hanyang University.

Bae, Kidong et al., 2003 *Geological Formation of the Chongokni Paleolithic Site and Paleolithic Archaeology in East Asia*. Yeoncheon County and the Institute of Cultural Properties of Hanyang University.

Danhara,T., Bae,K., Okada,T., Matsufuji,K. and Hwang, S., 2002 What is the real age of Chongokni Paleolithic site? *Paleolithic Archaeology in Northeast Asia*, Yeoncheon County and the Institute of Cultural Properties of Hanyang University, 77-116.

Hayashida, A., 2003 Magnetic Properties of the Quaternary Sediments at the Chongokni Paleolithic Site: a Preliminary Result. *Geological Formation of the Chongokni Paleolithic Site and Paleolithic Archaeology in East Asia*. Yeoncheon County and the Institute of Cultural Properties of Hanyang University.

黃昭姬，2003 全谷里旧石器遺跡E55S20-Ⅳpitの火山灰分析．*Geological Formation of the Chongokni Paleolithic Site and Paleolithic Archaeology in East Asia*, Yeoncheon County and the Institute of Cultural Properties, Hanyang University. 75-76.

井上直人，黃昭姬，相場 学，林田 明，松藤和人，裵基同，2004 韓国全谷里遺跡周辺における比抵抗調査（ポスター発表），日本第四紀学会．

金周龍，裵基同，梁東潤，南旭鉉，洪世善，高尚模，李允秀，姜文卿，2002 韓国全谷旧石器遺跡E55S20-Ⅳ pitの土壌・堆積物分析結果．*Paleolithic Archaeology in Northeast Asia*, Yeoncheon County & the Institute of Cultural Properties of Hanyang University, 117-146.

金元龍ほか，1983 全谷里，文化財管理局文化財研究所．

松藤和人，裵基同，檀原 徹，成瀬敏郎，林田 明，兪剛民，井上直人，黃昭姬，2005 韓国全谷里遺跡における年代研究の新進展．旧石器考古学，66，1-16．

Naruse, T., Bae, K-D., Yu, K-M., Matsufuji, K., Danhara,T., Hayashida, A., Hwang, S-H., Yum, J-G. and Shin, J-B., 2003 Loess-Paleosol sequence in the Chongokni Paleolithic site. *Geological Formation of the Chongokni Paleolithic Site and Paleolithic Archaeology in East Asia*. Yeoncheon County and the Institute of Cultural Properties, Hanyang University, 143-156.

成瀬敏郎著，2006 風成塵とレス，朝倉書店．

Shin, Jae-Bong 2003 Loess-paleosol Stratigraphy of Dukso and Hongcheon Areas and Correlation with Chinese Loess-Paleosol Stratigraphy: Application of Quaternary loess-paleosol stratigraphy to the Chongokni Paleolithic site. 1-200.（dissertation）．

Yi, Seon-Buk, 1984 Geoarchaeological Observations of Chon'gok-ri, Korea. *Korea Journal*（September），4-10．

Yi, Seonbok, 1988 Quaternary Geology and Paleoecology of Hominid Occupation of Imjin Basin. *The Korean Journal of Quaternary Research*, 2(1), 25-50.

李鮮馥／小畑弘己訳，1998 臨津江流域の旧石器遺跡の年代について．旧石器考古学，57，67-81．

（原載：旧石器考古学，68，2006年）

New Progress of the Geology and Radiometric Dating in the Chongok Basin, Korea ; Chongokni International Seminar 2006

Kazuto MATSUFUJI

Doshisha University

On 16 March 2006, an international seminar title as "New Progress of the Geology and Radiometric Dating in the Chongok Basin, Korea" was held at Pai Chai University Supporting Center of Researches in Seoul under the auspice of the Institute of Cultural Properties of Hanyang University (Fig. 1). The aim of this seminar was to introduce the latest results of the Korea-Japan joint research for geological and loess-paleosol sequence studies in the Chongok basin in 2005.

Prof. Shinji Nagaoka presented the stratigraphical division and 16 K-Ar ages obtained by throughgoing geological survey and systematic sampling of basaltic rocks in the Chongok basin. The basalts are divided into two stratigraphic units: the Chongok (ca. 500 ka) and the Chatan (ca. 150 ka), as shown in Fig. 2. The two basalt flows show clearly different distributions (Fig. 3), that is, the Chongok basalt covers all over the Chongok basin, and the Chatan basalt had flowed into only the northeastern area. It is important that the Chatan unit does not cover the Chongokni Paleolithic site and that the Chongok basalt occurs below the sediments containing the Paleolithic artifacts. Accordingly the Chongok basalt provides the older limit for the age of the artifact-bearing sediments. The K-Ar age of the Chatan basalt was cross-checked by fission-track (FT) dating of the underlying silt layers heated by the basalt lava. Numerical results of the K-Ar and FT datings are very concordant.

Prof. Toshiro Naruse clarified stratigraphy of loess-paleosol sequences, which cover the Chongok and Chatan basalts at 5 locations in the basin (Fig. 4), and correlated them with marine isotopic stages. As a result, it was proved that the loess of MIS 6 directly covers the Chatan basalt, while the loess-paleosol sediments after MIS 10 overlie the fluvial sediment on the Chongok Basalt.

Prof. Akira Hayashida compared magnetic susceptibility data from E55S20-Ⅳ pit with aeolian sediments at Luochuan on the Chinese Loess Plateau. The magnetic susceptibility showed increased values at the horizons of paleosol, which are characterized by reddish brown color and soil cracks. Thus variation of the magnetic concentration in the Chongokni sediments can be correlated to the typical Chinese loess-paleosol sequence. It was also suggested that process of the fossil soil formation had been more extended in Korea, probably due to higher precipitation compared with the Inland China.

Key words : Chongokni Paleotithic site, Chongok basalt, Chatan basalt, K-Ar dating, FT dating, loess-paleosol sediments, E55S20-Ⅳ pit

韓国・中国の旧石器遺跡で検出された火山ガラスと
その広域テフラ対比の試み

檀原　徹

㈱京都フィッション・トラック

1．はじめに

　ユーラシア大陸東縁地域の第四紀堆積物層は主にレス-古土壌とローカルな河川および淡水成堆積物（礫・砂・粘土）から構成されており，テフラの挟在は稀である。そのため，従来テフロクロノロジー（火山灰編年学）の対象地域とみなされなかったばかりでなく，テフロクロノロジーや放射年代測定の対象となる火山噴出物を基本的には含まないため安定した放射年代測定ができず，地層の正確な編年が困難であった。一方，堆積物中にテフラ起源物質を見いだす努力がなされ（町田ほか，1983・1984），近年では各地でテフラ研究例が報告されつつある（図1：Razjigaeva 1993；Eden et al., 1996；Yi et al., 1998）。最近，Danhara et al. (2002)とDanhara (2003)は韓国全谷里遺跡の堆積物からppb（10億分の1）オーダーのきわめて微量のテフラ起源物質（火山ガラス）を検出し，テフロクロノロジーの手法をレス-古土壌堆積物に適用することに成功した。その成果はレス-古土壌編年法の妥当性を検証するうえ

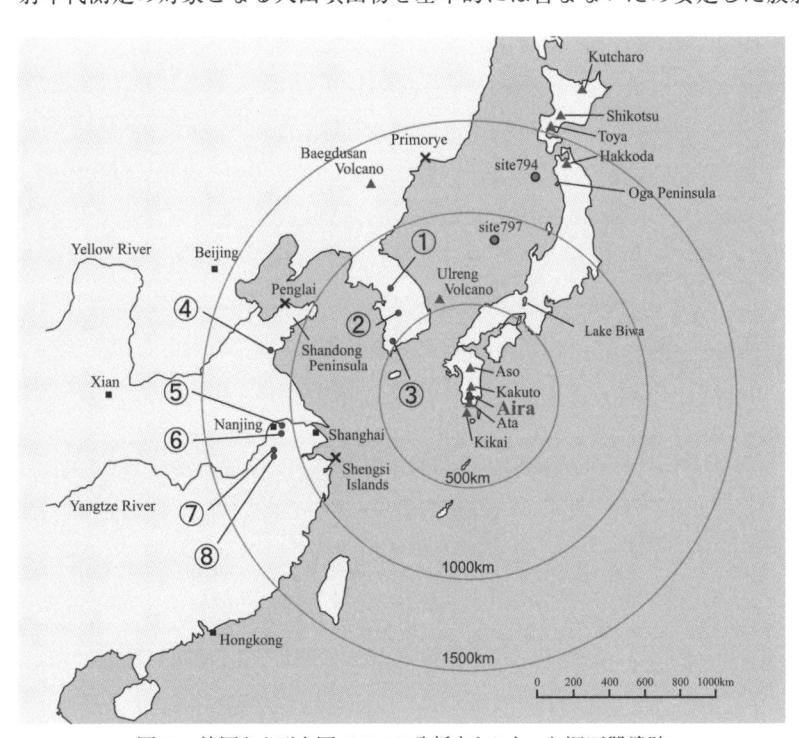

図1　韓国および中国でテフラ分析をおこなった旧石器遺跡
①全谷里，②萬水里，③長洞里，④将軍崖，⑤春城，⑥和尚墩，⑦五里棚，⑧官山。三角は広域テフラを噴出した火山（給源），3つの円は姶良カルデラを中心とした半径500km, 1000km, 1500kmの同心円，×は中国大陸においてATテフラが見つかっている地点を示す(Primorye：Razjigaeva, 1993, Penglai：Eden et al., 1996；嵊泗列島：鄭ほか, 2003)。
Fig.1 Localities of Paleolithic sites for studying tephrochronology in Korea and China ①Chongokni, ②Mansuri, ③Jangdongri, ④Jiangjunya, ⑤Chunchen, ⑥Heshangdun, ⑦Wulipeng, ⑧Guangshan. Triangles indicate representative volcanoes which are sources of widespread tephras. The three concentric circles centering the Aira caldera show ones with radius of 500km, 1000km and 1500km in ascending order. ✕ are points where the AT tephra were previously found in China. (Primorye：Razjigaeva, 1993, Penglai：Eden et al., 1996, Shengsi Islands：Zheng et al., 2003)

で重要な役割を担い，世界的に編年基準の確定した海洋酸素同位体ステージ（MIS）の番号で旧石器編年が可能となることを示唆した。本研究では，Danhara et al.（2002）の手法を用い，韓国および中国で発掘されている他の旧石器遺跡（図1）にテフロクロノロジーを適用した結果を報告する。

2．テフラの分析方法

　調査対象となるユーラシア大陸東縁部地域では，日本列島起源のテフラ物質の含有は堆積物中でppbオーダーときわめて僅かなため，いかにテフラ起源物質を濃集・分離するかが重要なポイントとなる。Danhara et al.（2002）は，土壌中火山灰抽出分析（Takemura and Danhara, 1994）に火山ガラスを濃集するための重液分離工程を加え，濃集試料全てを対象に温度変化型屈折率測定装置（RIMS；Danhara et al., 1992）を用いて観察し，火山ガラスの発見とあわせて屈折率測定もおこなうことを可能にした。その結果，火山ガラスの有無の確認，計数および各火山ガラス個体の屈折率測定の一連の分析が1つの装置で連続的におこなえるようになり，対象となる火山ガラスがきわめて僅かな試料に対しても，試料ロスのない系統的な分析が可能となった。以下に，Danhara et al.（2002）を例に，分析方法と解析結果を簡単に説明する。

　図2にDanhara et al.（2002）がおこなったテフラ分析流れ図を示す。トレンチ側壁の露頭から柱状に土壌を切り取り，欠けのない柱状試料を採取する（図3）。次に5～10cmごとに試料を分け，各区分から50～100gずつ分析試料を採取する。ビーカーまたはバケツの中で水洗し，上澄み液が透明になるまで分散させる。さらに超音波洗浄をおこない，粘土粒子を除去する。1/4，1/8，1/16mm粒径の篩でサイズを分け，1/8～1/16mm段階試料について比重2.42に調製したポリタングステン酸ナトリウム（SPT）重液で浮いた軽比重試料を濃集する。最終的にRIMSを用いてこの軽比重試料の中から火山ガラスを検出し，含有量や屈折率等を測定する。

　今回ガラスの検出効率を上げる目的から，Danhara et al.（2002）では対象にしていない1/16mmより細粒のクリプトテフラ（cryptotephra；Turney et al., 1997）の検出の可能性についても検討した。しかしながら，結果的に1/16mmより細かい粒径ではガラスの検出は困難であることが判明した。Turney et al.（1997）らがおこなった微粒テフラを対象とする手法は，北ヨー

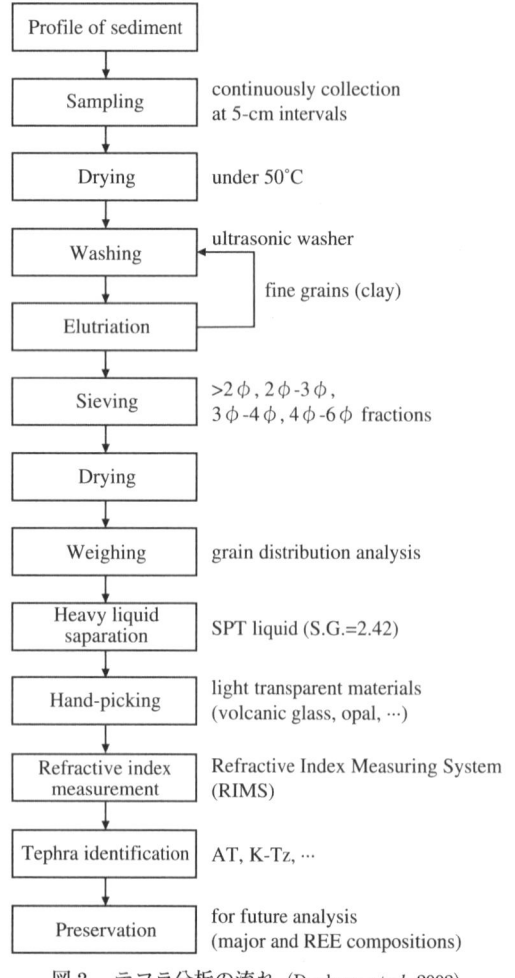

図2　テフラ分析の流れ（Danhara et al., 2002）
Fig. 2　Flow chart of tephra analysis (after Danhara et al., 2002)

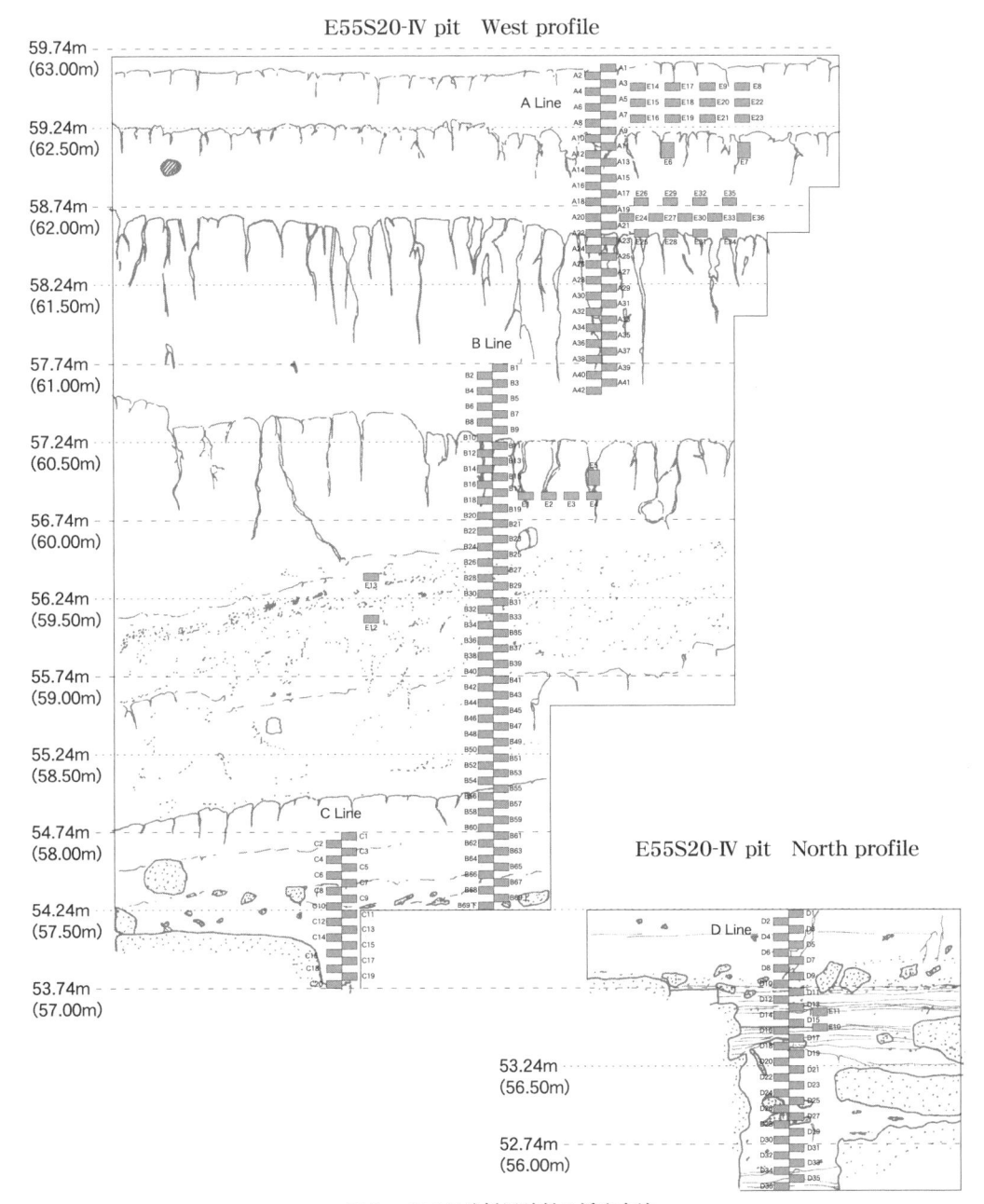

図3 テフラ分析用試料の採取方法
韓国全谷里遺跡E55S20-Ⅳpit西および北壁の例（Danhara et al., 2002）
Fig.3 Systematic sampling for tephra analysis
An example of sampling at the west and north profiles in the E55S20-Ⅳpit of the Chongokni Paleolithic site in Korea (after Danhara et al., 2002)

ロッパのような冷涼気候下で，かつ比較的若い試料を対象にした場合には有効であった。しかし，今回のような東アジアの温暖・湿潤気候下の古い地層を対象にした場合には，ガラスの風化・変質のため細粒ガラスが保存されにくいという困難さがあると考えられる。

テフラの識別・同定については，主として火山ガラスに着目し，① 地層中の濃集層準，② 形態

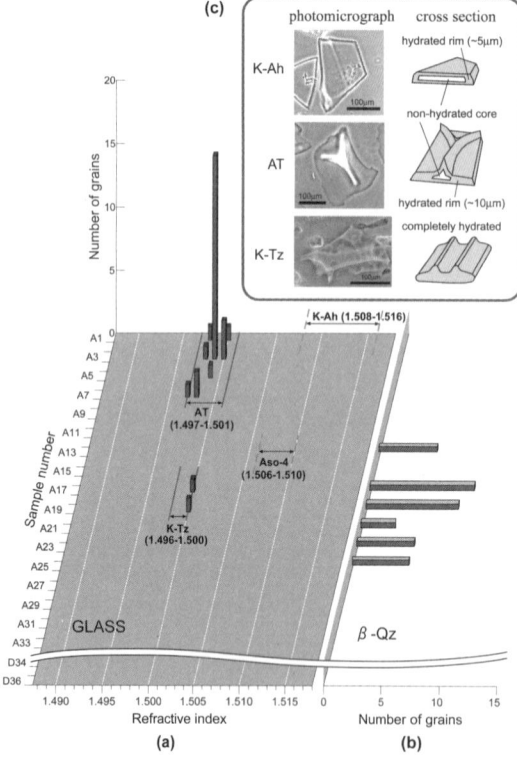

図4 全谷里遺跡のテフラ分析結果
(a)火山ガラス屈折率頻度分布，(b) β-quartz頻度分布。テフラ同定には(a)で示された火山ガラスの屈折率範囲，(c)の火山ガラスの水和層の厚み，(b)の随伴鉱物（β-quartz）の有無を基準にした。試料番号は図3と同じ。

Fig. 4 Results of tephra analysis of the Chongokni Paleolithic site
Histograms of (a) refractive index of volcanic glasses found and (b) β-quartz separated. Identification of widespread tephras from Japan was done based on the following criteria: well-known values of refractive index range of glasses shown in (a), degree of hydration in volcanic glass illustrated in (c), and characteristic mineral assemblage, for example β-quartz for the K-Tz tephra. Sample number is the same as Fig. 3.

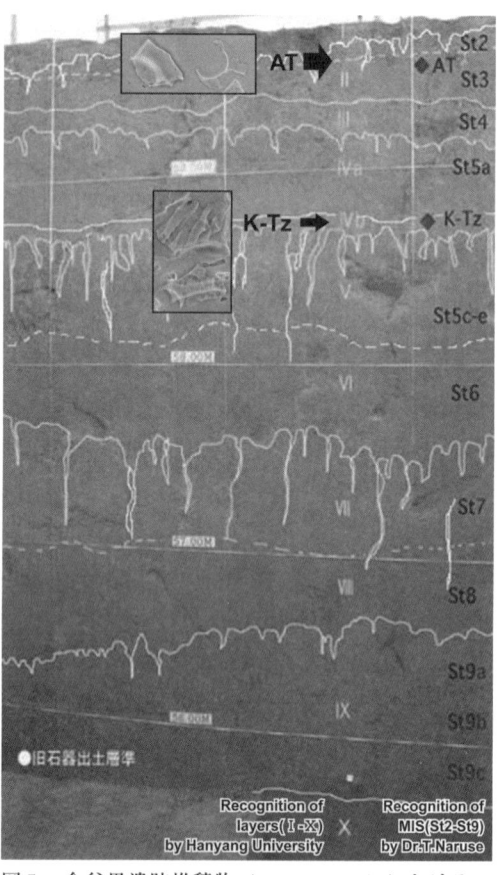

図5 全谷里遺跡堆積物（E55S20-Ⅳ pit）におけるレス－古土壌の分層，海洋酸素同位体ステージおよびテフラ層位の関係［口絵写真2］

Fig. 5 Relationship of loess-paleosol layers, marine isotope stage (MIS) number and tephra horizons for sedimentary sequence in the E55S20-Ⅳ pit of the Chongokni site [See frontispiece Plate 2]

や色調，③ 屈折率値および ④ 水和状態（水和の有無や水和層厚）を調べ，日本列島から飛来したと判断できるものについてはテフラを同定する。加えて随伴鉱物のうち特徴的で同定の際重要な示標となる，ATテフラにおける高屈折率斜方輝石（Opx）やK-Tzテフラにおけるβ-quartzの検出もおこなう。なおRIMSによる観察と屈折率測定を終えた試料は洗浄・回収され，EPMAによる主成分化学分析などの他の分析にも可能な形で保存される。

　Danhara *et al.*（2002）による韓国全谷里遺跡の分析結果を図4に示す。DanharaらはATテフラ（26～29 ka）起源のガラスと微量のK-Tzテフラ（95 ka）起源ガラスおよびβ-quartzを検出した。またテフロクロノロジーとレス－古土壌堆積物との対比にもとづき，全谷里遺跡堆積物で最も古い旧石器出土層を30万年前より古いと推定した（図5）。

3. 調査遺跡と分析結果

上述のテフラ分析法を用いて，韓国の長洞里遺跡と萬水里遺跡，中国の和尚墩遺跡，放牛山遺跡近傍の春城地点，将軍崖遺跡，官山遺跡，五里棚地点の7地点の調査をおこなった（図1）。

(1) 長洞里遺跡（韓国全羅南道羅州市；図6, 7）

全層厚が8m以上にも及ぶ大露頭で層位的欠落のないように土壌柱状試料を採取した。生試料の洗浄・篩別作業は金正彬教授（順天大学校）によりおこなわれた。#60〜#120と#120〜#250の2種類の粒径試料で分析をおこない，少なくとも4種類の火山ガラスが検出された。ATテフラ（26〜29 ka）と判断される火山ガラスの濃集帯と，K-Ahテフラ（7.3 ka），K-Tzテフラ（95 ka），およびかなり古いテフラ起源と推定される微量の火山ガラスの存在が確認された。ATテフラは3層（MIS 2層準相当）を中心にして上下の2層（MIS 1）や4層（MIS 3）にも拡散するが，3層下半部に火山ガラスの濃集ピークが認められる。一方，K-Tzガラスは，3個体と微量だが8層（MIS 5b層相当）で検出された。この層準にはβ-quartzの含有のピークが存在し，K-Tzテフラの降灰層準とみなしてよい。またK-AhガラスがATガラスの濃集層準とオーバーラップしつつより下位にも認められ，層準の逆転をきたしている。火山ガラスの同定は確実なので，小動物の巣穴などの生物撹乱

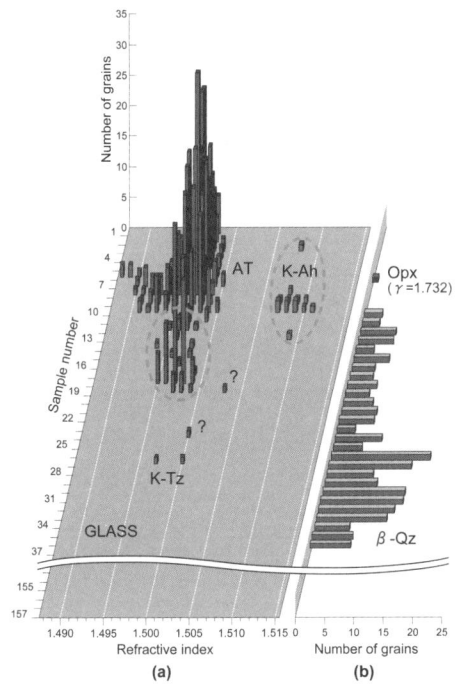

図6　長洞里遺跡のテフラ分析結果
(a) 火山ガラス屈折率頻度分布，(b) β-quartz頻度分布
Fig.6 Results of tephra analysis of the Jangdongri site
Histograms of (a) refractive index of volcanic glasses found and (b) β-quartz separated

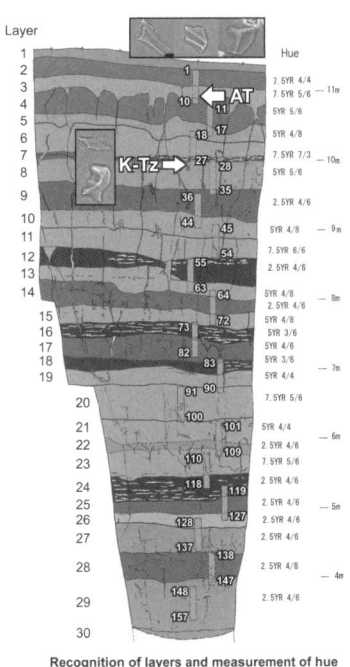

図7　長洞里遺跡堆積物におけるレス－古土壌の分層とテフラ層位の関係［口絵写真3］
白抜き文字（1〜157）は試料番号を示す
Fig.7 Relationship of loess-paleosol layers and tephra horizons for sedimentary sequence of the Jangdongri site [See frontispiece Plate 3]
Numbers (1-157) in white indicate sample number for tephra analysis

による上位層からの落ち込みと解釈される。下位の21層から23層上部にかけて極く微量の珪長質の火山ガラスが2個体検出された。この層準は古地磁気極性が逆帯磁しており，およそ100万年前の地層と推定されるが，現時点では対比テフラの詳細は不明である。

(2) 萬水里遺跡（韓国忠清北道清原郡；図8, 9）

現時点で分析されたのは最上部2mに相当する柱状試料だけであるが，レス−古土壌サイクルが明瞭に観察される好条件の露頭を対象にした意義は大きい。少なくとも3種類の火山ガラスが検出され，ATガラスの濃集帯と，K-TzおよびAso-4（90 ka）と推定される微量の火山ガラスの存在が確認された。このうちATテフラはMIS2相当層の下部に火山ガラスの濃集ピークが認められた。またK-Tzガラスは，極く微量ながらMIS 5b相当のレス層の下部付近にβ-quartzとともに検出された。さらに水平的に1mおよび1.5m離れた合計3本の柱状試料でも同様に検出され，この層準での水平的な連続性が確認された。Aso-4ガラスと推定されるものはMIS 5aの層準で1個検出されたのみであるが，屈折率が n = 1.510と高い値をもつ褐色のバブル・ウォール（bw）型という特徴と検出層位から，対比の可能性が指摘される。

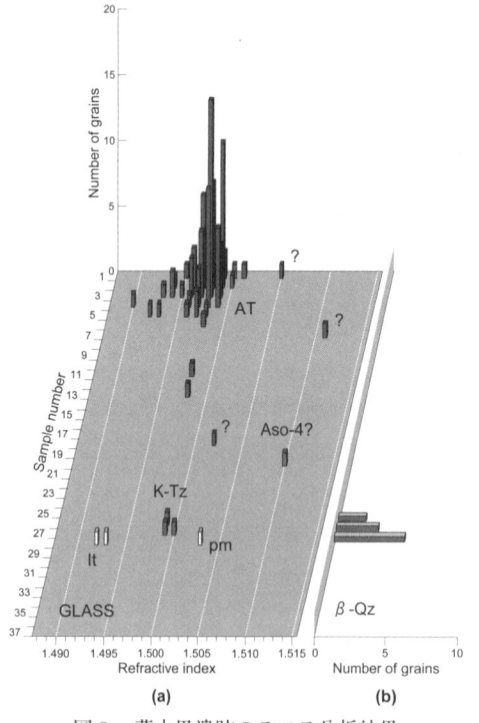

図8　萬水里遺跡のテフラ分析結果
(a)火山ガラス屈折率頻度分布，(b) β-quartz頻度分布。pm、Itはそれぞれ火山ガラスの軽石型，不規則型，その他はバブル・ウォール型を示す。
Fig.8 Results of tephra analysis of the Mansuri site Histograms of (a) refractive index of volcanic glasses found and (b) β-quartz separated. All glasses found are bubble wall-type ones except two grains (pm, pumice-type; It, irregular-type)

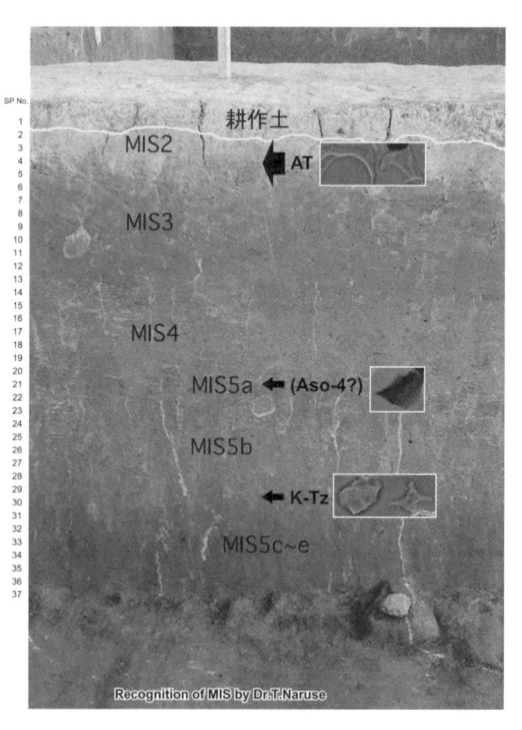

図9　萬水里遺跡堆積物における海洋酸素同位体ステージとテフラ層位の関係［口絵写真4］
SP No.は試料番号を示す
Fig.9 Relationship of MIS number and tephra horizons for sedimentary sequence of the Mansuri site ［See frontispiece Plate 4］
SP No. ; sample number

(3) 和尚墩遺跡（中国江蘇省金壇市；図10, 11, 12, 13）

東西2地点で火山灰分析をおこない，以下の2つの点から分析結果が注目された。1つは東西2地点間の地層の対比，他は日本列島由来のテフラが発見できるかどうかである。

東地点では地表部より30～100cm下位の地層（成瀬敏郎によればMIS3層準）から屈折率が $n=1.504$ ～1.510のインクルージョンを含む軽石（pm）型を主とする火山ガラスがまとまって検出され，その直下から $n=1.499$ 程度のバブル・ウォール（bw）型ガラスも微量検出された。さらにMIS3層準の下部から $n=1.498$ の軽石型が微量検出されたが，MIS4層準以深からはガラスは検出されなかった。一方，西地点でも最上部に軽石型，その下にバブル・ウォール型，さらに下層で軽石型のガラスが検出され東地点と似るが，本地点でのバブル・ウォール型ガラスは屈折率が $n=1.510$ と高い。

本遺跡から検出された火山ガラスと日本列島由来のテフラとの対比の可能性については否定的である。とくに地層上部の軽石型ガラスはインクルージョンを含み，水和層厚が2μmと薄いことから比較的若いガラスと判断される。しかし，このような特徴をもつ火山ガラスは日本列島の広域テフラには見当たらない。また下位の軽石型やバブル・ウォール型にはATやK-Tzに似た屈折率をもつものがあるが，これらについてもインクルージョンを含むため，安易な対比には危険がある。したがって，現時点では本遺跡での火山灰分析結果から日本列島起源テフラによる編年をおこなうことは困難と判断する。

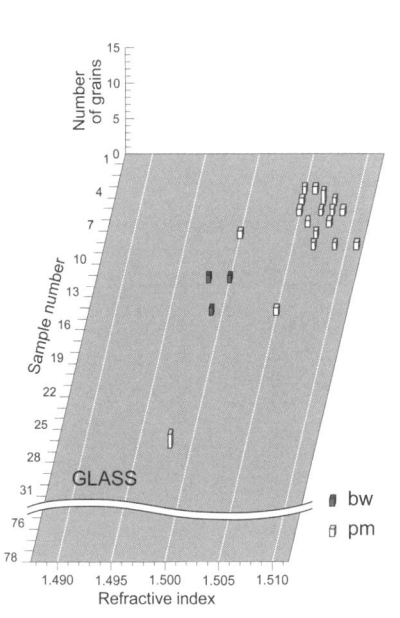

図10 和尚墩遺跡東地区のテフラ分析結果
（火山ガラス屈折率）
bw：バブル・ウォール型，pm：軽石型
Fig.10 Results of tephra analysis (refractive index of volcanic glasses) of east location in the Heshangdun site
bw ; bubble wall-type, pm ; pumice-type

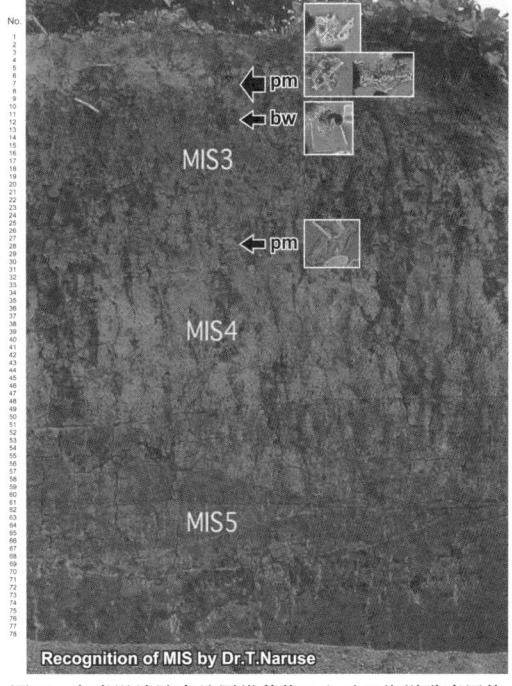

図11 和尚墩遺跡東地区堆積物における海洋酸素同位体ステージとテフラ層位の関係 [口絵写真5]
SP No.は試料番号を示す
Fig.11 Relationship of MIS number and tephra horizons for sedimentary sequence of the Heshangdun Loc. east site [See frontispiece Plate 5]
SP No. ; sample number

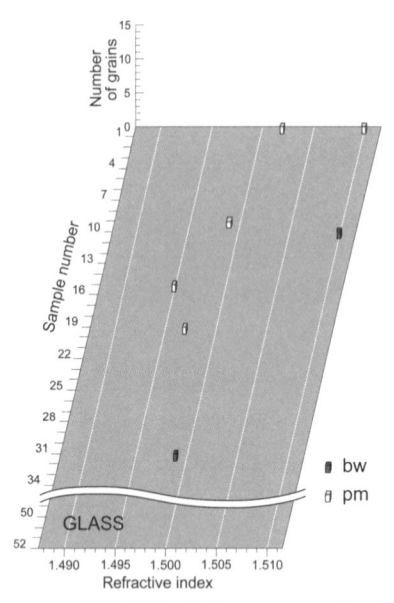

図12 和尚墩遺跡西地区のテフラ分析結果
（火山ガラス屈折率）
bw：バブル・ウォール型，pm：軽石型
Fig. 12 Results of tephra analysis (refractive index of volcanic glasses) of west location in the Heshangdun site
bw ; bubble wall-type, pm ; pumice-type

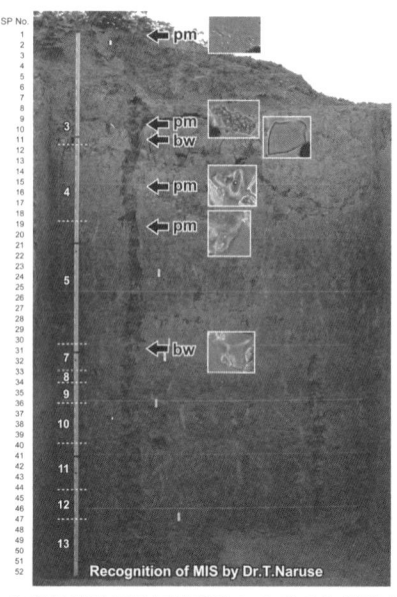

図13 和尚墩遺跡西地区堆積物における海洋酸素同位体ステージとテフラ層位の関係［口絵写真6］
SP No.は試料番号を示す
Fig. 13 Relationship of MIS number and tephra horizons for sedimentary sequence of the Heshangdun Loc. west site ［See frontispiece Plate 6］
SP No. ; sample number

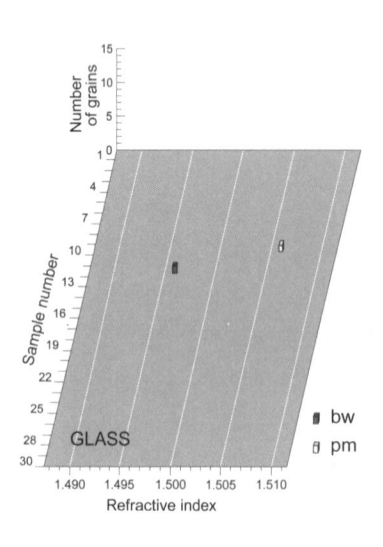

図14 将軍崖遺跡のテフラ分析結果
（火山ガラス屈折率）
bw：バブル・ウォール型，pm：軽石型
Fig. 14 Results of tephra analysis (refractive index of volcanic glasses) of the Jiangjunya site
bw ; bubble wall-type, pm ; pumice-type

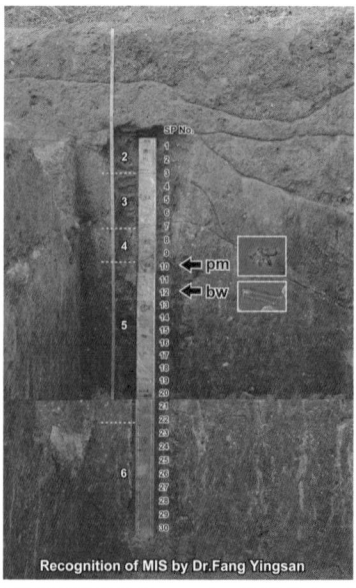

図15 将軍崖遺跡堆積物における海洋酸素同位体ステージとテフラ層位の関係［口絵写真7］
SP No.は試料番号を示す
Fig. 15 Relationship of MIS number and tephra horizons for sedimentary sequence of the Jiangjunya site ［See frontispiece Plate 7］
SP No.; sample number

(4) 将軍崖遺跡（中国江蘇省連雲港市；図14, 15）

本地点では⑤層最上部から n = 1.506 の軽石型火山ガラスが1個，その下位10cmの同⑤層上部から n = 1.496 のインクルージョンを含む bw 型火山ガラスが1個検出されたのみである。これら火山ガラスの特徴と検出状況は和尚墩遺跡と近似するものが多く，地域内での地層の対比の可能性を示唆するが，和尚墩遺跡と同様に日本列島起源テフラによる編年は困難である。

(5) 春城地点（中国江蘇省句容市放牛山遺跡近傍；図16）

本地点では，2004年度に予備調査がおこなわれ，和尚墩遺跡と同様の分析結果が得られた。そのため同様の理由から，和尚墩遺跡と春城地点の上部地層の相互対比は可能だが，日本列島起源テフラによる編年は困難である。

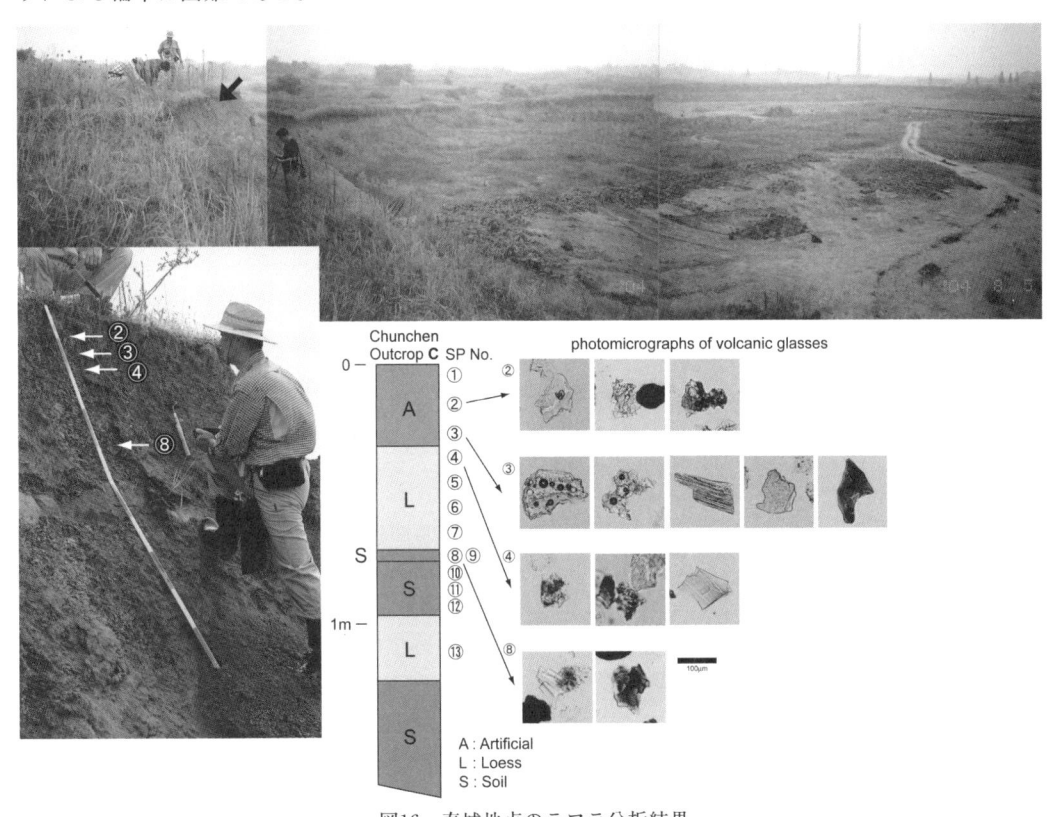

図16 春城地点のテフラ分析結果
Fig. 16 Results of tephra analysis at Chuncheng

(6) その他の遺跡（図17, 18）

2004年の予備調査では中国安徽省の水陽江遺跡群に関連する寧国市官山遺跡および宣城市五里棚遺跡でも火山灰分析を試みた。官山遺跡では地表面より20cmきざみに1.80mまで9試料を，五里棚遺跡では表土下の地層上部60cmを10cmきざみに6試料採取し分析したが，両地点で分析した全ての試料から火山ガラスは検出できなかった。

図17　官山遺跡のテフラ分析結果
Fig.17　Results of tephra analysis at the Guangshan site

図18　五里棚地点のテフラ分析結果
Fig.18　Results of tephra analysis at Wulipeng

4. まとめ

① 韓半島の長洞里・萬水里の2遺跡では日本列島起源と判断される広域テフラAT，K-Tzと一部Aso-4由来の火山ガラスが検出された。このことは日本のテフロクロノロジーが適用できることを強く支持する。さらに降灰層準とレス－古土壌サイクルとの対応関係を検討したところ，対応したMIS番号とほぼ一致することがわかった。

② 中国江蘇省所在の数地点の遺跡において，火山ガラスを検出した。しかし，検出ガラスは日本列島以外に由来すると推定され，現時点では日本で確立された火山灰編年学の適用は不可と判断する。

③ 中国揚子江下流域で検出されたテフラの給源は日本列島以外の可能性があり，フィリピンもしくはインドネシア起源のテフラを対象にした火山灰の新たな編年研究を進める必要がある。

④ 東アジアの温暖・湿潤気候下の古い地層を対象にした場合には，火山ガラスの風化・変質のため1/16mm粒径より細粒のクリプトテフラ（cryptotephra：Turney et al., 1997）の検出は困難であった。同地域では最低でも1/8～1/16mm以上の粒径が分析には必要と予想される。

謝辞　本研究は平成16～19年度科学研究費補助金基盤研究（A）「東アジアにおける旧石器編年・古環境変遷に関する基礎的研究」（研究代表者：松藤和人）の一部であり，松藤和人教授をはじめこのプロジェクトに参画された多数の研究者の方々に深く感謝する。また試料分析にあたり㈱京都フィッション・トラックのスタッフである山下透・澤田めぐみ・山下暢子・岩野英樹・奥野博子の各氏に心から御礼を申し上げたい。

引用文献

Danhara, T., Yamashita, T., Iwano, H. and Kasuya, M., 1992 An improved system for measuring refractive index using the thermal immersion method. *Quaternary International*, 13/14, 89-91.

Danhara, T., Bae, K., Okada, T., Matsufuji, K. and Hwang, S., 2002 What is the real age of the Chongokni Paleolithic site?；A new approach by fission track dating, K-Ar dating and tephra analysis；. Kidong Bae and Jungchul Lee（eds.）*Paleolithic Archaeology in Northeast Asia*, Yeoncheon County and the Institute of Cultural properties, Hanyang University, 77-116.

Danhara, T., 2003 Tephrochronology of Quaternary Sediments in the Korean Peninsula；Applications, Significance, and Future possibilities. *Geological Formation of the Chongokni Paleolithic Site and Paleolithic Archaeology in East Asia*, Yeoncheon County and The Institute of Cultural properties, Hanyang University, 125-133.

Eden, D.N., Froggatt, P.C., Zheng, H. and Machida, H., 1996 Volcanic glass found in late Quaternary Chinese loess: A pointer for future studies? *Quaternary International*, 34-36, 107-111.

町田 洋, 新井房夫, 李炳禹, 森脇 広, 江坂輝弥, 1983 韓半島と済州島で見いだされた九州起源の広域テフラ. 地学雑誌, 92, 39-45.

町田 洋, 新井房夫, 李炳禹, 森脇 広, 古田俊夫, 1984 韓国鬱陵島火山のテフラ. 地学雑誌, 93, 1-14.

Razjigaeva, N., 1993 Distribution of volcanic glass in Late Pleistocene to Holocene coastal deposits in Primorye, north-western Sea of Japan. *Earth Science*（Chikyu Kagaku）, 47, 563-568.

Turney, C. S. M., Harkness, D. D. and Lowe, J.J., 1997 The use of microtephra horizons to correlate Late-glacial lake sediment successions in Scotland. *Jour. Quaternary Sci.*, 12, 525-531.

Takemura, K. and Danhara, T., 1994 A method for determination of volcanic glass concentrations in sedimentary sequences and its application to Quaternary studies. Geoarchaeology: *An International Journal*, 9, 301-316.

Yi, S.B., Soda, T. and Arai, F., 1998 New discovery of Aira-Tn ash (AT) in Korea. *Jour. Korean Geogr. Soc.*, 33, 447-454.

鄭祥民, Kunihiko Endo, 周立旻. 趙健, 2003 東海島嶼風坐地層中火山玻璃的発現及環境意義, 海洋地質与第四紀地質. 203.

Volcanic Glasses found in the Sediments of Paleolithic Sites in Korea and China, and their Comparison with Widespread Tephras

Tohru DANHARA

Kyoto Fission-Track Co. Ltd.

Tephra analysis of the Quaternary sediments concerning the Paleolithic sites in Korea and China was carried out using the method of Danhara *et al.* (2002). At the Jangdongri and Mansuri sites in Korea, volcanic glasses from the AT (26-29 ka), Aso-4 (85-90 ka) and K-Tz (95 ka) tephras were identified based on some criteria such as refractive index of volcanic glass and its morphologic features (color, shape and degree of hydration). Though trace amount of pumice-type volcanic glasses were separated from sediments of Heshangdun, Chuncheng and Jiangjunya sites in China, these could not be correlated with the widespread tephras from Japan. Study of tephras originating from Philippine and/or Indonesia will be necessary for applying tephrochronology to loess-paleosol sediments in China

Key words : tephrochronology, volcanic glass, Korea, China, Paleolithic sites

東アジアの風成堆積物の磁気特性
―古地磁気編年と環境復元をめざして―

林田 明[1], 福間浩司[1], 横尾頼子[1], 浅井健司[1], 楊振宇[2]

[1]同志社大学, [2]中国・南京大学

1. はじめに

　中国内陸部の黄土高原と呼ばれる地域には第四紀に堆積した風成のシルト層（黄土あるいはレス）が厚く堆積し（図1），間氷期に形成された古土壌と互層をなしている。この一連の堆積物では，古土壌の初期磁化率が黄土層にくらべておよそ数倍の大きさを示し，その変動がグローバルな氷期・間氷期サイクルと同期していることが知られている（鳥居・福間, 1998など）。

　初期磁化率（あるいは初期帯磁率）とは，一定の強さの磁場によって試料に誘導される磁化の大きさを意味し，そこに含まれる磁性粒子の量（濃度）を示すものである。黄土と古土壌の初期磁化率に差が生じる原因について，植生の乏しい氷期には大量の黄砂が堆積して磁性粒子が希釈されるが，黄土地帯周辺が緑におおわれる間氷期には非磁性のダストが減少することによると考えられたこともある（Kukla et al., 1988）。しかし，古土壌の示す高い磁化率の原因は細粒のマグネタイトあるいはマグヘマイトの存在によること，さらにこれらの磁性鉱物は風成ダストとして堆積したものではなく，土壌化の過程で二次的に形成されたことが明らかにされた（Heller et al., 1993など）。その結果，黄土と古土壌の示す初期磁化率の記録は，土壌化を進める高温・多湿の程度，あるいは降水量の指標になると考えられるようになった。すなわち，黄土と古土壌の初期磁化率は東アジアにおけるモンスーン気候の消長を表すと理解することができる。

　最近では，黄土・古土壌層の下位に存在する赤色粘土についても磁気特性の研究が進められ，約360万年前にまでさかのぼる気候変動の記録が報告されている（たとえば Sun et al., 2006）。また，黄土・古土壌の初期磁化率や粒度組成の変化は深海底堆積物から得られる有孔虫殻の酸素同位体比の記録ともよく対比されることから，ミランコヴィッチ・サイクルに準拠した高精度の年代決定が可能となった（Heslop et al., 2000；Sun et al., 2006など）。

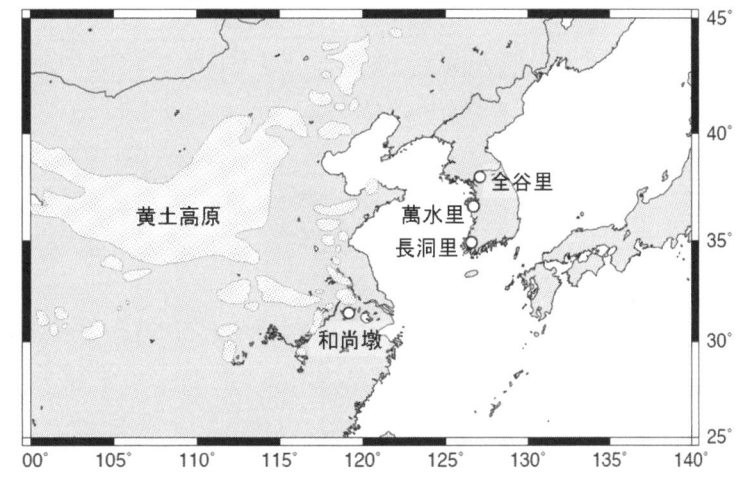

図1　東アジアにおける風成堆積物の分布と調査地点
Fig.1　Map showing distribution of eolian deposits in East Asia and the studied Paleolithic sites

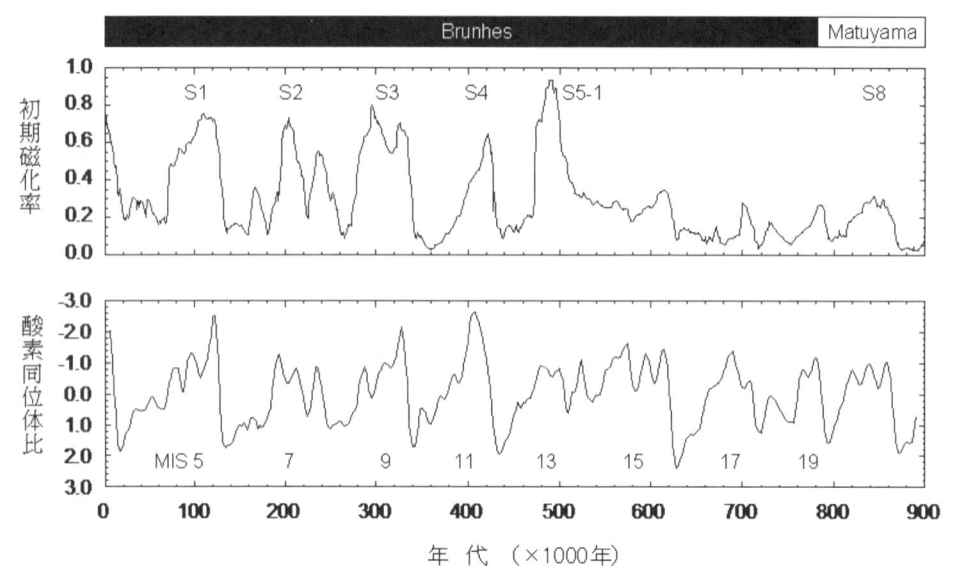

図2 過去90万年間の地磁気極性の変化および黄土高原に分布するレス-古土壌の初期磁化率 (Sun et al., 2006) と深海底堆積物の酸素同位体比記録 (Bassinot et al., 1994)
Fig. 2 Geomagnetic polarity time scale for the past 900 kyr, a stacked magnetic susceptibility record from the Chinese Loess Plateau (Sun et al., 2006), and an oxygen isotope record from giant piston core MD900963 (Maldives area, tropical Indian Ocean; Bassinot et al., 1994)

　黄土高原から報告された過去90万年間の初期磁化率と深海底堆積物の酸素同位体比の比較，およびこの間の地磁気極性の変化を図2に示す。

　洛川を中心とする黄土高原には数百メートルにおよぶ厚さの風成堆積物が見られるが，その層厚は南東に向かって急速に減少する (Porter et al., 2001)。このため，中国の長江流域や韓半島においては風成層の分布が限られ，層厚も10m程度とわずかなものになる。これらの地域では，堆積速度が小さいことに加え降雨量が多いため，土壌化が進んでいる。それにもかかわらず，堆積物の地層断面には赤褐色に土壌化した部分と黄土色に近い層が明瞭な互層をなし，氷期・間氷期サイクルと対比できる可能性がある。したがって，初期磁化率の記録を得るとともに磁性鉱物の種類や粒子サイズを明らかにし，その起源や土壌化の過程を解明することによって旧石器包含層の年代推定と古環境の復元に寄与するものと期待される。

　われわれは「東アジアにおける旧石器編年・古環境変遷に関する基礎的研究」の一環として韓国京畿道の全谷里遺跡，忠清北道の萬水里遺跡，全羅南道の長洞里遺跡，中国江蘇省の和尚墩遺跡において旧石器包含層の編年と環境復元を目指し，風成堆積物の磁気特性や元素組成の検討をおこなってきた。その成果の一部はすでに報告し (Hayashida, 2003 ; Shin et al., 2004 ; Naruse et al., 2006)，また今後それぞれの共同研究者とともに詳細を著す予定である。本報告では各遺跡から得られた初期磁化率と残留磁化の測定結果を紹介し，年代推定や古環境の復元に関わる問題点について検討する。

2．初期磁化率とその周波数依存性

　磁気特性を検討するための試料は，主としてポリカーボネイト製のキューブ容器を用い各旧石器遺跡のピット壁面から約2.5～5cmの間隔で採取したものである。これらの試料について，

Bartington社製の磁化率測定装置（MS2B）を用いて初期磁化率の測定をおこなった。全谷里（E55S20-IVpit），萬水里，長洞里（龍洞Loc.3），和尚墩（東地区）の各遺跡から得た結果を図3～6に示す。全谷里，長洞里，和尚墩については周波数依存性（0.47 kHzと4.7 kHz）の測定結果も示した。これらの図に示されるように，いずれの地点においても濃い茶褐色を呈する層，あるいは楔状のクラックが卓越する古土壌の部分において初期磁化率が高い値を示すことが明らかになった。また一部の試料について検討をおこなった磁気履歴曲線の測定や熱磁気分析の結果から，主要磁性鉱物は比較的細粒のマグネタイト（Fe_3O_4）あるいはマグヘマイト（γ-Fe_2O_3）であることが推測できる。これらの結果は黄土高原の堆積物の示す特徴と同様のものであり，ここでも初期磁化率の変動が氷期・間氷期サイクルに対応することが示唆される。

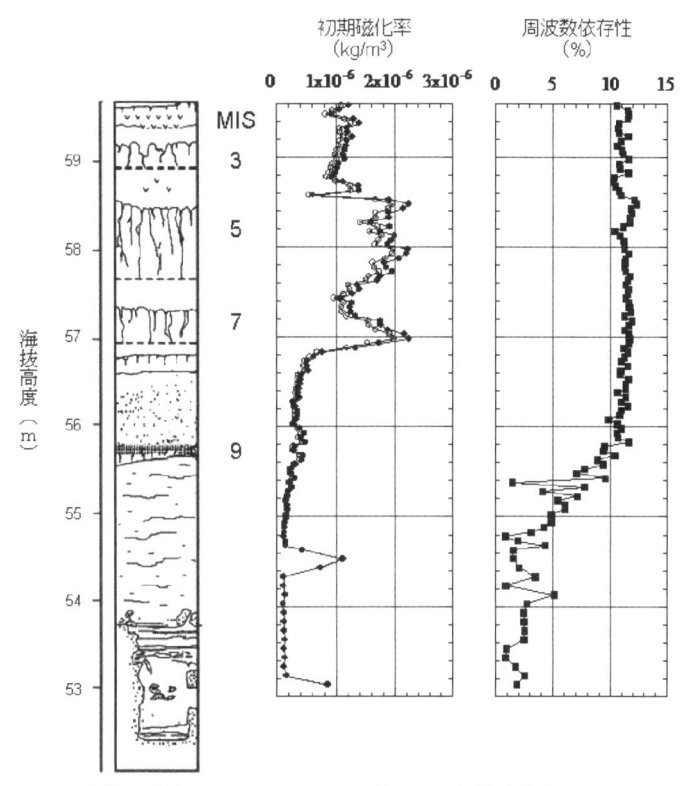

図3　全谷里遺跡のE55S20-IVpitから得られた初期磁化率（質量磁化率）と周波数依存性の変動

黒丸と白丸はそれぞれ低周波数（0.47 kHz）と高周波数（4.7 kHz）の交流磁場による測定結果を示し，周波数依存性はそれらの差を低周波数の磁化率で規格化した値を示す。柱状図は Danhara et al. (2002)，酸素同位体ステージの認定は成瀬（本書）による。

Fig. 3 Plots of mass-specific magnetic susceptibility and its frequency dependence obtained from the E55S20-IV pit of the Chongokni Paleolithic site

Magnetic susceptibility of the cubic samples were measured at two frequencies, 0.47 kHz (LF; solid dots) and 4.7 kHz (HF; open dots). The frequency dependency is represented by 100 x (LF - HF) / LF. The columnar section is after Danhara et al. (2002), and the numbering of oxygen isotope stages after Naruse (this volume).

ただし，初期磁化率の変動は最終間氷期（酸素同位体ステージ5）に対比される上位の古土壌においてより顕著であり，それよりの下位の堆積物では変動幅が小さくなる傾向を示す。たとえば全谷里のE55S20-IVpitで最古の旧石器産出層に当たる高度56.7m付近にはステージ9に相当する古土壌が認定されているが（成瀬ほか，本書所収），初期磁化率の値は大きく上昇しない（図3）。また和尚墩遺跡の東地区断面ではステージ3から11に対比される5層の古土壌が認められているが（成瀬ほか，本書所収），このうちステージ9の層準には初期磁化率のピークが見られない（図6）。図2に示すように，黄土高原ではステージ15より古い古土壌の磁化率がその上位に比べ低くなる傾向が見られる。韓国や長江下流域の風成堆積物でステージ9よりも古い古土壌に初期磁化率の顕著なピークが認められないことは，これらの土壌中で形成されたマグネタイトあるいはマグヘマイトの酸化が進み，その含有量が減少するという変化の影響かもしれない。

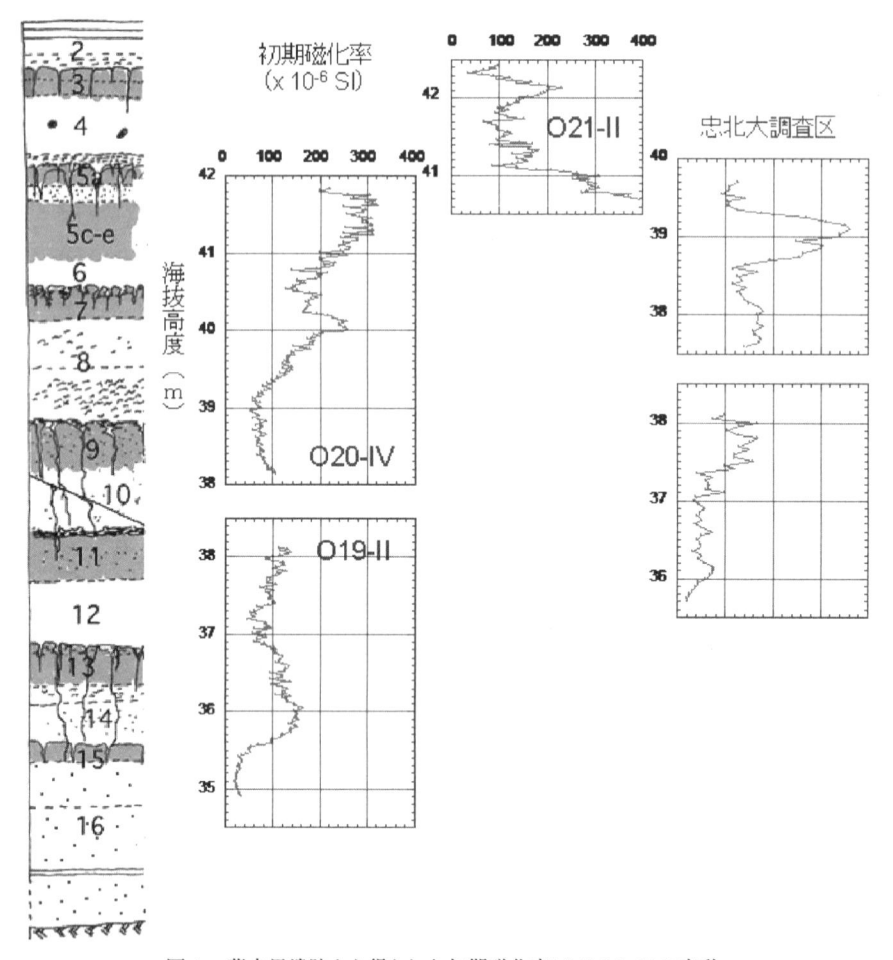

図4　萬水里遺跡から得られた初期磁化率(体積磁化率)の変動
柱状図は漢陽大学校文化財研究所，酸素同位体ステージの認定は成瀬(本書)による。
Fig. 4　Plots of volume-specific magnetic susceptibility obtained from the Mansuri Paleolithic site
The columnar section is after Institue of Cultural Properties of Hanyang University, and the numbering of oxygen isotope stages after Naruse (this volume).

　一般に初期磁化率の測定には数百Hzの交流磁場が用いられるが，およそ0.1μmより細粒のマグネタイトの場合，高い周波数の磁場に対して磁化の変化が追随できず，初期磁化率の値が小さくなる。そこで，周波数の異なる磁場（0.47 kHzと4.7 kHz）での測定結果の差を低周波数の磁化率で規格化したものを初期磁化率の周波数依存性と呼ぶ。この値が多くの試料で10％以上に達することは韓国の風成堆積物が示す顕著な特徴である（図3，5）。黄土高原においては土壌化が進んだ堆積物，すなわち初期磁化率が高い部分で周波数依存性が高くなる傾向を示すことが知られており，超常磁性から単磁区の極細粒マグネタイト粒子の存在を示すものと解釈されている（Heller et al., 1991）。これに対し，全谷里の風成堆積物では初期磁化率と周波数依存性との間に明瞭な相関が認められず，ほぼ全ての層準に極細粒の磁性粒子が卓越すると推定される（図3）。超伝導磁化率計（Quantum Design社製MPMS）による交流磁化率の測定からは，氷期・間氷期を問わず超常磁性ないし単磁区のマグネタイトあるいはマグヘマイトが含まれ，その粒径分布が広いために磁化率の周波数依存性がほとんど変動しないことが示唆されている。一方，長洞里遺跡では高度8 m付近より上位の試料

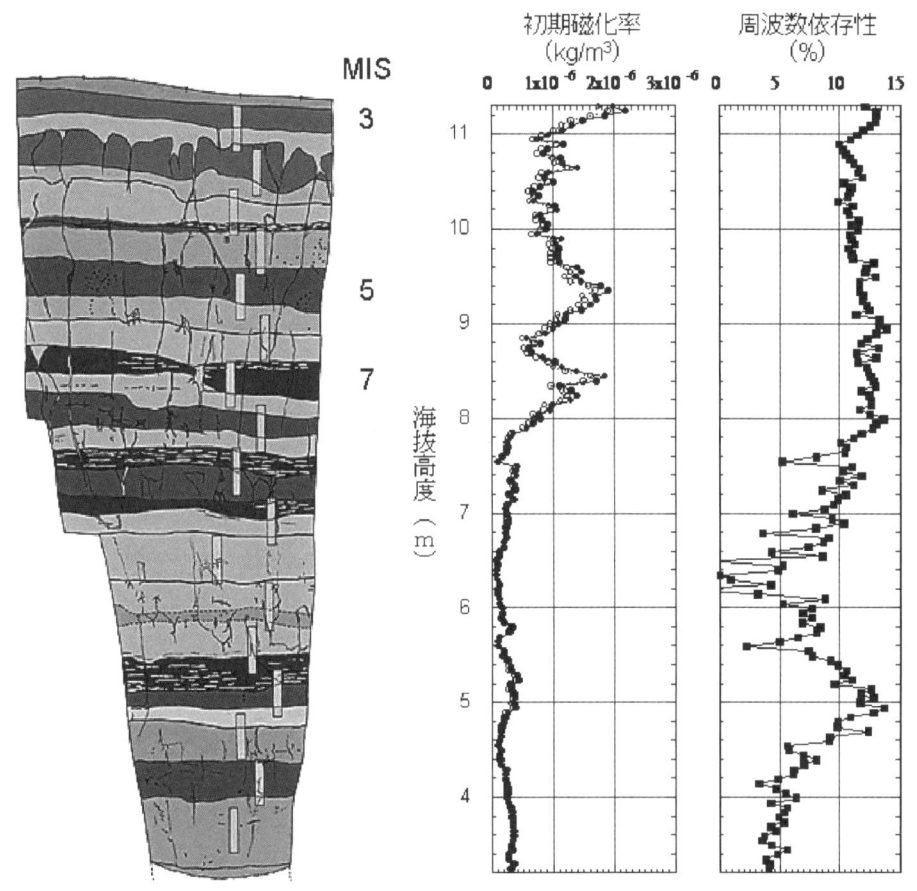

図5 長洞里龍洞遺跡(Loc.3)から得られた初期磁化率(質量磁化率)と周波数依存性の変動
黒丸と白丸はそれぞれ低周波数 (0.47 kHz) と高周波数 (4.7 kHz) の交流磁場による測定結果を示し、周波数依存性はそれらの差を低周波数の磁化率で規格化した値を示す。柱状図は松藤、酸素同位体ステージの認定は成瀬(本巻)による。
Fig.5 Plots of mass-specific magnetic susceptibility and its frequency dependence obtained from the Jangdongri-Yongdong Paleolithic site (Loc. 3)
Magnetic susceptibility of the cubic samples were measured at two frequencies, 0.47 kHz (LF; solid dots) and 4.7 kHz (HF; open dots). The frequency dependency is represented by 100 x (LF - HF) / LF. The columnar section is after K. Matsufuji, and the numbering of oxygen isotope stages after Naruse (this volume).

の初期磁化率が全谷里と同様にほぼ一定の高い周波数依存性を示すが、下位では初期磁化率と周波数依存性に相関が認められる(図5)。また和尚墩遺跡では土壌化が進行した部分とその間の氷期に相当すると考えられる層とで周波数依存性が大きく変化する(図6)。和尚墩の堆積物に含まれる磁性鉱物の起源、とくに続成作用については、黄土高原や韓半島との比較研究を含めた詳細な検討が必要である。

3. 残留磁化の極性

堆積物のもつ残留磁化は過去の地球磁場の記録であり、とくに連続的に堆積した地層において地球磁場極性の逆転層準が認められた場合には、汎世界的な対比および年代測定のための基準面として重要な意味をもつ。たとえば最も新しい地磁気の逆転に当たるBrunhes ChronとMatuyama Chronの境界(78万年前)は酸素同位体比ステージ19に対応することが知られている(Bassinot et al.,

図6 和尚墩遺跡（東地区）から得られた初期磁化率（質量磁化率）と周波数依存性の変動

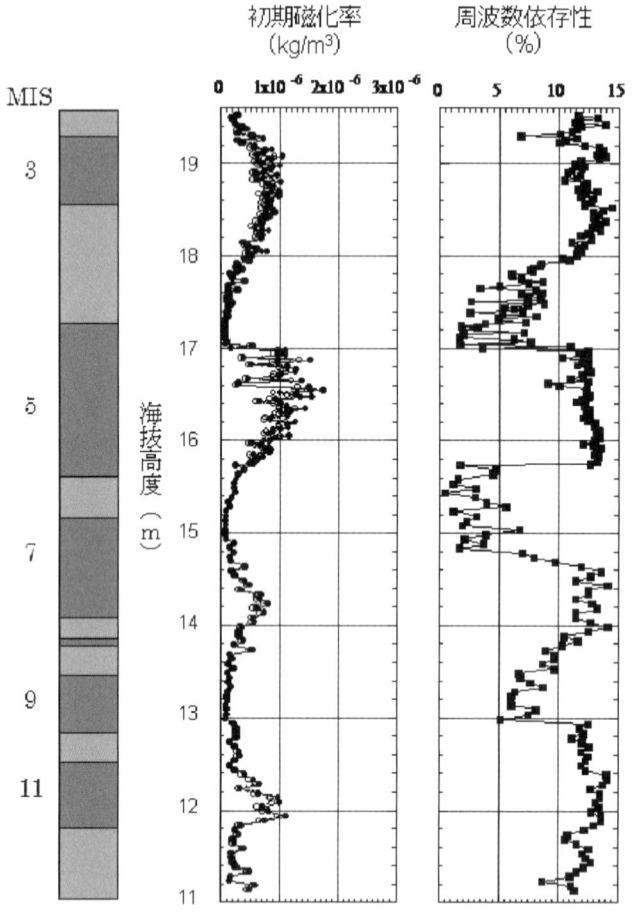

黒丸と白丸はそれぞれ低周波数（0.47 kHz）と高周波数（4.7 kHz）の交流磁場による測定結果を示し，周波数依存性はそれらの差を低周波数の磁化率で規格化した値を示す。柱状図と酸素同位体ステージの認定は成瀬（本書）による。

Fig. 6 Plots of mass-specific magnetic susceptibility and its frequency dependence obtained from the Heshangdun Paleolithic site (Loc. 3)

Magnetic susceptibility of the cubic samples were measured at two frequencies, 0.47 kHz (LF ; solid dots) and 4.7 kHz (HF ; open dots). The frequency dependency is represented by 100 x (LF - HF) / LF. The columnar section and the numbering of oxygen isotope stages are after Naruse (this volume).

1994など；図2）。本研究の対象となる旧石器遺跡の主要な堆積物は中期更新世の地層でありBrunhes Chronに含まれると考えられるが，その編年を確認するために風成堆積物やその下位の地層について古地磁気方位の検討をおこなった。

全谷里遺跡（E55S20-IVpit）の旧石器包含層，およびその下位の水成堆積物から採取した試料はすべて正帯磁を示した。また全谷里周辺に分布する全谷玄武岩と車灘玄武岩（長岡ほか，本書所収）についても残留磁化の測定をおこなったが，逆帯磁を示す試料は見いだされなかった。このことから漢灘江流域に分布する第四紀層の主要部は78万年前よりも新しいことが確かめられた。

一方，長洞里遺跡から採取した試料について残留磁化の測定と段階交流消磁をおこなったところ，7.1mより上位は正帯磁，下位は逆帯磁を示すという結果が得られた。また高度6.64mと6.54mの試料が正帯磁を示し，その上下に中間帯磁のデータが存在することから，この層準にも正帯磁帯が存在する可能性がある。図7に段階交流消磁の結果の例を示す。

仮に長洞里遺跡の堆積物が整合で顕著な堆積間隙が存在しないなら，高度7.1mにブリューヌ／マツヤマ境界が存在し，その下位の正帯磁がJaramillo Subchron（99～107万年前）に対応するという解釈が成り立つ。しかし，このような磁気層序の解釈を前提とした場合，高度8～9 mに見られる初期磁化率の顕著なピークが酸素同位体ステージ5の間氷期に当たるという対比（成瀬ほか，本書所収）を延長して下位の古土壌の認定をおこなうことは難しい。今回の測定結果によって少なくとも78万年以前の堆積物がこの地域に存在することが明らかになったが，そこに含まれる古土壌の対比，さらに旧石器包含層の年代推定について議論を進めるためには，周辺の堆積物の磁気層序を

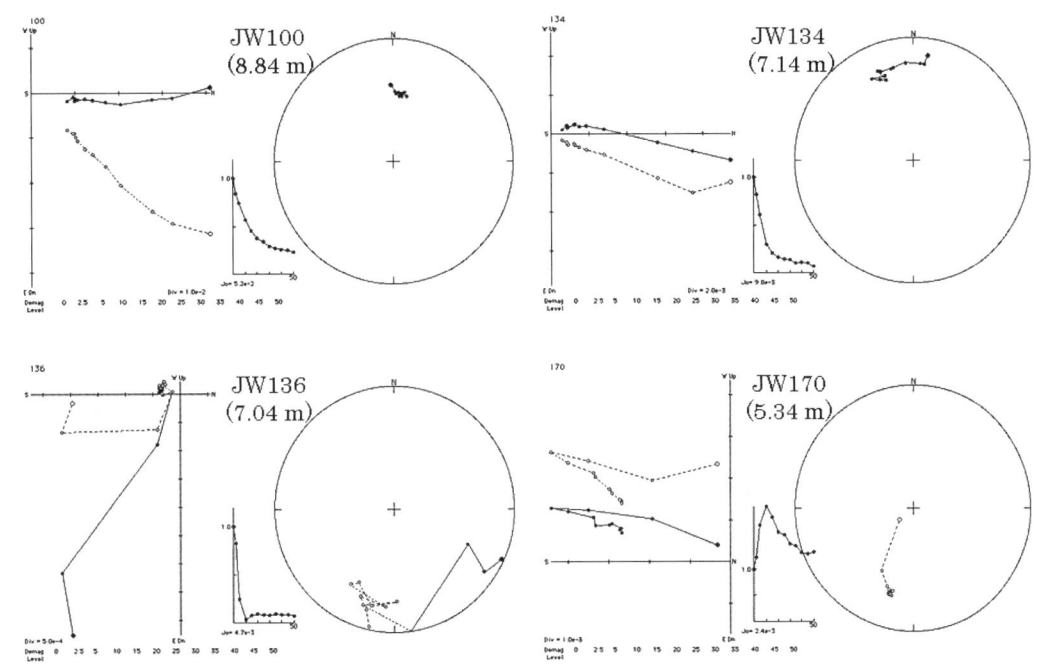

図7 長洞里龍洞遺跡の堆積物から採取した試料の段階交流消磁の結果
試料JW100とJW134は正極性，JW136とJW170は逆極性の古地磁気方位を示す。ベクトル図（左）の黒丸は水平面，白丸は南北方向の鉛直面に投影された磁化ベクトルの終点を表す。等面積投影図（右）の黒丸は下半球，白丸は上半球への投影を表す。
Fig.7 Results of alternating field demagnetization from the Jangdongri-Yongdong Paleolithic site (Loc. 3), showing normal (JW100 and JW134) and reversed (JW136 and JW170) polarities
Closed and open symbols indicate projection of vector-end points on the horizontal and vertical planes, respectively (left).
Closed and open symbols on equal-area projection (right) are on the lower and upper hemisphere, respectively.

含む追加調査をおこなう必要がある。

　和尚墩遺跡では台地Ⅰ面を構成する地層として，初期磁化率の測定をおこなった風成堆積物の下位に当たる河川成の砂礫層が存在する（成瀬ほか，本書所収）。この中に挟在する粘土質堆積物から定方位試料を採取し，南京大学の実験室で残留磁化の測定と段階熱消磁の実験をおこなった。その結果，図8に示すように逆極性の磁化方位が得られ，本地域の高位の地形面を構成する砂礫層の年代が少なくともMatuyama Chronにまでさかのぼることが判明した。また和尚墩の南に位置する曙光においても，黄土－古土壌層の下位に存在する湖成堆積物から逆帯磁を示す古地磁気方位が得られている。これらの逆磁極期の堆積物と上位の風成堆積物との層序関係が確認できれば，旧石器包含層の年代推定に大きな制約が与えられることになる。

4．まとめ

　韓国京畿道の全谷里遺跡，忠清北道の萬水里遺跡，全羅南道の長洞里遺跡，中国江蘇省の和尚墩遺跡に見られる風成堆積物の初期磁化率は，濃い茶褐色を呈する層，あるいは楔状のクラックが卓越する古土壌の部分において顕著に高い値を示すことが明らかになった。黄土高原の黄土・古土壌と同様に，初期磁化率の上昇は土壌化の際に形成されたマグネタイトまたはマグヘマイトに起因すると考えられ，氷期・間氷期サイクルあるいはミランコヴィッチ・サイクルへの対比を通じて，堆積物と旧石器遺跡の編年に重要な制約を与えることになる。

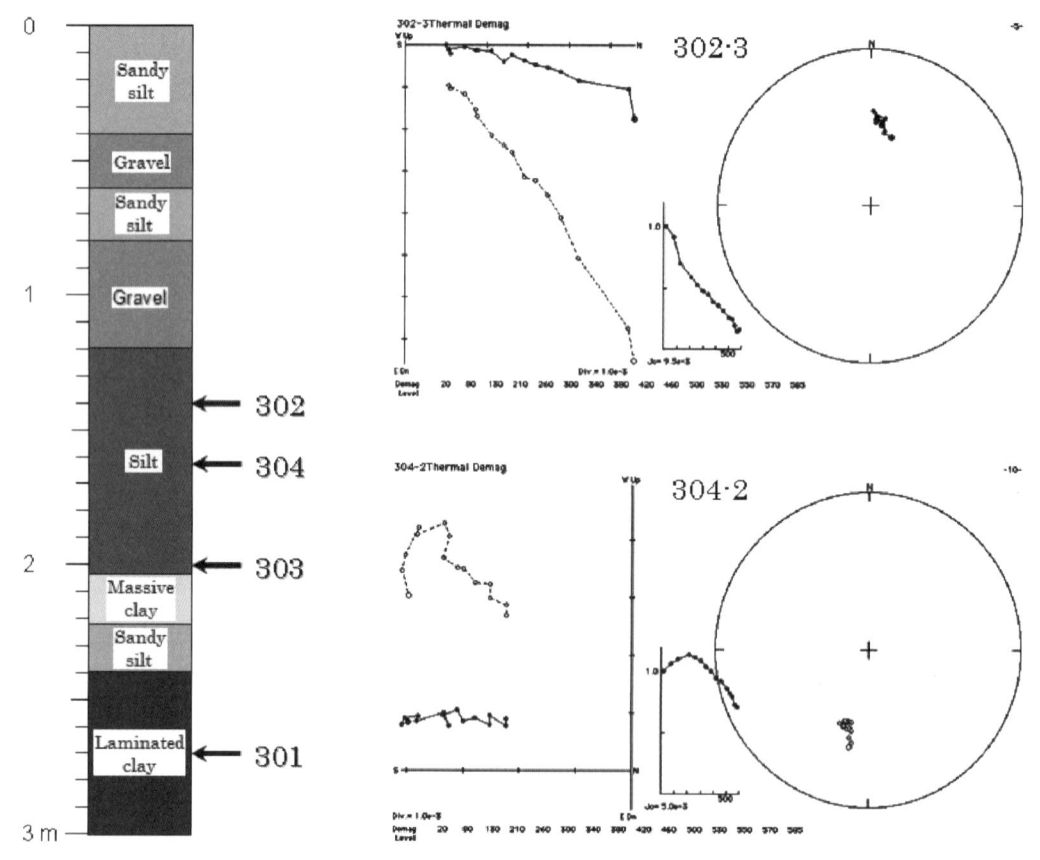

図 8 和尚墩遺跡の台地 I 面を構成する水成堆積物の柱状図と定方位試料の採取層準（左）および残留磁化測定と段階交流消磁の結果の例
試料302-3は正極性，304-2は逆極性の古地磁気方位を示す．記号の説明は図7と同様
Fig. 8 Columnar section of the fluvio-lacustrine sediments on the Surface I of the Heshangdun site and results of alternating field demagnetization, showing normal (302-3) and reversed (304-2) polarities
Explanations of the symbols are as shown in Fig. 7.

　初期磁化率の上昇は最終間氷期に対比される上位の古土壌において顕著であり，それより下位の堆積物では変動幅が小さくなる傾向が認められた．さらに多くの試料の初期磁化率が10%以上に達する周波数依存性を示し，土壌化に由来する極細粒のマグネタイトが古土壌に限らず普遍的に存在することが示唆された．これらの特徴は，韓半島や長江下流域における黄土高原よりも湿潤・温暖な環境下での土壌化に起因する可能性が高い．今後，土壌化にともなう元素の移動過程と風成起源粒子の風化，二次的な磁性鉱物の生成過程を詳細に解明する必要がある．

　謝辞　本研究は科学研究費補助金基盤研究（A）「東アジアにおける旧石器編年・古環境変遷に関する基礎的研究」（代表：松藤和人）の一部であり，松藤和人教授を始めこのプロジェクトに参画された多数の研究者の援助を得た．とくに，漢陽大学校の裵基同教授，延世大学校の兪剛民教授，木浦国立大学校の李憲宗教授，順天国立大学校の金正彬教授，南京博物院の房迎三教授のご協力に深く感謝します．また，磁化測定と試料採取に当たって援助をいただいた同志社大学の宇敷典子，田中暢，五味昭博，名古屋大学の福岡正春の各氏に厚くお礼申し上げます．

引用文献

Bassinot, F. C., L. D. Labeyrie, E. Vincent, X Quidelleur, N. J. Shackleton and Y. Lancelot, 1994 The astronomical theory of climate and the age of the Brunhes-Matuyama magnetic reversal. *Earth and Planetary Science Letters*, 126, 91-108.

Danhara, T., K. Bae, T. Okada, K. Matsufuji and S. H. Hwang, 2002 What is the real age of the Chongokni Paleolithic site? －A new approach by fission track dating, K-Ar dating and tephra analysis－. Kidong Bae and Jungchul Lee eds. *Paleolithic Archaeology in Northeast Asia*, Yeoncheon County and the Institute of Cultural Properties, Hanyang University, 77-116.

Hayashida, A., 2003 Magnetic properties of the Quaternary sediments at the Chongokni Paleolithic Site: a preliminary result. *Geological Formation of the Chongokni Paleolithic Site and Paleolithic Archaeology in East Asia*, Yeonchon County and Institute of Cultural Properties, Hanyang University, 157-160.

Heller, F., X. M. Liu, T. S. Liu and T. C. Xu, 1991 Magnetic susceptibility of loess in China. *Earth and Planetary Science Letters*, 103, 301-310.

Heller, F., C. D. Shen, J. Beer, X. M. Liu, T. S. Liu, A. Bronger, M. Suter and G. Bonani, 1993 Quantitative estimates and palaeoclimatic implications of pedogenic ferromagnetic mineral formation in Chinese loess. *Earth and Planetary Science Letters*, 114, 385-390.

Heslop, D., C. G. Langereis and M. J. Dekkers, 2000 A new astronomical timescale for the loess deposits of Northern China. *Earth and Planetary Science Letters*, 184, 125-139.

Kukla, G., F. Heller, L. X. Ming, X. T. Chun, T. S. Liu, and Z. S. An, 1988 Pleistocene climates in China dated by magnetic susceptibility. *Geology*, 16, 811-814.

Naruse, T., K. Matsufuji, H. J. Lee, T. Danhara, A. Hayashida, C. B. Kim, K. M. Yu, K. Yata, S. H. Hwang and K. Ikeda, 2006 Preliminary report of the loess-paleosol stratigraphy in Jangdongri Site, Korea. *The Paleolithic Archaeology and Quaternary Geology in Youngsan River Region*, 考古学叢書, 40, 269-289.

Porter S. C., B. Hallet, X. Wu and Z. S. An, 2001 Dependence of near-surface magnetic susceptibility on dust accumulation rate and precipitation on the Chinese Loess Plateau. *Quaternary Research*, 55, 271-283.

Shin, J. B., K. M. Yu, T. Naruse and A. Hayashida, 2004 Study on loess-paleosol stratigraphy of Quaternary unconsolidated sediments at E55S20-IV pit of Chongokni Paleolithic Site. *Journal of the Geological Society of Korea*, 40, 369-381.

Sun, Y., S. C. Clemens, Z. S. An, and Z. W. Yu, 2006 Astronomical timescale and palaeoclimatic implication of stacked 3.6-Myr monsoon records from the Chinese Loess Plateau. *Quaternary Science Reviews*, 25, 33-48.

鳥居雅之, 福間浩司, 1998 黄土層の初磁化率 ―レヴィュー―. 第四紀研究, 37, 33-45.

Magnetic Properties of Eolian Deposits in East Asia;
Paleomagnetic Chronology and Paleoenvironmental Implications

Akira HAYASHIDA[1], Koji FUKUMA[1], Yoriko YOKOO[1], Kenji ASAI[1], Zenyu YANG[2]

[1] Doshisha University, [2] Nanjing University

We made environmental magnetic and magnetostratigraphic studies of terrestrial sediments as a part of collaborative researches on chronology and paleoenvironment of Paleolithic sites in East Asia. Our research areas include the Chongokni, Mansuri and Jangdongri-Yongdong sites in Korea and the Heshangdun site in Jiangsu Province, China. Weak-field magnetic susceptibility measurements of our samples showed that reddish brown color layers in the artifact-bearing sediments are characterized by enhanced magnetic mineral concentrations, although the susceptibility peaks of the lower paleosol layers become obscured. It was also noticeable that most intervals showed frequency dependence of the magnetic susceptibility higher than 10%. These results suggest that the magnetic properties are comparable to the loess-paleosol sequences of the Chinese loess plateau. It is also suggested, however, process of the fossil soil formation has been more extended probably due to higher precipitation in Korean Peninsula and Jiangsu Province. Analysis of natural remanent magnetizations revealed that the lower part of the Jangdongri profiles and the fluvial sediments at Heshangdun have reversed magnetic polarity. These intervals are assigned with the Matuyama Chron older than 0.78 Ma, providing firm constraints on age estimation of the Paleolithic sites.

Key words: eolian sediments, loess, paleosol, magnetic susceptibility, frequency dependence, remanent magnetization, Korea, China, Paleolithic sites

東アジア旧石器編年構築のための90万年前以降の
レス－古土壌層序と編年

成瀬敏郎[1], 俞剛民[2], 渡辺満久[3]

[1]兵庫教育大学, [2]延世大学校, [3]東洋大学

1. 第四紀のレス・黄土について

　氷河末端や沙漠から風で運ばれる細粒物質は風成塵, 黄風, 黄砂などと呼ばれ, 風下の地表に堆積して層をなすものをレスあるいは黄土と呼んでいる。現在でも沙漠から舞い上がった細粒物質がさかんに風で運ばれ, 地表や海底に降下堆積している。

　このレス・黄土を風成物質とする考えは1824年のLeonhardを嚆矢とする。彼はライン河谷に堆積するシルトサイズの細粒物質を風成堆積物（レス）と定義したが, 本格的な風成レス研究は1870年代における自然地理学の泰斗リヒトホーフェン（F. F. von Richthofen）による中国黄土を対象としたものであった。

　20世紀に入ってレス研究は世界的に広まり, 1930年代には今日とあまり変わらない精度をもつ世界レス分布図が作成されるなど, 目覚しく発展した。中国でもTeilhard de Chardin and Young (1930) による黄土編年がおこなわれたが, 中国黄土が世界的に注目を浴びるようになったのは, 1970年代前後に始まった古地磁気研究法の導入によるものであった。そこで得られた研究成果は黄土－古土壌層序が第四紀の気候変動を示し, 中国黄土高原が海洋底コアや大陸氷床コアとともに絶好の第四紀研究の場であることを認識させる契機となった。日本では1980年代初期から, 韓国では1985年からレス研究が始まり, 2000年代になって論文が増加している。

　このような経緯を経て, 20世紀中に世界各地のレス－古土壌の編年がほぼ確立し, 全世界的なレス－古土壌の対比が可能になった。さらに大陸氷床や深海底堆積物の酸素同位体分析法の導入によって得られた高精度・高分解能の気候変動と, レス－古土壌の堆積・生成との関係もまた理解されるようになった。

　旧石器編年にあたっては, 日本では火山灰編年法が, 中国ではレス－古土壌編年法が採り入れられてきたのに対し, 韓国では2000年代になってレス－古土壌編年法が採り入れられるようになっている。海洋酸素同位体ステージ（MIS）を基準にしたレス－古土壌編年法を援用すれば, 東アジアをめぐる広域の旧石器の編年対比が可能であることは明白であり, 今後, この研究法が東アジア各地で進展すると考えられる。

2. 世界のレス分布

　世界各地の中緯度地域の陸上や海洋底, 沙漠周辺にはレスが広域に分布している。レス物質の多くは氷河起源と沙漠起源の風成塵からなり, 氷期には大陸氷床や沙漠が拡大したので, ここから供給される風成塵量は完新世の数倍もあった。さらに氷期には偏西風が強かったために, 氷河末端や

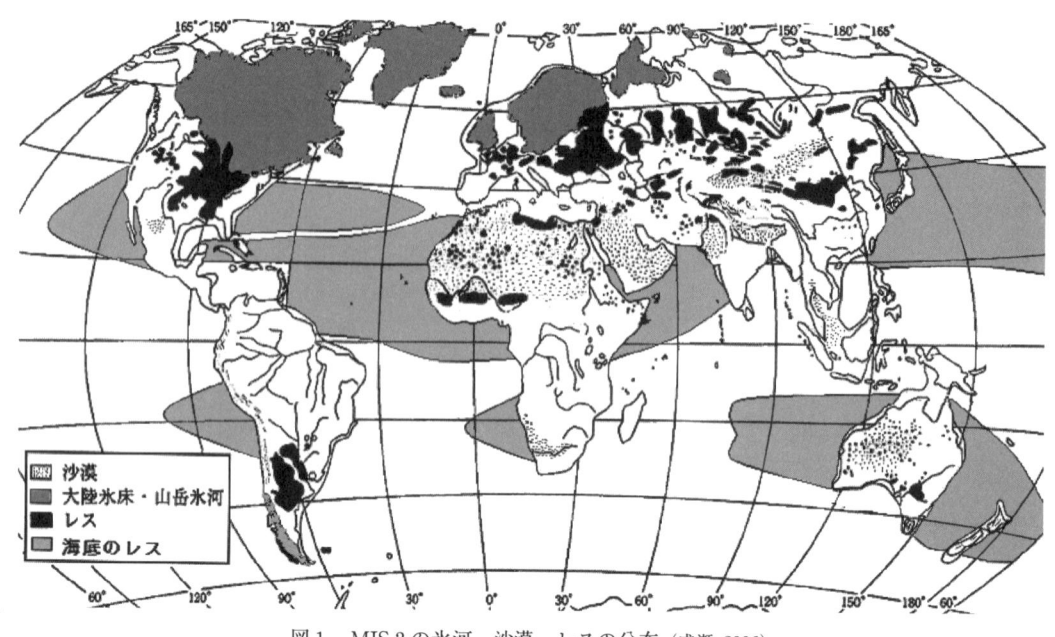

図1　MIS 2 の氷河，沙漠，レスの分布（成瀬，2006）
Fig. 1　Distribution of glacier, desert and loess during MIS 2 (Naruse, 2006)

沙漠から中層を流れる偏西風や貿易風，高層を流れるジェット気流によって運ばれ，陸上だけでなく，海洋底にも広域に堆積した。

　レスは，図1に示した地域のほかにも広域に分布しているが，その厚さが薄いために肉眼で観察することは困難である。しかし，こうした地域においても泥炭，湖底・海底堆積物中に風成塵が混入していることが明らかになっている。

　レスのうち，氷河レスは氷期に大陸氷床が拡大したヨーロッパ，北米，南米などの偏西風域に帯状に分布している。一方，沙漠レスは沙漠で舞い上がった細粒物質が風で運ばれたもので，とくにサハラ，オーストラリア，タクラマカン・ゴビなどの沙漠から運ばれたものが多く，これに氷期に出現した沙漠からのものが加わる。

　氷期に出現した沙漠の例としてアジア北方のシベリアがあげられる。海水準が低下して海水量が減り，海水温度が低下したために水蒸気量が減少し，しかもシベリア高気圧が発達したためにこの地域の降水量が減少したことによる。

　東アジアの場合には，上記の給源に加えて，中央アジアやチベット高原，それに干陸化した東シナ海や黄海の海底からも風成塵が供給されたとみられる。いずれにしても氷期には，今日とは比較にならないほど風成塵の給源域が拡大し，これを運ぶ風も強かったのである。

　とくに最終氷期最盛期（MIS 2）における北緯30°以北の地域は，陸上だけでなく，海洋域も風成塵の影響が強かった。この時期には，北極海を中心として大陸氷床が拡大し，ここから供給された氷河レスが，高緯度・中緯度地域に広域に堆積した。アジアでも高緯度地域にあるシベリア北極海沿岸にレスが分布している。

　沙漠レスは中央アジア－タリム盆地－黄土高原に分布し，氷河レスに比べればやや低緯度側に分布している。とくに沙漠レスは，中央アジアの沙漠や中国内陸沙漠から大量に運ばれ，これに山岳

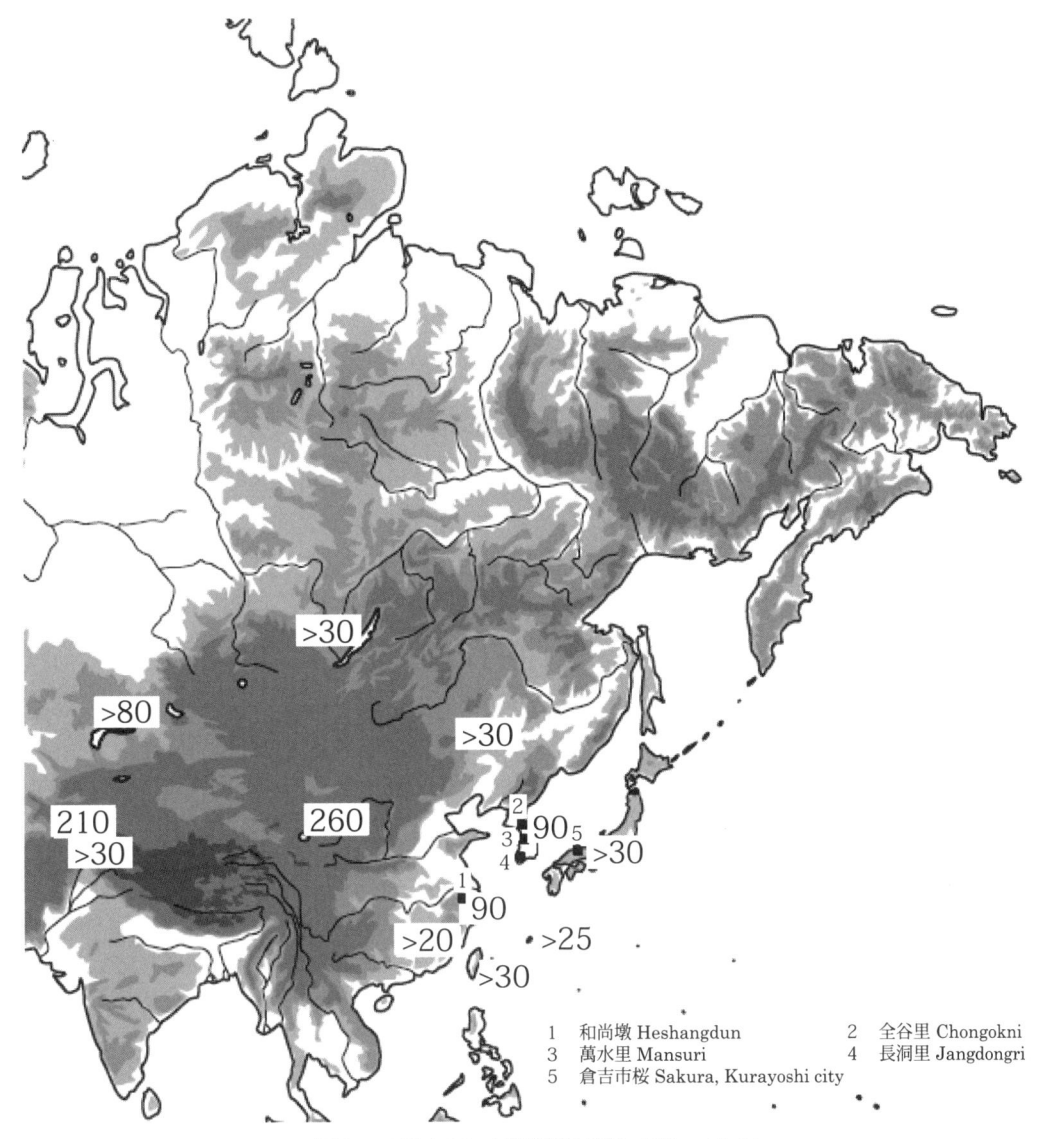

図 2 アジアのレス堆積開始時期（単位：万年前）
Fig.2 Beginning ages of loess deposition in Asia (0.01 Ma)

1 和尚墩 Heshangdun　　2 全谷里 Chongokni
3 萬水里 Mansuri　　4 長洞里 Jangdongri
5 倉吉市桜 Sakura, Kurayoshi city

氷河から供給された氷河レスも加わって，黄土高原では約260万年間に最大300m近い黄土が堆積したとされる。一方，サハラ沙漠やアラビア半島の沙漠から運ばれた風成塵は大西洋・地中海沿岸や西アジアの「肥沃な三日月地帯」に広域に分布している。

　東アジアでは，レスの厚さは南京付近に分布する下蜀黄土が20m前後であるのに対して，韓国で7m，日本ではさらに薄くなることからも知られるように，風成塵の給源からの距離に従っている。

3．レス－古土壌の堆積・生成時期

　レスは，第三紀以降の気候変動に連動して堆積・風化を繰り返している。北半球の氷期が開始した300万年前以降に4.1万年周期の氷期－間氷期が繰り返すようになった。それにつれて約260万

前あたりから氷期において黄土高原や中央アジアの山岳地域で本格的にレスが堆積するようになった。しかし当時は，氷期の気温低下はそれほどではなかったためにレスの分布範囲もそれほど広くなかったのである。

90万年前以降になると，10万年周期で気候が変動するようになった。しかも氷期の気温が著しく低下し，氷河や沙漠の規模が拡大するようになった。このため氷河や沙漠から供給される風成塵が増加し，レスの分布範囲も拡大して世界中にレスが堆積するようになった。東アジアでも，南京や韓国で見られるようにこの時期から堆積が開始するようになった（図2）。

黄土高原では，約260万年前に対比されるL_{33}黄土の上に厚い黄土層L_{32}〜L_1が堆積している。このL_{33}の下に堆積する紅粘土（鮮新世）もまた風成堆積物の可能性があるとされる。

一方，中国東北平原では少なくともMIS 10から堆積が始まっている。この地域では古土壌を変形させるインボルーション（involution）が発達し，アイス・ウェッジ（ice wedge）の中にレスが落ち込んでいることや，古土壌層準で初期磁化率が高く，レス層準で低いことからもわかるように，レスは氷期（海洋酸素同位体ステージ；MISの偶数番号）に堆積し，古土壌は間氷期に生成され，それは黄土高原と同時期であった。

そして，中国東北平原の各地に見られる露頭断面は古土壌が発達した間氷期の温暖な気候が終わり，まもなく土壌侵食が始まり，さらに古土壌を撹乱するインボルーションや古土壌を切り込むアイス・ウェッジが発達し，その後にレスが本格的に堆積し始めたことを示している。

MIS 2のレスは，中国東部や韓国ではレンガ原料や客土・塚など人為的に利用されたために残っていないことが多く，地表にMIS 3の古土壌やMIS 5の赤色土が露出していることが多い。それは最終氷期の風化の進んでいないレスが利用価値の高い土であるからである。

なお，本論では，レス－古土壌に海洋酸素同位体ステージMIS番号を使い，中国黄土－古土壌で使用されているL (Loess) とS (Soil) を使う場合もある。この場合，古土壌Sにつけられた番号は約10万年前を示し，たとえばS_1は約10万年前，S_3は約30万年前の古土壌である。

4．中国，韓国，日本のレス－古土壌層序

(1) 中　国

和尚墩遺跡のレス－古土壌

長江中下流域一帯には，MIS 22（90万年前）から堆積を開始した下蜀黄土が広域に分布し，東シナ海底にも続いている。下蜀黄土の南限は湖南省であり，これより南になると赤色風化が進んでいるためにレスかどうかの判別が難しくなる。

江蘇省金壇市の西方には茅山（海抜330m）－方山（同307m）山地が位置する。その東方には海抜60〜25mの丘陵と更新世台地が広がる。更新世台地の東端に薛埠鎮があり，これより東は沖積低地に移行する。薛埠鎮は国道340号線沿いに開けた町であり，この一帯の台地はⅠ，Ⅱ，Ⅲの計3面に区分される（図3）。そして，町の北側にある海抜25mの台地Ⅰ面上には和尚墩遺跡（北緯31°43′，東経119°21′）があり，国道の南に広がる海抜25mの台地Ⅰ面の上には曙光露頭がある。

図4に示すように，曙光露頭の最下部には台地Ⅰ面を構成する湖成粘土層が堆積する。この湖成層は林田ほか（2007）によれば逆帯磁を示し，ブリューヌ／マツヤマ境界（78万年前）以前に対比さ

れる。湖成粘土層の最上部は，冬季に水はけが悪いために土壌内に水が滞留しやすく，夏季には乾燥する条件下で形成される大理石様の疑似グライ古土壌（厚さ50cm）が発達しており，MIS 19（S_7）に対比される。この古土壌の上にMIS 18レス（L_7），トラ斑の発達する古土壌（S_6），厚さ10cmのレスを挟んでMIS 15とMIS 13の両古土壌，L_5，S_4，L_4が堆積している（図4-Ⅰ）。

一方，国道340号線の北側にある和尚墩では，曙光湖成粘土層に対比される台地Ⅰ面（海抜23.5m）の構成層-砂，礫，シルトの互層-が分布する。このうちシルト層中に林田ほか（2007）は逆帯磁を検出しており，MIS 19に対比される。この逆帯磁層の上には，MIS 19（S_7）～MIS 2（L_1L_1）のレス-古土壌が連続的に堆積している（図5）。

和尚墩の台地Ⅱ面では，最下部に赤色風化を受けた段丘礫層（MIS 16）が堆積し，この礫層上にMIS 13・15～MIS 3のレス-古土壌が堆積している。房（2007）は，この断面（図5のB）の隣接地点で掘削された露頭においてMIS 9～MIS 11のレス-古土壌を確認している。

台地Ⅲ面の構成層はMIS 13に対比される粘土層である。その上にMIS 12（L_5）のレス～MIS 2（L_1L_1）が堆積し，その間に古土壌が挟まる（図4-Ⅲ）。

和尚墩のレスは10YR～7.5YR，古土壌は7.5YR～

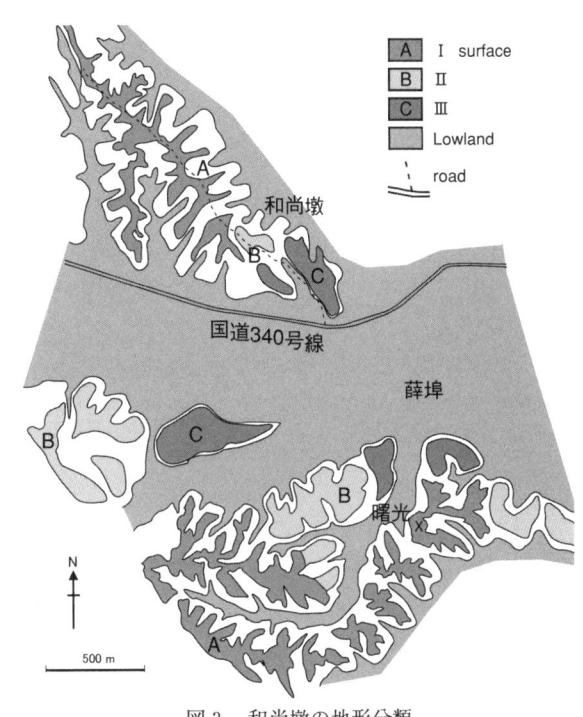

図3　和尚墩の地形分類
Fig.3　Geomorphological classification in Heshangdun

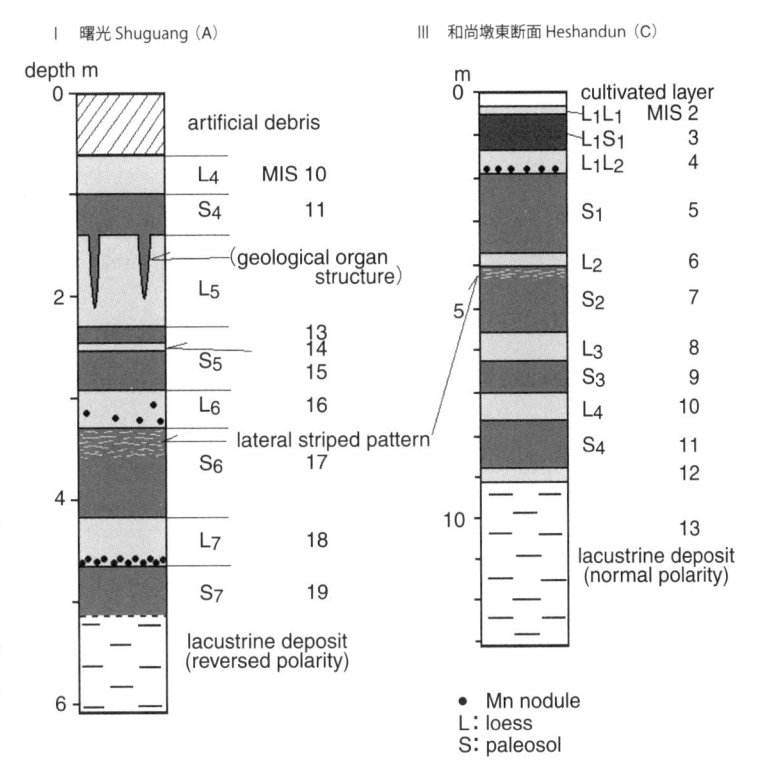

図4　曙光Ⅰと和尚墩Ⅲの地質断面
Fig.4　Geological section of Shuguang Ⅰ and Heshangdun Ⅲ

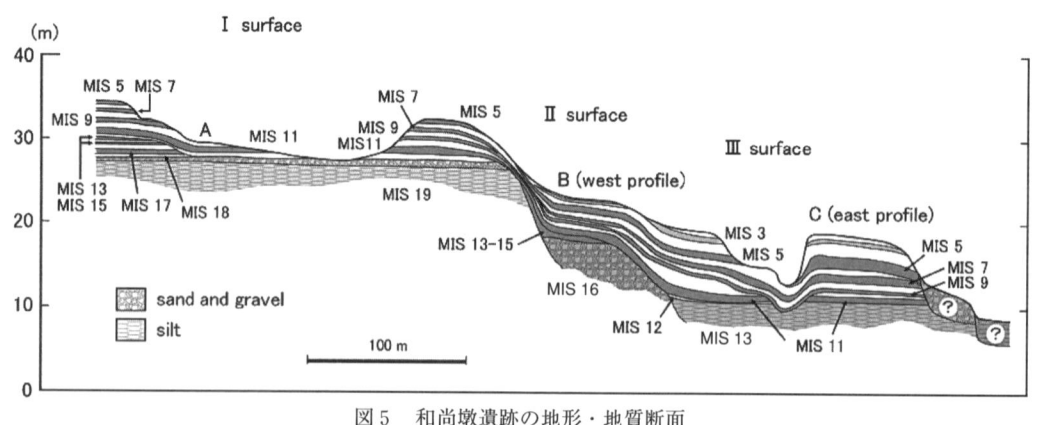

図5　和尚墩遺跡の地形・地質断面
Fig.5 Geomorphological and geological profile in Heshangdun

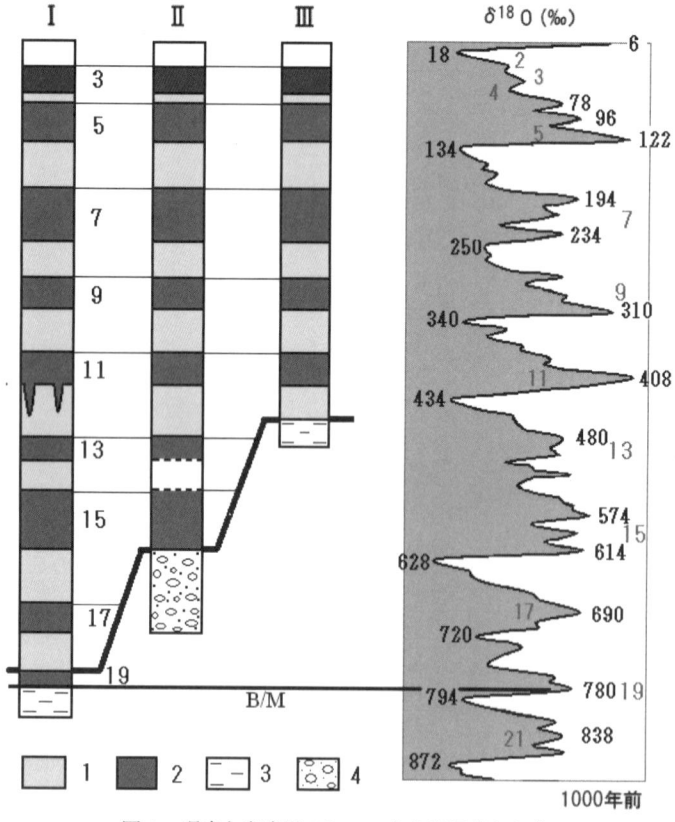

図6　曙光と和尚墩のレス-古土壌層序と年代
Fig.6 Loess-paleosol section and age in Shuguang and Heshangdun
1：loess, 2：paleosol, 3：clay, 4：gravel

5YRを呈する。そしてMIS 5古土壌（S_1）は185cmにも達し，MIS 3古土壌（L_1S_1）は110cm，MIS 11古土壌（S_4）も100cmであり，本来の厚さをほぼ残している。一般に，古土壌は，生成後に土壌侵食を受けていることが多いが，ここでは珍しくほぼ完全に古土壌層が残っている。なかでも赤色2.5YR～10Rを呈するMIS 11古土壌（S_4）は下位のMIS 12レス（L_5）につらら状に垂れ下がる「地質パイプオルガン構造」がみごとである。

以上のことから，台地Ⅰ面はMIS 19に湖沼環境であったものがMIS 18に離水し，台地Ⅱ面はMIS 16に形成された侵食段丘であり，台地Ⅲ面はMIS 13に湖沼環境にあったものがMIS 12に離水した。そして，それぞれの地形面上にレス-古土壌が堆積したことが判明した。台地面とレス-古土壌の関係は図6に示すとおりである。

(2) 韓　国

アジア大陸と日本列島の中間に位置する韓国では，初期のレス研究として成瀬ほか（1985）によ

る慶州と扶餘における研究がある。この研究では河成段丘上にAT（姶良Tn火山灰）を挟む最終氷期のレスが堆積していること，レスが石英を主として2：1型鉱物や2：1：1型中間種鉱物に富むこと，2mm以上の粗粒子を除いたレスの中央粒径値が8～10μmであることが明らかにされた。これとほぼ同時期に，Park (1987) は韓国南西部でレスの存在とその鉱物的な特徴について報告している。

その後，Oh and Kim (1994) が韓国北部にある全谷玄武岩台地上の細粒土壌層が河床や干陸化した黄海から舞い上げられたレスであると考えた。そして成瀬ほか (1996) は慶州，扶餘，ソウルのレスに含まれる20μm以下の微細石英のESR酸素空孔量を測定したところ，現地に分布する基盤岩由来の粗粒石英の値とは異なる値を示したことから，微細石英が現地性物質ではなく，遠隔地から飛来した風成塵であると結論づけた。

地形面とレスの関係については，岡田ほか (1999) が韓国南東部の慶州と彦陽における河成段丘構成層のうち，最上部の細粒土壌層がレスであり，レス－古土壌編年が地形面対比に有用であることを示唆した。2002年以降になるとDanhara et al. (2002)，Naruse et al. (2003)，Hayashida (2003)，Shin et al. (2004)，松藤ほか (2005) が韓国北部の全谷玄武岩台地上のレスについて火山灰分析，帯磁率・OSL年代測定などをおこない，MIS 11以降のレス－古土壌層序を明らかにした。

2005年からは，韓国の研究者が中心となってレス研究が進められ，Shin et al. (2005) による京畿道北漢江流域洪川盆地のレス－古土壌を手がかりとした河成段丘編年，Yu et al. (2008) による徳沼レスの編年，Park (2006) とYoon et al. (2007) による韓国南西部のレスの特性など，に関する研究が相次いで発表されるようになった。

これまでに判明した韓国最古のレスは，木浦市に近い羅州市長洞里におけるもので，ブリューヌ／マツヤマ（松山）境界の下位に対比される層準にまで遡るレスである（林田ほか，2007）。まだ確実な年代ではないが，少なくとも90万年前まで遡る可能性がある。

全谷里遺跡

京畿道漣川郡全谷里には，臨津江支流の漢灘江河床面と約20mの比高をもつ海抜60mの全谷玄武岩からなる台地が発達する（図7）。

E55S20-IVpitの断面では，約50万年前の全谷玄武岩（Bae and Lee, 2002；Danhara et al., 2002；松藤ほか, 2005）の上部はMIS 11に対比される赤色風化殻が発達する。この風化殻の上にはMIS 10に対比される葉理の発達する流水物質の全谷里層（Chongokni formation；長岡ほか, 2007）が堆積し，中に赤色風化を受けた玄武岩礫が混じっている（図8）。

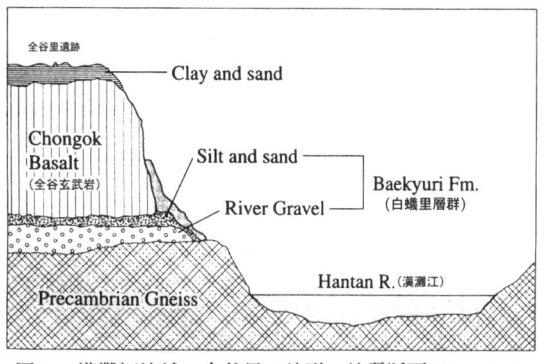

図7 漢灘江流域，全谷里の地形・地質断面（Bae, 1989）
Fig.7 Geomorphological and geological profile in Chongokni (Bae. 1989)

全谷里層の上には厚さ4m強のMIS 9以降のレス－古土壌が堆積する。MIS 9の薄い古土壌はS_3S_2とS_3S_1に分層され，両層の間には砂が混じるレスS_3L_1が挟まる。初期磁化率はS_3S_2でやや高く，S_3L_1で低く，S_3S_1で高い（Hayashida, 2003）。MIS 9c古土壌（S_3S_2）の上部がE55S20-IVpitの主要な旧石器包含層である。

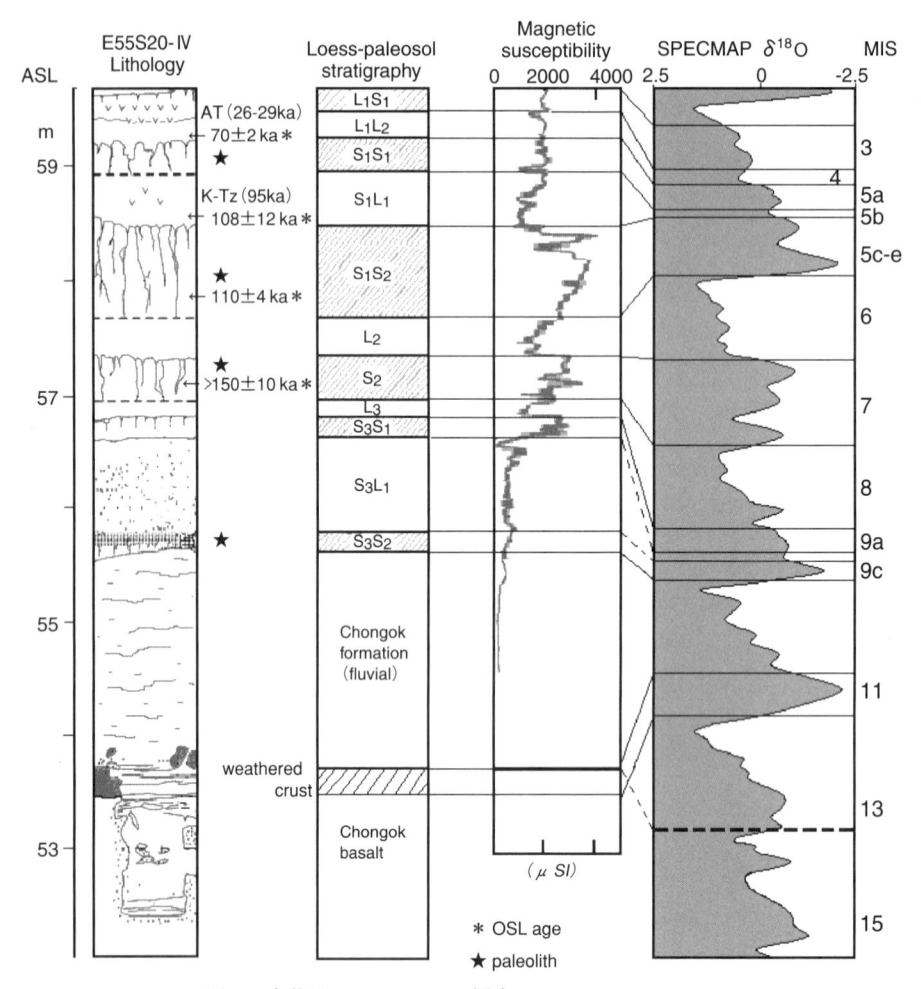

図8 全谷里E55S20-Ⅳpitの層序 (Shin et al., 2004を改変)
Fig. 8 Geology and chronology of Chongokni E55S20-Ⅳpit (modified from Shin et al., 2004)

　MIS 9a古土壌 (S_3S_1) の上にはMIS 8～3のレス−古土壌が堆積しており，K-Tz (喜界−葛原火山灰) がMIS 5bレス (S_1L_1) から検出され，MIS 3古土壌 (L_1S_1) にはAT (姶良Tn火山灰) のガラスが検出されている (Danhara et al., 2002)。OSL年代はS_2が>150±10 ka，S_1S_2が110±4 ka，L_1L_2 (MIS 5a) が70±2 kaである (Shin et al., 2004)。なお，最上部に堆積するMIS 2のレスは人為的に削剥されている。

　約50万年前に全谷玄武岩が堆積した後，玄武岩上の凹地を充填するように流水堆積物が堆積するが，約40万年前 (MIS 11) に玄武岩上部が赤色風化を受けた。その後，流水堆積物である全谷里層が堆積するようになった。MIS 9になると離水，当時の温暖な気候の下で古土壌S_3S_2が生成された。このS_3S_2古土壌層から旧石器が見つかっている。その後のやや寒冷な気候下でレスS_3L_1が堆積するようになり，当時の河床から風で運ばれた砂がレスとともに堆積したのであろう。

　このE55S20-Ⅳpitの北1 kmにあるE89N65 pitでは，全谷玄武岩上に赤色風化玄武岩礫を含む全谷里層が堆積し，MIS 9に離水して古土壌S_3が発達した。このS_3の古土壌上には，MIS 8レス (L_3)，MIS 7古土壌 (S_2)，MIS 6のレスL_2が堆積する (図9)。この地点では，MIS 6層の下半分にはレス

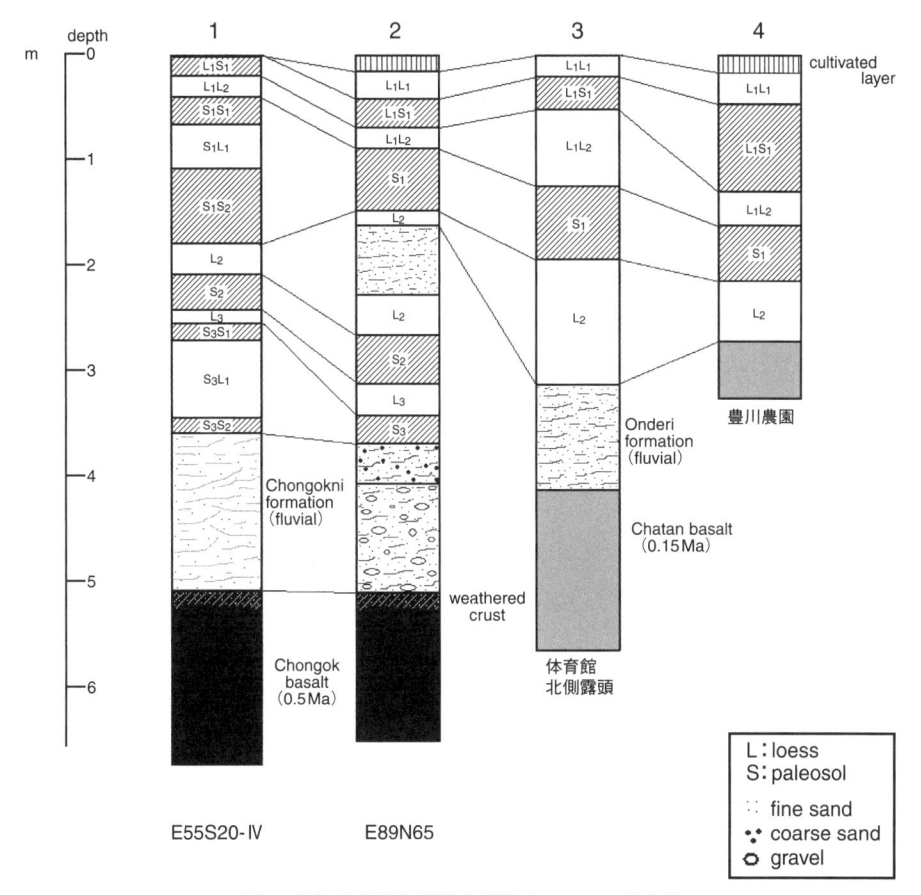

図 9 全谷玄武岩と車灘玄武岩上のレス-古土壌
Fig. 9 Loess-paleosol on the Chongok and Chatan basalts in Chongokni

が堆積し，上半分は水成砂である隠垈里層（Ondei formation；長岡ほか，2007）が堆積する。すなわちMIS 6 の形成途中で堆積環境が風成環境から流水環境に変わったことを示唆する。この突然の堆積環境の変化は，約15万年前の車灘玄武岩の噴出に起因する溢流環境の出現によるものであろう。このほか，全谷体育館北側の露頭（図9-3）では車灘玄武岩上に流水堆積物からなる隠垈里層が堆積する。

萬水里遺跡

忠清北道清原郡江外面萬水里の発掘地点は，標高100mの花崗岩山地の南西斜面に発達する山麓緩斜面上に位置している。この緩斜面は「岩石扇状地ペディメント」と呼ばれており，韓国では花崗岩地域に広く発達する（赤木，1978）。

緩斜面（ペディメント；pediment）堆積層は約 7 mの厚さがあり，最下部には，かつてここに川が流れていたことを示す河成礫層が堆積している。この河成礫層上には細角礫を多く含むペディメント堆積物が深度2.3mまで堆積し，深度2.1mから上層にレスが堆積する。このペディメント堆積層とレス層の中には計 8 枚の古土壌が挟まる（図10）。

最下部はMIS 16に対比される厚さ 4 m以上の河成礫層であり，レンズ状の粘土層を挟む。河成礫層の上にはMIS 15の古土壌（S_6）が発達し，その上にMIS 14～ 8 のペディメント堆積層とその間

にMIS 13～9の古土壌が挟在する。

　ペディメント堆積層の最上部にあたるMIS 8上にはMIS 7の古土壌S_2が発達する。この古土壌S_2よりも上位にはペディメント堆積物に代わってレスが堆積する。レスはL_2（MIS 6）～L_1L_1（MIS 2）に分層できる。このうちS_1L_1（MIS 5b）の最下部にはK-Tzが，S_1S_1（MIS 5a）にはAso-4（？）が，L_1S_1（MIS 3）とL_1L_1（MIS 2）の漸移層にはATが検出される（檀原, 2007）。

　ペディメント堆積層の上部は角礫に代わって細粒物質が多くなり，その上に発達する古土壌S_6～S_2は細粒物質が主となる。これはペディメントの形成後，レスが多く堆積するような環境に変わったこと，レスを主母材に古土壌が発達したことを示す。

　これを確認するためにペディメント堆積物と古土壌に含まれる石英の酸素空孔量（1.3×10^{15} spin/g）を測定した。その結果は，ペディメント堆積層に含まれる粗粒石英（200μm以上）の酸素空孔量は2.8と低く，同様に微細石英（1～10μm）も低く（3.6～5.7），ともに現地性花崗岩の数値であった。一方，ペディメント層上部の細粒物質を多く含む層準になると，レスを示唆する高い数値（10.1～11.2）となり，その上に発達する古土壌層の微細石英も同様に高い数値（7.6～19.0）を示した。

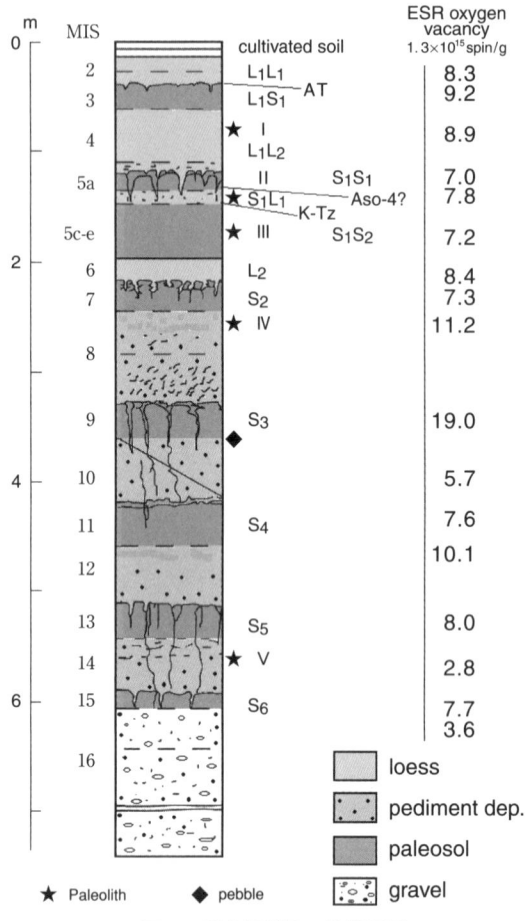

図10　萬水里遺跡の地質断面
Fig.10　Geological section in the Mansuri site

　以上のように，萬水里断面に見られるペディメント堆積物とレス層の間に挟まる8枚の古土壌は，ペディメントの形成やレスの堆積が連続的におこなわれたのではなく間欠的であったこと，氷期初期には半乾燥気候下でペディメントが形成され（成瀬ほか, 2006），その後の極度に乾燥した気候下でレスが堆積したことを物語っている。

　間氷期に対比される古土壌の上部には開口部の幅が20cm以上もあるソイル・ウェッジ（soil wedge）痕が見られることが多い。そのソイル・ウェッジをペディメント礫が充塡している。これらから，間氷期に古土壌の生成→氷期初期の半乾燥気候下でソイル・ウェッジとペディメントの形成→ソイル・ウェッジを充塡するペディメント堆積物→氷期最盛期の極乾燥期にペディメント形成の衰退・大陸や陸化した大陸棚からレスの運搬堆積の増加→間氷期に古土壌生成，という順序が考えられる。

　この断面から見つかった第1～5文化層のうち，第5文化層はMIS 15（621,000～568,000年前）古土壌の直上で，MIS 14（568,000～528,000年前）のペディメント堆積層の最下部にあたる。

長洞里遺跡

　全羅南道羅州市長洞里遺跡一帯には更新世台地が広がり，南部にはかつて海面が広がっていたが，現在は干拓され，沖積低地に変わっている。海抜11.7mの更新世台地を掘削した深さ8mの露頭断面の堆積層は，図11に示すように10枚の古土壌と9層のレスに分層される。

　露頭最下部には粗砂層（Md; 102μm）が深度7.2mまで堆積し，その上部は赤色風化を受けた厚い古土壌層（2.5YR4/8）である。赤色古土壌から深度4.3mまでの間に3枚の古土壌を挟んで4層のレスが堆積する。レス層最上部にあたる深度4.5m（海抜7.1m）が古地磁気編年のブリューヌ／マツヤマ境界に属し，78万年前に対比される（林田ほか，2007）。したがって，最下部で深度7mのレス層の年代がいつのものか不明であるが，ここでは約90万年前と仮定する。

　この逆帯磁層上の深度3.9〜4.3mには，厚さ40cmのMIS 7の赤色古土壌S_2が発達し，OSL年代は225±6 kaである。さらにこの上に148±6 kaを示すMIS 6のレスL_2が堆積する。

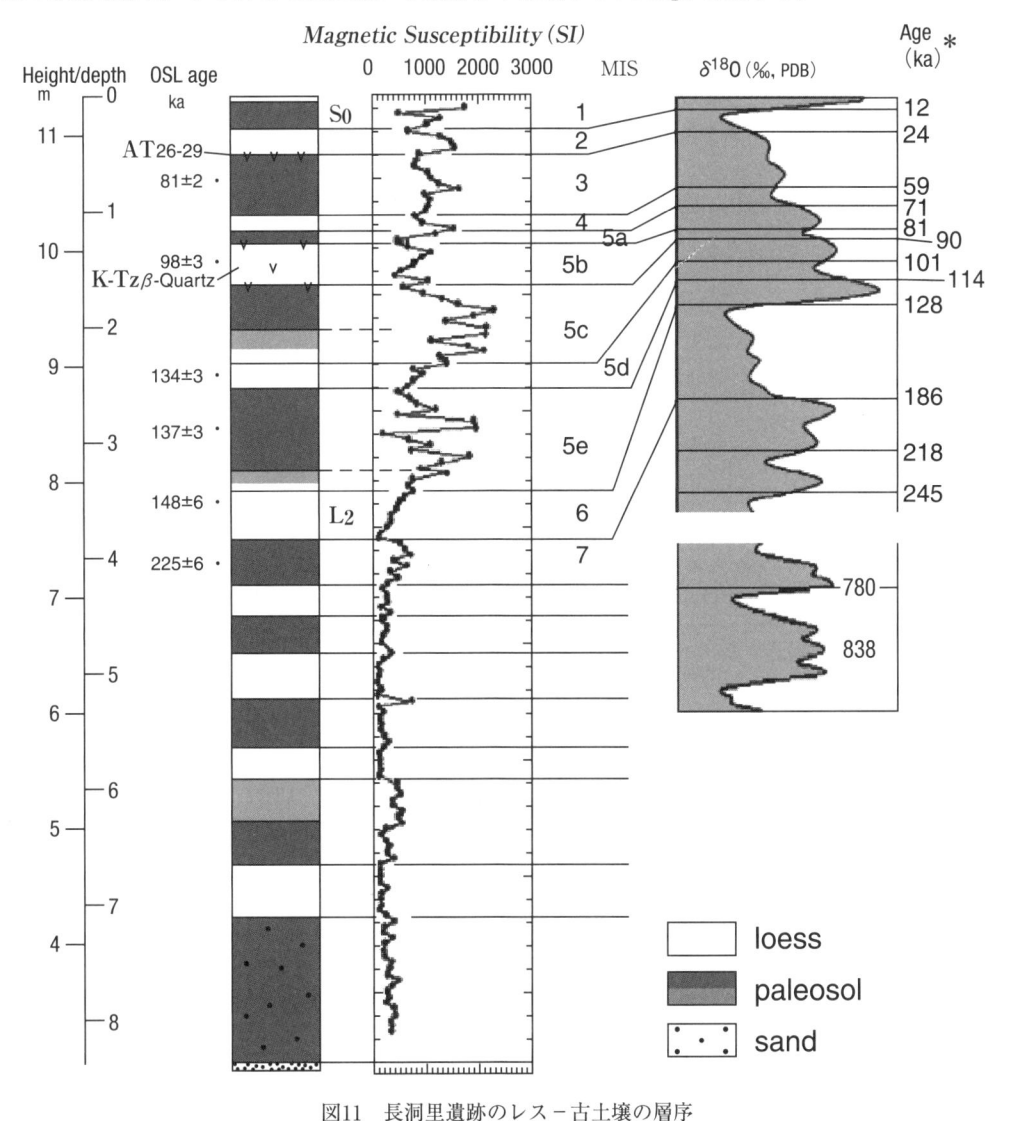

図11　長洞里遺跡のレス－古土壌の層序
Fig.11 Chronology of loess-paleosol stratigraphy at Jangdongri

レスL_2上には3枚の古土壌MIS 5 e, 5 c, 5 aが, 薄いレスを挟んで発達する。このうち5 eに対比される古土壌は赤く (2.5YR), OSL年代は137±3 kaである。そして古土壌5 cと5 aの間に堆積するレス (MIS 5 b) 層からはK-Tzのβ-quartzが検出され, OSL年代は98±3 kaを示す。このほかMIS 3に対比される古土壌の直上にATガラスが検出された (檀原, 2007)。

表層から深度7 mに堆積するレスの粒度にはほとんど変化が見られず, 平均粒径は7.3～12.7μmで, その大きさはレスの範囲に収まる (矢田, 2006；Naruse et al., 2006)。

最下部の砂層に含まれる粗粒石英の酸素空孔量は5.3であり, 現地性石英であるのに対し, レスに含まれる微細石英の酸素空孔量は11～12であった。この値は先カンブリア紀岩起源の石英であることを示すので, 現地性ではなく, 遠隔地から運ばれた石英である (矢田, 2006)。

(3) 日 本

日本列島には, 南西諸島から北海道までアジア大陸の沙漠や干陸化した大陸棚起源の風成塵が堆積している。韓国や日本列島の場合は, 中国黄土高原と違って粗粒な現地物質と混合している場合が多く, 純粋なレスはきわめて少ない。しかも, 降水量が多いために土壌浸食がさかんで風成堆積層は残りにくい。

しかし, 砂丘地では砂丘砂がレスを被覆するので保存されやすいため, 北九州から北海道にかけて分布する古砂丘中には複数層のレスが埋没している。このほか, 日本各地に堆積する泥炭層には風成塵が多く含まれており, 風成塵の堆積量変化から見た古環境復元研究にとってよいデータを与えてくれる。

北海道では段丘上にレスが堆積しているほか, 重粘土にも風成塵が多く含まれている (北川ほか, 2003；鷹澤ほか, 1994・1995)。南西諸島では琉球石灰岩上に発達する島尻マージや国頭マージなどの土壌母材に風成塵が多く含まれており, 沖縄本島北部の国頭段丘上にはMIS 8 (25万年前) までのレス－古土壌が堆積している (成瀬, 2006)。

日本では火山灰が広く分布しており, 火山灰と火山灰に挟まれたロームが各地に分布している。ロームは火山灰が風化したものと, 風成塵を主として, これに火山灰が多く混入する火山灰質レスとがある。これまで確認した火山灰質レスは鳥取県倉吉市の桜断面である。桜では, 約30万年前までの火山灰層とその間に赤褐色の火山灰質レスが堆積する。

桜の赤褐色ロームに含まれる石英のうち, 火山灰起源の石英は酸素空孔量がゼロに近く, 一方, 風成塵石英は10以上である。酸素空孔量測定によると, 桜のロームに含まれる粗粒石英 (20μm以上) と細粒石英 (2μm以下) は火山灰起源であって, シルトサイズ (2～20μm) の石英は約80％が風成塵起源であって, 残りの20％が火山灰起源の石英である (成瀬, 2006)。

5. レス－古土壌層序による旧石器・地形面編年

レス－古土壌の年代を識別するために, 本研究では調査地域の地形判読と露頭観察, 火山灰の検出, 古地磁気測定をおこない, 採取試料について粒度分析やESR酸素空孔量, OSL年代などの測定をおこなった。このほか韓国や中国東北部では周氷河気候を示す擾乱構造が時代を決める手がかりになる。

中国の和尚墩遺跡，韓国の全谷里遺跡，萬水里遺跡，長洞里遺跡をはじめ，日本の倉吉市桜に堆積するレス堆積物−古土壌を分析した結果，図12のように中国・韓国・日本のレス−古土壌の対比が可能であり，旧石器包含層の編年も可能であることが明らかになった。韓国では，レスのほかにペディメント堆積物も編年の手がかりになる。

このほか，韓国ではレス−古土壌が地形面の広域対比に有効である。たとえば，漢江の一支流である洪川流域の洪川盆地には4段の河成段丘が発達している。段丘上にはレス−古土壌が堆積しており，段丘Ⅰ面上にはS_0（MIS 1）〜S_2（MIS 7）が，段丘

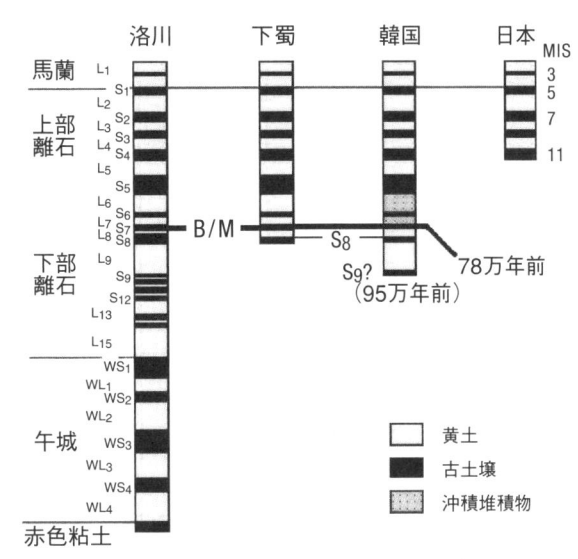

図12　黄土高原，下蜀，韓国，日本のレス−古土壌対比
Fig.12　Correlation of loess-paleosol stratigraphy in Chinese Loess Plateau, Shashu, Korea and Japan

Ⅱ面上にはS_0〜S_1（MIS 5）が，段丘Ⅲ面上にはS_0〜L_1S_1（MIS 3）が，段丘Ⅳ面上にはS_0のみが堆積する。そして氾濫原には土壌層は認められない。このことから洪川盆地の段丘Ⅰ面はMIS 7初期に，段丘Ⅱ面はMIS 5初期に，段丘Ⅲ面はMIS 3初期に，段丘Ⅳ面はMIS 1前半にそれぞれ形成されたことが明らかになった（Shin et al., 2005）。

韓国南西部の大川では，MIS 8以降のレス−古土壌が堆積する海成段丘がMIS 9（30万年前）に形成されたことが判明した。さらに韓国に広く分布するペディメント上にもレス−古土壌が堆積しており，ペディメント形成期が氷期の初期と後期に対比されることが判明した。

6．風成塵の給源

黄土高原の黄土はタクラマカンやゴビなどの内陸沙漠から飛来した風成塵からなり，中国東北平原の黄土は氷期にシベリアなどの北方地域に出現した沙漠から飛来した風成塵からなる。

日本列島の風成塵のうち，瀬戸内海以北の地域にはアジア北方地域の沙漠から運ばれた風成塵が堆積し，瀬戸内海〜南西諸島はタクラマカンやゴビなどから運ばれた風成塵が堆積している（成瀬，2006）。このほか氷期に陸化した大陸棚から運ばれた風成塵も堆積している。

これに対して，韓国は大陸起源の風成塵に加えて，すぐ西に広がり，氷期に干上がった黄海や東シナ海の海底から運ばれた風成塵の存在が考えられる。これを確かめるためにMISステージ別に全谷里，萬水里，長洞里，済州島のレスに含まれる微細石英のESR酸素空孔量を測定した。

表1は，4地域のMISステージ2，3，4，5b，6における微細石英（1

表1　レスに含まれる石英の酸素空孔量（$1.3×10^{15}$spin/g）
Table 1　ESR oxygen vacancies of quartz in loess

MIS	済州島	長洞里	萬水里	全谷里
2	2.6〜6.7	9..7	8.3	
3	3.8〜10.0	10.3	9.2	
4			8.9	8.0
5b		9.3	7.8	8.7
6		10.0	8.4	8.5
粗粒石英		5.3	2.8	15.3

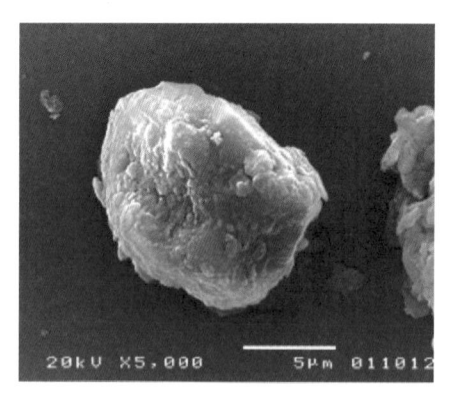

図13 徳沼レスに含まれる石英の電子顕微鏡写真（Yu et al., 2008）

Fig. 13 Scanning electric microscopic photograph of quartz grain from Dukso loess（Yu et al., 2008）

〜10μm）の酸素空孔量である。なお，韓国レスに含まれる石英は角粒状から円球状まで種々の形状を呈するが，図13はソウル市に隣接する徳沼レスに含まれる円球状石英の電子顕微鏡写真である（Yu et al., 2008）。

全谷里では，現地性粗粒石英の空孔量は15.3であり，近隣に分布する先カンブリア紀岩の値に一致する。この粗粒石英は粒子の大きさから見ても近隣から流水によって運びこまれた石英である。これに対して微細石英は8.0〜8.7であった。

したがって，微細石英は現地物質ではなく外来のものと考えざるをえない。MIS 4，5b，6 の3時期ともにほぼ同じ空孔量を示すので，どのステージにおいても干上がった黄海海底から西風によって風成塵が運ばれた可能性が高い。この海域には黄河上流域から運ばれた黄土（酸素空孔量 8）が海底に堆積している。

萬水里の場合もMIS 6以降の微細石英の値は7.8〜9.2であり，全谷里とほとんど差がない。なお現地性の粗粒な石英は2.8である。長洞里の微細石英は9.3〜10.3を示し，粗粒石英は5.3であった。

このように，3地点の微細石英と粗粒石英の酸素空孔量を見ると，粗粒石英は現地性のものであり，微細石英は外来物質と考えられる。これまでの韓国全域におけるレスに含まれる微細石英の酸素空孔量を測定した結果，韓国では氷期に北方アジア大陸の先カンブリア紀岩地域から北西季節風によって運ばれた風成塵（酸素空孔量10以上）が多かったと考えられるが（成瀬，2007），この3地点で得られた8〜10の酸素空孔量は，韓国西海岸に近い地域では大陸起源の風成塵よりも黄海海底から西風によって運ばれた風成塵が多かったと考えざるを得ない。

これに対して，済州島の場合は，MIS 2が2.6〜6.7，MIS 3が3.8〜10.0であり，上記の3地域とはまったく値が異なる。それは島の周辺や東シナ海海底に中生代や第三紀層の分布地域が広く，そこから空孔量の少ない石英が供給されたためであろう。

時期的に見ると，酸素空孔量はMIS 3でやや高い。これはMIS 3の海域が拡大したために黄海海底から供給される風成塵が減少し，かわって空孔量の多い大陸起源の風成塵の比率が高まったからであろう。

7．レスと古土壌の色調

レス−古土壌の初期磁化率はレスで低く，古土壌で高く，過去の気候環境を復元するのに有効な測定法である。そのほか古土壌の色調は年代決定の判断材料として重要である。

レスは中国大陸の西部および北部では灰黄色を呈するが，中国南部や韓国では最終氷期のレスを除いては風化が進んでいるために淡黄褐色〜黄橙色10YR〜7.5YRを呈し，日本列島では淡褐色を呈する。なお，中国東部や韓国のレスの中には鮮やかな黄色を呈するものがある。それは重粘な古土壌が不透水層を形成し，その上に堆積する多孔質のレスが滞水層になったために，レスが還元状態になったからである。

韓国レスは降水量が多く，気温が高いために風化が進んでいる。図14のように，韓国の大川レスと徳沼レスは，MnO＋MgO：CaO＋Na$_2$O：K$_2$Oの三角図で見ると中国黄土に比較してCaO＋Na$_2$Oが減少しており，風化が進んでいることを示す。

なお，ソウルに隣接する徳沼レスのCaO＋Na$_2$Oが，ソウルの南150kmにある黄海沿岸の大川よりも多いのは，大川の降水量が多いために，より風化が進んでいることを示唆するのではないだろうか（Park, 2006；Yoon et al., 2007）。日本に飛来する黄砂は黄土高原の古土壌の範囲に収まる。

一方，古土壌は中国東北部では黒味を帯びているが，南に行くにしたがって赤み（7.5YR～10R）を帯びるようになる。古土壌のうちMIS 3の古土壌は中国東北平原では黒色，中国東部では茶褐色，韓国では褐色を呈する。MIS 5の古土壌はMIS 3よりも赤みが強く，古土壌のなかでは初期磁化率が最も高いので，編年にあたって磁化率測定が有効である。

MIS 5の色調は，図15に示すように10YR～10Rを示し，地域によって異なっている。一般に南に向かうほど赤みを増す傾向にあり，中国東部や韓国の古土壌は2.5YR～5YR，南西諸島では10Rを示す。

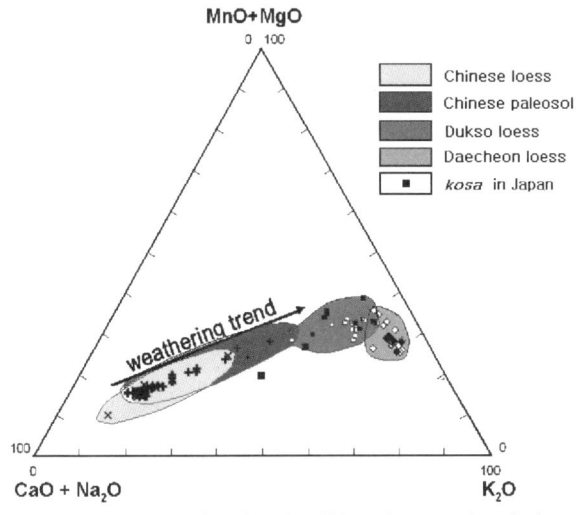

図14 中国黄土・古土壌，韓国徳沼・大川，日本の黄砂の風化程度（Yoon et al., 2007）
Fig.14 Weathering of loess-paleosol and eolian dust in Daecheon, Dukso, China and Japan（Yoon et al., 2007）

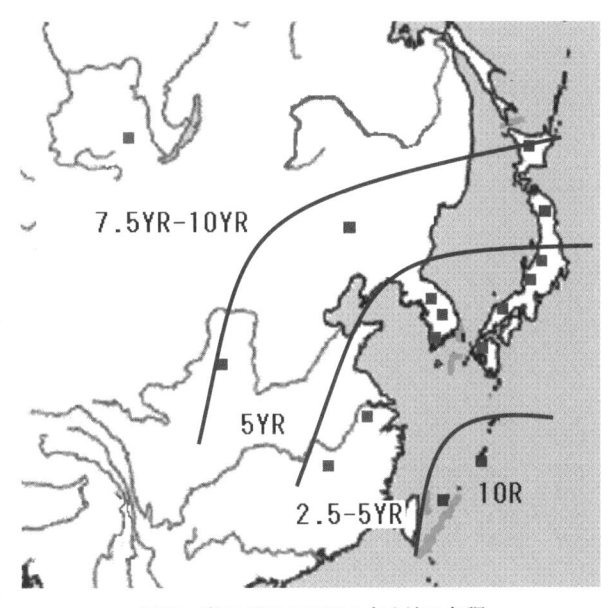

図15 東アジアのMIS 5古土壌の色調
Fig.15 Color of MIS 5 paleosols in East Asia

MIS 11の古土壌はいっそう赤みが増し，白い斑紋が混じる網紋状構造が発達する赤色土は重要な鍵層になる。長江以南ではMIS 11から下部の古土壌は網紋紅土と呼ばれ，ラテライトに似た赤色の土壌が広く分布する。

8．擾乱構造と乾裂痕

中国東北部は氷期に永久凍土帯に属し，特殊な擾乱構造である化石インボリューションやアイス・ウェッジなどが発達する。氷期の韓国も同様な環境であったらしく，ソウル市の西にある金浦市の

図16　金浦市のペディメント堆積物（MIS 6）を攪乱するインボルーション
Fig.16　Fossil involution structure in the pediment deposit correlated with MIS 6 in Gimpo city

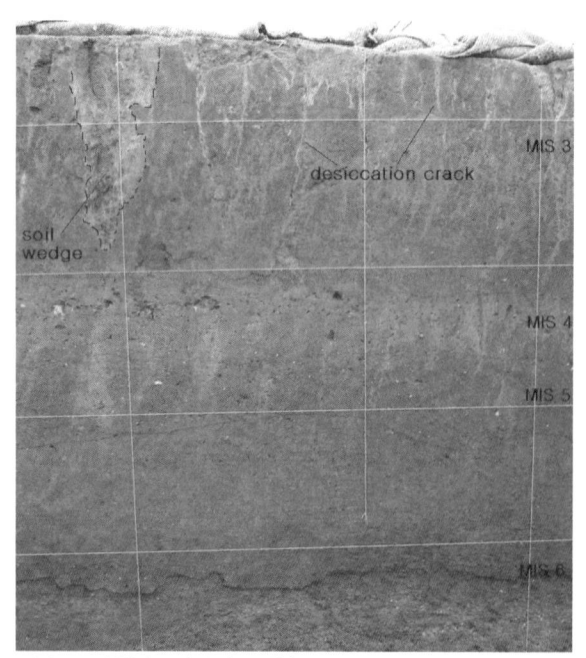

図17　金浦市の古土壌に形成されたソイル・ウェッジと乾裂痕（横糸の間隔は50cm）
Fig.17　Fossil soil wedge and desiccation crack in the paleosol correlated with MIS 3 in Gimpo city

地質断面ではMIS 4とMIS 6の両ペディメント礫層を攪乱するインボルーションが観察できる（図16）。しかし，最寒冷であったMIS 2に対比される堆積層は人為的削剥によって欠如しており，攪乱構造は観察できなかった。

このほか，韓国全域では氷期の周氷河気候下で厳冬季に形成されたソイル・ウェッジ痕が観察できる。ソイル・ウェッジ痕は永久凍土地帯の南側に位置する不連続的永久凍土地帯に形成されるもので，厳寒な冬季に楔状のクラックが形成され，夏季には氷が融けて開口したクラックにレスなどが落ち込むためにクラック痕が残る。

韓国では開口部の幅が30cm，深さ50cm以上にもなるソイル・ウェッジ痕のほか，開口部の幅が数cm程度，深さが50cm以上の乾裂痕（desiccation crack）が同じ露頭断面で観察できる場合が多い（図17）。ソイル・ウェッジ痕と乾裂痕の厳密な区別が難しい場合が多いが，両痕の開口部がどの層準から始まっているのかを調べれば，それぞれの形成開始時期が判明するであろう。

乾裂痕とソイル・ウェッジ痕の開口部が同層準に発達しないと予想されるほか，約3.5万年間続いたMIS 3の古土壌の場合，レスが堆積しながら古土壌が発達したのであるから，同層に形成されたソイル・ウェッジ開口部がいろいろな深度に認められるであろう。

これに対して，西日本や長江中下流域ではソイル・ウェッジ構造は認められず，むしろ地表が乾燥して形成される乾裂痕が特徴的である。趙（2007）は，韓国と日本におけるクラックの微細構造を丹念に調べ，乾燥収縮が主な成因であるとする。日本よりも韓国の古土壌に乾裂痕が著しく発達するのは，乾燥すると収縮して深い亀裂を生じやすい性質をもつ粘土鉱物が多く堆積しているからではないだろうか。

9. まとめ

1) 本プロジェクトによる研究の結果，東アジアには，少なくとも更新世中期以降のレスが広域に分布していること，ペディメント堆積物なども含めたレス－古土壌層の広域対比が可能であることが判明した．これまでのところMIS 22（約90万年前）までのレス－古土壌が更新世段丘上やペディメント上に堆積・生成していることが確認できたが，今後，さらに古期のものが発見される可能性が高い．

2) 日本列島では，旧石器編年にあたって火山灰編年が有効であるが，火山灰の少ない中国東部や韓国では全土にわたってレスが分布しているので，旧石器編年にはレス－古土壌編年が最も有効な手がかりとなる．このほか，韓国の場合には氷期に堆積するペディメント堆積物もレスと同様に重要な年代決定の手がかりになる．

3) 中国レスと同じように，韓国と日本のレスは氷期に堆積し，間氷期にレスを母材に，古土壌が生成したことが明らかになった．このほか，中国東部や韓国ではレス－古土壌編年によって海成段丘は間氷期に形成され，河成段丘は氷期の末期から間氷期の初期に形成されるなど，レス－古土壌編年を用いた広域的な地形面対比も可能であることが明らかになった．

4) Leonhardの研究から180年あまり，リヒトホーフェンの研究から130年経過した現在，日本・韓国・台湾・中国東部におけるレス－古土壌編年が本格化しようとしており，同時にレス－古土壌層から出土する旧石器の広域対比も可能になろうとしている．

謝辞 本報告のうち全谷里遺跡の地質学的研究に関しては，研究代表者Yu, K. M.：Korean Research Foundation Grant（KRF-2000-042-D00096）を使用した．本研究に関して，野外調査および室内分析にDr. J. G. Yum氏，Dr. I. S. Kim氏，Mr. S. S. Kim氏，矢田浩太郎氏にご協力をいただいた．記して御礼申し上げます．

引用文献

赤木祥彦, 1978 韓国における地形学研究の動向. 地学雑誌, 87, 47-52.

Bae, K.D., 1989 The development of the Hantan River basin, Korea and the age of the sediment on the top of the Chongok basalt. *The Korean Journal of Quaternary Research*, 3, 87-101.

Bae, K. and Lee, J. (eds.), 2002 *Paleolithic Archaelogy in Northeast Asia*, Yeoncheon County & the Institute of Cultural Properties, Hanyang University.

Chlachula, J., 2003 The Siberian loess record and its significance for reconstruction of Pleistocene climate change in north-central Asia. *Quaternary Science Review*, 22, 1879-1906.

趙哲済, 2007 旧石器の層位撹乱をもたらす最終氷期の乾裂・凍結割れ目の形成機構に関する比較研究. 平成15～17年度科学研究費補助金（基盤研究B）研究成果報告, 65p.

Danhara, T., Okada, K., Matsufuji, K. and Hwang, S., 2002 What is the real age of the Chongokni Paleolithic site? in Bae, K. and Lee, J. (ed.) *Paleolithic Archaeology in Northeast Asia*, 77-116.

檀原 徹, 2007 韓国・中国の旧石器遺跡で検出された火山ガラスとその広域テフラ対比の試み. 公開国際セミナー　東アジアにおける古環境変遷と旧石器編年；予稿集, 23-28.

鴈澤好博, 柳井清治, 八幡正弘, 溝田智俊, 1994 西南北海道－東北地方に広がる後期更新世の広域風成塵堆積物. 地質学雑誌, 100, 951-965.

鴈澤好博, 渡辺友東子, 伴かおり, 橋本哲夫, 1995 石英粒子の天然熱蛍光を利用したテフラ起源と風成塵起源堆積物の識別方法―上北平野, 天狗岱面上の中期更新世の段丘堆積物を例として. 地質学雑誌, 101, 705-716.

Hayashida, A., 2003 Magnetic properties of the Quaternary sediments at the Chongokni Paleolithic site: preliminary result. Yeoncheon County and Hanyang Univ. (eds.) *Geological Formation of the Chongokni Paleolithic Site and Paleolithic Archaeology in East Asia*, 157-160.

林田 明, 福間浩司, 横尾頼子, 浅井健司, 楊振宇, 2007 東アジアの風成堆積物の磁気特性―古地磁気編年と環境復元をめざして―. 公開国際セミナー 東アジアにおける古環境変遷と旧石器編年；予稿集, 29-36.

房迎三, 2007 江蘇省金壇和尚墩旧石器遺跡の地層と年代. 公開国際セミナー 東アジアにおける古環境変遷と旧石器編年；予稿集, 60-76.

北川靖夫, 成瀬敏郎, 齋藤萬之助, 黒崎督也, 栗原宏彰, 2003 北海道北部の重粘土における微細（3～20μm）粒子および粘土鉱物の層位別分布―重粘土の母材への風成塵の影響―. ペドロジスト, 47, 2-13.

松藤和人, 裵基同, 檀原 徹, 成瀬敏郎, 林田 明, 兪剛民, 井上直人, 黄昭姫, 2005 韓国全谷里遺跡における年代研究の新展開. 旧石器考古学, 66, 1-16.

松藤和人編, 2007 国際公開セミナー 東アジアにおける古環境変遷と旧石器編年；予稿集, 1-139.

長岡信治, 檀原 徹, 板谷徹丸, 柵山徹也, 渡辺満久, 裵基同, 松藤和人, 2007 大韓民国・全谷里周辺の第四紀玄武岩類の層序と年代および古地理復元. 公開国際セミナー 東アジアにおける古環境変遷と旧石器編年；予稿集, 42-59.

成瀬敏郎, 井上克弘, 金萬亭, 1985 韓国の低位段丘上に堆積するレス土壌. ペドロジスト, 29, 108-117.

成瀬敏郎, 柳 精司, 河野日出夫, 池谷元伺, 1996 電子スピン共鳴（ESR）による中国・韓国・日本の風成塵起源石英の同定. 第四紀研究. 35, 25-34.

Naruse, T., Bae, K., Yu, K.M., Matsufuji, K., Danhara, T., Hayashida, A., Hwang, S., Yum, J.G. and Shin, J.B., 2003 Loess-paleosol sequence in the Chongokni Paleolithic site. Yeoncheon County and Hanyang Univ. (eds.) *Geological Formation of the Chongokni Paleolithic Site and Paleolithic Archaeology in East Asia*, 143-156.

Naruse, T., Matsufuji, K., Lee, H. J., Danhara, T., Hayashida, A., Kim, C. B., Yu, K.M., Yata, K., Hwang, S. H. and Ikeda, K., 2006 Preliminary report of the loess-paleosol stratigraphy in Jangdongri Site, Korea. *The Paleolithic Archaeology and Quaternary Geology in Youngsan River Region*. 考古学叢書, 40, 269-289.

成瀬敏郎, 田中幸哉, 黄相一, 尹順玉, 2006 レス‐古土壌編年による韓国の更新世段丘・山麓緩斜面の形成期に関する考察. 地学雑誌. 115, 484-491.

成瀬敏郎, 2006 風成塵とレス, 朝倉書店.

成瀬敏郎, 2007 世界の黄砂・風成塵, 築地書館.

Oh, K.S., and Kim, N.S., 1994 Origin and post depositional deformation of the superficial formations covering basalt plateau in Chongok area. *The Korean Journal of Quaternary Research*, 8, 43-68.

岡田篤正, 竹村恵二, 渡辺満久, 鈴木康弘, 慶在福, 蔡鐘勲, 谷口 薫, 石山達也, 川畑大作, 金田平太郎, 成瀬敏郎, 1999 韓国慶州市葛谷里における蔚山（活）断層のトレンチ調査. 地学雑誌, 108, 276-288.

Park, D.W., 1987 The loess like red-yellow soil of the south western coastal area in comparison with the loess of China and Japan. *Geojournal*, 15, 197-200.

Park, C.S., 2006 The stratigraphy and chronology of loess-paleosol sequence at Daecheon, Bongdong and Busan areas, west coast, South Korea. MA thesis of Kyung-Hee Univ. 1-164.

Shin, J.B., Yu, K.M., Naruse, T. and Hayashida, A., 2004 Study on loess-paleosol stratigraphy of Quaternary unconsolidated sediments at E55S20-Ⅳ pit of Chongokni Paleolithic Site. *Journal of the Geological Society of Korea*, 40, 369-381.

Shin, J.B., Naruse, T. and Yu, K.M., 2005 The application of loess-paleosol deposits on the development age of river terraces at the midstream of Hongcheon River. *Journal of the Geological Society of Korea*, 41, 323-334.

Teilhard de Chardin, P. and Young, C. C., 1930 Preliminary observations on the preloessic and post-pontian formations in Western Shansi and Northern Shensi. *Memoirs of the Geological Survey of China*, Ser. A, 8.

矢田浩太郎, 2006 韓国南西部と西日本におけるレスの特質, 兵庫教育大学修士論文（未公刊）．

Yoon, S.O., Park, C.S., Hwang, S.I. and Naruse, T., 2007 Weathering characteristics and origins of loess-paleosol sequence at Daecheon area, South Korea. *Journal of the Geological Society of Korea*, 43, 281-296.

Yu, K.M., Shin, J.B. and Naruse, T., 2008 Loess-paleosol stratigraphy of Dukso area, Namyangju City, Korea (South). *Quaternary International*, 176-177, 96-103

Loess-paleosol stratigraphy and chronology after 900 ka for constructing the Paleolithic chronology in East Asia

Toshiro NARUSE[1], Kang-Min YU[2], Mitsuhisa WATANABE[3]

[1] Hyogo Univ of Teacher Education, [2] Yonsei Univ., [3] Toyo Univ.

Recently the high-resolution study of loess-paleosols has developed rapidly and its achievements have become a centre of attraction for reconstruction of paleo-environments in Quaternary in China, as well as Japan and Korea. We will introduce a few of our recent studies regarding the reconstruction of paleo-environments and the estimation of paleolith chronology since 0.9 Ma from the viewpoint of the chronology of loess-paleosol in East Asia.

Loess in the world has been begun to deposit at the Chinese Loess Plateau and the Central Asia since 2.6 Ma in accord with the beginning of 41 ka climate cycle. After 0.9 Ma, loess has been deposited according to beginning the 0.1 Ma climate cycle in all over the world. Loess in East China and Korea has also started to deposit from 0.9 Ma.

Although the oldest Jangdongri loess in Naju may be correlated with the lower horizon (0.9 Ma?) of B/M layer, most Korean loess-paleosols since MIS 12 (0.45 Ma) are now observed in many places. Japanese loess-paleosols from after MIS 10 (0.35 Ma) are recognized. Soon, a continuous loess-paleosol sequence from MIS 22 (0.9 Ma) to MIS 1 (present) could possibly be determined in Korea and Japan.

Loess in East Asia consists of a mixed material both of eolian dust from the Chinese inland deserts by westerly winds, and the northern Asian continent in the pre-Cambrian rock areas of north Asia by the northwest winds. Furthermore, eolian dust in Korea and Japan was transported from the dried sea floor of the Yellow Sea and the East China Sea during glacial ages.

Loess-paleolsol is useful materials for detailing geomorphological chronologies of such as pediments, river terraces and marine terraces. East Asian paleosols buried in the loess layers represents also the most significance terrestrial proxy of the Late Quaternary monsoon change in East Asia. East Asian paleosols are characterized by MIS 3 brown soils and MIS 5 red soils and MIS 11 more reddish soils.

Using of the loess-paleosol chronology, we can be estimated easily the age of paleolith, as well as it provides a key to the correlation of other regions within East Asia. The records of loess-paleosol sequence give us not only the fundamental information on East Asian paleolithc chronology during Quaternary, but also provide crucial data that can be correlated with the world.

Key words: loess, paleosol, Chongokni, Heshangdun, Mansuri, Jangdongri, loess-paleosol chronology

大韓民国・全谷里周辺における第四紀玄武岩類の層序と年代および古地理復元

長岡信治[1], 檀原 徹[2], 板谷徹丸[3], 柵山徹也[4]
渡辺満久[5], 裵基同[6], 松藤和人[7]

[1]長崎大学, [2]㈱京都フィッション・トラック, [3]岡山理科大学自然科学研究所,
[4]東京大学, [5]東洋大学, [6]漢陽大学校博物館, [7]同志社大学

1. はじめに

　1978年に発見された全谷里遺跡は，韓半島で最も重要な旧石器遺跡のひとつである。遺跡の下位や周辺の漢灘江流域には第四紀の玄武岩類が広く分布し（図2），遺跡の時代と関連してその層序や年代が議論されてきた。この玄武岩はTomita (1969) によって最初Ch'uga-ryŏng（またはChugaryong, Choogaryong：楸哥嶺）graben basaltと呼ばれ，盾状火山（楸哥嶺火山）を形成しているとされた。その後，Lee et al. (1983) はこの玄武岩をアルカリ玄武岩として全谷玄武岩と命名した。Won (1983) は予察的に玄武岩中に11のunitsを識別し，さらに給源は標高680mの鴨山 (Orisan) と考えた。Won, et al. (1990), Park & Park (1996), Wee (1996) は，その岩石学的，鉱物学的検討を詳細におこなった。一方，多数のK-Ar年代が測定されてきた (Lee et al., 1983；Yi, 1984；Bae, 1989・1993；Danhara et al., 2002)。これらは0.1～0.6 Maという幅広い年代を示し，全谷玄武岩に複数の異なる時代のものが含まれていることを示唆していたが，玄武岩内部のユニット層序やそれらと年代の対応関係は不明であった。このように全谷玄武岩は複数の異なる年代のunitsがあると考えられるが，それらの層序関係は明らかとなっていない。

　本研究では，全谷里遺跡と関連する全谷里周辺の第四紀玄武岩，いわゆる全谷玄武岩について層序および岩石学的特徴，年代を明らかにし，さらに玄武岩流下による漢灘江の古地理を考察する。化学分析はXRF，年代測定はK-Ar年代測定およびFT年代測定を実施した。

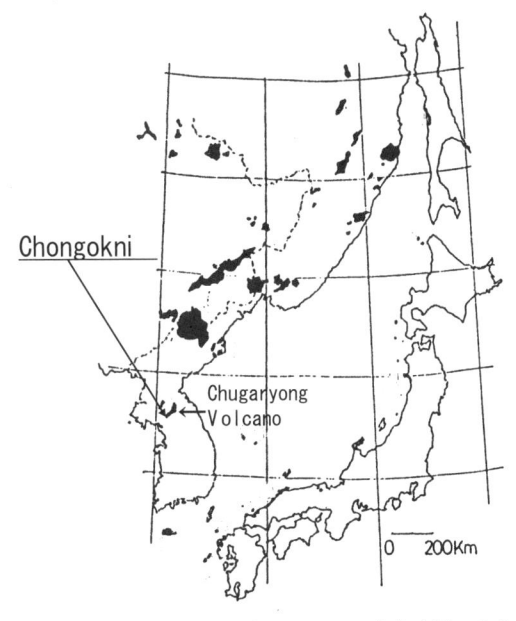

図1　東アジアにおける主なプレート内玄武岩の分布（黒）(Won & Lee, 1988) と楸哥嶺火山および全谷里の位置

Fig.1　Distribution of intraplate basalts in East Asia (Won & Lee, 1988) and location of Chugaryong Volcano and Chongokni in Korea

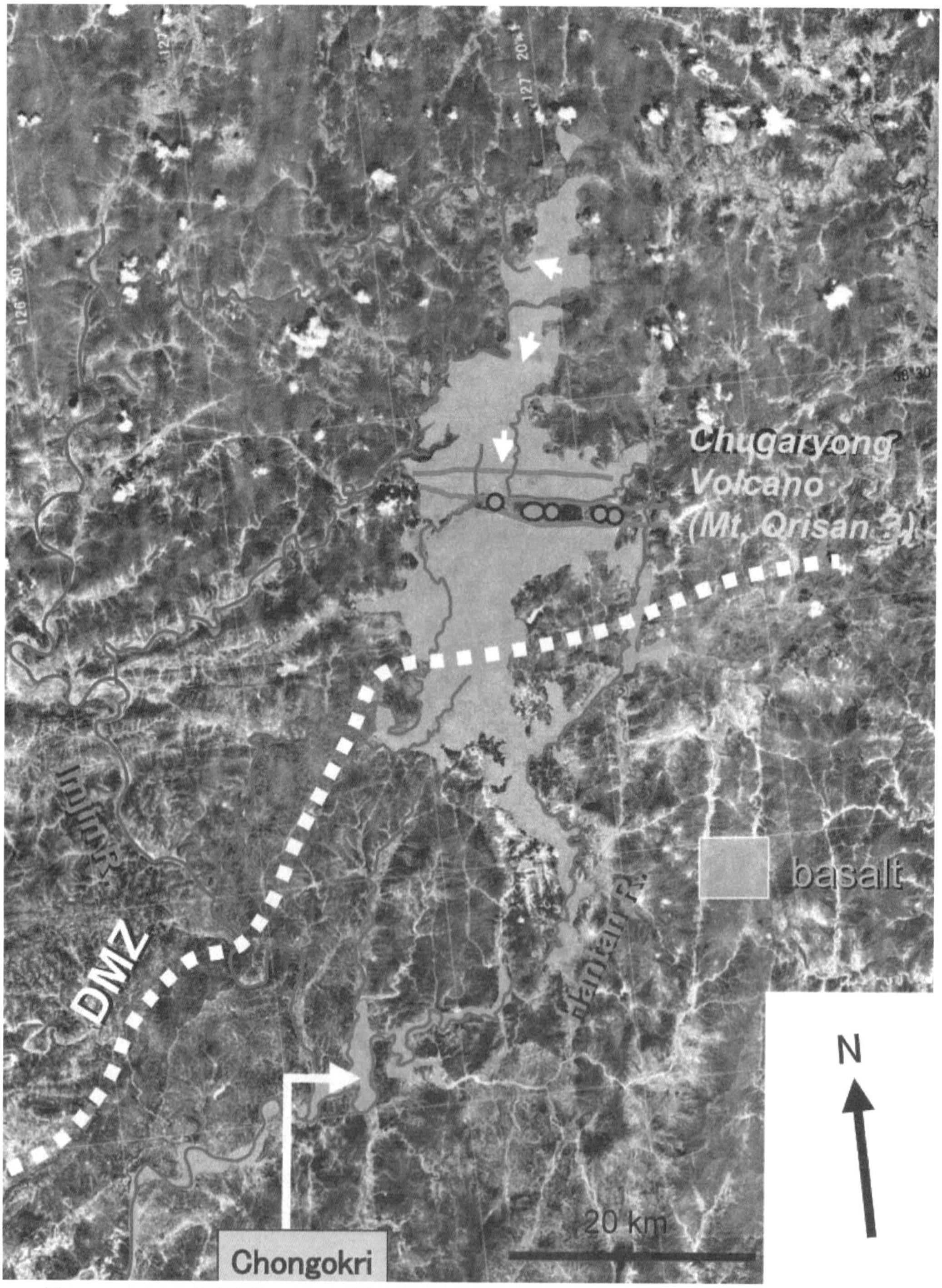

88 Ⅱ 東アジアの古環境変遷

図2 アメリカの偵察衛星コロナの画像に基づく楸哥嶺火山とその玄武岩の分布（1979年5月4日撮影）
Fig. 2 Distribution of the basalts from Chugaryong Volcano on the satellite image by CORONA, USA (May 4 in 1979)

2. 全谷里周辺の更新世玄武岩層序と年代

(1) 層序概略

調査地域周辺では先カンブリア紀の片麻岩や白亜紀の火山岩類を基盤として，第四紀の玄武岩が分布する。この第四紀玄武岩類は，全谷玄武岩 (Lee et al. 1983) と呼ばれている。今回の調査により筆者らは，この第四紀玄武岩類を，侵食による谷地形や風化を示す土壌によって2つの時代の異なるユニットに区分することができた。そこで，下位の古いユニットを従来の全谷玄武岩とし，上位で新しいユニットは新たに車灘玄武岩と呼ぶことにする（図3）。

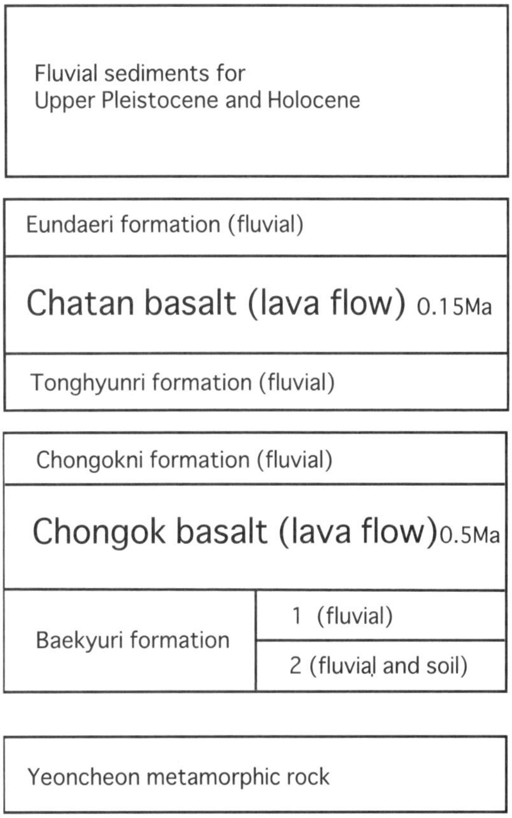

a 全谷玄武岩

全谷玄武岩は，黄地里（図4，6の地点8）を模式地とするカンラン（橄欖）石玄武岩で，調査地域全体に分布する（図4，5，6）。漢灘江沿いの全谷里周辺（地点10，11，12，13）北東部通峴里（地点2），西部の車灘川流域（地点1，7，8）によく露出する（図4，6）。厚さは25m以下で，多くの場所で1 flow unitであるが，模式地の黄地里（地点8）では，3 flow unitsが認められる。1 flow unit内では，厚さが10mを越えると，中心部に柱状節理が発達し，その上下に板状節理の部分が伴う。上下の縁辺は多孔質塊状になり，上下の溶岩表層には厚さ1m以下のクリンカーが認められる。厚さ10m以下では，不明瞭な柱状節理が見られたり，塊状となる。

Fluvial sediments for Upper Pleistocene and Holocene
Eundaeri formation (fluvial)
Chatan basalt (lava flow) 0.15Ma
Tonghyunri formation (fluvial)
Chongokni formation (fluvial)
Chongok basalt (lava flow) 0.5Ma

Baekyuri formation	1 (fluvial)
	2 (fluvial and soil)

Yeoncheon metamorphic rock

図3　全谷里周辺の層序
Fig.3　Stratigraphy of Chongokni area

b 車灘玄武岩

車灘玄武岩は，通峴里（図4，6の地点2，3）を模式地とするカンラン石玄武岩で，国道37号線および全谷里市街地より北に分布する（図4，5，6）。通峴里（地点2，3）や全谷里市街西方（地点9）から黄地里（地点8）にかけては，全谷玄武岩を刻む幅300～500m，深さ30m以上の谷を埋めて，最大35mの厚さで堆積している（図5，6）。この谷埋めの車灘玄武岩には，厚さ1m以下のクリンカーの存在によって最大で7つのflow unitsが認められる。単一のflow unitは厚さが20～2mで，厚いものほど柱状節理がよく発達し，薄いものは均質か，不規則な割れ目が入っている。全谷玄武岩と異なり，あまり板状節理が発達しないのが特徴である。また地点によっては谷底の基底には厚さ1.5mの枕状溶岩やハイアロクラスタイトが見られる。枕の長径は30cm以下で，ローブの長さは1m以下と小規模であり，ガラス質の急冷縁は不明瞭で，全体に多孔質である。これらは下位の河川流路堆積物の砂礫層（後述の通峴里層）と連続的であり，車灘玄武岩堆積当時，谷底に流水

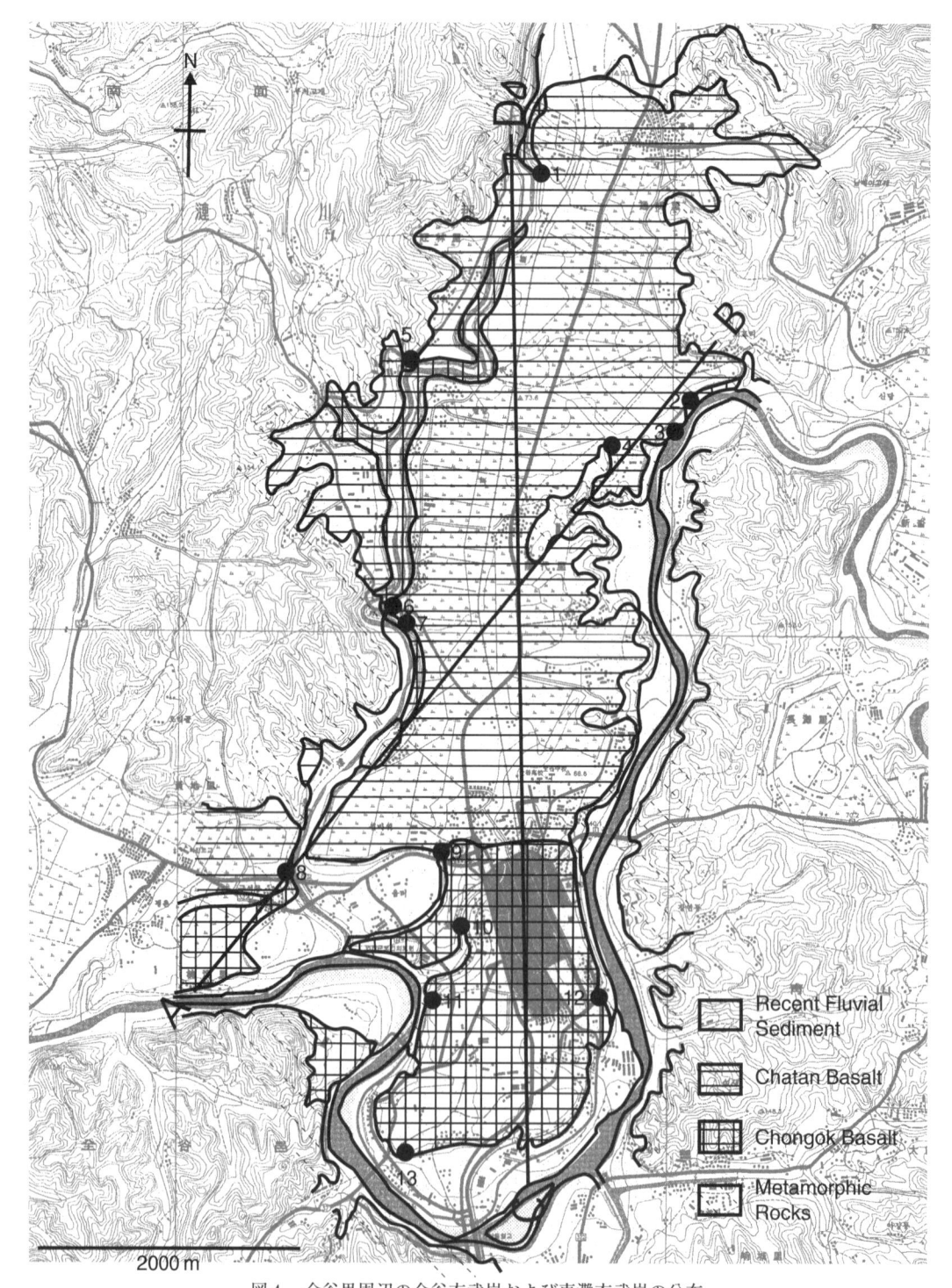

図4 全谷里周辺の全谷玄武岩および車灘玄武岩の分布
Fig.4 Distribution of the Chongok and Chatan basalts in Chongokni area

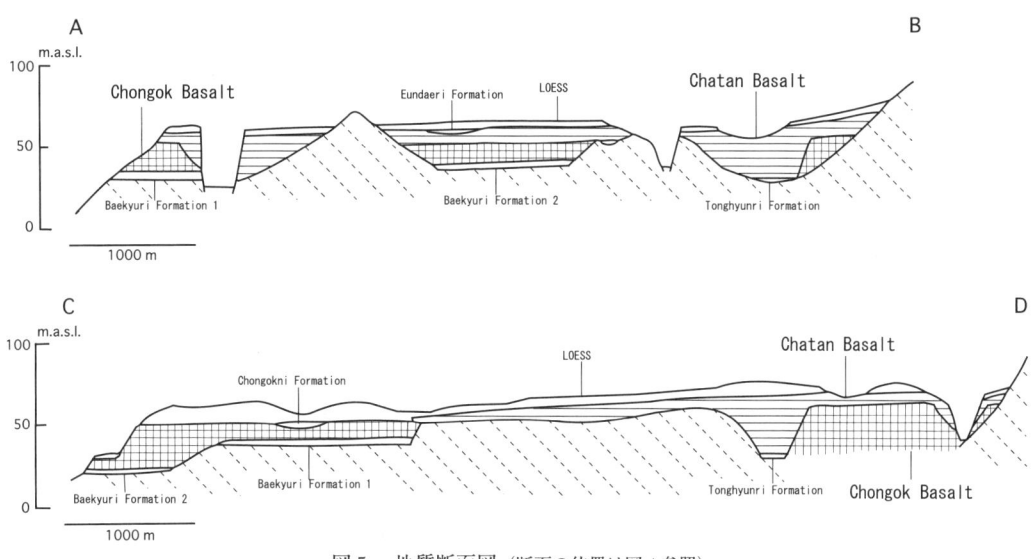

図5　地質断面図（断面の位置は図4参照）
Fig.5　Geological cross-sections（positions are in Fig.4）

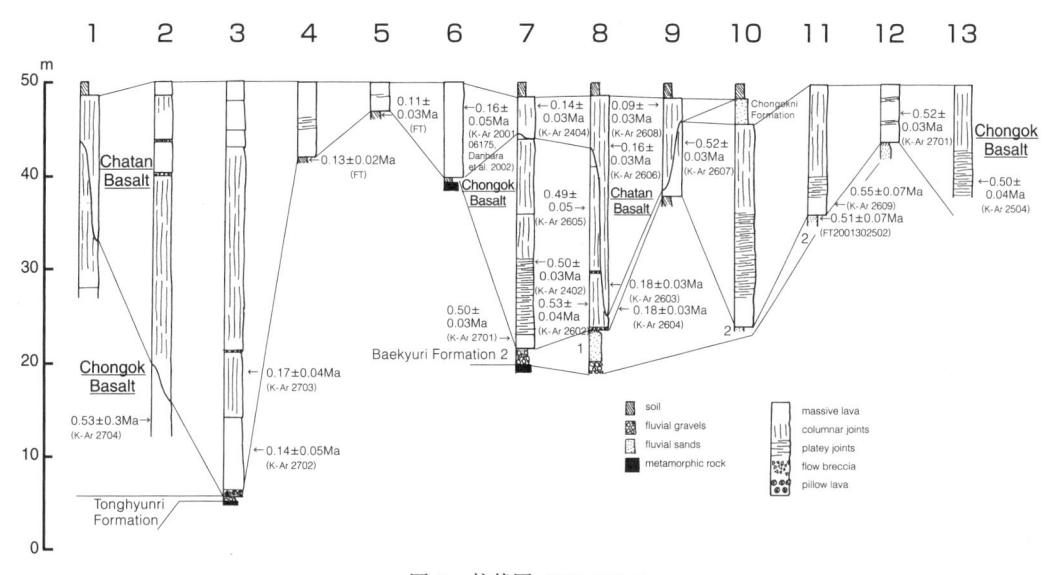

図6　柱状図（位置は図4）
Fig.6　Columnar sections（locations are in Fig.4）

があったことを示している．また，枕状溶岩ができるようなある程度の水深のある淀み，淵などがあったと考えられる．

　西部の車灘川流域では厚さ5m以下で標高50～60mの平坦な全谷玄武岩の上面を被う．両者の境界には地点7のように厚さ50cmの土壌が見られる場合もある（口絵写真8）が，しばしば土壌は侵食され，車灘玄武岩が全谷玄武岩を直接水平に被っていることが多い．このため，車灘川沿いの車灘玄武岩は，一見全谷玄武岩と連続的に堆積しているように見えることがある．しかし，上流部の地点1では，全谷玄武岩を刻む深さ10m程度の谷が見られ，それを車灘玄武岩が埋めている．

　このほか，隠垈里の地点4や車灘川の地点5では，車灘玄武岩が厚さ50cm以下の暗褐色シルト質

(2) 岩石学特徴と化学組成

a 記載岩石学的特徴

斑晶モード組成はポイントカウンター装置を用い，長径が150μm以上のものを一律に斑晶として測定した（表1）。鉱物組成は東京大学理学部に設置してあるEPMA装置（JEOL JCMA-733 MK-Ⅱ）

表1 全谷玄武岩と車灘玄武岩の代表的なサンプルに関する主要元素，微量元素の全岩化学組成，および斑晶モード組成
Table 1 Major and trace element concentrations, and modal compositions of phenocrysts for representative samples of the Chongok and Chatan basalts

lava group Sample No.	Chongok 2401	Chongok 2607	Chongok 2704	Chatan 2404	Chatan 2606	Chatan 2703
major element (wt%)						
SiO_2	47.96	48.03	47.62	48.42	48.12	48.32
TiO_2	2.08	2.03	2.00	1.69	1.90	1.90
Al_2O_3	15.92	15.74	15.39	15.41	15.56	15.56
FeO^*	9.95	9.99	10.03	10.19	10.02	10.15
MnO	0.17	0.17	0.16	0.17	0.16	0.17
MgO	9.07	9.40	9.94	10.32	9.10	9.47
CaO	8.11	8.15	8.24	8.37	8.41	8.35
Na_2O	3.88	3.75	3.60	3.19	3.31	3.28
K_2O	2.08	2.04	1.96	1.54	1.87	1.86
P_2O_5	0.46	0.45	0.43	0.34	0.39	0.39
total	99.68	99.74	99.37	99.64	98.83	99.45
trace element (ppm)						
Rb	1.10	1.06	1.01	0.99	1.10	1.07
Ba	26.0	26.3	25.7	19.2	19.2	22.0
Th	311.6	292.1	306.8	252.3	268.4	278.8
Nb	6.8	7.3	6.0	7.0	5.8	6.9
La	30.0	28.5	26.7	21.0	25.9	25.6
Pb	18.5	20.8	19.0	20.2	21.2	21.3
Sr	2.6	4.5	3.5	5.2	2.9	2.8
Zr	661.4	664.4	609.7	524.7	575.3	605.1
Y	243.3	238.0	229.3	194.1	224.9	230.8
Ga	22.7	22.6	22.1	20.1	21.9	21.8
Zn	18.8	18.4	19.6	18.7	15.6	19.8
Ni	79.2	82.1	81.5	86.4	86.6	87.7
Co	151.1	157.2	168.4	180.2	152.8	154.6
Cr	59.7	59.4	61.2	63.1	59.1	59.4
V	244.7	261.7	281.6	306.6	236.6	235.0
Sc	192.0	189.1	191.7	176.3	172.3	172.8
	22.2	25.7	23.8	21.4	21.6	24.0
phenocyst mode (vol%)						
olivine	4.5	6.4	7.8	6.2	2.2	5.2
plagioclase	0.0	0.0	0.0	0.0	0.0	0.0
groundmass	95.5	93.6	92.2	93.8	97.8	94.8
olivine xenocrys	Tr.	Tr.	Tr.	Tr.	Tr.	Tr.

FeO^* is total Fe as FeO

表2 全谷玄武岩と車灘玄武岩に含まれるカンラン石斑晶の化学組成
(サンプル番号末尾のC、Rはそれぞれコア、リムを示す)
Table 2 Representative chemical compositions of olivine phenocrysts of the Chongok and Chatan basalts C and R at the end of sample numbers represent core and rim respectively.

	Chongok	Chongok	Chongok	Chongok	Chatan	Chatan	Chatan	Chatan
Sample	2605	2605	2704	2704	2703	2703	2606	2606
Sample No.	OL 25 C	OL 25 R	OL1C	OL 24 C	OL 18 C	OL 19 C	OL 25 C	OL 25 R
wt%								
SiO_2	38.38	37.17	39.39	38.92	38.36	37.55	38.68	38.08
MnO	0.20	0.35	0.15	0.21	0.22	0.29	0.22	0.31
NiO	0.25	0.13	0.34	0.22	0.21	0.18	0.24	0.15
FeO^*	12.99	20.21	10.38	13.85	14.12	18.65	14.24	19.11
MgO	45.82	39.98	48.59	45.82	44.97	41.15	45.56	40.98
CaO	0.21	0.43	0.08	0.22	0.32	0.27	0.23	0.35
Cr_2O_3	0.04	0.04	0.01	0.04	0.05	0.03	0.03	0.04
Total	97.89	98.30	98.93	99.27	98.24	98.11	99.20	99.01
O=	4	4	4	4	4	4	4	4
SiO_2	0.981	0.980	0.982	0.983	0.982	0.983	0.980	0.989
MnO	0.004	0.008	0.003	0.004	0.005	0.006	0.005	0.007
NiO	0.005	0.003	0.007	0.004	0.004	0.004	0.005	0.003
FeO^*	0.278	0.446	0.216	0.293	0.302	0.409	0.302	0.415
MgO	1.745	1.571	1.806	1.725	1.715	1.606	1.721	1.587
CaO	0.006	0.012	0.002	0.006	0.009	0.008	0.006	0.010
Cr_2O_3	0.001	0.001	0.000	0.001	0.001	0.001	0.001	0.001
Total	3.019	3.020	3.018	3.017	3.018	3.016	3.020	3.011
Fo#	86.28	77.91	89.30	85.50	85.03	79.73	85.08	79.26

FeO^* is total Fe as FeO. Fo# is Forsterite content of olivine.

を用いて分析した(表2)。全谷玄武岩,車灘玄武岩ともに無斑晶質(~5vol%)で,斑晶としては半自形から自形のカンラン石を含む(図7,8)。両玄武岩に含まれる全ての斑晶カンラン(橄欖)石は正累帯構造を示し,高いFo値を有し(表2),内部にスピネルを包有する(図8)。両玄武岩には明瞭なキンクバンドを有するカンラン石がわずかに含まれる。いくつかのサンプル(2407,2406,2504,2601,2701)には長径0.5mm程度で強く溶食した組織を内部に有する斜長石がわずかに含まれる。全谷玄武岩と車灘玄武岩を記載岩石学的特徴で区別することは非常に困難である。

石基は斜長石,チタンオージャイ

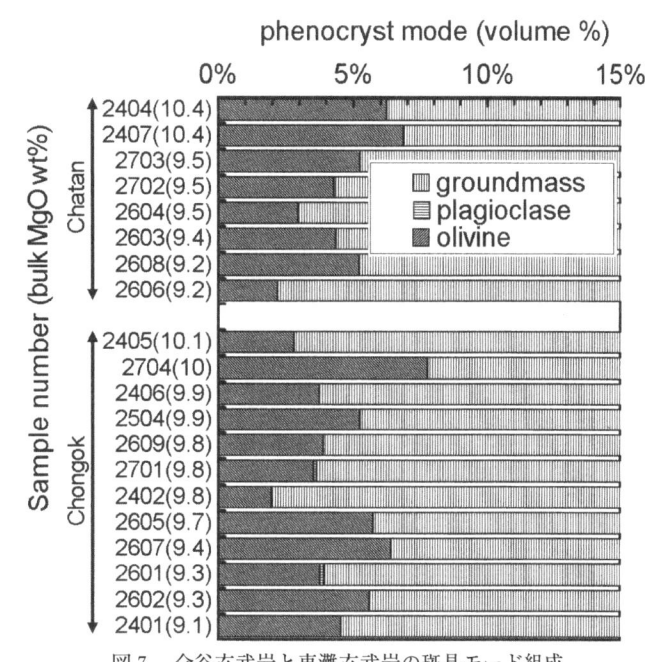

図7 全谷玄武岩と車灘玄武岩の斑晶モード組成
(それぞれの玄武岩の全岩MgO量の順に下から並べてある)
Fig.7 Phenocryst abundances in representative samples from the Chongok and Chatan basalts
Value in parenthesis next to sample number represents whole rock MgO concentration (wt%).

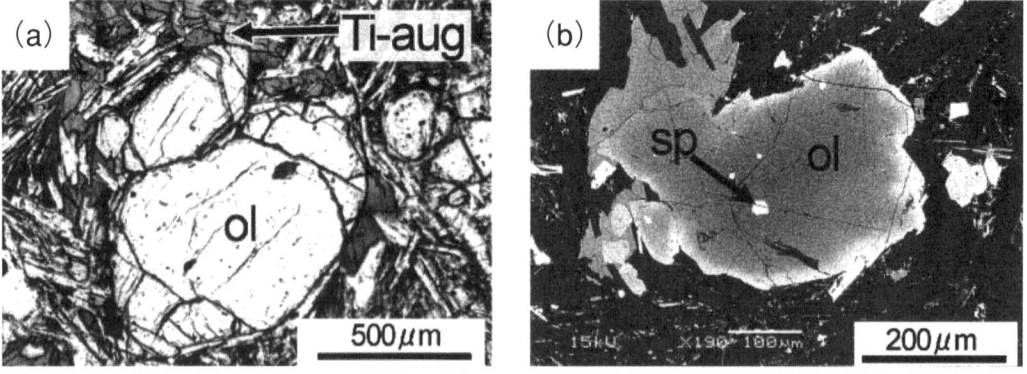

図8 全谷玄武岩に含まれるカンラン石斑晶の直交ニコル顕微鏡写真(a)と反射電子像写真(b)[口絵写真9]
(ol, Ti-aug, およびspはそれぞれカンラン石、チタンオージャイトおよびスピネルを示す)
Fig.8 (a) Photomicrograph of olivine phenocryst of the Chongok basalt under crossed-polarized light
(b) Back-scattered electron image of olivine phenocryst of the Chongok basalt [See frontispiece Plate 9]
(ol, Ti-aug, and sp represent olivine, titanaugite, and spinel respectively)

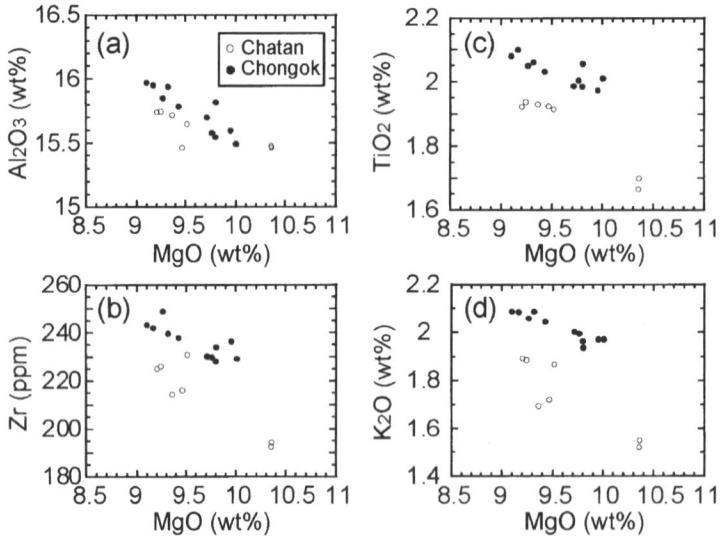

図9 全谷玄武岩と車灘玄武岩のMgOに対する全岩化学組成図
(黒丸は全谷玄武岩、白丸は車灘玄武岩)
Fig.9 Whole rock MgO variation diagrams for representative major and trace elements from the Chongok (filled circle) and Chatan (open circle) basalts
Major element analyses are recalculated for total weight to be 100%.

ト, カンラン石, カリ長石, マグネタイト, イルメナイトからなる。サンプル2702では少量のカルサイトが石基の粒間を充填しているが全体的にきわめて新鮮である。溶岩流の中心部に当たる結晶度の高い部分ではオフィティック組織が発達している。

b 全岩化学組成

代表的な全岩主要元素, 微量元素組成を表1に示す。分析は東京大学理学部に設置してあるXRF装置 (Phillips PW-1480) を用いておこなった。両玄武岩の化学組成幅はこれまでPark & Park (1996) およびWee (1996) で報告されている組成範囲内に含まれる。非常に類似した記載岩石学的特徴を有する両玄武岩は化学組成でも類似しているが, 詳細に検討すると両者には分析誤差以上の系統的な違いが存在する。全谷玄武岩 (MgO= 9.1〜10.0%) は車灘玄武岩 (MgO= 9.2〜10.4%) に較べると同じMgO量に対して TiO_2, Al_2O_3, Na_2O, K_2O, P_2O_5, Cr_2O_3, Rb, Ba, Nb, Sr, および Zr に富みFeO^*, SiO_2, および CaOに乏しい (図9)。また全谷玄武岩は同じMgO量に対して比較的K_2O/TiO_2やZr/Yが大きくCaO/Al_2O_3, Zr/Rb や Zr/Nbが小さい傾向があり, それぞれが異なるトレンドを示す (図10)。これまで両玄武岩は同一の溶岩とみなされてきたが (Park & Park, 1996; Wee, 1996), これらの特徴はそれぞれが異なる起源をもつ玄武岩であることを示唆して

(3) 年代測定値

a カリウム・アルゴン年代（K-Ar年代）

岩石試料をカッターで厚さ5cmに切断し，異質岩片の除去をおこなった。それらを粉砕後，篩にかけ120～250メッシュのサイズの粒子を取り出し，アイソダイナミックセパレーターにより主に斜長石やカリ長石からなる長石類を選別した。この長石類のK-Ar年代を測定した。Arの質量分析は同位体希釈法を用いた。年代が得られた試料数は16点である（図6，表3）。これらの結果（表3）から，全谷玄武岩のK-Ar年代は約0.5 Ma，車灘玄武岩が約0.15 Maである。

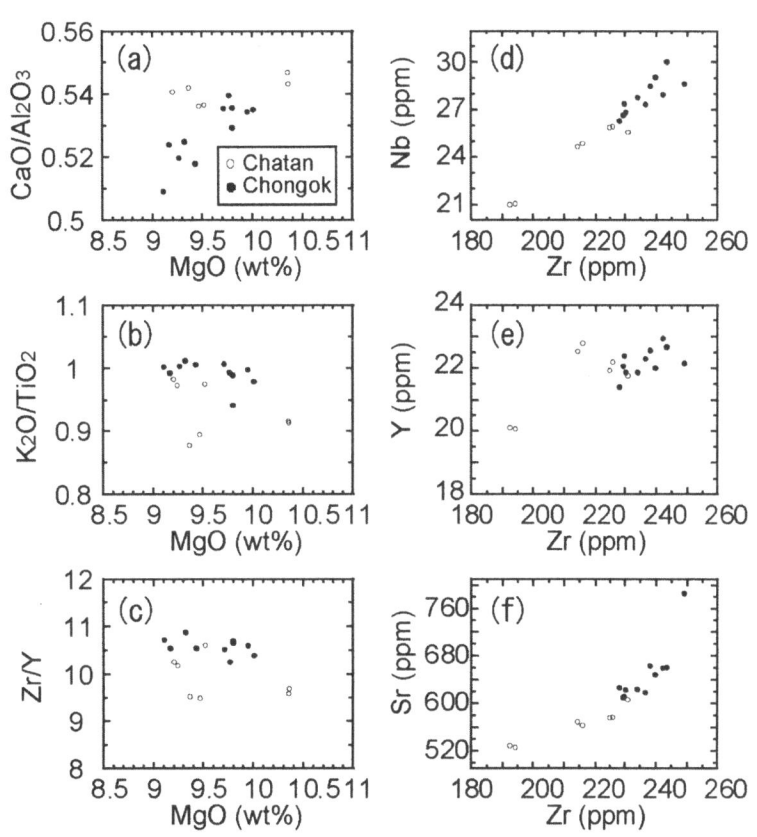

図10 全谷玄武岩と車灘玄武岩のMgOに対する元素比変化図および微量元素組成図

Fig.10 Whole rock MgO variation diagrams for major and trace element ratios (a, b, c, d) and Zr variation diagrams for trace elements (e, f, g, h) from the Chongok (filled circle) and Chatan (open circle) basalts
Major element analyses are recalculated for total weight to be 100%.

表3 全谷玄武岩・車灘玄武岩のK-Ar年代測定結果
Table 3 Results of K-Ar dating from the Chongok and Chatan basalts

Locality No.	Basalt name	Sample No.	Mode of Olivine	Sample condition	Xenolith	Raw sample (kg)	Processed weight (kg)	Plagioclase#120-250 weight (g)	purity (%)	Olivine#30-60 weight (g)	purity (%)	Pl (wt%)	Ol (wt%)	K-Ar age (Ma)
7	Chongok	2401	4.8	good	small Ol nodule	1.35	0.97	4.52	>95	2.19	>99	4.7	2.3	0.50±003
7	Chongok	2402	2.0	good	no	1.12	0.90	5.46	>95	2.11	97	6.1	2.3	0.50±003
7	Chatan	2404	6.6	good	no	0.90	0.63	7.68	>95	2.12	99	12.2	3.4	0.14±003
13	Chongok	2504	5.5	good	no	1.64	1.22	4.77	98	2.04	90	3.9	1.7	0.50±004
8	Chongok	2602	5.9	good	no	0.91	0.80	1.49	85	1.53	95	1.9	1.9	0.53±004
8	Chatan	2603	4.5	good	no	1.09	0.88	8.45	98	2.06	98	9.6	2.3	0.18±003
8	Chatan	2604	3.0	good	no	1.34	1.00	8.15	96-97	2.01	96	8.2	2.0	0.18±003
8	Chongok	2605	6.0	good	no	0.86	0.77	6.62	95	2.01	95	8.6	2.6	0.49±005
8	Chatan	2606	2.2	good	no	1.60	0.61	4.15	95	2.02	99	6.8	3.3	0.16±003
9	Chongok	2607	6.8	good	no	1.38	1.18	1.10	97	2.14	97	0.9	1.8	0.52±003
9	Chatan	2608	5.5	good	no	1.03	0.80	1.49	95	2.12	98	1.9	2.7	0.09±003
11	Chongok	2609	4.0	good	no	0.95	0.56	4.74	98	1.40	96	8.5	2.5	0.55±007
12	Chongok	2701	3.6	good	no	1.15	0.90	3.31	95	2.17	98	3.7	2.4	0.52±003
3	Chatan	2702	4.4	good	no	1.14	0.90	5.05	95	0.27	95	5.6	0.3	0.14±005
3	Chatan	2703	5.5	good	small Ol nodule	1.47	0.83	6.54	97	2.36	98	7.9	2.8	0.17±004
2	Chongok	2704	8.4	good	no	1.29	1.00	1.41	98	2.38	95	1.4	2.4	0.53±003

表4 全谷玄武岩および車灘玄武岩直下のFT年代測定結果
Table 4 Results of FT dating from sediments beneath the Chongok and Chatan basalts

Stratigraphic horizon and Locality No.	Sample name	Method	n	Spontaneous		Induced		Dosimeter		$P(\chi^2)$	r	U	Age ± 1σ
				ρ_s (10^4cm^{-2})	N_s	ρ_i (10^6cm^{-2})	N_i	ρ_d (10^4cm^{-2})	N_d	(%)		(ppm)	(Ma)
Below Chongok Basalt at 11 (Danhara et al., 2002)	2001302502 Silt	ED1	133	10.80	244	3.37	7593	8.583	2197	22	0.358	220	0.51 ± 0.07
ditto	2001302502-① Silt	ED1	140	12.50	246	3.69	7272	8.099	2073	5	0.639	360	0.51 ± 0.07
Below Chatan Basalt at 4	2005032601 Silt	ED1	122	2.50	37	2.93	4334	8.097	4146	30	-0.022	300	0.13 ± 0.02
Below Chatan Basalt at 5	2005112803 Silt	ED1	45	2.05	18	3.02	2650	8.176	3924	11	0.228	310	0.11 ± 0.03

Analyses were made by T. Danhara (TD) using the external detector method (ED1, internal surface; ED2, external surface) (Gleadow, 1981). Zircons were irradiated using TRIGA MARK II reactor of Rikkyo University (RU) or JRR-4 reactor of Japan Atomic Energy Research Institute (JRR4). Ages were calculated using a dosimeter glass NIST-SRM612 and age calibration factors: $\zeta_{RU-ED1} = 370 ± 4$, $\zeta_{RU-ED2} = 372 ± 5$, $\zeta_{JRR4-ED1} = 390 ± 3$, and $\zeta_{JRR4-ED2} = 350 ± 3$ for TD (Danhara et al., 1991, 2003). n, number of zircon grains; ρ and N, density and total number of counted tracks, respectively; $P(\chi^2)$, probability of obtaining the χ^2 value for ν degrees of freedom, where ν = n - 1 (Galbraith, 1981); r, correlation coefficient between ρ_s and ρ_i; U, uranium content.

b フィッション・トラック年代（FT年代）

各溶岩直下の焼けた堆積物に含まれるジルコンのフィッション・トラック年代を測定した。その結果，地点11の全谷玄武岩直下の土壌が0.51±0.07 Ma（地点11），地点4および5の車灘玄武岩のそれが0.13±0.02 Ma，0.11±0.03 Maの各年代値を示した（図6，表4）。

c 全谷玄武岩と車灘玄武岩の噴出年代

上記のK-ArおよびFT年代値には大きな矛盾がないことから，全谷玄武岩の年代は約50万年前，車灘玄武岩のそれは約15万年前と考えられる。

3．白蟻里層の再定義

(1) 層 序

Lee et al.（1983）の全谷玄武岩から車灘玄武岩が分離され，それぞれの年代が50万年前と15万年前となったことにより，Kim et al.（1984）の白蟻里層も再定義が必要となった。白蟻里層はLee et al.（1983）の全谷玄武岩噴出前の砂礫質の河成層と考えられていたが（Bae, 1989），今回，車灘玄武岩の基底の砂礫層も含まれていることとなる。そこで，本論の全谷玄武岩の基底の砂礫層を白蟻里層，車灘玄武岩の基底の砂礫層を通峴里層と再定義する（図3）。

(2) 白蟻里層

白蟻里層（Kim et al., 1984）の模式地は，調査地域外の白蟻里である。調査地域では南部，全谷里遺跡周辺，調査地域西部の車灘川沿いに分布する。白蟻里層は後述の全谷玄武岩の埋没谷の基底に位置している。厚さ5m以下のclast-supportedの礫層または砂・礫互層からなる。礫はcobbleサイズ以下の亜円礫である。砂にはラミナが見られることがある。河川の流路堆積物と考えられる。全谷里東部では最上部に厚さ50cm以下のシルト質土壌が見られ（地点8，9，12），車灘川流域から全谷里西部ではそれが欠如する（地点7，10，11）（図6）。土壌に覆われる堆積物は，全谷玄武岩噴出時に河岸段丘などとして乾陸化していた部分であり，土壌が欠如する堆積物は全谷玄武岩流下時

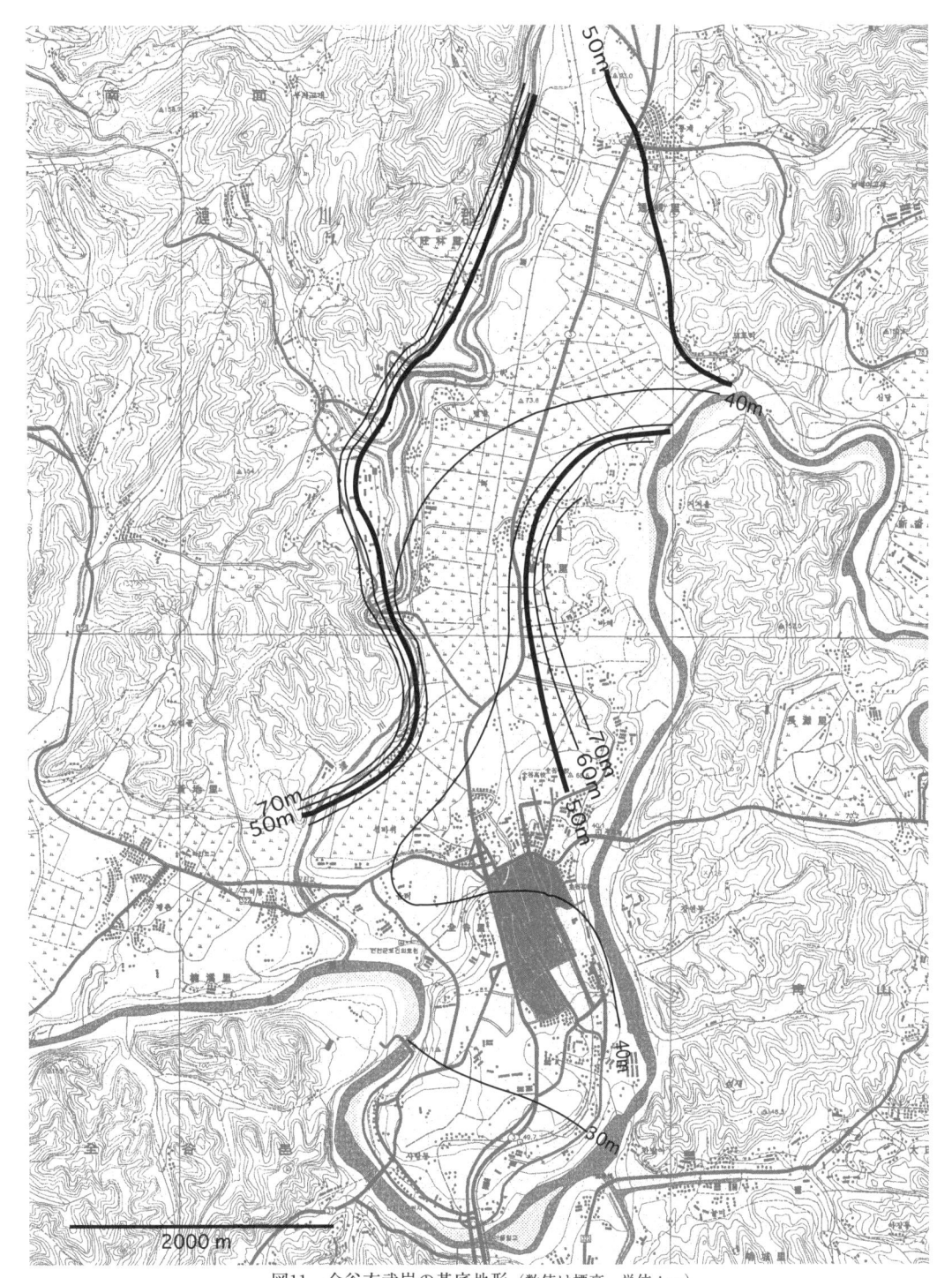

図11 全谷玄武岩の基底地形（数値は標高，単位：m）
Fig.11 Basal topography of the Chongok basalt（altitude in m）

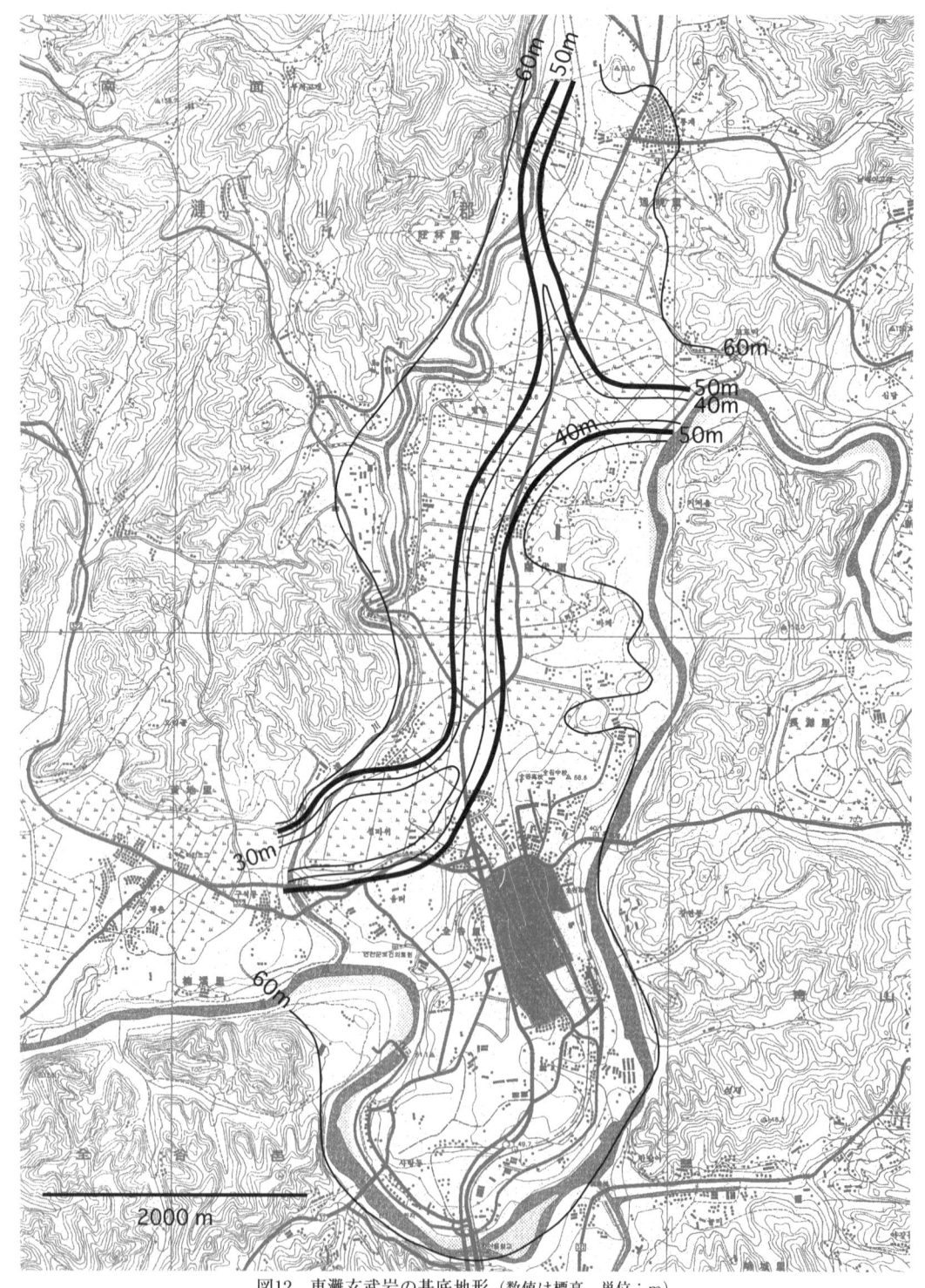

図12 車灘玄武岩の基底地形（数値は標高，単位：m）
Fig.12 Basal topography of the Chatan basalt (altitude in m)

の河床と考えられる。そこで前者を白蟻里層1，後者を白蟻里層2として区分する（図3，図5）。

(3) 通峴里層

通峴里層は，通峴里の漢灘川右岸の谷壁最下部，隠垈里周辺に見られる。模式地は通峴里の地点3（図4，6）とする。模式地では，厚さ5m以下の clast-supported の cobble 大の亜円〜亜角礫層からなり，上位の車灘玄武岩のハイアロクラスタイトや枕状溶岩に連続的に覆われる。このようなことから，模式地の通峴里層は車灘玄武岩流下直前の流路堆積物と考えられる。

一方，隠垈里の地点4（図4，6）では，厚さ3m以下のシルトや pebble サイズ以下の亜角礫からなり，最上部には厚さ30cm以下の暗褐色土壌が見られる。また，これらは模式地のものより10m以上高い位置にある。こうした最上部に土壌をもつ角礫質の"高い"通峴里層は，車灘玄武岩堆積前の崖錐などの斜面堆積物と推定される。

4．各玄武岩を被う河川堆積物

全谷玄武岩や車灘玄武岩を被ってしばしば厚さ5m以下のシルト質砂層や砂礫が見られることがあり，これらは，さらに厚さ8m以下の粘土質レス堆積物に被われている。これらの堆積物は各玄武岩流出直後の河道や氾濫原堆積物と考えられる。全谷玄武岩を被う堆積物を全谷里層，車灘玄武岩を被う堆積物を隠垈里層と呼ぶ。全谷里層はMIS 9以上の，隠垈里層はMIS 5以上のレス古土壌に覆われている（成瀬ほか，本書所収）。特に全谷里層については，これに従えば，全谷玄武岩噴出直後から全谷里層堆積終了までに，約15万年間の長い期間があることになる。この間漢灘江の河床レベルが，全谷玄武岩の表層レベルに保たれていたか，何度か下刻と堆積上昇を繰り返した可能性が考えられる。

5．考察―玄武岩の流下と漢灘江の流路変遷

全谷・車灘玄武岩の基底地形および白蟻里層・隠垈里層の分布を用いて両玄武岩噴出直前の漢灘江の流路を中心とした古地理の復元を試みる。

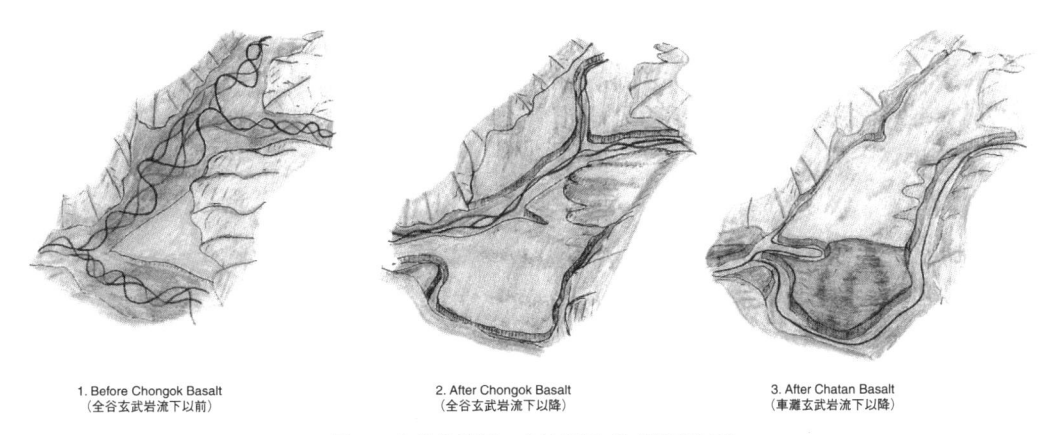

図13　全谷里周辺の古地理図［口絵写真10］
Fig.13　Paleogeographical map in Chongokni area ［See frontispiece Plate 10］

全谷玄武岩の基底地形を復元すると図11のようになる。台地内部の等高線は推定である。これには南北に伸びる長さ10km, 幅1～2kmの広い谷が現れている。白蟻里層はこの谷底に限定して分布する。これらのことから，全谷玄武岩噴出直前，50万年前当時，漢灘江は現在より西側を流れ，通峴里南部で車灘川と合流していたと考えられる（図13-1）。また白蟻里層1のやや砂がちな層相から，河川の形態は網状河川であったと推定される（図13-1）。全谷里市街南部の全谷里遺跡付近では白蟻里層が土壌に被われることから，全谷玄武岩噴出直前のこの付近は，あまり河川の影響が及ばないような，段丘や陸化し始めた後背湿地となっていたと考えられる。

車灘玄武岩の基底地形には，全谷玄武岩とは異なり，図12のように長さ5km, 幅500m以下の細長い谷が現れる。車灘玄武岩に直接被われる隠垈里層はこの谷底に分布する。谷地形と隠垈里層の分布から，全谷玄武岩噴出後で車灘玄武岩噴出前の漢灘江は東から南そして西とS字に屈曲し，また，通峴里付近で車灘川と合流していたと推定される（図13-2）。また隠垈里層の礫がちな層相や枕状溶岩の存在から，当時の河川形態は網状流河川か，谷幅いっぱい流れる，水深の大きな流路からなる直線河川と思われる。河谷の周辺には標高50～60mの全谷玄武岩の平坦な台地やなだらかな基盤の丘陵が分布していたようで（図13-2），土壌に被われる崖錐など斜面堆積物からなる隠垈里層はこの台地や丘陵上に分布する。

以上のように，50万年前と15万年前の二度の玄武岩の流下により全谷里の盆地は埋め尽くされ地形的に高くなったために，その後，漢灘江は盆地の東縁，車灘川は西縁へ移動し現在のように流れるようになったと推定される（図13-3）。

6. まとめ

① 全谷里周辺の第四紀玄武岩は，不整合により下位より全谷玄武岩と車灘玄武岩の2つに細分される。

② 全谷玄武岩と車灘玄武岩は，ともにカンラン石玄武岩で，斑晶や石基は極めて類似しているが，全岩化学組成は，わずかに異なる。

③ 全谷玄武岩のK-Ar年代および直下の焼土FT年代は約0.5 Ma，車灘玄武岩のそれは約0.15 Maを示す。

④ 全谷玄武岩の基底地形と白蟻里層，車灘玄武岩の基底地形と隠垈里層によって，2つの玄武岩が埋積する直前の漢灘江の流路を復元した。その結果，約50万年前には幅広い谷を流れる網状河川が，約15万年前は狭い谷を流れる深い直線河川が推定された。

引用文献

Bae, K., 1989 The development of the Hantan River Basin, Korea and the age of the sediment on the top of the Chongok Basalt. *Korean Jour. Quaternary Res.*, 3, 87-101. (in English with Korean abstract)

Bae, K., 1993 Pleistocene environment and palaeolithic stone industries of the Korean Peninsula. Melvin Aikens, C. and Rhee, S. (ed.) *Pacific Northeast Asia in Prehistory*.

Danhara, T., Bae, K., Okada, T., Matsufuji, K. and Hwang, S., 2002 What is the real age of the Chongokni Paleolithic site? The Institute of Cultural Properties, Hanyang Univ. (ed.) *Paleolithic Archaeology in Northeast Asia*. Collection of papers presented at the International Seminar Commemorating the 10th

Chongokni Prehistoric Festival, 77-116. (in English with Korean abstract)

Kim, H., Kim, O., Min, K. and Lee Y., 1984 Structural, paleomagnetic and petrological studies of the Chugaryeong Rift Valley. *Jour. Mining Geology, Seoul*, 17(3), 215-230. (in Korean with English abstract)

Lee, D., Ryu, K., Kim, G., 1983 Geotectonic interpretation of Choogaryong Rift Valley, Korea. *Jour. Geol. Soc. Korea*, 19(1), 19-38. (in Korean with English abstract)

Park, J. and Park, K., 1996 Petrology and petrogenesis of the Cenozoic alkali volcanic rocks in the middle part of Korean peninsula(Ⅰ): petrology, mineral chemistry and wole rock major element chemistry. *Jour. Geol. Soc.Korea*, 32(3), 223-249. (in Korean with English abstract)

Tomita. T., 1969 Volcanic geology of the Cenozoic alkaline petrographic province of eastern Asia. Ogura,T. (ed.) *Geology and minerals of the Far East*, Univ.Tokyo Press, 139-179. (in Korean with English abstract)

Wee, S., 1996 Chemical Characteristics of the Quaternary Jungok Basalt in Choogaryong Rift Valley, Mid-Korean Peninsula. *Econ. Environ. Geol*, 29(2), 171-182.

Won, J., 1983 A study on the Quaternary volcanism in the Korean Peninsula-in the Choogaryong Rift Valley. *Jour. Geol. Soc. Korea*, 19(3), 159-168.

Won, C., Kim, Y. and Lee, M., 1990 The study on the geochemistry of Choogaryong Alkali Basalt. *Jour. Geol. Soc. Korea*, 26(1), 70-81. (in Korean with English abstract)

Won, K. and Lee, M., 1988 Petrology of the Quaternary alkaine volcanic rocks in Korea Peninsula. Proceedings of Kagoshima Internal Conference on Volcanoes 1988, 107-109.

Yi, S., 1984 Geoarcheology of Chongokni. Korea. Institute of Cultural Properties (ed.) *Chongokni*, 582-588. (in Korean with English abstract)

Stratigraphy and Age of Quaternary basaltic lavas and reconstruction of paleogeography in Chongokni, Korea

Shinji NAGAOKA[1], Tohru DANHARA[2], Tetsumaru ITAYA[3], Tetsuya SAKUYAMA[4], Mitsuhisa WATANABE[5], Kidong BAE[6], Kazuto MATSUFUJI[7]

[1] Nagasaki Univ., [2] Kyoto Fission Track Co.Ltd., [3] Okayama University of Science,, [4] Tokyo Univ.,
[5] Toyo Univ. , [6] Hanyang Univ. Museum, [7] Doshisha Univ.

Around the Chongokni Paleolithic site, we discuss the stratigraphy and chronology of Quaternary basaltic lavas originated from Chugaryong Volcano (Fig. 1, 2), on the basis of the field survey, XRF, EPMA, and K-Ar and fission track (FT) dating. The basalts are subdivided into two stratigraphic units: the Chongok basalt and the Chatan basalt (Fig. 3, 4, 5, 6). The former is older than the latter. There is distinct uncomformity such as erosive valley and soil between the Chongok and the Chatan basalts (Fig. 5).

They are typical alkali olivine basalts (Fig. 7, 8) and their phenocrysts compositions and grandmass are almost same. They can be distinguished only by whole-rock major and trace element composition, but the differences are very slight. For example, wt% of SiO_2 in the Chatan basalt is just 1% higher than that of the Chongok basalt (Table 1, 2 ; Fig. 9, 10).

The results of plagioclase K-Ar dating of 18 samples from both basalts and fission track dating of 4 burnt soil (Fig. 6) show that the Chongok basalt is 0.5 Ma old and the Chatan basalt is 0.15 Ma old (Fig. 6 ; Table 3, 4). The Chongok Paleolithic site is on the Chongok basalt.

Based on basal topography of the two basalts (Fig. 11, 12) and fluvial sediments (Fig. 3, 5, 6), the Hantan River near the Chongokni Paleolithic site changed the channel from northwest to southeast during the last 0.5Ma (Fig. 13).

Key words : Chugaryong Volcano, K-Ar dating, FT dating, Chongok basalt, Chatan basalt

全谷里遺跡周辺の比抵抗構造

井上直人[1], 黄昭姫[2], 林田 明[3]

[1]地盤研究財団, [2]漢陽大学校文化財研究所, [3]同志社大学

1. はじめに

韓国北部に位置する全谷里遺跡は，東アジアで最初にアシュール型ハンドアックスが発見され，韓国のみならず世界からも注目される旧石器時代遺跡である。遺跡は玄武岩で形成される溶岩台地上に位置し，玄武岩の上位は堆積層で覆われる。遺跡の年代に関しては，出土した石器，土壌の年代，溶岩台地を形成する玄武岩の放射年代測定など，多角的な考察により検討が進められている（松藤ほか, 2005）。

遺跡が位置する玄武岩のK-Ar法，FT法による放射年代測定の結果，約50万年前という値が得られている。一方，遺跡の北西部に露出する玄武岩は約17万年前という非常に若い年代が得られた（Danhara et al., 2002；長岡ほか, 2007）。その後，漢灘江や車灘川沿いを中心とした詳細な地質調査により，年代の異なる玄武岩の層序関係やその分布が確立された（長岡ほか, 2007）。しかし，遺跡周辺部や台地内部では都市化が進んでおり，露頭のように直接的な地質学的情報が得られる場所は限られる。そこで地下における玄武岩の分布を明らかにするために比抵抗探査を実施してきた。

2. 比抵抗探査

地層中の比抵抗すなわち電流の流れやすさは，地層を構成する物質の導電率や透水性に大きく依存し，地層の状態に左右される。同一の構成岩種であっても，周辺の環境が異なれば比抵抗値は数百倍異なることもある。遺跡周辺では玄武岩と堆積層が分布し，特に未固結である堆積層は含水率が高く，全体的に電流をよく通し，比抵抗値は小さい。これに対して玄武岩や花崗岩などの岩石は電流を通しにくく，一般的には比抵抗値は高い。

地層中の比抵抗を計測するには大地に人工的に電流を流し，その電流・電圧値を計測し抵抗値を求める。電流を流す電極と，電圧を測定する電極の配置にはさまざまな配置が提案されている。本研究では全ての電極配置が等間隔であるウェンナー法による電極配置を用いた（図1）。電極間隔を

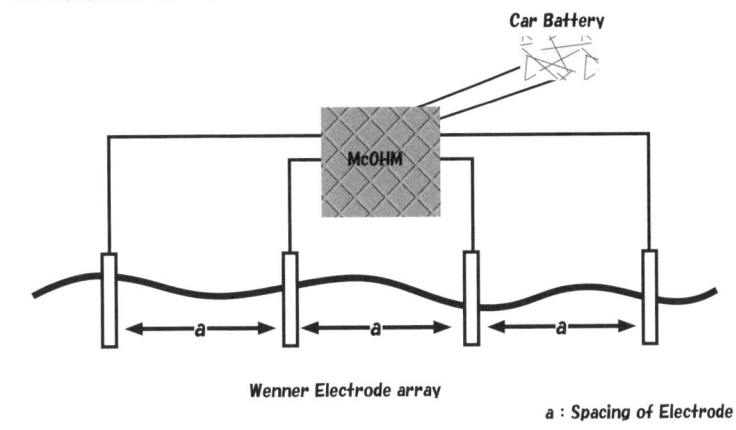

図1 比抵抗探査システム概要図
Fig.1 Schematic of resistivity observation system

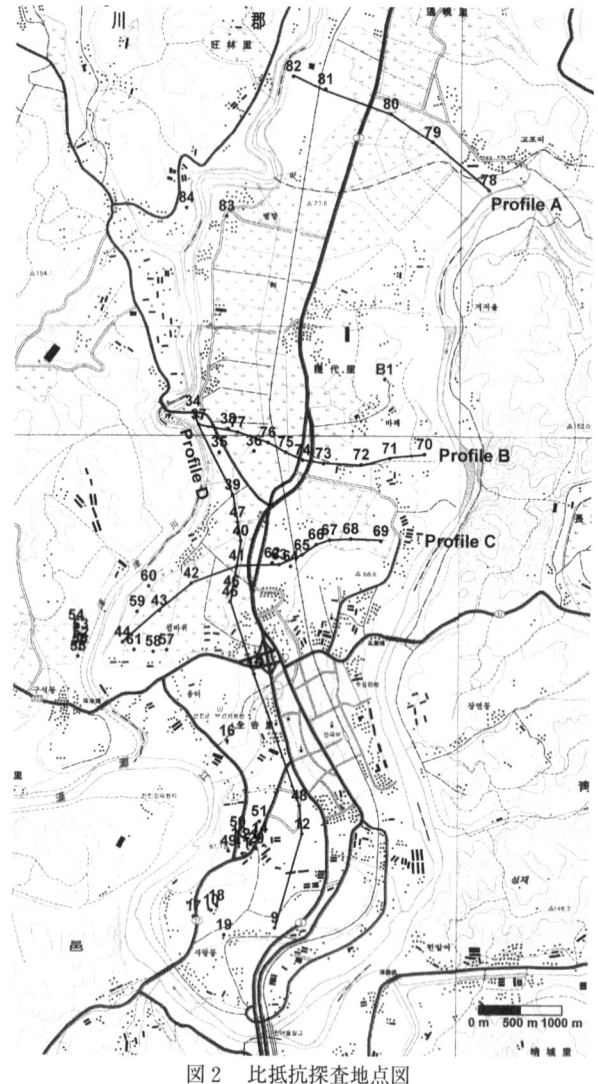

図2　比抵抗探査地点図
Fig.2 Location map of resistivity survey site

広げることにより，より深い部分の比抵抗値を測定する1次元鉛直探査をおこなった。つまり，各測定地点の鉛直方向の比抵抗分布が得られることとなる。データ処理としては，各電極間隔における比抵抗値から比抵抗曲線を求め，その比抵抗曲線を説明する比抵抗構造を逆解析により推定した。図2に全探査地点を示す。また，本文の最後に資料として全調査地点で得られた比抵抗曲線および推定された比抵抗構造を示した。

3．遺跡周辺の比抵抗構造

比抵抗探査は2003年，2005年，2006年に実施した。2003年は遺跡関連のトレンチやピット調査で実際に玄武岩の深度が明らかにされている地点を中心に探査を実施した。2005年は遺跡北部で実際に年代の異なる玄武岩が観察された地点を中心に探査をおこなった。台地の東側・西側を流れる漢灘江や車灘川に沿って台地上面から河床までの露頭が見られ，詳細な層序が確立されている。この結果をもとに台地内部の比抵抗構造を解釈するため，2006年は遺跡北部の東西方向に探査をおこなった。ここでは，実際の層序と

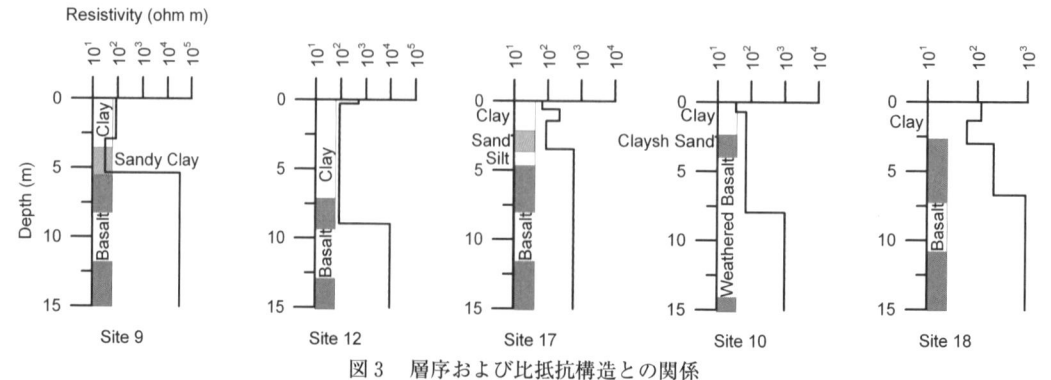

図3　層序および比抵抗構造との関係
グラフの横軸は見かけ比抵抗（Ohm m），縦軸は深度（m）
Fig.3 Relationship between stratigraphy and resistivity structure
Horizontal and vertical axis of graph denote apparent resistivity (ohm m) and depth (m), respectively.

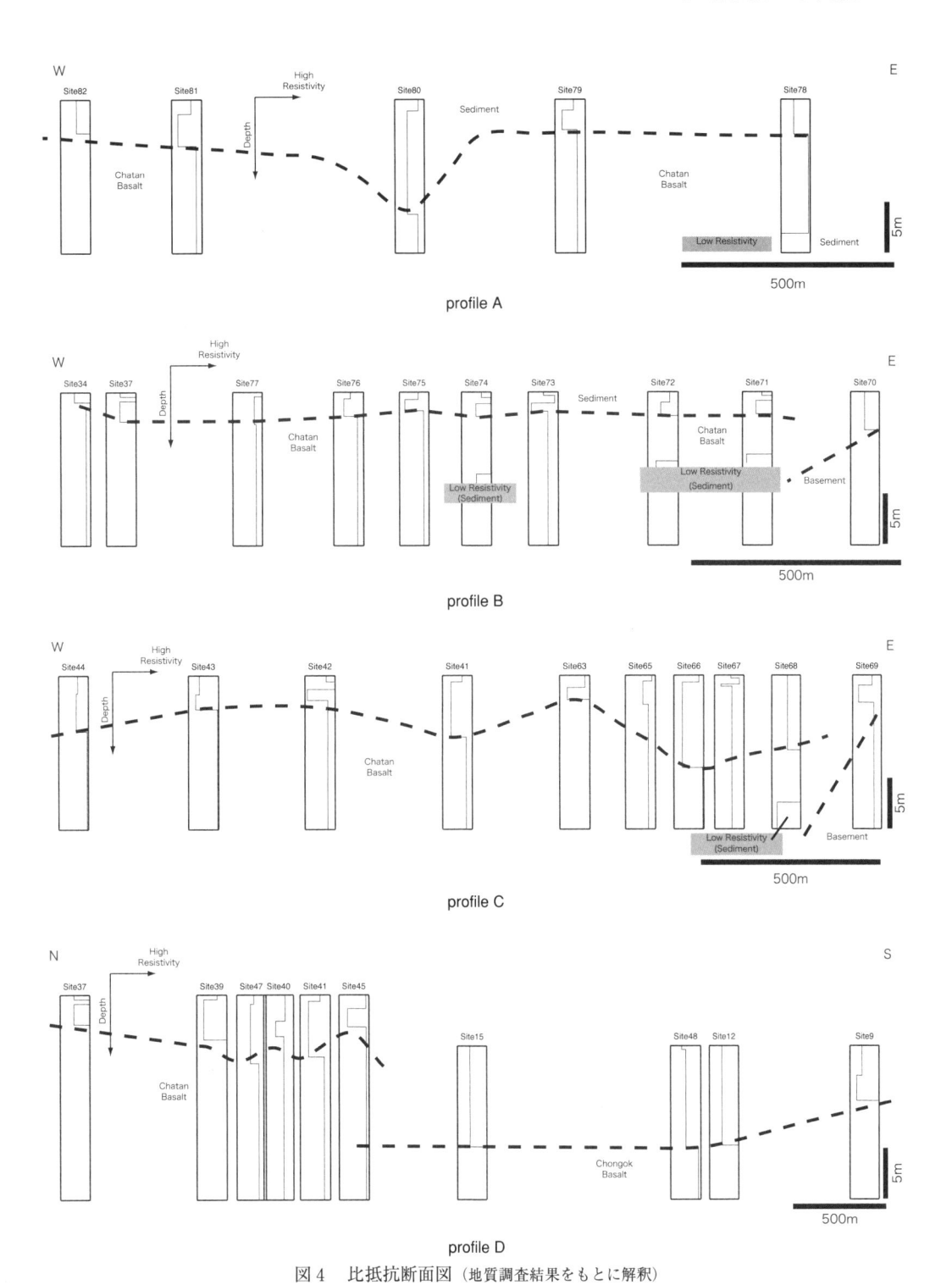

図 4 比抵抗断面図（地質調査結果をもとに解釈）
Fig. 4 Resistivity profiles interpreted based on the result of the geological investigation

比抵抗構造との関係について述べ，遺跡北部の東西方向の比抵抗断面および南北方向の比抵抗断面について述べる。

(1) 層序と比抵抗構造との比較

今回の探査サイトでトレンチやピットから得られた層序の情報があるのは，サイト9，10，12，17，18である。これらの簡易柱状図と比抵抗構造を図3に示す。サイト10を除き±2m程度で玄武岩上面と高比抵抗層とが一致している。なおサイト10は玄武岩上面が風化しているため他のサイトと異なり玄武岩上面深度と高比抵抗層上面深度が大きく食い違ったものと思われる。

低比抵抗層を詳しく見ると，サイト9，17では砂層でより低比抵抗となっている。このように浅部の低比抵抗層の中にさらに低比抵抗層が見られるのは，サイト9，17のほかにサイト19，48があり，遺跡の極く周辺に見られ砂層の分布が予想される。

(2) 比抵抗断面

今回の探査結果より得られた比抵抗断面を図4に示す。断面位置図は図2に示す。遺跡北部の東西断面（Profile A～C）を見ると，台地の東側で最下部に低比抵抗層が見られる。地質調査の結果，この付近では風化した基盤（片麻岩）や車灘玄武岩下部に堆積層が確認されている。復元された古地理では遺跡北部の東側では基盤が高くなっており（長岡ほか，2007），玄武岩形成時の古地理の違いが，車灘玄武岩下位に堆積層の有無に影響を与えていると予想される。また，Profile Bではサイト76および74，またサイト55にも下部に低比抵抗層が認められる。これらのサイトは車灘玄武岩の基底地形で示される谷の分布に類似している（長岡ほか，2007）。Profile Aのサイト80では車灘玄武岩の上位の堆積層が厚くなっている。

一方，各東西断面の西側や南北方向の比抵抗断面（Profile D）では最下部で低比抵抗層となる地点は認められない。地質調査結果では全谷玄武岩と車灘玄武岩はほとんど間に何も挟まずに接している露頭が多い。この場合，予想される比抵抗構造は高比抵抗層のみとなる。両玄武岩の境界の大部分は比抵抗コントラストを生じさせるような層を挟まずに接していると予測されるため，比抵抗構造から境界面を推定するのは困難と思われる。しかし，東西断面の東側で見られたように玄武岩の下部に堆積層に相当する低比抵抗層が得られており，より深い深度までを対象とした比抵抗探査をより多くの地点で実施すれば，両玄武岩に挟在する堆積層分布を明らかにできる可能性がある。

4．まとめ

遺跡周辺では，数メートル～数十メートルの低比抵抗層の下位に高比抵抗層が認められ，堆積層および玄武岩に相当する比抵抗構造が得られた。堆積層に相当する低比抵抗層中に，より低比抵抗の層が認められる地点があった。トレンチ情報と比較すると砂層に相当することが明らかになった。このような比抵抗構造は遺跡の極く周辺に見られ，砂層の分布が示唆される。

遺跡北部の溶岩台地における東西比抵抗断面では，遺跡北部の東側では最深部に低比抵抗層が認められた。地質調査の結果，玄武岩の下位に堆積層が確認されている地点もあり，車灘玄武岩下部の堆積層を示唆している可能性がある。

謝辞　本研究は科学研究費補助金（基盤研究（A））「東アジアにおける旧石器編年・古環境変遷に関する基礎的研究（代表：松藤和人）」による助成を受けておこなったものである。また測定の際には漢陽大学校の学生諸氏をはじめとして，現地の方々に多大なる便宜を図っていただいた。大阪市立大学大学院理学研究科都市地盤構造学研究室にはMcOHMの借用に関して多大なる便宜を図っていただいた。ここに心より感謝の意を表します。

引用文献

Danhara T., Bae K., Okada T., Matsufuji K. and Hwang S., 2002 What is the real age of Chongokni Paleolithic site? *Paleolithic Archaeology in Northeast Asia*, Yeoncheon County and the Institute of Cultural Properties Hanyang University, Korea, 77-116.

井上直人, 黄昭姫, 相場 学, 林田 明, 松藤和人, Kidong BAE, 2004 韓国全谷里遺跡周辺における比抵抗調査, 日本第四紀学会 2004 年大会.

井上直人, 黄昭姫, 林田 明, 若林邦彦, 松藤和人, Kidong BAE, 2005 韓国全谷里遺跡周辺における比抵抗調査－Ⅱ－, 日本第四紀学会2005年大会.

井上直人, 黄昭姫, 林田 明, 松藤和人, Kidong BAE, 2007 韓国全谷里遺跡周辺における比抵抗調査－Ⅲ－, 日本第四紀学会2007年大会.

松藤和人, 裵基同, 檀原 徹, 成瀬敏郎, 林田 明, 兪剛民, 井上直人, 黄昭姫, 2005 韓国全谷里における年代研究の新展開―日韓共同研究 2001-2004 の成果と課題―. 旧石器考古学, 66, 1-16.

長岡信二, 檀原 徹, 板谷徹丸, 栅山徹也, 渡辺満久, 裵基同, 松藤和人, 2007 大韓民国・全谷里周辺の第四紀玄武岩類の層序と年代および古地理復元. 公開国際セミナー 東アジアにおける古環境変遷と旧石器編年；予稿集. 42-59.

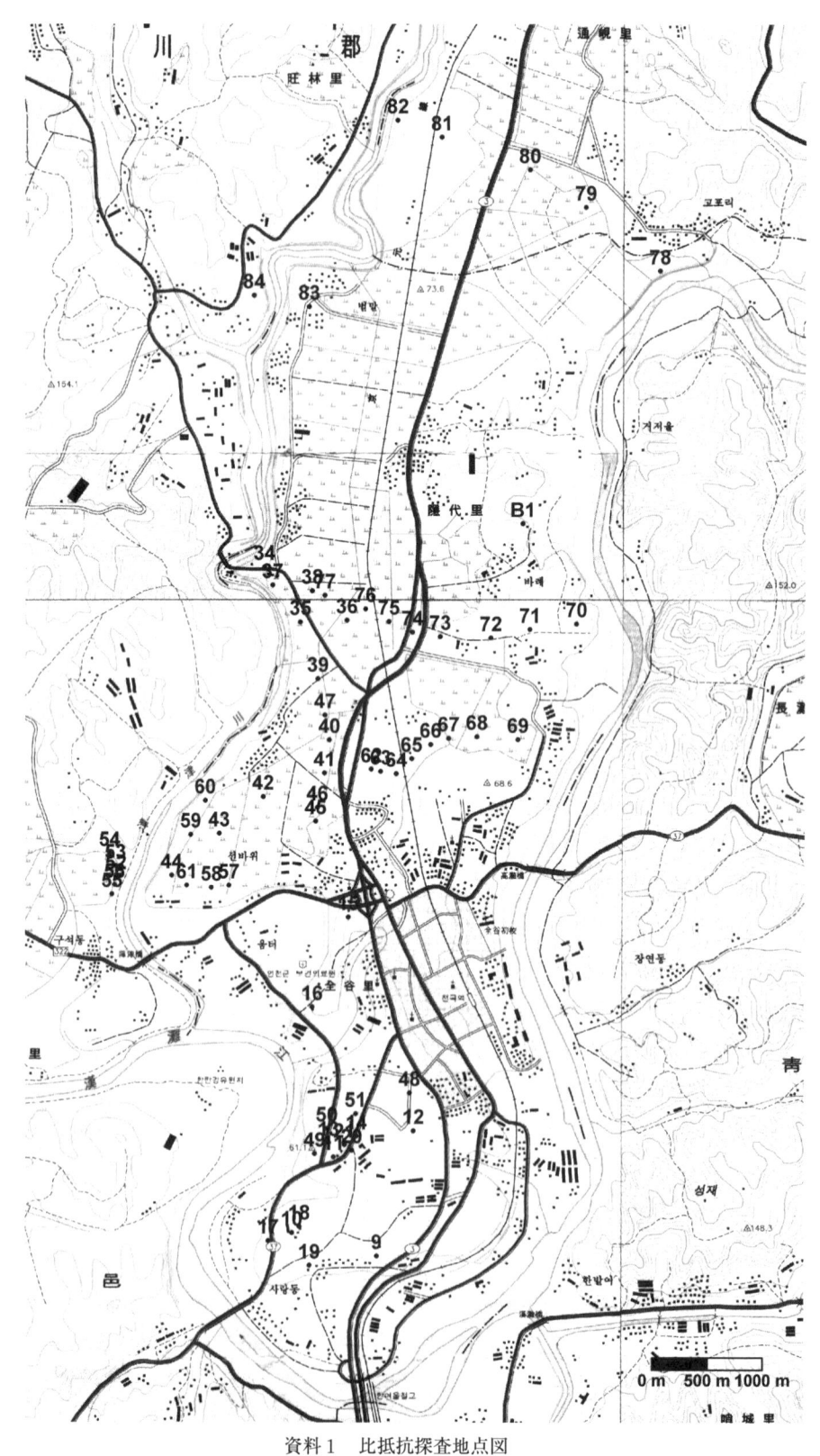

資料1　比抵抗探査地点図
Appendix 1　Location map of resistivity survey site

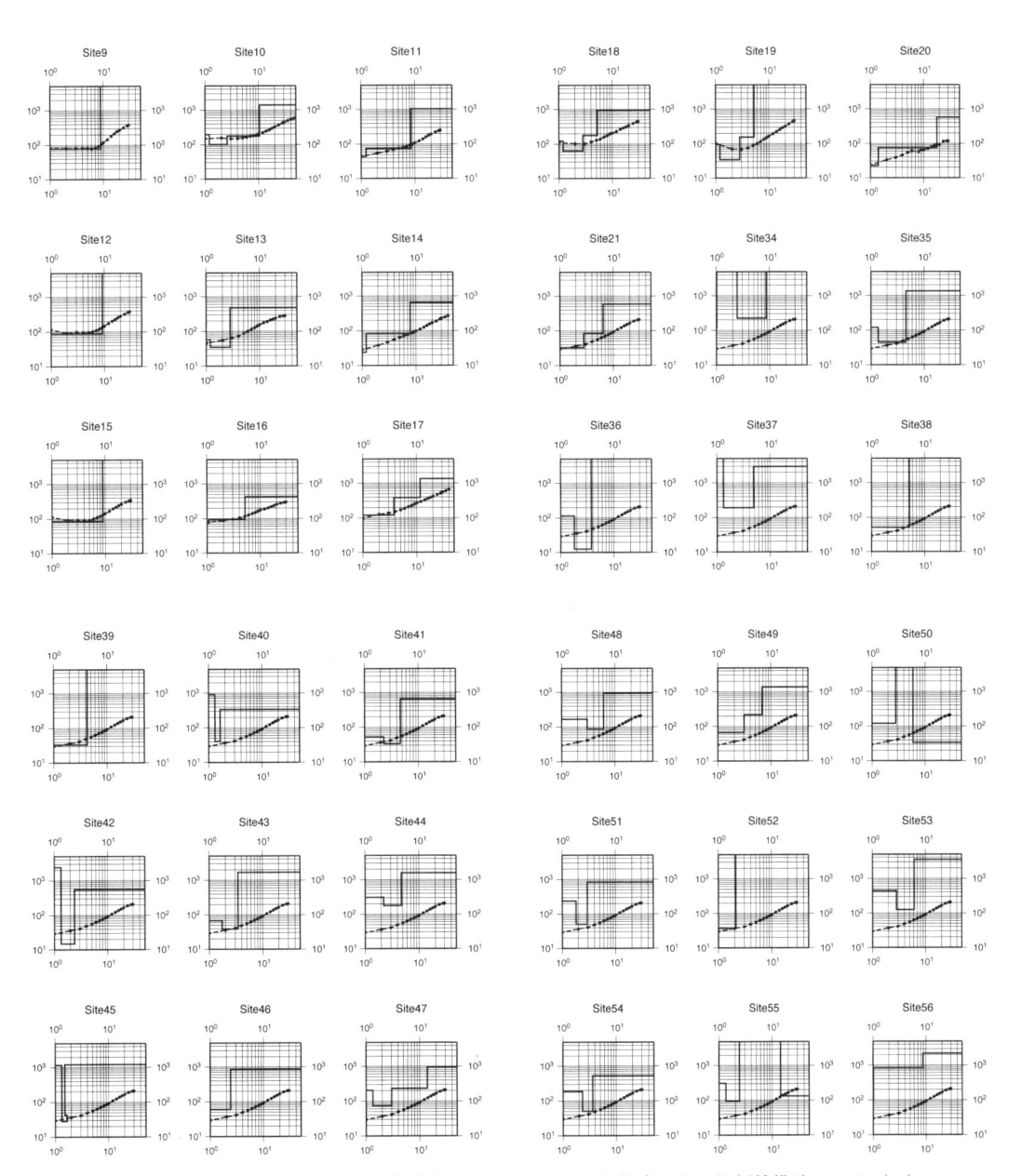

資料2　各探査地点の見かけ比抵抗曲線（黒丸および波線）と推定された比抵抗構造（実線）（1）
グラフの横軸は電極間隔（m），縦軸は見かけ比抵抗（ohm m）

Appendix 2　Observed apparent resistivity (solid circle and broken line) and estimated resistivity structure (solid line) in observed sites (1)
Horizontal and vertical axes of graph denote depth (m) and apparent resistivity (ohm m), respectively

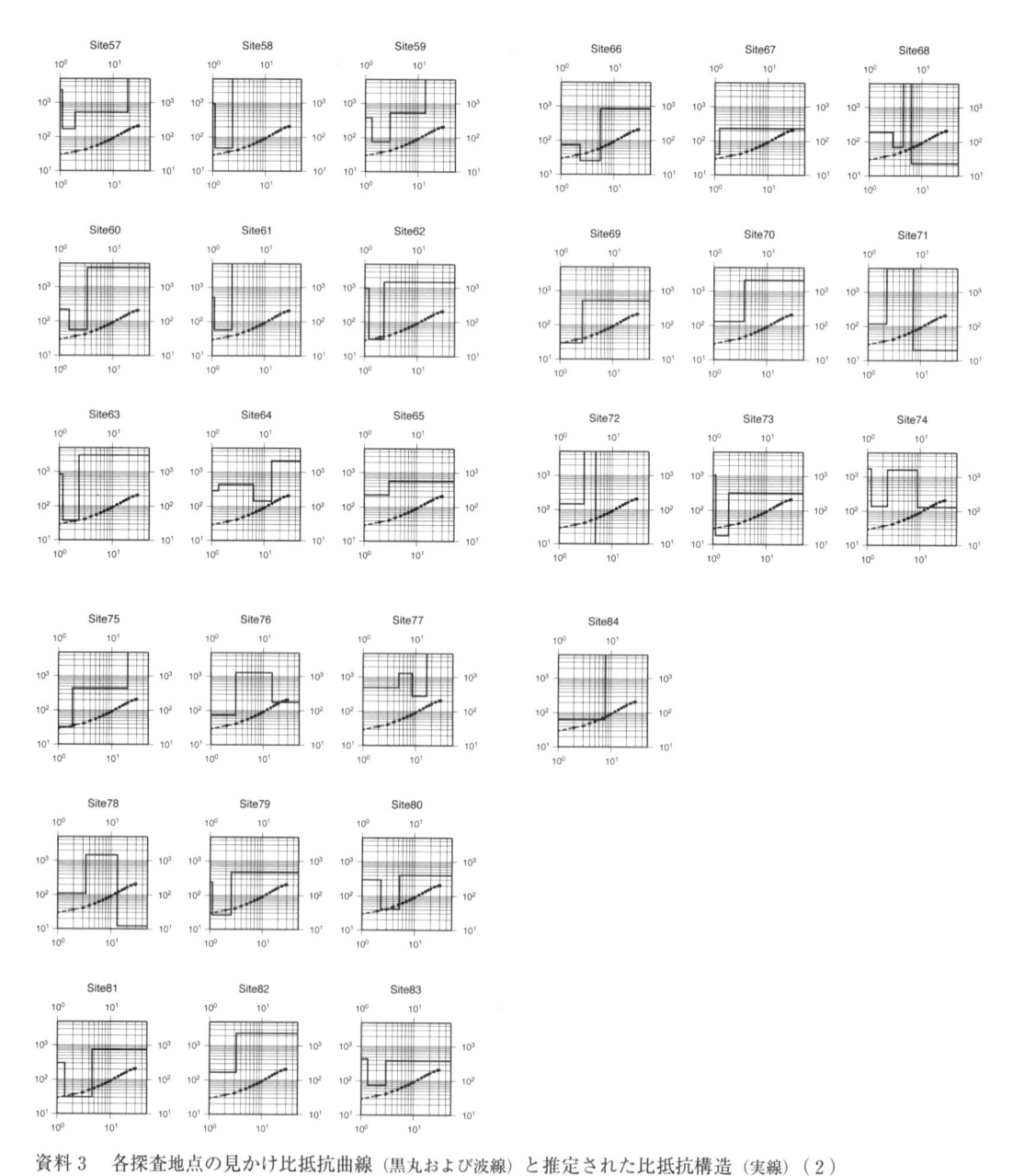

資料3　各探査地点の見かけ比抵抗曲線（黒丸および波線）と推定された比抵抗構造（実線）（2）
　　　　グラフの横軸は電極間隔（m），縦軸は見かけ比抵抗（ohm m）

Appendix 3　Observed apparent resistivity (solid circle and broken line) and estimated resistivity structure (solid line) in observed sites (2)
　　　　Horizontal and vertical axes of graph denote depth (m) and apparent resistivity (ohm m) respectively

註）本文中の図4で示した比抵抗断面は，各サイトにおいて推定された比抵抗構造を横軸に見かけ比抵抗，縦軸に電極間隔として柱状に並べたものである。ただし，資料2で示したグラフは縦軸・横軸ともに対数軸を採用しているが，図4では図3のように横軸のみ対数軸を採用している。

Resistivity Structure around Chongokni Paleolithic Site

Naoto INOUE[1], Sohee HWANG[2], Akira HAYASHIDA[3]

[1] Geo-Research Institute, [2] Institute of Cultural Properties Hanyang Univ., [3] Doshisha Univ.

We carried out resistivity surveys around the Chongokni Paleolithic site in order to estimate subsurface basalt configuration. The resistivity is strongness of the flow of electric current. A low resistivity indicates a material that readily allows the movement of electrical charge. The resistivity depends on rock types and chemical condition of the rocks and indicates large variation. It is difficult that estimation of rock type from the resistivity in detail.

We compared estimated resistivity structure and stratigraphy obtained by archeological excavations. The basalts indicate high resistivity. The top of the basalt was estimated with the accuracy of 2 - 3 m except the top of the weathered basalt.

The basalts expose along the Hantan and Chatan rivers. The detailed geological field surveys revealed the relationship between the Chatan and the Chongok basalts. The boundary of two basalts was also examined at few outcrops. We attempted to investigate the E-W and N-S resistivity profiles based on the geological information obtained along the Hantan and Chatan rivers. In the northwestern part of the Chongokni Paleolithic site, there is thick high resistivity layer. The geological survey reported the outcrop overlaying the Chatan basalt over the Chongok basalt. On the other hand, there is no low resistivity layer between two basalts. This suggests there is no or thin boundary layer between two basalt and these structure does not appear in the resistivity profiles. In the northeastern part of the Chongokni Paleolithic site, there is low resistivity layer in the lower part. This corresponds to the sediment beneath the Chatan basalt.

Key words : Resistivity survey, Chongok basalt, Chatan basalt

III 東アジアの旧石器編年

全谷里旧石器文化研究の成果と展望

裵基同
漢陽大学校

1. はじめに

　全谷里旧石器遺跡が発見されてから来年には30周年を迎える。全谷里遺跡はアシューリアン型石器が出土し，国際学界の関心を呼び起こした遺跡でもある。この遺跡を発掘調査する過程で提起された問題点の解決のため，多くの旧石器考古学上の発展があったのは事実であり，韓国旧石器考古学が世界的に認識される契機をつくった重要な遺跡である。

　今回の韓日考古学者および第四紀地質学者による共同調査は，その過程で新たに成し遂げられた多様な科学的な方法論による成果をもたらし，旧石器研究の発展に大きく寄与したことは間違いないだろう。

　これまでのすべての成果を整理し，また批判的な視点で見ることで，さらなる発展の契機を探すことが現在の新しい課題といえる。

図1　全谷里遺跡の俯瞰（南方上空から）
Fig.1 Bird's eye view of the Chongokni site (from south sky)

2．遺跡調査の歴史

遺跡が発見された1978年，ただちに集中的な地表調査が実施され，1979年3月から4月にかけて第1次発掘調査がはじまった。

最初の発掘は第2地区ではじまり，この後，5次の発掘調査がこの第2地区で実施された。5次の発掘の結果，厚い粘土層が高い丘陵に残されている事実とともに，遺跡が位置する全谷台地の西側河岸の下部において河川による砂層が存在することを確認した。そして粘土層中では全ての層位から遺物が発見される事実を確認することができた。

1983年度には遺跡一帯の地形観察と地質分析のための試料採取を実施した（金ほか，1983）。1986年度には第2地区を全面にわたって発掘し，地形学的な分析とともに遺跡の変形について集中的な観察がおこなわれた（裵ほか，1989）。1992年度には第2地区に建設予定の道路区間に沿って発掘調査がおこなわれ，W6S4 pitの粘土層最下面で遺物の集中出土面を確認し（裵・高，1993），1994～1995年度には第1地区東辺の史跡指定地外にあるE93N65-Ⅳpitの上部層で遺物集中出土面を調査した（裵ほか，1996）。そして2000～2001年度には有名な E55S20-Ⅳpitを発掘調査し，全谷里遺跡の形成過程と年代を把握する目的で新たに各種分析試料を収集した。これらの試料の分析結果は，全谷里遺跡に対する現在の理解の土台になった（檀原ほか，2002）。

松藤和人教授とともに進めてきた韓日共同研究で得られたこの年代研究は，全谷里旧石器遺跡の年代と形成過程を理解するうえで画期的な成果をもたらしただけでなく，東アジア旧石器文化の編

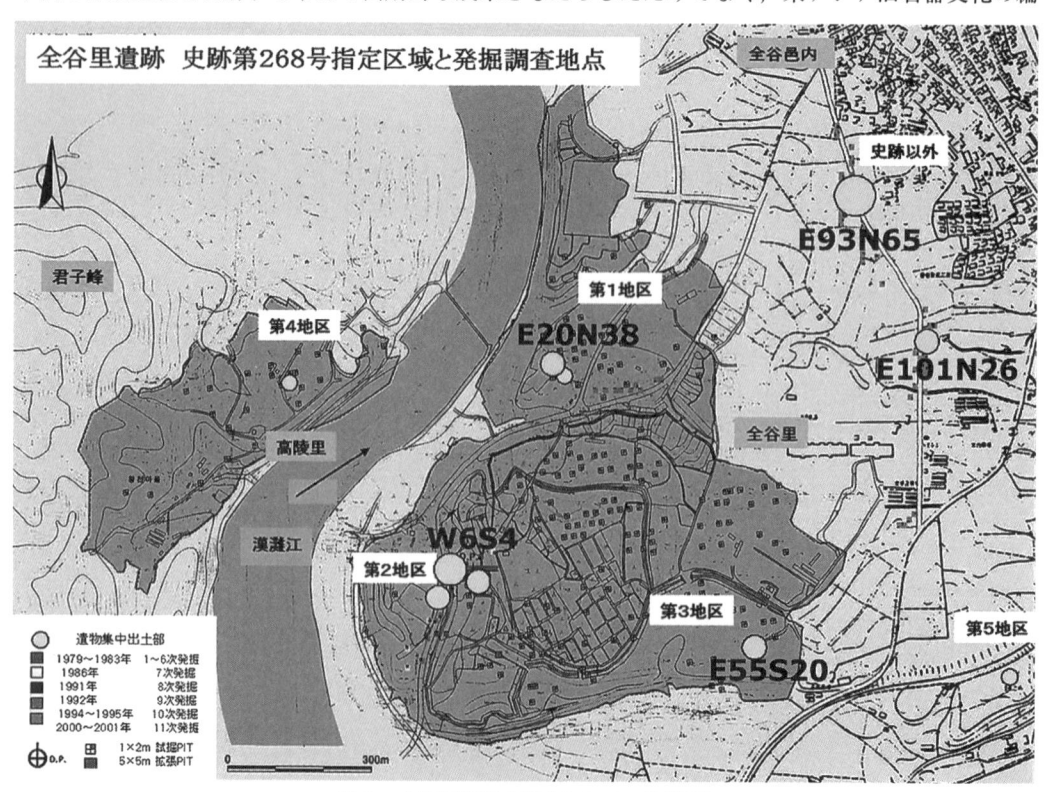

図2　全谷里遺跡主要トレンチの位置図
Fig.2 Location map of main trenches in the Chongokni site

表1　全谷里遺跡の年度別発掘ピット
Table 1　List of excavation pits in the Chongokni site

	発掘期間	発掘地区	発掘ピット	遺物	発掘機関	備考
第1次発掘調査	1979. 3.26 – 4.19	2地区集中発掘調査	E3N4-I, E1N2-I, W0S0-I, W2S1-I, W4S3-I, W1N2-I, W3N3-I	534点	ソウル大学校 建国大学校 慶熙大学校 嶺南大学校	
第2次発掘調査	1979. 9.17 – 11.30		E1N2-I, E1N9-Ⅲ, E2N9-Ⅲ, E3N4-I, E6N6-Ⅳ, W3N4-Ⅱ, W4S3-I, W5S11-I, Tr. E. Tr. EW		国立中央博物館（1次調査）国立文化財研究所 共同調査	
第3次発掘調査	1980. 10.3 – 12.29		E0S1-I. Ⅱ, E1N1-Ⅱ, E2S1-Ⅱ, E3S1, W0S1-I. Ⅱ, W1S1-I, W3S1-Ⅳ, W4S1-I	548点		
第4次発掘調査	1981. 9.17 – 12.12		E0S1-I. Ⅱ, E1S1-I, E2S1-Ⅱ, E3S1-I. Ⅱ, W1S1-I. W5S1-Ⅳ			
第5次発掘調査	1982. 7.28 – 8.25	2地区	E1S1-I, E0S1-I, Ⅱ		ソウル大学校	
第6次発掘調査	1983. 3.21 – 7.15	2～3地区玄武岩断崖面	断面確認調査，地質考古学調査 2～3地区内 ボーリング・コア作業 ボーリング・コア1個			
第7次発掘調査	1986. 10.15 – 12.20	2地区	LⅡSI, LⅡSⅡ, TPⅠA～D, TPⅡ, TPⅢ A. B 陽原里～東豆川～漣川間 軍事用道路建設敷地	509点	ソウル大学校博物館	
第8次発掘調査	1991. 11.8 – 12.7	史跡区域外	E0S0-I, E0S3-Ⅲ, W6S3-Ⅳ, W7S3-Ⅲ, 5地区漢灘江駅向い側 義務隊前	52点	漢陽大学校文化人類学科	
第9次発掘調査	1992. 3.27 – 6.28	1地区	1地区：E2S0-Ⅱ, E3S0-I, W1S2-Ⅲ, W2S1-I, W3S2-Ⅳ, W5S2-Ⅳ, W6S2-Ⅲ, W8S2-Ⅲ, W10S2-Ⅲ	422点	漢陽大学校文化人類学科	発掘グリッド測量原点別途設置
		2地区	2地区：W5N0-I, W5S1-I, W6S4, W6S5-I, W7S6-I, W7S8-Ⅱ, W8S9-Ⅱ, W10S12-Ⅳ, W11S16-Ⅳ			
第10次発掘調査	1994.11.18 ― 1995.6.12	史跡区域外	全谷～汶山間 国道 国道改修工事敷地 東豆川～漣川間 国道拡張敷地 緊急発掘 A～E地区 区画調査	1023点	漢陽大学校文化人類学科	
第11次発掘調査	2000.6.28 ― 2001.2.28	1～4地区	全谷里先史遺跡史跡指定範囲 全体発掘調査 文化層と第四紀地質層位 分布範囲 究明目的	462点	漢陽大学校文化財研究所	

年を確立するための重要な方法論を提示したと評価される（裵, 2002；松藤ほか, 2005）。

3．全谷里旧石器群の特性

　全谷里旧石器遺跡の石器群にあっては，ハンドアックス（handaxe）の出現が最も重要な石器組成上の特徴といえる。そして2次加工が施された石器が少なく，定型的な石器も簡単な加工を施して

道具に仕上げたものが多い。

　概して大形石器の中にはハンドアックス以外にクリーヴァー，チョッパーなどが含まれ，多面体石球も多く認められる。そして簡単な加工を施して刃をつくった小形石器の中には多様な形態の削器やノッチ，嘴形石器（bec）が含まれている。石核は定型化したものも現れるが，剥片を何枚か剥ぎ取った礫石のように不規則な剥離過程を経たものが普通に見られる。

　チョッパーや多面体石球に分類されたものの大半は，石核として使われたものといえる。円盤形やソロバン玉形（双円錐形）石核も見られ，このような石核が比較的定型化した剥片剥離作業を見せているものと判断される。そしてソロバン玉形の石核の中には，上部層で出土した小形石核がある。これはかなりの剥離作業過程を経たものとみなされ，技術的な進化が全谷里遺跡の石器群の発展過程で生じたと考えられる。

図3　石英製楕円形石器
（E14N8-Ⅳpit出土）
Fig.3　Quartz Ovate
（Unearthed from E14N8-Ⅳpit）

　ハンドアックス石器群には両面加工されたものと片面加工されたものがあり，平面的な形態としては楕円形と尖頭形の2つに大別される。礫石を素材に整形して仕上げたものと大形剥片を素材としたものがあるが，そのうち礫石を用いた場合には礫そのものの形態に大きな制約を受けた。刃部を均等に加工したものは稀で，薄いレンズ形の断面をもつものもあまりないことから，石材の形態上の制約をかなり受けていたと考えられる。

4．遺跡形成過程と石器の出土状況

　全谷里遺跡は玄武岩を基盤とし，遺物はその上に堆積した地層の中で発見される。玄武岩溶岩が噴流した後，玄武岩台地の上を流れた漢灘江を舞台として生活した古人類が石器を残した遺跡である。このような古人類の活動痕跡は，地点によって堆積後に多くの変形を経た状態で発見された。

　全谷里の層序は大別して，下部の水成層と上部の風成層で構成された2種類の堆積物からなる。下部の水成堆積物は，漢灘江が玄武岩台地の上を流れていた当時，多様なエネルギーをともなった水流によって形成されたものであり，この堆積物中では石器が含まれる状況ではないが，一部の地点では水流によって運搬させられた石器が発見されている。そして砂層の上部ではハンドアックスを含む石器群が集中して現れる文化層が第2地区で発見された。このような事実は，砂層が堆積する時期にこの地に人類が出現したことを示しているものと考えられる。

　上部の風成堆積物は，楔構造（ソイル・ウェッジ）と色調などによっていくつかの異なる時期の層位に区分されるが，これらの層から発見される石器の出土状況は多様である。かなり集中的な出土を見せるところもあるが，数点の石器が隣接して出土する場合や1～2点の石器が単独で発見される場合も多い。最も集中した様相を見せる地点が1994～95年度第1地区東辺で発掘されたE93N65-Ⅳ拡張pit出土面で，9組の石器が接合し，集中部がそれほどの変形を経ていないと判断された。これとは別に，小形石器が小礫とともに出土した面が第2地区で発見されたこともある。ここでは

図4　E94N65-Ⅰpit出土の石器群
Fig.4　Stone artifacts at E94N65-Ⅰpit

石器の方向性や分級性から見て，明らかに水によって再堆積されたと考えられる。つまるところ，地点によってさまざまな埋没後の変形を経たと判断される。

5．文化層と年代

　全谷里遺跡で発見された地層の中に何枚の文化層が存在するのかを判断するのは簡単ではない。石器群は表土層から砂層にいたるまで満遍なく確認されるが，現在のところ最も多い層位的出土例を見せる第3地区の E55S20-Ⅳpitの場合，風成堆積である粘土層中の4つの層位から石器が出土している。粘土層の最下層（11層）で発見された石器群の場合，年代は約35万年前と推定される。反面，表土層の直下から出土する石器群の場合，この層位から検出されたAT火山灰の年代を基準として約26,000～29,000年前頃と考えられる（檀原ほか，2002；黄，2003）。しかし，このような長い時間差にもかかわらず，最上部文化層と最下部文化層には明確な石器製作技術上の差異が認められない。ただ上部層では石核の小形化とともに加工頻度が若干高まることが指摘できる。

　全谷里遺跡の最も古い文化層は，水成層上部の粘土質砂層から比較的集中して石器が出土した層位にあたり，この文化層にはハンドアックスが含まれている。この層位に続く文化層は粘土層の最下部の赤褐色粘土層であり，一部の地点では砂層の直上で確認できる場合がある。1992年度の発掘調査で確認されたW6S4 pitの集中出土面がこの文化層に属すると考えられる。これより上部の粘土層では，地点によって文化層の様相が大きく異なっている。

　第2地区の様相から見ると，比較的地層の遺存状態がよい地点の場合，粘土層内部で水平に分布

する2つの石器群に区分することができる。地表下の暗褐色粘土層下部からその下位の赤色粘土層上面の間で出土した石器群は最も新しい時期の石器群である。1994～95年度に発掘された第1地区東辺の E93N65-Ⅳ拡張 pit の集中面がそれに該当し，第2地区の最上部の石器群と同時期と考えられる。もちろん E55S20-Ⅳ拡張 pit の上層の石器群もこれに含まれる。

6．研究の展望

　考古学的な研究で最も重要なのは，文化層間の石器製作技術の差異を確認し，文化発展段階を明らかにすることである。全谷台地の広範囲な区域で試掘・発掘をおこなってきたので，地点間の文化層の対比と時期的な区分も主要な課題となる。そして漢灘江・臨津江流域の他の旧石器遺跡との文化的な編年を構築する研究が急がれる。各遺跡が立地する基盤岩の玄武岩の噴出年代の差が大きく違うこともあり，遺跡下の玄武岩の年代の確認が先決であると判断される。これは，おそらく全谷里旧石器文化の進化を理解するうえで非常に重要な根拠を提供するものと期待される。

　そして考古学上の重要な問題の一つは，ハンドアックス石器群がいつ頃出現するのかという問題である。ハンドアックスは明確に最下部の粘土質砂層で発見されているので，全谷里遺跡の初期から出現することは間違いない。しかし，最上部の文化層がAT火山ガラスの存在から時間的に後期旧石器時代に属することが確認されたことから，ハンドアックスの存否が韓半島の旧石器文化発展を理解するうえで重要な鍵になるものと判断される。

　ハンドアックス石器群の形態的な研究も，現在，世界の旧石器学界から広く注目され，問題になっている。全谷里遺跡のハンドアックスがアシューリアン型として分類されることに対してまだ異論をもつ学者もいるが，これらが明確にアシューリアン型石器群の特徴を備えていることは間違いない。形態的な洗練度と出現頻度について，今後，詳細な研究を続けなければならない。またこのような石器が出土する年代幅に対する広範囲な比較研究をおこなうことで，東アジア的なアシューリアン型または全谷里石器群の文化的な特性を理解できると考えられる。韓半島内の類似したハンドアックス群との文化的な系統に対する検討もなされなくてはならない。これは東アジア地域においてハンドアックス石器群の進化過程を解明する努力と並行して進めなければならない。

　また全谷里遺跡の形成当時の古環境を復元するための努力も，これからより一層必要になると考えられる。これまでソイル・ウェッジ論争を通して，当時の古環境に対する推論の試みはあったが，具体的な成果はまだ不足しているのが現状である。ソイル・ウェッジの形成原因に対してまだ確実な結論に到達したわけではないが，寒冷気候すなわち上部更新世中のハインリッヒ・イベントの寒冷気候のもとで形成されたものと考えられている。

　一方，ソイル・ウェッジが氷によって形成されたのではなく，水の移動による脱色の産物と考え，湿潤な気候を想定する見解もある。堆積層の微細構造分析を通して，堆積過程と堆積後の変形過程への理解を深め，これを堆積物の化学的な特性と比較しながら古環境を復元しようとする試みも必要だと判断される。

　韓半島と中国のレス層の類似した構造は，東アジアの旧石器文化編年を確立するうえで極めて重要な要素になると考えられる（成瀬, 2006）。また広域火山灰の発見は全谷里遺跡の編年にも重要な役割を果たしたが，今後も東アジア地域の旧石器群の確実な編年構築に寄与するであろう。特にハ

ンドアックス石器群の編年的な位置づけに大きく寄与するものと期待される。このような理由から，韓中日考古・地質学者の共同研究調査が強く要請されるものである。

引用文献

裵基同, 1989 全谷里―1986年度発掘調査報告―（ソウル大学校考古人類学叢刊　第15冊），ソウル大学校　博物館.

裵基同, 高才元, 1993 全谷里旧石器遺跡発掘調査報告書―1992年度―, 漣川郡・漢陽大学校文化人類学科.

裵基同, 李漢龍, 申英浩, 黄昭姫, 呉連淑, 1996 全谷里旧石器時代遺跡 1994～1995 年度, 漣川郡・漢陽大学校文化人類学科.

裵基同, 洪美瑛, 李漢龍, 金永姸, 2001 全谷旧石器遺跡 2000～2001 全面試掘調査報告書, 漣川郡・漢陽大学校文化財研究所.

裵基同, 2002 漢灘江・臨津江流域の旧石器遺跡と石器インダストリー. 我が国の旧石器文化（延世大学校博物館叢書１），123-151.

檀原 徹, 裵基同, 岡田利典, 松藤和人, 黄昭姫, 2002 What is the real age of the Chongokni Paleolithic site？東北亜細亜旧石器研究, 漣川郡・漢陽大学校文化財研究所.

黄昭姫, 2003 全谷里旧石器遺跡E55S20-Ⅳの火山灰分析. *Geological Formation of the Chongokni Paleolithic Site and Archaeology in East Asia*, Yeoncheon County and the Institute of Cultural Properties, Hanyang University, 75-76.

金元龍ほか, 1983 全谷里, 文化財管理局文化財研究所.

松藤和人, 裵基同, 檀原 徹, 成瀬敏郎, 林田 明, 俞剛民, 井上直人, 黄昭姫, 2005 韓国全谷里遺跡における年代研究の新展開―日韓共同研究 2001～2004 の成果と課題―. 旧石器考古学, 66, 1-16.

成瀬敏郎, 2006 風成塵とレス, 朝倉書店.

122　Ⅲ　東アジアの旧石器編年

図5　韓日共同調査チーム（2005年3月，全谷里にて）
Fig.5　Korea-Japan joint research team（March, 2005, in Chongokni）

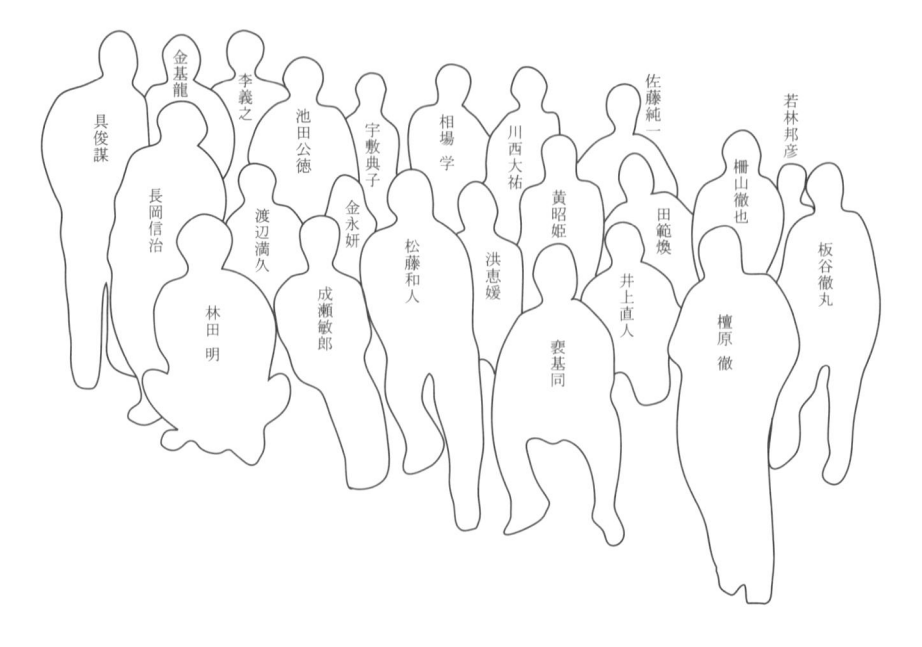

具俊謀　金基龍　李義之　池田公徳　宇敷典子　相場学　川西大祐　佐藤純一　柵山徹也　若林邦彦
　　　　長岡信治　渡辺満久　金永妍　　　　　　　黄昭姫　　　　田範煥　　　　　　　板谷徹丸
　　　　　　　　　　　　　成瀬敏郎　松藤和人　洪恵媛　　　　井上直人
　　　　　　　林田明　　　　　　　　　　　　　　　　裵基同　　　　　檀原徹

Results and Prospect of the Research of the Chongokni Paleolithic Site in the Korean Peninsula

Kidong BAE

Hanyang University

It is the 30th anniversary of the first find of Acheulean type handaxes at the Chongokni site in 2008. At the time of the new finds at the Chongokni, no other Acheulian typed industry had been reported in East Asia, and the new finds raised a serious doubt about the relevancy of the Movius's dichotomous tradition of Lower Paleolithic of the World. Since 1979, 14 times of field campaigns were carried out at the site which is subdivided into 5 small localities as shown in Fig. 2. Paleolithic stone artefacts were found in the sediment on the top of the Chongok basalt bed rock. The Paleolithic sediments are situated 15-20 m higher than the present Hantan river channel.

It has been questioned from the beginning about the age of the stone industry, especially age of the handaxes. However, no reliable age estimation has been made until recently due to lack of proper material for dating. Another critical question was the process of formation of sediment at the site. Many different views were suggested for the formation of fine sediment overlying fluvial or lacustrine deposits at the bottom. Since 2001, Korea-Japan joint research of multi-fields of science for elucidating more reliable age estimation of the Chongokni Paleolithic culture has been carried out. The joint research brings out not only the results to understand the age and the formation process of the site, but also an epoch-making methodology to establish the East Asian Paleolithic chronology. Similar structure of eolian deposit was observed in central China, which is expected to provide very useful means for chronology of Paleolithic sites in this region.

The fine sediments at the Chongokni site are believed eolian origin, so called loess. The dark reddish horizons with cracks are paleosols developed from loess. Most of artefacts were found in the fine sediments although high concentrations of stone artefacts were found in the upper most level of sandy deposit, which is believed the oldest industry of the site. This cultural layer is presumably older than artefacts found at the bottom of fine sediments. The lowest horizon of stone artefacts in the clay deposit is believed 0.35 Ma on the basis of estimation of elapsed time length of accumulation of eolian sediment. However, the stone industry cannot be older than 0.5 Ma, because the Chongok basalt was dated 0.5 Ma by two different methods, K-Ar and fission track dating methods. Acheulean typed handaxes are believed to appear from the earliest stage of the development of the site. The upper most horizon of stone artefacts was dated younger than 30,000 BP, because AT tephra was found at the upper part of sediments. It needs further comparative study with other the Upper Paleolithic industries in the Korean Peninsula on the point that no blade technique has been observed at the site.

Handaxes and cleavers are very distinctive tools of the Chongokni stone industry. In addition to these tool types, picks, polyhedron, various types of choppers consist of heavy duty components. These tools are often covered by big and deep flake scars, and look crude. Handaxes are mostly pointed type with thick body section although some ovate types appeared. Some of ovate types are retouched very extensively. Several typical cleavers are also present in the assemblage. A few small tools including scraper, notch, bec and so on, were shaped by extensive retouches but only several secondary flaking for edges. The stone industry of the Chongokni site is often considered crude and casual if not fine handaxes.

Several questions should be pursued in immediate future to explain why no remarkable development of stone tool technique has been observed in the stone artefacts assemblages from different layers of the Chongokni site in spite of long sequence of hominin presence at the site. It should be noted that no blade technique has been observed at the horizon of AT tephra. Constructing a reliable chronology of the stone industries in the Hantan-Imjin river basin should be another immediate mission to be attempted to understand the development of stone industries in the basin. Morphological study of handaxes from various sites in the peninsula as well as from the Hantan-Imjin river basin is expected to provide some clue for understanding Paleolithic evolution in the peninsula.

Key words: Chongokni site. Achieulean type handaxe, Chongok basalt, paleosol, K-Ar and FT dating, AT tephra, cleaver, pick, polyhedron

江蘇金壇和尚墩旧石器遺跡の地層・遺跡と年代

房迎三[1], 何未艾[2], 惠 強[3]

[1]南京博物院, [2]鎮江市博物館, [3]連雲港市博物館

1. はじめに

　1999年より，南京博物院は蘇南地区において旧石器遺跡を主題とする広範な調査を実施し，同年，茅山北麓で句容放牛山など3地点で旧石器遺跡を発見した。同年末には放牛山遺跡で発掘調査を実施し石製品が出土した（房ほか，2002a）。その後，茅山山脈の南麓や東麓では，金壇曙光・和尚墩など多くの旧石器遺跡が相次いで発見され，放牛山遺跡等とともに茅山を中心とする蘇南旧石器遺跡群を構成する。また先の調査では，和尚墩遺跡・曙光遺跡の文化層の面積が大きく，多くの石製品を出土することが明らかとなり，人類活動の中心である可能性が高まった（房，2002）。2002年10月から2003年1月には，国家文物局の批准を受け，南京博物院の主催のもと金壇市文物管理委員会・鎮江市博物館の参加を得て，和尚墩遺跡の正式な発掘調査を実施した。野外での調査は70日余りに及んだ。また2005年にも，南京－常州間の高速道路建設にともなって緊急調査を実施した。野外での調査は60日余りである。

　本論では，2002・2005年におこなわれた調査をもとに，遺跡の地形・地層や文化遺物およびその年代を検討する。

2. 地形的背景

　金壇市は江蘇省南部に位置し，北緯31°33′42″～31°53′22″，東経119°17′45″～119°44′59″の間に当たる。東は武進市と境を接し，西には茅山がそびえ句容市と接する。南は湖に面し，湖面を挟み溧陽・宜興市を遠望する。北は丹陽市・丹徒県に隣接する。総面積は975.46km²を測り，陸地の面積は781.27km²，水域の面積は194.22km²である。北亜熱帯中部のモンスーン気候区に属し，年間の降水量は1,063mm，平均気温は15.3℃である。

　古生代から中生代三畳紀には，蘇南地区一帯は沈降状態にあり，インドネシア運動や燕山運動期には地層が褶曲隆起し，現在の地形の主要な輪郭や山地の分布を決定づけた。その後，この地域では準平原化が進行し，谷地や盆地では砕屑物質により構成される砂岩・砂礫岩・礫石層が堆積する。第三紀末期には，本地域で玄武岩の噴出と間欠的な隆起が生じ，玄武岩が砂岩や砂礫岩層の上面を覆い尽くした。和尚墩遺跡の東南面には海抜200～300mを測る火山帯が東西方向に伸びている。更新世以降には，山麓地帯や谷部に風成黄土が広範に堆積し，海抜10～50mの黄土高原を形成する。

　茅山山脈はデボン紀五通組やシルル系茅山組の石英砂岩・砂礫岩および細砂岩等で構成される。その基盤は一条の北東～南西に伸びる褶曲帯で，西部は隆起して最高海抜372.5mの茅山や宜溧山地となっている。和尚墩遺跡は茅山の東南約10kmに位置し，東南方向に伸びる茅山山脈の一部分に属している。

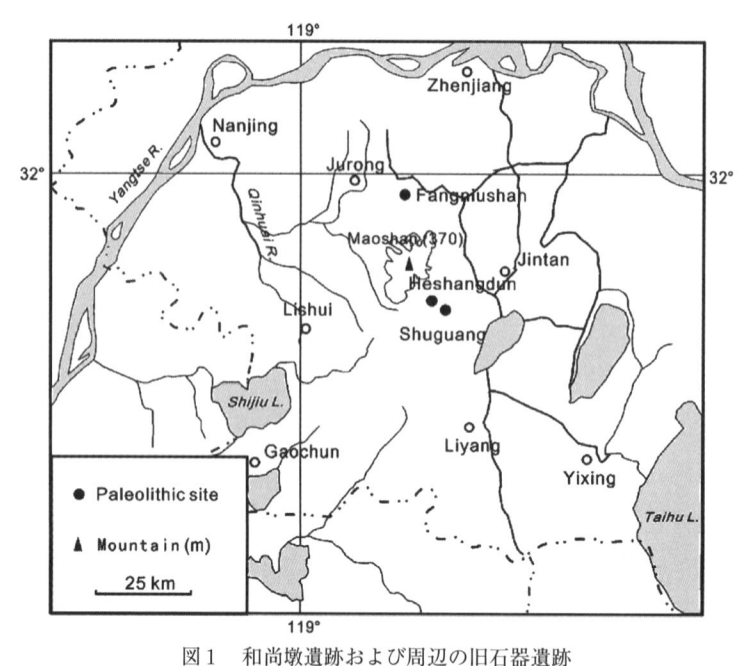

図1　和尚墩遺跡および周辺の旧石器遺跡
Fig.1　Map showing the geographic position of the Heshangdun site

金壇地域は主に太湖水系に属している。茅山山脈に源を発する多数の山谷渓流は薛埠鎮付近で合流した後，薛埠河と呼ばれて東流し，隋代に掘削された長江と太湖を結ぶ丹（陽）金（壇）溧（陽）運河に流れ込む。歴史時代における人類による強烈な地形改変のため，本地域で現在見られる河道は更新世のものとは異なっている。

和尚墩遺跡は，金壇市金城鎮西南約19kmの薛埠鎮東進村第一村民組（原上水村二隊）の西北に位置し，薛埠鎮から西北に約1000mを測る。遺跡の西北約80kmには南京市が，東北約17kmには金壇市街が位置する。薛埠鎮第三レンガ工場の長年にわたる土採りにより，遺跡には新鮮な地層断面が露出し，地表には比較的多くの石製品が散布する。和尚墩遺跡の周囲約5kmの範囲には，曙光窯廠－常州第三セメント廠など多くの旧石器遺跡が存在する（図1）。このうち曙光窯廠の更新統堆積物は最大厚30m余を測り，重要な旧石器遺跡である（房，2002）。

3．調査区と地層

(1) 2002年調査

踏査による初歩的調査では，遺跡の面積は約50,000m²を測る。2002年の発掘調査では6つの調査区を設定し，T1～T6とした。それぞれの大きさ6×10mを測る。T1とT5東壁の結合部を調査中，石器製作址が検出されたため，調査区を1.5×4m拡張しT7とした（図2）。発掘総面積は366m²，最大深度は7.5mを測る。GPSによる現場での測量では，31°43′36″N，119°21′35″Eに位置し，海抜23.5m，比高差約20mを測る。各調査区では統一して12層に区分したが[1]，その概要は以下の通りである。

　第1層（黒褐色砂質粘土）　表土層。地表からの深さ0～25cm，厚さ20～40cmを測る（S₀）。

　第2層（紅色砂質粘土）　撹乱層。土質は締まりがなく，団粒構造が見られる。少量の鉄マンガン膜を包含し，底部には少量のマンガン粒が見られる。本層はT6の西南部を中心に分布し，少量の土器片を出土する。地表からの深さ5～70cm，厚さ40cmを測る。第1黄土層（L₁）。

　第3層（黒紅色砂質粘土）　レンズ状を呈し，T5・T6の中央にのみ分布する。多くの鉄マンガン膜を包含する。石製品は出土しない。地表からの深さ10～75cm，厚さ30cmを測る。第1古土壌層

(S_1)。

第4層（灰黄色砂質粘土）　第3層下のT5・T6中央にのみ存在し，比較的大きな溝の堆積層。溝内の堆積物に層理や礫は見られず，河流堆積物ではない。土質はやや粘質で，密集したマンガン粒を包含する。石製品1点が出土する。地表からの深さ30～180cm，厚さ100cmを測る。第2黄土層（L_2）。

第5層（褐紅色シルト質粘土）　T1・T2の第1層に相当する。T6から堆積が見られ，西から東に向かって徐々に薄くなり姿を消す。第4層と第5層の間には不整合面があるようで，第5層上面は比較的大きな溝が発達する。土質は締まりがない。黒色の密集した鉄マンガン薄膜を包含し，まばらな青白色網紋が見られる。少量の石製品が出土する。地表からの深さ180～245cm，最大厚は55cmを測る。第2古土壌層（S_2）。

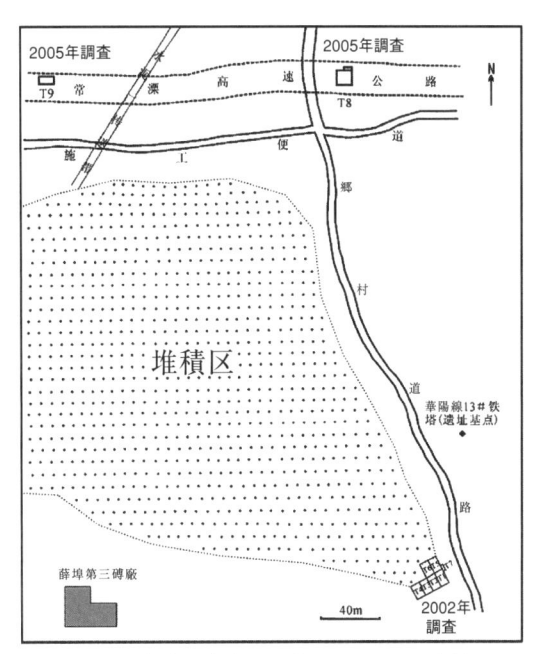

図2　和尚墩遺跡におけるトレンチの配置
Fig.2 Distribution of excavation squares at the Heshangdun site

第6層（黄色シルト質粘土）　T3からT4に向かって傾斜するとともに，厚さを減じていき，ついには消滅する。底部の傾斜は14°を測る。密集した豆状のマンガン粒が発達し，やや密集した点状または傾斜状の網紋が見られる。網紋は長さ10～20cm，幅1～2cmを測る。少量の石製品が出土する。地表からの深さ210～295cm，厚さ30～65cmを測る。下蜀黄土層（L_3）。

第7層（棕紅色シルト質粘土）　T3からT4に向かって傾斜するとともに，厚さを減じていき，見られなくなる。底部の傾斜は13°を測る。土質は硬い。層上部には密集した黒色の鉄マンガン薄膜が見られ，塊状構造を呈する。下部には比較的密集した青灰色の網紋が見られる。網紋の最大長は40cmを測り，多くは傾斜状を見せる。また点状の網紋も見られる。第7層は調査区断面の中で最も網紋が密集する。少量の石製品が出土する。地表からの深さ260～445cm，厚さ120～165cmを測る。第3古土壌層（S_3）。

第8層（棕黄色砂質粘土）　塊状構造を呈し土質は硬い。西から東に向かって傾斜し，底部の傾斜は12°を測る。マンガン粒を包含する。マンガン粒は層上部から下部にむかって増加し，粒径も大きくなる。下部では豆状を呈し，密度が高い。網紋はまばらで，多くは垂直または傾斜状を呈する。最長で50cmを測り，灰白色を呈する。少量の石製品が出土する。地表からの深さ395～525cm，厚さ30～95cmを測る。第4古黄土層（L_4）。

第9層（紅色砂質粘土）　密集したマンガン粒を包含し，土質は比較的硬質。まばらに垂直状の灰色網紋が見られる。T1・T2で東から西へ傾斜する。地表からの深さ385～555cm，厚さ15～30cmを測る。第4古土壌層（S_4）。

第10層（灰黄色砂質粘土）　密集し成層したマンガン粒が見られ，底部では波浪状を呈する。東か

ら西にやや傾斜し，わずかに厚さを増す。土質は硬い。地表からの深さ410～635cm，厚さ65～80cmを測る。第5黄土層（L_5）。

第11層（桔紅色シルト質粘土）　塊状構造が見られ，上層に較べて土質はやや軟らかい。網紋はさらに減少する。層上部には鉄マンガン薄膜が，中部には密集したマンガン粒が層状に見られる。層状のマンガン粒は長さ5m，厚さ10～30cmを測る。東北から西南に傾斜し厚さを増す。傾斜は7°を測る。地表からの深さ485～735cm，厚さ100～135cmを測る。第5古土壌層（S_5）。

T1では本層の底部に，長さ17～130cm，幅12～137cm，厚さ6～79cmの礫層が分布する。東北から西南に傾斜し，走向は200°，傾斜は14°を測る。発掘した礫石層は集石状を呈し，直径が4mを測る。小形の礫を主体とし，石英砂岩が多い。また少量の石英岩も見られる。摩滅度は1～2級の礫が多く，軽く風化した例も少量見られる。比較的豊富な石製品が出土する。後述するように下層にはさらに厚い礫石層が見られるため，本稿ではこれを上部礫石層と称したい。

第12層（紅色砂質粘土）　東南から西北に傾斜する。土質は軟らかく，多くの水分を含む。層上部には，わずかに網紋が見られ，多くは垂直状を呈す。層下部では徐々に網紋が密集し，地下水の影響によって紅・白色の互層を呈する現象が見られる。河湖相堆積物と考えられる。層上部から下部へ礫石が徐々に増加する。石英砂岩を主体とし，直径は5～10cmを測る。摩滅度1～2級の礫が多く，自然に破裂した例もある。層上部の地表から深さ636～715cmの範囲で少量の石製品が出土するが，層下部では見られないようである。地表からの深さ595～740cmを測る。

本層の厚さを調べるため，T1において2×1mのグリッドを設定し，140cm掘り下げた。ただし本層の底部には到達せず，第12層の厚さは220cm以上と推測される。

（2）2005年調査

2005年の調査は，2002年調査区の北約200mで実施され，T8とT9の2つの調査区を設定した（図2）。T8の基準点は31°43′46.7″N，119°21′29.3″Eで，面積106m²（拡張区6m²を含む），海抜31mを測る。T9の基準点は31°43′45.9″N，119°21′21.4″Eで，面積50m²，海抜29mを測る。発掘の最大深度は3.06mで，上層から下層にかけ9層に区分した。

第1層（耕土層／黒色）　植物の根や少量の礫などを含む。地表から20～30cmで，厚さは0～20cmを測る（S_0）。

第2層（黄色シルト質粘土）　土質は締まりがない。西南部に局地的に分布し，主にT8のH1～J1で見られる。南壁では第3層上に堆積し，南から北に向かって姿と消す。地表から55～105cmで，厚さは0～30cmを測る。第1黄土層（L_1）。

第3層（褐紅色砂質粘土）　土質は締まりがない。鉄マンガン沈積物やマンガン粒を包含する。地表から5～30cmで，厚さは20～25cmを測る。第1古土壌層（S_1）。

第4層（紅黄色シルト質粘土）　主に北部に分布し，南から北に向かって姿を消す。少量の石製品が出土する。地表から25～70cmで，厚さは10～30cmを測る。第2黄土層（L_2）。

第5層（紅色砂質粘土）　塊状構造を呈し土質は硬い。密集した鉄マンガン膜が発達し，垂直を主体とする黄色網紋も疎らに見られる。最大で厚さは1.2mに及ぶ。地表から50～125cmで，厚さは50～70cmを測る。第2古土壌層（S_2）。

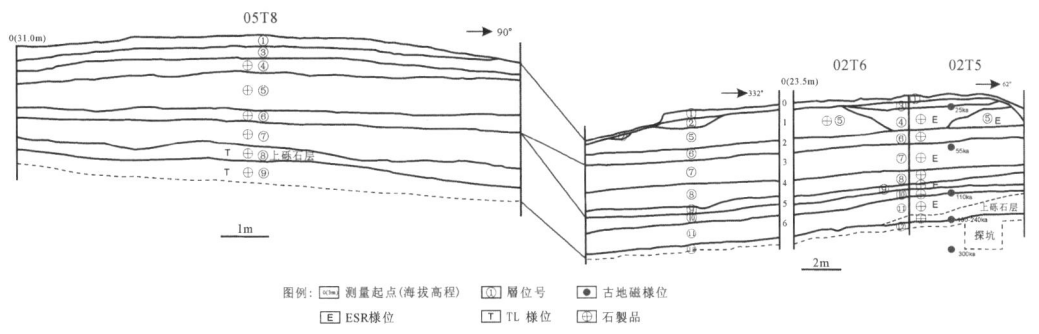

図3 和尚墩遺跡2002年T5～6と2005年T8の地層対比（2005年T8第3層は北断面では欠失する）
Fig.3 Comparison of strata between 02T5-6 and 05T8 in the Heshangdun site

第6層（黄色砂質粘土） マンガン粒を豊富に包含し，直径は5～10mmを測る。網紋はほぼ見られない。堆積は北から南にやや傾斜する。地表から117～130cmで，厚さは15～30cmを測る。第3黄土層（L$_3$）。

第7層（灰黄色砂質粘土） 塊状構造を呈し土質は硬い。少量の網紋やマンガン斑を包含する。地表から140～232cmで，厚さは35～75cmを測る。2002年調査区の第10層に相当する（L$_5$）。

第8層（上部礫石層） 大部分は分級度が悪いが，分級度が良好な部分もある。主に層頂部や比較的高位置に分布する。地表から175～270cmで，厚さは20～50cmを測る。2002年調査区の第11層に相当する（S$_5$）。

第9層（桃紅色砂質粘土） 土質は硬く，少量の礫を包含する。地表から195～270cmを測り，本層の基底部には達していない。

2005年調査の終了後，常（州）溧（陽）高速道路の建設がT8・T9の位置で継続された。下層まで丘陵が掘削され，上部礫石層から基盤岩までの地層断面が明らかとなった。2005年第8層（石器製作址）以下の堆積についても区分が可能である。

第10層（下部礫石層） 締まりは硬く，分級度はよくない。石英岩・石英砂岩により構成され，やや風化する。締まりは硬い。粒径は5cm前後が多い。河床の沖積堆積物。西から東に傾斜し，傾斜角は5°。層厚は200～300cm測る。

第11層（基盤岩） 紅色細砂岩で，厚さ400～500cmを測る。

2002年調査と対比すると，2002年調査の第1～6層は2005年調査の第1～6層に相当する。また2002年調査の第7～9層に相当する層は2005年調査断面では欠失し，2002年調査の第10～12層は2005年調査の第7～9層に相当する（図3）。両調査区では第2古土壌層（S$_2$）が鍵層となる。この層は江蘇省南部の下蜀黄土中に普遍的に見られる。

同様の地層関係は，和尚墩遺跡の西南50mと高速道路から東に約1500mの地点でも見られる。基盤岩は水平を呈し，岩層は砂岩または泥岩である。

4．遺構・遺物と分布

和尚墩遺跡の面積は非常に大きく，南北長は少なくとも500m，東西幅は少なくとも200mを測る。発掘では比較的豊富な遺構や391点の石製品が出土した。あらゆる遺構・石製品は，主に石英砂岩

表1 和尚墩遺跡T8・T9出土全石製遺物の石材統計
Table 1 Statistics of lithology of pebble samples in T8 and T9 from the Heshangdun site

石材	珪質石灰岩	珪質岩	石灰岩	礫岩	砂岩	石英	石英砂岩	石英岩	燧石	鉄鉱石	総計
全標本	1	39	1	26	1	1	8117	57	2	1	8246
割合（%）	0.01	0.47	0.01	0.32	0.01	0.01	98.44	0.69	0.02	0.01	100
上部礫石層	1	36	1	26	1		7785	53	1	1	7905
割合（%）	0.01	0.46	0.01	0.33	0.01		98.48	0.67	0.01	0.01	100
その他文化層		3				1	332	4	1		341
割合（%）		0.88				0.29	97.36	1.17	0.29		100

礫で構成され（98.44%），その他9種の石材の割合は，いずれも1%を超えない（表1）。

(1) 石製品の分布

2002年調査で取り上げた石製遺物は2,741点[2]で，このうち石製品は262点，9.56%を占める。石製品はそれぞれ第4〜12層で出土し（図4），文化層の最大厚は620cmを測る。2005年調査で取上げた石製遺物は8,246点で，このうち石製品は129点，1.56%を占める。石製品はそれぞれ第4〜9層で出土し（図3），T8の文化層は最大厚が280cmを測る。

層別に見ると，出土した石製品が100点を超えるのは第11層（58.06%）のみで，10〜100点は第6層（2.81%）・第8層（6.39%）・第9層（3.07%）・第10層（27.25%）・第12層（2.81%），10点以下は第4層（1.79%）・第5層（1.53%）・第7層（1.28%）である（表2）。

調査区別に見ると，出土した石製品が100点を超えるのはT1（35.14%）のみで，10〜100点はT2（5.17%）・T5（13.18%）・T6（6.20%）・T7（5.43%）・T8（22.74%）・T9（9.56%），10点以

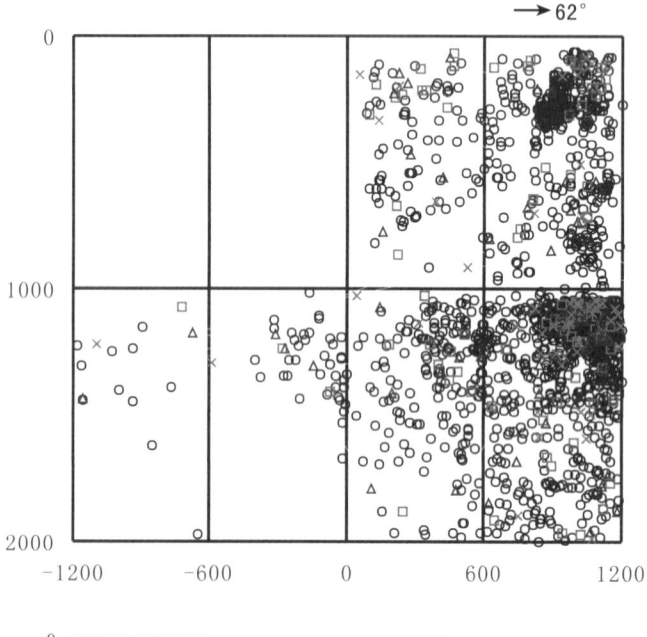

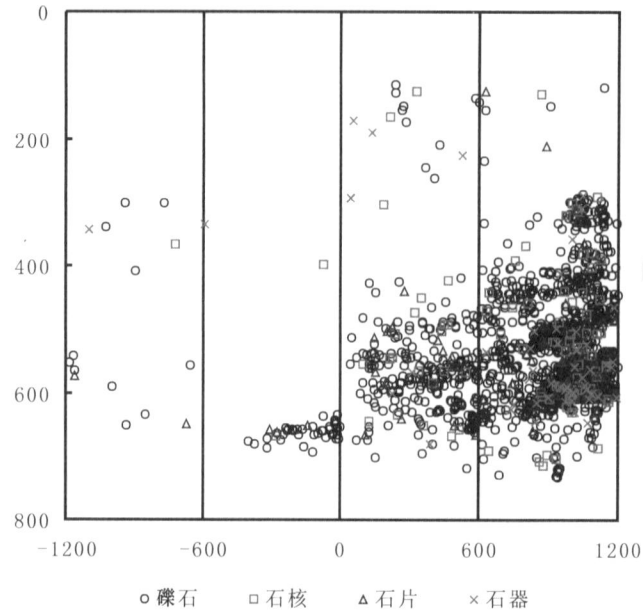

図4 T1〜T6における石製遺物の平面・断面分布（a.平面図，b.断面図）
Fig.4 Distribution of stone samples unearthed from T1–T6
　　　(a. plan; b. profile)

下はT3（1.55%）・T4（1.03%）である（表3）。

それぞれ1m³中に包含される石製品の数量を計算する。2002年調査区では合計262点の石製品が検出され，調査区の平均堆積厚度を650cmとして計算すると，1m³中当たりの石製品は平均0.11点となる。2005年調査区では129点の石製品が検出され，T8の平均厚度を300cm，T9の平均厚度を220cmとして計算すると，1m³中当たりの石製品は平均0.30点となる。2005年調査区で出土した石製品の絶対数は少ない。しかしT8・T9は文化層が比較的薄く，相対的な数量から見るならば，石製品の包含量は2002年調査区の2.73倍となる。よって現在の状況では，遺跡の中心が何処にあるかは判断が難しい。

実際のところ，和尚墩遺跡は茅山周辺において第四紀の堆積物が最も厚く，石製品が最も多い遺跡ではない。和尚墩遺跡の東南約1500mに位置する曙光遺跡は，第四紀堆積物の厚さにおいても面積においても，和尚墩遺跡を凌駕する遺跡と考えられる。2001～02年の調査では，地表において160点以上の石製品が採集され，有望な遺跡であることが明らかとなった。ただし，さまざまな事情により発掘調査はおこなわれておらず，堆積物が最も厚い地点がすでに破壊されているのは遺憾である。

表2 和尚墩遺跡出土石製品の層別統計
Table 2 Statistics of stone artifacts in stratum from the Heshangdun site

層位対比		出土標本(点)		合計	割合
02年	05年	02年	05年	(点)	(%)
4	4	1	6	7	1.79
5	5	3	3	6	1.53
6	6	8	3	11	2.81
7		5		5	1.28
8		25		25	6.39
9		12		12	3.07
10	7	79	8	87	22.25
11	8	121	106	227	58.06
12	9	8	3	11	2.81
合計		262	129	391	100

(2) 石器製作址（上部礫石層）

2005年調査区T8とT9第8層（2002年調査区第11層）で上部礫石層が検出され，7,905点の石製遺物で構成される。石製品は105点（1.33%）を占める。基本的にT8・T9の全体に分布し（図5・表4），厚さは一定しない。発掘深度の原因で，2002年調査区ではT1とT5第11層で局部的に検出された（図6）。

T8上部礫石層は東西長10m，南北幅10.12m，厚さ1.34mを測る。形態は西北から東南の傾斜し，

表3 和尚墩遺跡出土石製品の調査区別統計
Table 3 Statistics of stone artifacts in different pits at the Heshangdun site

調査区番号	T1	T2	T3	T4	T5	T6	T7	T8	T9	総計
出土標本（点）	136	20	6	4	51	24	21	92	37	391
割合（%）	34.78	5.12	1.53	1.02	13.04	6.14	5.37	23.53	9.46	100

表4 T8・T9石器製作址の統計*
Table 4 Statistics of the stone artifacts manufactory in T 8 and T 9

遺跡番号	層位	点数	分布範囲(cm)			標本測量(変異範囲／平均値)(mm)		
			L	W	H	L	W	H
T8-2	8	5570	1000	1012	134	6~340/57	3~314/43	4~225/30
T9-2	8	2230	988	497	168	17~289/58	7~233/42	5~174/28

*石製品は含まない

走向は144°，平均傾斜は11°である（図5上）。礫石層の最高点はD2・D3・E2・E3の交点から出現し，最低点とのレベル差は30～40cmを測る。東南面は岸辺を呈し，7～8条の水波状に類似した弧圏が見られる。弧圏は最長7.3m，最短5.3m，短弧直径2.7mを測る。岸辺斜度の最大傾斜は28°である。また弧圏頂部と溝底部のレベル差は20～30cmである。トレンチ南部には，西北から東南方向に1条の溝が走る。その走向は118°を測り，溝内に礫は見られない。

T9上部礫石層は，削平された地表から深さ105cmで検出され，東西長9.88m，南北幅4.97m，厚さ1.68mを測る。西北が高く東南が低い。走向は55～75°で，これは当時の水流が西北から東南方向に流れたことを示している。トレンチ内には北から南方向に3条の溝

図5　T8・T9石器製作址平面図（上：T8，下：T9）
Fig.5　Plan map showing the stone artifacts manufactory in T 8 and T 9 (upper: T8 ; lower: T9)

が見られ礫石層を開析する。走向と傾斜は，それぞれ74°と62°，55°と15°，75°と22°である（図5下）。

上部礫石層は褐紅色砂・粗砂・礫によって構成される。T8・T9の上部礫石層から出土した礫は7,905点で，平均長57㎜，平均幅42㎜，平均厚29㎜を測る。礫石はやや膠結するが，分級度に差がある。摩滅のないもの（0級）や摩滅度が1・2級の礫は7,800点で96.99％を占め，非礫石層出土の礫石（95.58％）に比べて摩滅度にやや差があり，非礫石層から出土した摩滅度3・4級の礫の割合（2.53％）がやや高い。上部礫石層では風化が見られない礫や風化が軽い礫が94.77％，摩滅度が2級や3級の礫が5.23％を占める。非礫石層では，0・1級の礫石の風化度が顕著に低下している（91.80％）（表5）。

石材の主要な構成と調査区で検出された全標本はおおむね一致する（表1）。その他の文化層で出土した石製遺物と上部礫石層の差異は大きいが，石製遺物の石材は上部礫石層に由来するという印象をもつ。

産状分析によると，上部礫石層は西北方向から由来したとみなすべきだろう。これは遺跡が茅山東南麓に位置することと一致し，茅山山脈が遺跡の西から西北方向を取り囲む状況とも符合する。上部礫石層は，茅山やその余脈に発する一時的な流水によって運搬されたが，水量は多くなく，流水時間も短かったと考えられる。

遺跡から発掘された石製品の多くは，上部礫石層より出土する。例えばT8・9では上部礫石層から7,905点の石製遺物が出土した。このうち石製品は105点で，上部礫石層の1.33％，出土した石製品の81.40％を占める。またT8では5,646点の石製遺物のうち76点（1.35％）の石製品が見られ，T9では2,259点の石製遺物のうち29点の石製品が見られ1.28％を占める（表6）。2002年調査区では，上部礫石層で1,422

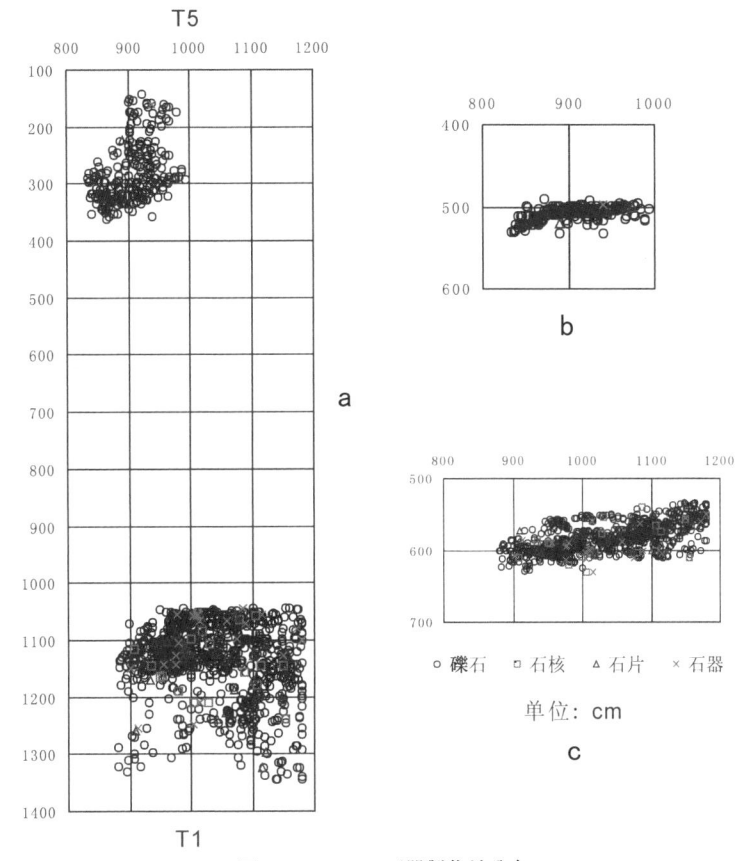

図6　T1・T5石器製作址分布
（a；遺跡1・2平面図，b；遺跡2断面図，c；遺跡1断面図）
Fig.6 Distribution of the stone artifacts manufactory in T1 and T5
(a ; plan of Relics 1 and 2, b; profile of Relic 2, c ; profile of Relic 1)

表5　上部礫石層と礫石層以外から出土した石製遺物の摩滅度と風化
Table 5　Comparison of stone samples from upper gravel and other layers

等級→		0	1	2	3	4	総計
摩滅度*	非礫石層（点）	6	122	181	7	1	317
	割合（％）	1.89	38.49	57.1	2.21	0.32	100
	上部礫石層（点）	63	937	6628	169	3	7800
	割合（％）	0.81	12.01	84.97	2.17	0.04	100
風化**	非礫石層（点）	238	53	25	1		317
	割合（％）	75.08	16.72	7.89	0.32		100
	上部礫石層（点）	5663	1729	390	18		7800
	割合（％）	72.6	22.17	5	0.23		100

* 0級：棱角状，1級：やや棱角状，2級：やや円状，3級：円状，4級：極円状
** 0級：完好，1級：軽度の風化，2級：中度の風化，3級：重度の風化

表6　T8・T9石器製作址出土石製遺物の分類と統計
Table 6　Statistics of stone artifacts unearthed from the manufactory in T8 and T9

調査区	礫石（点）	割合（％）	石製品（点）	割合（％）	合計
T8	5570	98.65	76	1.35	5646
T9	2230	98.72	29	1.28	2259
合計	7800	98.67	105	1.33	7905
割合		98.67		1.33	100

表7　石製品接合統計（mm, g）
Table 7　Statistics of assemblage of stone artifacts（mm, g）

接合番号	調査区	小方	層位	取上番号	長さ	幅	厚度	重量	岩性	分類
1	T9	C8	8	2038	162	91	65	829	石英岩	石片
1	T9	A4	8	2292	51	62	32	99	石英岩	石片
1	T9	A4	8	2293	163	90	88	1651	石英岩	石核
1	T9	B7	9	2361	101	79	62	793	石英岩	断塊
2	T8	E3	8	133	92	74	46	381	石英砂岩	断塊
2	T8	D3	8	150	65	37	33	95	石英砂岩	断塊
2	T8	D3	8	192	48	51	22	62	石英砂岩	砍砸器
3	T8	E3	8	144	97	55	45	33	硅質岩	断塊
3	T8	E4	8	159	22	31	26	20	硅質岩	石核
4	T8	D4	8	157	75	40	35	127	石英砂岩	断塊
4	T8	D4	8	199	85	43	30	94	石英砂岩	断塊
5	T8	F7	7	181	69	66	60	302	石英砂岩	石片
5	T8	F7	7	189	68	98	40	266	石英砂岩	石核
6	T8	C10	8	4268	103	128	133	1836	石英砂岩	石核
6	T8	E8	8	4869	95	103	80	715	石英砂岩	石片
7	T8	E7	8	Mar-70					石英砂岩	石核
7	T8	E7	8	Feb-70	117*	163	66	1317	石英砂岩	石片
7	T8	E7	8	Jan-70					石英砂岩	石核
8	T8	H3	7	154	56	84	52	139	石英砂岩	石片
8	T8	H3	7	175	104	117	142	2140	石英砂岩	石核
9	T1		8	6	102	73	34	325	石英砂岩	石核
9	T1		8	8	83	87	43	205	石英砂岩	刮削器
10	T1		11	1703	35	37	75	64	石英岩	石核
10	T1		11	1726	35	37	75	86	石英岩	石片
11	T8	B6	8	1512	103	144	72	1118	石英砂岩	石片
11	T8	B6	8	1516	153	167	138	3691	石英砂岩	石核

＊サイズ・重量接合後の数値

点の石製遺物が出土し，このうち石製品は82点で，5.77％を占める。これは全石製品262点の31.30％に当たり，人類活動における上部礫石層の重要性を示している。

接合した石製品は11組26点を数え（表7），石製品全体の6.65％を占める。T1では2組4点，T8では8組18点，T9では1組4点の接合資料が見られる。石器製作址では9組22点の接合資料が見られ，84.62％を占める。接合した点数を見ると，2点接合は8組，3点接合が2組，4点接合が1組である。1組を除き，同一層位から出土する。

接合の平面距離が最も近い資料は05JTSS 5470で，3点が同一地点で出土した。最も遠い接合資料は約400cmを測る。また接合の垂直距離が最も接近する資料は同レベルで，最も深度差をもつ資料は32cm離れて出土した。

接合資料1：T9より出土する。05JTSS2361・2292・2293・2038の4点が接合し，158×165×143mmの礫に復元される。石核1点，剥片2点，折取剥片1点で構成され，打面を直接打法で打撃時に節理に沿って割れている。2292・2293・2038の3点は第8層から，2361が第9層に相当する深度から出土した。合理的に推測すると，元々第8層に属したものが，何らかの原因で第9層に落ち込んだと考えられる。これは接合距離が最も遠い資料で，2361と2038の水平距離は400cm，深度差は32cmを測る。

接合資料2：05JTSS133・150・192の3点が接合し，T9D3・E4のL$_{20}$・L$_{21}$層から出土した。3点は直径50cmの範囲に分布し，接合して1点の単刃砍砸器となる（図7・8）。資料は横方向に3つに割れているが，原因は不明である。

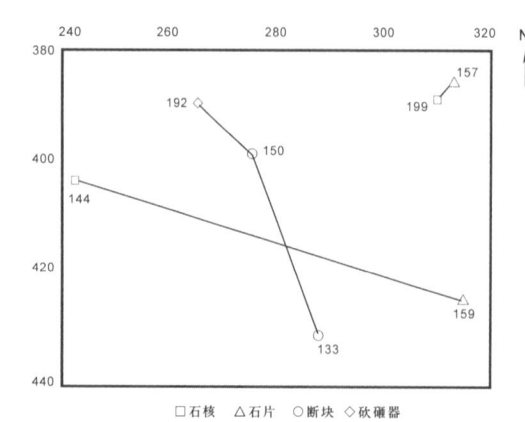

図7　接合資料2～4の分布
Fig. 7　Distribution of the assemblage group 2-4 from 05T8

石器完成後，使用中に破損したと推測される。

接合資料3：05JTSS144・159の2点が接合し，T8E3・E4のL$_{20}$層から出土した。接合距離は10cmを測る。石材は珪質岩である。接合後は長さ43mm，幅40mm，厚さ38mmを測る。不定形の打面を呈し，少なくとも2点の剥片・砕片がさらに接合するものと考えられる（図7・8）。

上述した状況から，古人類は上部礫石層を打製石器の石材として利用したと考えられる。言い換えれば，上部礫石層は当時の河床にあたり，人類の石器製作に豊富な石材と便宜を提供したといえる。

図8　接合資料2・3の石製品
1．接合資料3：1a. 05JTSS159；1b. 05JTSS144；1c. 接合台面；1d. 石核背面。2．接合資料2：上から下へ05JTSS192，05JTSS150，05JTSS133
Fig.8 Stone artifacts from refitted groups 2 and 3
1. refitted group 3：1a. 05JTSS159；1b. 05JTSS144；1c. refitted platform；1d.back of core.
2. refitted group 2：from up to down 05JTSS192, 05JTSS150, 05JTSS133

（3）礫石堆

2005年の発掘中，T8とT9において6つの礫石堆が見られ，それぞれ第4・5・6・8層で検出された。いずれも7～85点の自然礫や石製品で構成される。形状は不規則で，堆積が密集するものと疎らなもの，単層のものと何層にも重層するものが見られる。大きさは最大で183×91×22cm，最小で27×14×5cmを測る（表8）。

礫石堆T8-1：A7～A10と-A7の第5・6層に分布する。三次元座標では，X：736～914cm，Y：2～89cm，Z：44～85cmである。85点の礫石から構成され（図9-a），石製品2点，石核1点，チョッパー1点を含む。礫石は平均長39mm，幅28mm，厚20mmを測る。摩滅度は普通で，やや円形状を呈する。

表8　和尚墩遺跡出土礫石堆統計（mm, unit, %）
Table 8　Statistics of the pebble stacks at the Heshangdun site（mm, unit, %）

番号	小方号	層位	水平層	礫石推測量			礫石	石製品	石製品割合	石製遺物測量（変異範囲／平均値）		
				L	W	H				L	W	H
T8-1	-A7, A7~A10	5	7~9, 11~13	178	87	41	85	2	2.3	13~125/39	7~109/28	5~92/20
T8-3	-B9~-B10	4	5	27	14	5	11	0		13~47/28	12~40/23	9~36/17
T8-4	-A6~-A7	4	6	36	40	14	64	5	7.25	12~87/28	9~147/23	6~57/15
T8-5	0	4	7	14	29	13	26	0		11~45/24	7~33/17	6~24/13
T8-6	-A8~-A9	4	5~6	220	87	6	5	1	16.67	20~46/34	15~63/28	7~37/21
T9-1	-A7，A7~A9	6	11~13	183	91	22	36	2	5.26	18~219/66	15~147/46	9~81/34

図9 礫石堆の形態（a.礫石堆T8-1上層, b.礫石堆T8-4）
Fig.9 Map showing conformation of the pebble stacks
a. upper layer of the pebble stack T8-1 ; b. the pebble stack T8-4

図10 チベット地区融凍石圏写真
（南京大学地理与海洋科学学院王富葆教授提供）
Fig.10 Photos showing the frozen and defrozen pebble circle in Tibet

礫石堆T8-4：東北拡張区の第④層-A6と-A6L6水平層に分布する。三次元座標では，X：584〜620cm，Y：-86〜-46cm，Z：51〜65cmである。69点の石英砂岩により構成され，うち5点は人工品と確定できる。その内訳は断塊（chunk）2点，剥片2点，石核1点である。礫石は平均長28mm，幅23mm，厚15mmを測る。摩滅度は普通で，やや円状を呈す。

これまでに発表された資料を検討すると，和尚墩遺跡に類似する礫石堆は国内の旧石器時代遺跡における発見例[3]が非常に少なく，その性格を判断することは困難である。はじめに解決すべき問題は，こうした現象が何らかの自然的要因で形成されるかという点である。地理・地形学の専門家に教示を求めたところ，彼らは和尚墩遺跡の礫石堆が融凍作用により形成された可能性を否定した。凍土区では，大小の粒子が混在する締りのない砂礫層が水分を含み，頻繁な凍結融解を繰り返すことで外観が幾何学形を呈し，中心が空隙を呈する石環や石圏等を形成する（楊編, 1985；図10）。しかし，和尚墩遺跡の礫石堆は特定の幾何学形を呈さず，中心が空隙にならないなど，形態的に大きな差異が認められる。

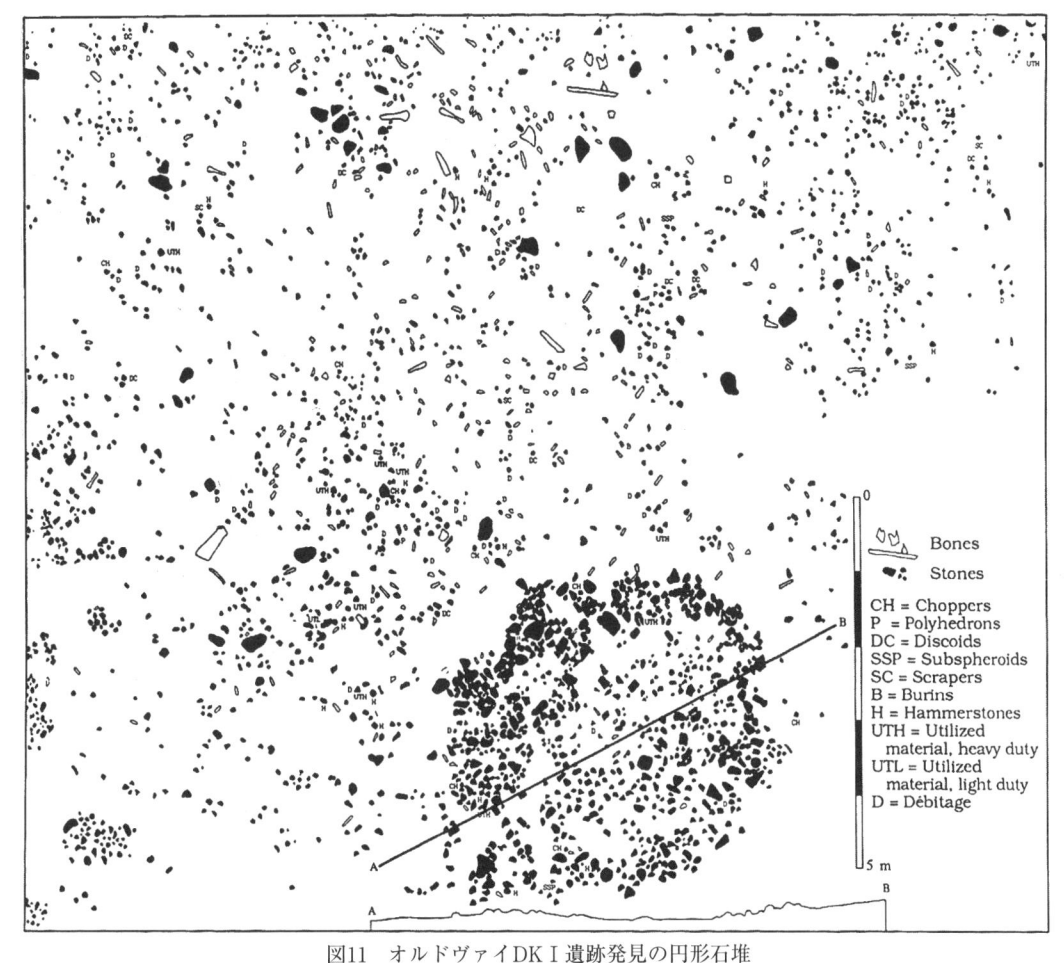

図11 オルドヴァイDK I 遺跡発見の円形石堆
Fig.11 The larger circular of basalt fragments from Site DK I at Olduvai Gorge (Klein, 1989)

ではこうした現象は，樹木の生長に伴う収集作用で形成されたものであろうか。すでに報道されたように，東アフリカのオルドヴァイDK I 遺跡では，密集した玄武岩の破片が直径約5 mの円形石堆を形成する例が検出されている。これを世界最古の建築基礎とする肯定的な意見がある一方で，樹木による撹乱，すなわち放射状の樹木根が地表から浅い玄武岩を破砕し，地面に持ち上げられ破片が石堆を形成したという否定的な意見もある (Klein, 1989；図11)。

対比資料が少ないため，現在のところ樹木の収集作用により形成された石堆か，人工的な構築にともなう石堆かを判断する材料を欠いている。ただし，和尚墩遺跡は開地型の堆積に属し，礫石堆は第4・5・6層のみに分布する。T 8 礫石堆の最深部は上部礫石層の最浅部と87cm離れており，樹木の作用によって上部礫石層の礫がこれだけの距離を上昇させられたとは考え難い。T 9 礫石堆は上部礫石層に近接するが，両者は同一層でなく，間に第7層を挟む。

最後に，礫石堆の形成が人類の活動と関連する根拠として，6ヵ所の礫石堆のうちの4ヵ所で人工物を含む点があげられる。石製品の占める割合は2.30～16.67％である。こうしたことから判断して，礫石堆は人類によって搬入され，石器の原料に利用されたと考えられる。

5. 絶対年代測定

和尚墩遺跡の文化層は開地の黄土中に埋蔵するため，絶対年代の判断は比較的難しい。そのため古地磁気法・電子スピン共鳴法・火山灰・熱ルミネッセンス法という4つの方法を用い，遺跡および文化層の年代測定を試みた。

(1) 古地磁気法（PM）

南京大学地理・海洋科学学院の朱誠教授は，02年調査区の断面から2cm間隔で380点のサンプルを採取し，古地磁気層序と磁化率曲線を対比し年代を決定する方法によって年代測定をおこなった。地表から深さ50cm（25 kaBP），250cm（55 kaBP），448cm（110 kaBP）に見られる磁極の逆転を基準に年代を検討し，02年調査区断面の地表から深さ750cmの年代を330 kaBPと推定した（朱ほか，2007）。

2005年，南京大学地球科学系古地磁実験室の楊振宇教授は，T8付近の高速道路脇の断面において，上部礫石層底部から下20cm（302号）・40cm（304号）・80cm（303号）・150cm（301号）の4ヵ所で古地磁サンプルを採取し，302号が正磁極のほかは，いずれも逆磁極という結果を得た。黄土地層から判断して，高速道路脇の逆磁極期は松山逆磁極期と考えられ，ブリューヌ/マツヤマ境界（B/M）は上部礫石層の下20〜40cm（302号と304号）の間に位置すると推定される。すなわち，上部礫石層はブリューヌ正磁極期と考えられ，この点は朱誠教授の分析結果と一致する。

ただし，2度にわたる古地磁気法による年代には異なる点も見られる。仮に02年調査区断面の上部礫石層が05年調査区断面の上部礫石層に間違いなく相当するならば，02年調査区の上部礫石層は断面頂部から490〜631cmの深さに位置し，02年調査区断面における750cmの深さは，高速道路断面において303・301号サンプルの採取地点に相当する。言い換えれば，02年調査区断面の深さ750cmのサンプルは逆磁極期である可能性が高く，年代も330 kaBPを遡ると考えられる。該遺跡のブリューヌ/マツヤマ境界（B/M）は上部礫石層の下20〜40cmに位置すると考えられ，上部礫石層はブリューヌ正磁極期に当たる。上部礫石層の上層と下層で堆積の速度が異なるとしても，02年調査区断面の深さ750cmを330 kaBPとする年代は，やや新しいと考えられる。

(2) 電子スピン共鳴法（ESR）

発掘調査と併行して，われわれは2002年調査区の新鮮な断面において，第4・5・7・9・11層の5つの粘土サンプルを採取し，中国科技大学構造センターにおいて電子スピン共鳴法による年代測定をおこなった。結果は第4層が642±128 kaBP，第5層が680±136 kaBP，第7層が1326±

表9 和尚墩遺跡第四紀堆積物の電子スピン共鳴法（ESR）年代分析結果
Table 9 ESR dating of Quaternary sediments from the Heshangdun site

サンプル番号	実験室番号	層次	深度 (cm)	U (μg/g)	Th (μg/g)	K_2O (%)	宇宙線量 (μGya-1)	総被曝線量 (Gy)	年間線量 (mGy)	年代 (ka)
02JTSS01	02js4	4	117	2.93	15.3	1.82	180	2374	3.701	642±128
02JTSS02	02js5	5	109	2.57	15.8	1.87	182	2558	3.763	680±136
02JTSS03	02js7	7	300	2.95	14.8	1.73	138	4689	3.535	1326±265
02JTSS04	02js9	9	435	3.32	14.2	1.08	128	4319	3.198	1350±270
02JTSS05	02js11	11	585	3.46	16.4	0.94	128	4426	3.21	1379±270

265 kaBP，第9層が1350±270 kaBP，第11層が1379±276 kaBPである（表9）。

　5つのサンプルによる電子スピン共鳴法（ESR）の年代と，層位関係は矛盾せず，第4～11層の年代は642±128～1379±276 kaBPとなる。ただし，1999年に放牛山遺跡において実施した電子スピン共鳴法による年代測定の結果をみると，第2・4・6・8層から採取した4つの粘土サンプル（NJ201・NJ202・NJ203・NJ204）の年代は，209.9±40.2 kaBP，258.6±51.6 kaBP，283.4±56.6 kaBP，432.5±86.4 kaBPである[4]。地層的に類似した状況下，同様の方法で測定をおこなったが，測定結果には大きな開きが認められる。地層の分析とあわせると，放牛山遺跡における電子スピン共鳴法の年代の方が比較的信頼でき，和尚墩遺跡の年代はやや古いと考えられる。

（3）火山灰分析

　火山灰は第四紀の年代学的研究において重要な位置を占め，さまざまな方法でクロスチェックされた火山灰の年代は信頼性が高い。中国では火山灰の堆積は発達せず，これまで第四紀堆積物中から火山灰の検出を試みた研究は少ない（周ほか，2000；王，2000：鄭ほか，2003）。また火山ガラスの対比から旧石器遺跡の年代を推定する研究も，これまで試みられていない。

　われわれは日本の同志社大学，京都フィッション・トラックと合同で，長江下流域の旧石器遺跡について火山灰による年代推定をおこなった。2004年の予備調査では，和尚墩遺跡2002年調査区の東方約160mの地層断面（東地区）において，地表下20cmのところから10cmきざみに40cm分のサンプルを採取し，計4点の土壌サンプルのうち2試料（No.1・2；MISステージ3の最上部）から5粒の火山ガラスを検出した。それらは軽石型（pm）とバブル・ウォール型（bw）からなる。

　2005年にも東地区の地層断面から長さ約50cmのサンプル柱を9本採取し，地表面から深さ約20～50cmの層準（MISステージ2から同ステージ3の最上部）で比較的密集した軽石型（pm）の火山ガラス（22粒）を検出した。また地表下56cmでバブル・ウォール型（bw）火山ガラス2粒，地表下70cmで軽石型（pm）とバブル・ウォール型（bw）火山ガラスをそれぞれ1粒，さらに地表下132cmで軽石型（pm）火山ガラスを2粒検出した。東地区の地層断面による火山灰分析では，軽石型（pm）火山ガラスがMISステージ2から同ステージ3の最上部に濃集し，バブル・ウォール型（bw）火山ガラスがMISステージ3の上部だけに認められる点は，これらの火山灰の降灰層準を示唆するものと考えられる。

　2005年，和尚墩遺跡2002年調査区T5に東接した地層断面（西地区）で地表直下から10cmきざみで計52個の土壌試料を採取した。分析の結果，表土層から軽石型（pm）火山ガラス2粒，地表下90cmで軽石型（pm）火山ガラス1個（MISステージ3層準），地表下104cmでバブル・ウォール型（bw）火山ガラス1粒（MISステージ3層準），地表下194cmで軽石型（pm）火山ガラス1粒（MISステージ4層準），地表下104cmで軽石型（pm）火山ガラス1粒（MISステージ5最上部層準），地表下314cmでバブル・ウォール型（bw）火山ガラス1粒（MISステージ7層準）が検出された。西地区では，検出された火山ガラスの絶対量も少なく，また検出層準も大きな深度幅を見せ，降灰層準を確認するのは困難である。

　火山ガラスの風化が著しく，ガラス形態や屈折率から日本の火山ガラスとの関連を判断することは困難である。この問題に関しては，研究を進行中である。

(4) 熱ルミネッセンス法（TL）

われわれは2005年調査において，T9第8層下部と第9層下部から2点の粘土サンプルを採取し，中国地震局地殻応力研究所熱ルミネッセンス実験室で年代測定をおこなった。結果は第8層下部で採取した05-2サンプルの年代が62.77±5.34 kaBP，第9層下部で採取した05-1サンプルの年代が76.23±6.48 kaBPである（表10）。この結果は，われわれの第8・9層に対する地形や地質学的な認識を完全に逸脱し，その他の年代測定の結果ともかけ離れている。原因としてサンプルが熱ルミネッセンス法の適用範囲を超えていることが想起されるが，陳鉄梅先生による「熱ルミネッセンス法による黄土堆積物の年代測定の信頼性は，測定者の技量や経験・測定の精度による部分が大きい」といった指摘もある（陳，1994）。

表10 和尚墩遺跡第四紀堆積物の熱ルミネッセンス法（TL）年代測定結果
Table 10 TL dating of Quaternary sediments from the Heshangdun site

実験室No.	野外番号	調査区	層位	深度(cm)	放射性元素含量			年間線量率 Gy/a×10³	等価線量ED (Gy)	年代 (ka)
					U(μg/g)	TH(μg/g)	K²O(μg/g)			
993390	5月1日	T9	9層下	130	2.78	15.1	1.34	2.23	170	76.23±6.48
993391	5月2日	T9	8層下	110	2.9	14.5	1.8	2.31	145	62.77±5.34

(5) 討 論

2002・05年の2次にわたる調査を通して，われわれは和尚墩遺跡の地層区分，遺構・遺物の分布・堆積物の年代や遺跡の性格について，認識を深めることができた。

a 遺跡の年代

黄土地域に存在する旧石器時代開地型遺跡の年代学的研究は，大変難しい課題である。今回は和尚墩遺跡の年代をさまざまな方法を用いて検討し，比較的信頼性の高い年代を得ることができた。この結果は，蘇南地区や長江下流域における旧石器遺跡の年代の基準になると期待される。表11は古地磁気法など4種の方法による測定結果を比較したものである。

以上の測定結果を総合すると，和尚墩遺跡において旧石器を含む堆積物を上・中・下の3期に区分して議論することができる。

表11 和尚墩遺跡における年代測定結果の対比（cm，ka）
Table 11 Summary of the age results using 4 dating method at the Heshangdun site（cm，ka）

層位	PM年代			ESR年代		TL年代 T9断面	火山灰検出位置		
	深度	02断面	道路断面	深度	02断面		深度	02断面	東断面
2							10～20		
3									
4	上部/50	25		底部/117	642±128		底部/100	pm型1粒	密集pm
5				中部/109	680±136		中部/110	bw型1粒	型顆粒
6	250	55							
7				300	1326±265				
8									
9				435	1350±270				
10	448	110							
11				585	1379±276	62.77±5.34			
12	750	330	上部正磁極 下部逆磁極			76.23±6.48			

下部（第10〜12層）　2002年調査区断面における古地磁気法の年代は，深さ448cm（第10層に相当）が110kaBP，深さ750cm（第12層に相当）が330kaBPである。高速道路断面における古地磁気法の分析によると，和尚墩遺跡の第四紀堆積物のブリューヌ／マツヤマ境界（B／M）は，上部礫石層（石器製作址）の下20〜40cmに位置する。もし上部礫石層がブリューヌ正磁極期に入った直後であるならば，2002年調査区断面で得られた和尚墩遺跡下文化層の330kaBPという年代は，遺跡の上限年代としては新しく見積もられている可能性がある。

　電子スピン共鳴法（ESR）による第11層（深さ585cm）の1379±276kaBPという年代や，熱ルミネッセンス法によるT9第8層が62.77±5.34kaBP，第9層が76.23±6.48kaBPという年代は，古地磁気法による年代や地質学的な所見と開きが大きく，再検討が望まれる。

　中部（第7〜9層）　電子スピン共鳴法（ESR）による第9層の年代は1350±270kaBP，第7層の年代は1326±265kaBPである。同様の原因から疑問が残る。

　上部（第4〜6層）　2002年調査区断面における古地磁気法による第4・6層の年代は，それぞれ25kaBP，55kaBPで，電子スピン共鳴法（ESR）による年代（642±128kaBP）と開きが大きい。また第4・5層で検出された火山ガラスについても特定は困難である。

　下蜀黄土については，年代学的な研究によってすでに一連の年代測定値が得られている（房ほか，2002b）。そのうち最も新しい年代は，呉標雲等が南京東笆闘山の断面上部で採取したカルシウム結核を^{14}C年代法で測定した12.19±0.2kaBP（呉，1985），李立文等が南京老虎山の上部で採取した鹿角結核を^{14}C年代法によって測定した16.62±0.2kaBP（李・方，1985）という年代である。また頼忠平等は南京新生村の下蜀黄土でおこなった赤外線励起ルミネッセンスによる年代測定を，黄土高原に位置する洛川黄土断面の磁化率と対比し，下蜀黄土第1層（L_1）を最終氷期，その最も新しい年代を14.3±1.3kaBPと位置づけた。第2層黄土（L_2）の信号が既に飽和状態に接近し，年代範囲は64.9±9.5ka〜85.9±11.5kaBPであり，この年代値は最小値とみなすことができる。第2層黄土以下の見積り最大年代は90.4kaBPである（頼ほか，2001a）。当該断面の底部は洛川黄土のL_5に相当し，その年代は500kaBPと位置づけられる（頼ほか，2001b）。これまでのところ，下蜀黄土の最も古い年代は，鄭洪漢等が南京燕子磯下部粘土層の堆積物を熱ルミネッセンス法（TL）で測定したもので，629±50kaBPという年代が得られている（鄭ほか，1994）。また鎮江大港の下蜀黄土を分析し，7組の黄土−古土壌サイクルの下限年代を700〜800kaBPとし，中期更新世前期に位置づける研究もある（李・楊，2001）。

　岩性地層によって前述の絶対年代を検討する。和尚墩遺跡は長江下流の下蜀黄土の発達区に位置し，2002年と2005年の発掘区断面にはいずれも何回もの黄土−古土壌サイクルを見ることができるが，黄土−古土壌互層の枚数と層厚は異なる。2002年断面は第1層の表土層を除き，下蜀黄土の層厚は7mを超え，5層の黄土（第2・4・6・8・10層；L_1〜L_5）と5層の古土壌（第3・5・7・9・11層；S_1〜S_5）に分層することができる。2005年の断面も3組の黄土−古土壌互層（第2・4・6層はL_1〜L_3，第3・5・7層はS_1〜S_3）を見せる。茅山山麓北側の放牛山遺跡と比較すると，放牛山の断面は11層に分層される。第1層の現代の耕土層以下，下蜀黄土の層厚は約8mを測り，4層の黄土（L_1〜L_4；第3・5・7・9層）と5層の古土壌（S_1〜S_5；第2・4・6・8・10層）を包括し，底部の第11層は礫層となる。これら3ヵ所の断面に共通する明瞭な特徴として，いずれの断面においても顕著に発達

し最大の層厚をもつ第2古土壌層（S_2）があげられ，各断面を対比するうえで有効である。北方の黄土との対比を根拠に，和尚墩第4層（L_2）はおおむね深海酸素同位体ステージ6（MIS6）に相当し，絶対年代は128 kaBPとなる。

　以上の4種の年代測定方法によって得られた結果を参考にしながらも，とくに和尚墩遺跡の岩性地層を根拠にして，われわれは当該断面の黄土層の地質時代を中期更新世から後期更新世とみなし，そのうちの第4～12文化層の絶対年代をおおよそ130～600 kaBPとするものである。

b　文化的特徴と遺跡の性格

　茅山旧石器遺跡群は，寧鎮山脈以東，太湖以西，溧陽・石臼湖以北の約60×60kmという広大な地域に分布し，これまで江蘇省で発見された最古の旧石器文化である。また長江下流域では，安徽省水陽江旧石器遺跡群に次ぐ地域的な旧石器文化の発見で，江蘇省南部における数十万年前の生産活動や生活の一面を示している。

　和尚墩遺跡の石製品の初歩的な観察によると，石材や製作技術・石器の器種は基本的に水陽江旧石器遺跡群に類似し，中国南方の礫石器－チョッパー石器群に属している。ただし和尚墩遺跡の石製品は，石器のサイズや剥離方法・石器の組合せにおいて異なる点も見られ，詳細に関しては検討中である。現在のところ，こうした差異は在地の石材に大いに制約されたと考えられる。

　旧石器遺跡において発掘された1 m³当たりの土に含まれる石製品の数量は，一面で遺跡における人類活動の多寡を反映する。1999年に発掘した放牛山遺跡の面積は300 m²で，16点の石製品が出土した。1 m³当たりに包含される石製品は0.02点である。石製品の埋蔵状況や出土状況，保存状況や接合関係などの分析から，当時の人類は放牛山遺跡において石器製作をおこない，一時的なキャンプ地としていたと考えられる（房ほか，2002a）。和尚墩遺跡の2次にわたる調査で出土した石製品の数量を統計すると，1 m³当たりに包含される石製品は0.14点で，放牛山遺跡の石製品の数量を遥かにうわまわる。また南側に近接する水陽江旧石器遺跡群では，中心的な位置を占める陳山遺跡第1次調査において1 m³当たり0.06点の石製品が出土し（房，1997），やはり和尚墩遺跡に比べて低い数値となっている。石製品の高密度の包含量は，和尚墩遺跡が蘇南地区旧石器遺跡群において中心的な位置を占めることを示している。

　和尚墩遺跡の堆積は厚く，遺跡で包含される遺構とりわけ石器製作址の様相は複雑で，遺跡の形成過程や人類活動の遺跡への影響について，多くの研究課題を残している。これまでの資料によると，おおむね前期更新世の後半には，和尚墩遺跡の底部は茅山組砂岩の上に厚さ数メートルにおよぶ河床相礫石層の堆積がはじまり，同時に河流による浸食の結果，低い丘陵を形成した。中期更新世以降には和尚墩一帯では風成の堆積物が見られ，西北方の比較的高い山地では水流が風化した岩塊を絶えず運搬し上部礫石層を形成した。礫石層形成後に人類活動が認められ，彼らは河原を狩猟・石器製作や居留地として利用した。歳月の流れとともに，風砂が人類活動の痕跡を徐々に埋め尽くしていった。

　江蘇南部地区での多次の調査や出土した資料によると，金壇市薛埠鎮付近には豊富な旧石器遺跡や発達した黄土堆積物が見られ，茅山東南麓は蘇南地区における人類の主要な活動区と考えられる。和尚墩遺跡における豊富な旧石器資料や石器製作址の存在は，茅山旧石器遺跡群の中心遺跡であることを示しており，中国旧石器時代における地域文化の研究にとって貴重な資料と言える。

謝辞　金壇市文化局・博物館には，野外調査に当たり多大の援助を頂いた。南京大学城市資源学系王富葆教授，北京大学環境学系夏正楷教授には遺跡に関連する問題について建設的な意見を頂いた。中国科技大学結構中心梁任又教授には電子スピン共鳴法（ESR）により年代測定を実施していただき，南京大学地球科学系楊振宇教授には古地磁気の分析結果の発表をお許し頂いた。火山灰分析は日本同志社大学・京都フィッション・トラックと合同研究「東アジアにおける旧石器編年と古環境変遷に関する基礎的研究」の成果による。また陳長栄同志には全ての発掘調査に，南京大学考古専業本科生呉㶮紅・徐宏鳴・彭輝，南京師範大学地理科学院研究生張新鋒には調査の一部に参加頂いた。最後に本文中の図は，朱玲・陳長栄による。

補註

（1）黄土－古土壌の番号は，本地層断面に限って用いる。
（2）第12層出土の礫石については，全点を計測していない。
（3）『中国文物報』2007年5月4日の報道によれば，広西百色盆地2006年の発掘中に多数の礫石堆（直径50cm以内）を発見している。
（4）房迎三ほか，「江蘇句容放牛山旧石器遺址電子スピン共鳴法測年研究」（未刊）。

引用文献

陳鉄梅, 1994 第四紀測年的進展与問題. 第四紀研究,（2）, 182-191.

房迎三, 1997 安徽省宣州市陳山旧石器地点1988年発掘報告. 人類学学報, 16（2）, 96-106.

房迎三, 2002 江蘇南部旧石器調査報告. 東南文化,（1）, 15-25.

房迎三, 王結華, 梁任義等, 2002a 江蘇句容放牛山発現的旧石器. 人類学学報, 21（1）, 41-49.

房迎三, 朱誠, 張芸, 2002b 下蜀黄土与古人類活動信息. 龍骨坡史前文化志,（4）, 中華書局（北京）, 16-21.

Klein, Richard G., 1989 The human career. *Human biological and cultural origins*, University of Chicago Press, 171.

頼忠平, 周杰, 夏応菲等, 2001a 南京下蜀黄土紅外釈光測年. 自然科学進展, 11（2）, 203-207.

頼忠平, 周杰, 夏応菲等, 2001b 南京下蜀黄土紅外釈光地層年代学. 中国沙漠, 21（2）, 116-121.

李立文, 方森, 1985 南京老虎山"下蜀組"カルシウム質結核的成因与時代之探討. 地層学雑誌, 9（1）, 53-56.

李徐生, 楊達源, 2001 S2以来沈積序列磁化率記録与深海酸素同位体記録的対比. 南京大学学報（自科版）, 37（6）, 766-771.

王汝建, 2000 南沙海区更新世以来的火山灰及其地質意義. 海洋地質与第四紀地質, 20（1）, 51-56.

呉標雲, 1985 南京下蜀黄土沈積特征研究. 海洋地質与第四紀地質, 5（2）, 113-121.

楊景春主編, 1985 地貌学教程. 高等教育出版社（北京）, 128-131.

鄭洪漢, 朱照宇, 黄宝林等, 1994 山東半島及蘇皖北部黄土地層年代学研究. 海洋地質与第四紀地質, 14（1）, 63-67.

鄭祥民, Kunihiko Endo, 周立旻等, 2003 東海島嶼風坐地層中火山玻璃的発現及環境意義. 海洋地質与第四紀地質, 23, 82.

周厚雲, 郭国章, 鄭洪漢, 2000 山東半島黄土堆積中的火山玻璃. 海洋地質与第四紀地質, 20（4）, 99-102.

朱誠, 張楊陽, 馬春梅等, 2007 江蘇金壇和尚墩旧石器遺址地層的古地磁年代与磁化率研究. 地層学雑誌, 31（1）, 35-44.

Strata and Ages of the Heshangdun Paleolithic Site in Jintan City, Jiangsu Province, China

Ying-san FANG[1], Wei-ai HE[2], Qiang HUI[3]

[1] Nanjing Museum, [2] Zhenjiang Municipal Museum, [3] Lianyungang Municipal Museum

The Heshangdun (Bonze Hill) site, 31° 43.607′ N, 119° 21.577′ E, is an important open Paleolithic site in south of Jiangsu Province. It is situated at 20 km west of Jintan City, and 80 km southeast of Nanjing City, which is at eastern hill extension of Maoshan Mountains-chain. The area of the site is about 50,000 m^2. 522 m^2 (T1~T9) was excavated by Nanjing Museum and other parties in the field season in 2002 and 2005.

The site is 23.5 m above sea level and about 20 m above local river level. Sediments of the Heshangdun site divided into 12 layers, and belong to the Xiashu Loess.

There are 391 stone artifacts from Layer 4~12. The most important discovery was an open workshop of stone artifact exposed from Layer 11. Six pebble stacks including Paleolithic tools indicate that they are relics of human beings.

As the result of stratum analysis, Xiashu Loess of the Heshangdun site should be between the middle Pleistocene and the upper Pleistocene. The absolutely age of stone artifacts discovered from Layers 12~4 is ca. 600~130ka under 4 dating methods including Paleomagnetism etc.

Key words: Stratum and relics, Middle-Upper Pleistocene, Heshangdun Site, Jiangsu

中国東秦嶺地区洛南盆地における
旧石器考古学研究の新展開

王社江[1,2], Richard COSGROVE[1], 鹿化煜[3], 沈 辰[4], 魏 鳴[1], 張小兵[5]

[1]Department of Archaeology, La Trobe University, [2]陝西省考古研究院,
[3]南京大学地理与海洋学院, [4]Royal Ontario Museum, Toronto, [5]洛南県博物館

1. 概 要

　洛南盆地は，秦嶺山脈東部の主峰である太華山脈（華山）と，蟒嶺山脈との間を流れる洛河の上流域に位置している。西が狭く東が広い洛南盆地は，東西の長さが70〜80km，南北の幅が20〜30kmを測る。盆地の西北に位置する古都西安からは150km離れている。南洛河は秦嶺山脈東部の主峰以南に位置する唯一の黄河水系の一級支流で，その源流は秦嶺山脈箭峪嶺の東南部にある。洛南盆地の南北両側の山地を水源とする多くの大小支流を集め，南洛河を本流とする非対称の枝状の水系を構成する。南洛河は，東流して洛南盆地を出ると，河南省廬氏県・洛寧県などが所在する豫西山地を縫い，最終的に古都洛陽以東の鞏義市で黄河に合流する。

　南洛河流域における古人類や旧石器遺跡の先駆的調査は，20世紀の70〜80年代に遡るが（張ほか，1982；季・牛，1983；薛，1987），重要な成果が得られた本格的な調査は20世紀の90年代以降のことである（鞏義市文物保護管理所ほか，1998；夏ほか，1999；呂，1999；王・黄，2001；Wang, et al., 2002；鹿ほか，2007；陝西省考古研究院ほか，2007・2008）。

　1995年6月，洛南盆地において早期人類の開地型旧石器遺跡が初めて発見されて以来，これまでに確認された開地型の旧石器遺跡は268ヵ所以上にのぼり（図1），この中には豊富なアシューリアン類型の石器が採集された例もある。このほかにも，南洛河左岸（北側）の第2段丘に位置する龍牙洞遺跡の発掘では，20余種の哺乳類動物や鳥類・水生動物の化石，人類の生活面・炭化物層・焼石・焼骨や77,000余点の石製品を含む大量の遺構・遺物が検出された。

　南洛河流域の古人類遺跡は，西北部を接する秦嶺山脈北側の藍田公王嶺・陳家窩藍田原人化石や，北部を接する秦嶺山脈北麓の潼関卧龍鋪・張家湾旧石器遺跡，南部の丹江上流域腰市盆地の旧石器遺跡，河南省廬氏県で採集された現代型新人の頭骨片・歯化石などとともに，中国中部地区の南北自然地理境界線において早期人類の進化や石器製作の変化を研究するうえでの重要な資料となっている。

2. 洛南盆地における開地型旧石器遺跡群

(1) 遺跡の分布状況

　多年にわたる分布調査の資料によると，東経109°57′38″〜110°15′45″，北緯34°00′33″〜34°16′47″に位置する洛南盆地では，2,000km²の範囲内に268ヵ所以上の開地型旧石器遺跡が分布し，盆地西部に隣接する腰市盆地の4遺跡も含めるならば，この地区の遺跡総数は272ヵ所以上にのぼ

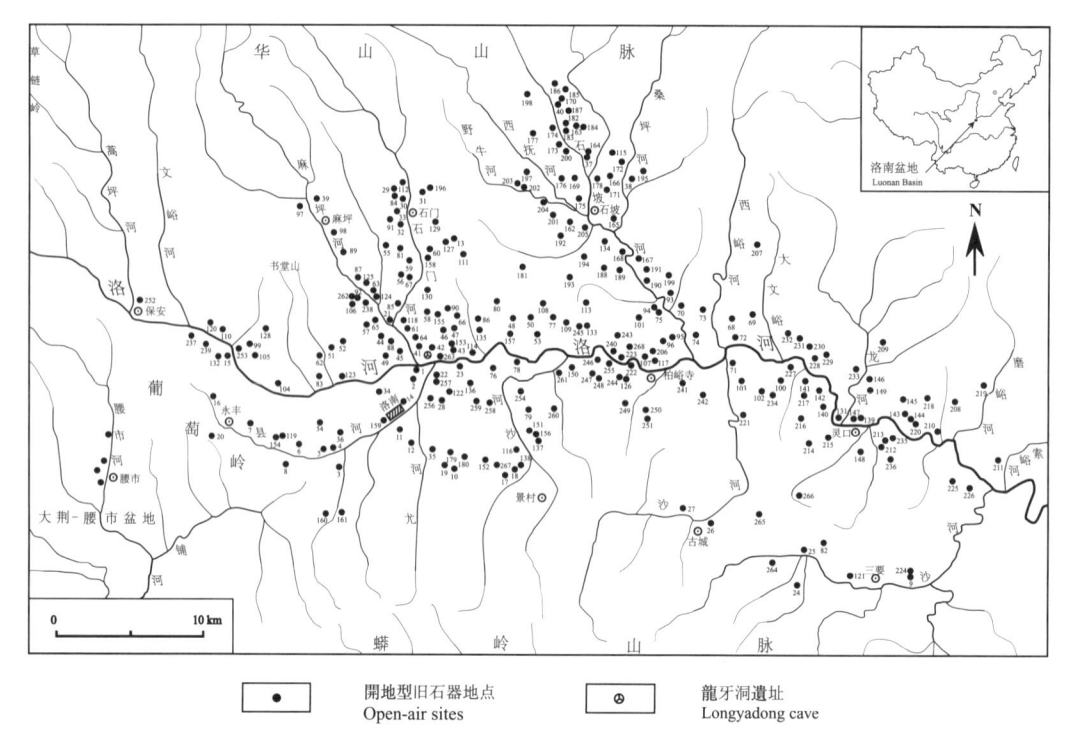

図1　各段丘における開地型旧石器遺跡と石製品の数量（陝西省考古研究院ほか, 2007より）
Fig.1　Number of open-air sites and lithic artifacts in different terrace
(Shaanxi Provincial Institute of Archaeology et al., 2007)

る（Wang, et al., 2002；王ほか，2005；陝西省考古研究院ほか，2007・2008；王・胡，2000）（図1）。

　地形的に見ると，洛南盆地における河床の海抜は，洛源街の約1,200mから洛南盆地を南洛河が流れ出る蘭草河口付近の約700mまで，高低差が認められる。南洛河河谷では，第1段丘の分布は限られ，段丘面と河谷との比高差は5～10m前後を測る。これまでの調査では，旧石器遺跡は未発見である。

　南洛河とその支流両側には第2段丘が発達する。保存状況は良好で，その分布は最も広い。段丘上面の外廓は比較的平坦で，黄土を主体とする。河床との比高差は20～50m前後を測る。第2段丘で発見された開地型旧石器遺跡は70ヵ所，石製品は3,130点で，洛南盆地における旧石器遺跡の26.12%（陝西省考古研究院ほか，2007）を占める（表1）。石製品は，現代のレンガ・瓦工場の土採りに際しての篩により採集したものが多く，なかには土採り場の地層断面から採集した資料もある。そのほか，道路新設にともなう土採り断面から直接採集した石製品もある。調査状況から見て，第2段丘では大規模工事にともなって石製品が掘り出されるケースが多い。

　第3段丘は，南洛河および比較的大きな支流両岸に広範に分布する。河床との比高差は80～120m前後を測り，海抜は1,000～1,080m前後である。段丘堆積物は砂質粘土や礫層を主体とするが，その層厚は第2段丘には及ばない。長期の河川による開析や浸食作用により，浸食谷が発達する。段丘頂部は尾根や斜面を主体とし，山腹斜面は河谷に向かって傾斜する。傾斜が大きいため，地表の植生は破壊され土砂の流失は深刻である。段丘外縁や背後の大部分に基盤岩が露出する。第3段丘で発見された開地型旧石器遺跡は最も多く99ヵ所で，遺跡総数の36.94%を占める。

表1　各段丘における開地型旧石器遺跡と石製品の数量（陝西省考古研究院ほか，2007）
Table 1　Number of open-air sites and lithic artifacts in different terrace
(Shaanxi Provincial Institute of Archaeology et al., 2007)

段　丘	遺跡数	割合（％）	石製品（点）	割合（％）
第2段丘	70	26.12	3,130	23.05
第3段丘	99	36.94	3,465	25.51
第4段丘	65	24.25	5,287	38.93
第5段丘	27	10.07	1,314	9.68
第6段丘	7	2.61	385	2.84
合　計	268	99.99	13,581	100.01

　第4段丘は，主に南洛河本流や北部の支流両岸に分布し，海抜は1,100～1,180m前後を測る。段丘頂部は長期にわたる強烈な流水による開析や浸食作用を受け，多くは緩やかな斜面ないしは尾根状を呈している。地表水による土壌の流失により露出した基盤岩の面積は大きく，台地上面の傾斜が緩やかな部分では，薄い紅褐色シルト質粘土や風化した堆積物が残存する。第4段丘の地表で発見された遺跡は65ヵ所，石製品は5,287点で，石製品全体の38.93％を占める。

　上述した段丘のほか南洛河本流や支流両側では，高い位置に古い層状の浸食段丘が見られ，多くは尾根状や孤立した円丘状を呈する。第5段丘は海抜1,200～1,280m前後を測る。27ヵ所の旧石器遺跡が発見され，遺跡総数の10.07％を占める。石製品は1,314点である。第6段丘は海抜1,300～1,350m前後を測り，分布面積は小さい。段丘上面には，薄い紅褐色シルト質粘土や風化した堆積物が残存する。第6段丘ではわずかに7遺跡が発見され，遺跡総数の2.61％を占める。石製品は385点で，全体の2.84％を占める。第5・6段丘に位置する開地型旧石器遺跡は，河床との比高差が300～400m余を測る。高低差が認められ，河谷からの距離は遠い。遺跡の多くは南洛河本流の左側，すなわち北側一帯に分布する。

　総体的に見て，洛南盆地の開地型旧石器遺跡は分布が広く，密度が高く，第2段丘から第5・6段丘に及んでいる。相対的な高低差は400m前後を測り，さまざまな高度にわたっている。第3段丘より高位に位置する遺跡では，石製品の多くが地表で採集され，石製品はシルト質粘土や粘土中に包含される。近・現代以降，地表面の植生は人類による破壊を受け，石製品は強烈な流水の浸食作用により，地表や浸食谷，段丘周縁の山腹の基盤岩上に露出する。各遺跡で採集された石製品の数量は多様で，少ないものは数点，多いものは数百点を数え，さらには千点に及ぶ例もある。各遺跡の石製品は，石材や石器の組合わせ，文化様相が類似し，石器の性格も非常に近似する。ここで指摘したいのは，一遺跡で発見された石製品の数量は遺跡面積の大小や，包含される石製品の豊富さを必ずしも反映せず，それらの間に必然的な関連性は見られない。第2段丘遺跡の石製品は，大部分がレンガ・瓦工場の土採り場や新たに露出した断面で採集され，土取りの規模やレンガ・瓦工場の操業期間が石製品の数量の決定要素となっている。また第3段丘やそれ以上の高位段丘の遺跡では，地表面の植生の保存状況や土壌浸食度が発見される石製品の数量を左右する。

(2) 遺跡と黄土年代学

a 第2段丘遺跡の地層と年代

洛南盆地の開地型旧石器遺跡は，南洛河とその支流の第2段丘や，より高位の段丘に分布し，高度の異なる各段丘では，形成年代や石製品の埋蔵状況に大きな差異が見られる。第2段丘は南洛河の河谷両側の基底段丘であるとともに，南部支流両岸の堆積段丘には比較的厚い第四紀堆積物が見られる。盆地の中心地域では，広範に黄土状の亜粘土堆積物が分布し，盆地の黄土堆積では3～9層の古土壌層やカルシウム質結核が見られる。層厚は一般的に10～35mを測り，石製品は黄土層中より出土する。第2段丘は盆地の中心に位置し，歴史的に比較的古くから開発され，長期にわたって流水による浸食作用を受けたため，台地上面は後期更新世や完新世に形成された黄土の2次堆積物に覆われている。黄土2次堆積物の下層には離石黄土の堆積が，その下層には不整合面をなす基底礫層が見られる。砂礫の摩滅度は比較的高い。礫層は西北から南東に傾斜するが，それにともない堆積は薄く，粒径は小さくなる。

多年にわたる野外調査での観察によると，第2段丘における遺跡の地層堆積は，盆地西部に位置する周坡遺跡（遺跡番号：LP07）と上白川遺跡（遺跡番号：LP08）を典型とする。この一帯は盆地西部の"四十里梁塬"区で，黄土の堆積は厚く，露出した地層断面は比較的完全である。

1997年夏の野外調査時には，周坡遺跡の黄土は厚さ13.55mを測り，18層に区分することが可能であった。断面には平行する不整合面が観察され，上部の第17層と第16層の間に浸食面が見られた。浸食面上の第17・18層は，完新世に形成された黄土の2次堆積で，下部・中部更新世の黄土層の上に堆積する。この地点では基準層として5つの浅黄色シルト層が見られ，それぞれ第15層下部，第12層下部，第10層下部，第6層下部および第3層下部に存在する。これらは短期間に気候が寒冷乾燥化したことを示している。調査の状況から見ると，石製品は地層の下部から上部にわたって満遍なく発見され，地層断面から直接採集された資料も少なくない。このうち上部の第12層付近では石製品がやや豊富で，第14層より上層では石製品が見られない。

1997年9月，われわれは周坡遺跡の断面において，遮光した状態で光励起ルミネッセンス法（OSL）の試料を採取した。Zp-15試料は，台地上面の後期更新世に位置づけられる黄褐色シルト質粘土層・灰褐色シルト質粘土層と，下部紅褐色亜粘土層との間に見られる不整合な浸食面の下0.9m（地表から1.9m）の地点で採取した。これは第15層に当たる。Zp-12試料は，浸食面の下3.25m（地表から4.2m）の地点から採取した。これは第12層に当たり，石製品を含む浅黄色細砂－シルト質亜粘土層である。表2は中国科学院地質研究所熱ルミネッセンス実験室が測定した試料の年代である（王・黄，2001；Wang, et al., 2002；陝西省考古研究院ほか，2007）。

表2　周坡遺跡第2段丘堆積層の熱ルミネッセンス年代（王・黄，2001）
Table 2　TL chronological data of Zhoupo open-air site (Wang and Huang, 2001)

サンプル NO.	層位	等価線量 (Gy)	U (mg g^{-1})	Th (mg g^{-1})	K (%)	年間線量率 (mGy/a)×10^3	年代 (ka)
Zp-15	周坡上部地層	277.8	2.09	13.5	2.48	1.52	182.8±9.1
Zp-12	周坡中上部地層	379.7	2.12	13.8	2.42	1.51	251.05±12.5

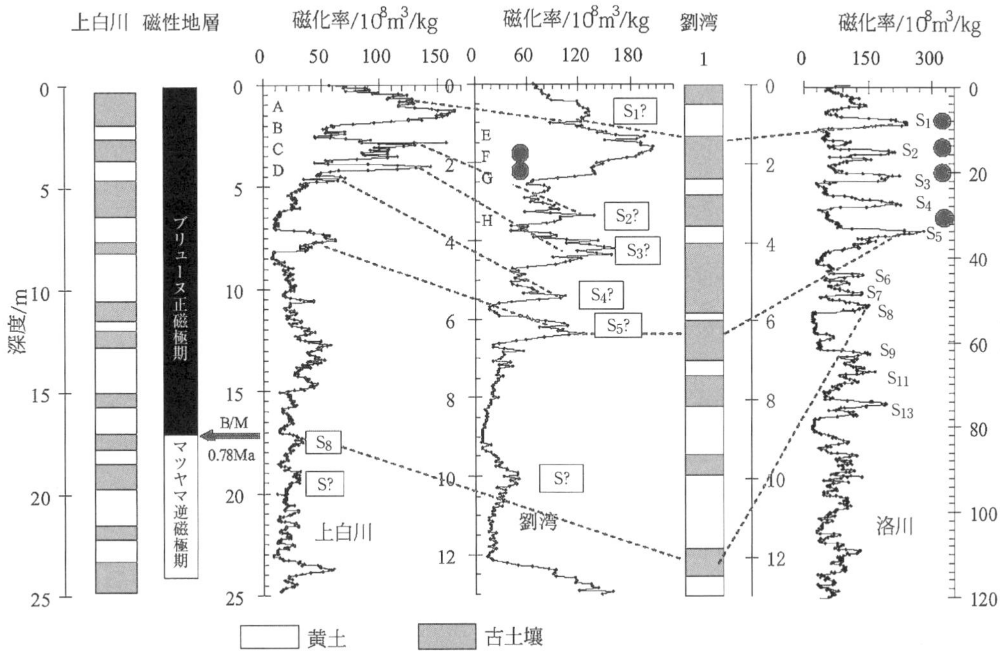

図2 上白川・劉湾遺跡の地層断面と磁性地層・光励起ルミネッセンス年代・磁化率変化および洛川との地層対比（鹿ほか，2007）
Fig. 2 Pedostratigraphy, magnetostratigraphy, optical stimulated luminescence ages, magnetic susceptibility changes of Shangbaichuan and Liuwan loess sections, and comparison with the typical Luochuan loess sequence in central Chinese Loess Plateau（Lu *et al.*, 2007）

表3 上白川・劉湾遺跡における黄土断面の光励起ルミネッセンス年代（鹿ほか，2007）
Table 3 Optical stimulated luminescence dating results of samples from Shangbaichuan and Liuwan loess sections, Eastern Qinling Mountains（Lu *et al.*, 2007）

サンプル NO.	深度 (cm)	U/ppm	Th/ppm	K (%)	宇宙線量 (Gy·ka^{-1})	含水量 (%)	年間線量率 (Gy·ka^{-1})	線価量 (Gy)	n	年代 (ka)
LP08-A	80	2.67 ± 0.09	11.9 ± 0.4	2.18 ± 0.01	0.20 ± 0.01	13.8 ± 0.1	3.64 ± 0.11	5.17.8 ± 19.3	14	144.7 ± 7.4
LP08-B	140	2.93 ± 0.10	14.6 ± 0.5	2.03 ± 0.01	0.19 ± 0.01	16.8 ± 0.2	3.65 ± 0.12	707.0 ± 9.2	13	191.3 ± 7.5
LP08-C	320	2.65 ± 0.09	11.0 ± 0.3	2.02 ± 0.01	0.15 ± 0.01	17.7 ± 0.2	3.25 ± 0.10	741.9 ± 11.8	14	223.6 ± 8.7
LP08-D	420	2.49 ± 0.09	8.4 ± 0.3	1.79 ± 0.01	0.13 ± 0.01	13.6 ± 0.1	2.93 ± 0.09	1033.7 ± 19.6	14	359.3 ± 14.4
LP21-E	90	2.67 ± 0.09	11.5 ± 0.4	2.11 ± 0.01	0.20 ± 0.01	18.7 ± 0.2	3.38 ± 0.10	495.3 ± 38.9	13	146.4 ± 12.3
LP21-F	160	2.76 ± 0.10	11.8 ± 0.4	2.16 ± 0.01	0.18 ± 0.01	19.9 ± 0.2	3.41 ± 0.10	472.3 ± 44.0	14	137.0 ± 13.4
LP21-G	220	2.65 ± 0.09	11.5 ± 0.4	2.09 ± 0.01	0.17 ± 0.01	17.9 ± 0.2	3.35 ± 0.10	504.7 ± 5.1	14	151.6 ± 4.9
LP21-H	340	2.61 ± 0.09	10.6 ± 0.3	2.09 ± 0.01	0.14 ± 0.01	18.0 ± 0.2	3.24 ± 0.10	652.0 ± 10.1	14	202.2 ± 6.9

洛南県城から西7km，周坡遺跡から東南2kmに位置する上白川遺跡（地理座標34°04′03″N，110°03′06″E，海抜1,037m）の地層も，洛南盆地第2段丘の遺跡の中で黄土の堆積が最も厚く，典型的な層序を見せる露頭の一つである。1997年夏，試料採取時におこなった観察によると，周坡遺跡の層序と基本的に一致し，上部の第1基準層上の堆積物を欠くだけである。下部の浅黄色シルト基準層は6層見られ，洛南盆地における第2段丘の堆積物には，現在のところ少なくとも7層の浅黄色シルト基準層が認められる。洛南盆地では，南洛河および支流両岸の段丘に比較的厚い第四紀堆

積物が見られ，第2段丘の石製品も黄土堆積物から出土する。

　2006年，われわれは上白川遺跡の断面において，再び地層観察と試料採取をおこなった。多年にわたる連続的な土採りの結果，20世紀の90年代中頃に比べ，当該地点の地形には大きな変化が認められた。2006年に試料を採取した断面は，厚さ24.8mを測り，A・B・C・D・E・Fの6段に区分することが可能である。A段は0～7.6mを測る。東西に走り，地層は水平である。B段は7.6～10.5m，C段は10.5～15m，D段は15～18.5mを測り，B・C・Dの3段は南北方向に走る。地層は北に向かって傾斜し，傾斜度は15°前後を測る。E段は東西に走り18.5～21.5m，F段はレンガ工場土採り場の地表よりさらに掘り下げた断面で，21.5～24.8mを測る。

　上述した2遺跡のほか，2006年夏，われわれはレス－古土壌の比較的良好な断面が露出する洛南県城の北6kmの劉湾遺跡（遺跡番号：LP21，地理座標34°08′37″N，110°08′13″E，海抜948m）でも試料採取をおこなった。劉湾遺跡の黄土は厚さ11.8mを測り，レンガ工場の土採り場より高位に現存する10.45mの堆積物は，4層の黄土層と4層の古土壌層に区分することが可能である。レンガ工場土採り場では，すでに大量の石製品が原位置を遊離しているものの，上部の2つの層の古土壌層断面から礫石材と石製品各1点を発見した。劉湾遺跡において，これまで採集した石製品には，石核，剥片，チョッパー，ハンドアックス，クリーヴァー，ピック，石球，スクレイパー等が見られる。レンガ工場土採り場の地表から，さらに3m掘り下げると，深度11.8mで砂層が出現した。図2は上白川・劉湾遺跡の地層断面と磁性地層，光励起ルミネッセンス（OSL）年代，磁化率変化および洛川との地層対比を示したものである。図2中の黒丸は光励起ルミネッセンス法測定試料の採取層準を示し，傍らに試料番号を明記した。測定結果は表3の通りである（鹿ほか，2007）。

b 第3段丘および高位段丘遺跡の地層と年代

　秦嶺山脈の強烈な隆起など造山運動の影響を受け，南洛河や支流両側の第3段丘や，より高位の段丘は基底段丘となる。第3段丘の黄土や河流堆積物の厚さは第2段丘には及ばないが，黄土状堆積物の厚さが5m前後に及ぶ地点も見られる。第3段丘の分布は，現在の主要な耕作地にあたり，段丘上面が後期更新世や完新世に形成された薄い2次堆積黄土に覆われる地点もある。黄土や砂礫層は，形成時期が異なる基盤岩上に不整合に堆積し，黄土層の下に礫層が露出する地区もある。2004年，蟻螘溝遺跡（遺跡番号：LP81）の黄土断面において光励起ルミネッセンス法（OSL）の試料を採取した。イギリス・グロースター大学地質年代実験室で初歩的な測定を実施し，蟻螘溝遺跡の黄土下部層の年代について90±6kaBPという結果を得た。

　洛南盆地の第4段丘や，より高位の段丘の黄土状堆積物は，一般的に第3段丘より薄い。2004年，第4段丘に位置する槐樹坪遺跡（遺跡番号：LP55）で試掘調査を実施し，1㎡の試掘トレンチを設定した。黄土堆積は最大2.85mを測り，8層に区分することが可能である。段丘上面の黄土堆積物は，下部の石灰岩基盤岩上に不整合に堆積する。光励起ルミネッセンス法による初歩的な測定では，槐樹坪遺跡の年代は下部が83±5kaBP，78±4kaBP，中部が50±6kaBP，上部が13kaBPとなる。

　第4段丘より高位の段丘では，低位の段丘に比べて黄土状堆積物は一般に薄い。現在，採取した試料の年代測定を進行中である。

c 開地型旧石器遺跡の石器

　遺跡周辺の河床や段丘礫層の石英・石英岩・石英砂岩といった自然礫を原料に用い石製品を製作

図3 洛南盆地の開地型遺跡群で採集されたアシュール型石器［口絵写真11］
Fig.3 Acheulian-type artifacts collected from open-air sites in the Luonan Basin［See frontispiece Plate 11］
1-6 ハンドアックス（Handaxes）, 7-9 クリーヴァー（Cleavers）

するのは，中国の前期旧石器時代に共通する特徴である。洛南盆地の早期人類が石製品の製作に用いた原料についても例外でなく，南洛河や支流の河床や段丘礫層の石材が利用されている。このことは，遺跡から発見された石製品に残される自然礫面から確認できる。開地型遺跡では，さまざまな石材を利用して石製品の製作が試みられたが，なかでも色調の多彩な石英岩を主体とする。とくに，良質の淡色石英岩は，各種の石材の中で非常に突出した地位を占め，石製品の製作において優先的に選択される。その次に深色石英岩や石英砂岩・石英が広く用いられ，紅色石英岩や細粒砂岩も低い比率を占めている。それ以外の石材の使用は少ない。

洛南盆地の開地型旧石器遺跡群で発見される石製品にはハンマーストーン，石核，剥片，2次加工をもつ剥片，チップなど5類型が見られる。石製品の中では剥片の数量が最も多く，縦長の中形・大形剥片も高い割合を占める。石核や剥片に見られる特徴から，開地型遺跡の早期人類は，直接打法・碰砧法・両極打法などハードハンマーによる単純な直接打法で剥片剥離をおこなっている。

発見された石器は2,000点余で，チョッパー，ピック，ハンドアックス，クリーヴァー，大形両面加工背付ナイフ（large bifacially retouched backed knives），石球，スクレイパー，尖状器，彫器など9種が認められる。このうち，チョッパー，大形スクレイパー，ピック，ハンドアックス，クリーヴァー，大形両面加工背付ナイフ，石球などの大形石器は1,394点にのぼり，石器総数の63.57%を占める。またスクレイパー（大形スクレイパー含む）の数量が最も多く半数を占め，その次はハン

ドアックス，ピックが各10％以上，チョッパー，クリーヴァー，尖状器，石球が5％前後を占める。彫器や大形両面加工背付ナイフの比率は低い。

石器に用いた素材は剥片を主体とし（81.67％），礫を直接加工した石器も相当な割合を占める（14.18％）。折り取り剥片に加工した石器も見られる。開地型遺跡の剥片石器や剥片は20.50％を占める。石器刃部は素材の両面を加工したものが最も多く，交互剥離法による加工が見られる資料もあわせると，開地型遺跡の両面加工石器（錯向加工は含まず）は全体の42.32％となる。刃部縁辺の両面加工はチョッパー，ハンドアックス，ピック，クリーヴァー，大形スクレイパーなどの重量石器に広く用いられたばかりでなく，小形スクレイパーなどの軽量石器にも見られる。そのほか，円形や不整形の両面加工剥片の石核にも，開地型遺跡で広く採用された両面剥離技術の特徴が明瞭に現れている。両面加工石器のほか，伝統的な背面加工（28.11％）や主要剥離面加工（18.83％）も日常的に用いられる。開地型遺跡の石器の多くはハードハンマーにより石器周縁を直接加工する。総じて洛南盆地は，両面加工のアシュール類型石器が豊富に見られる地区と言え，これまで知られてきた中国の前期旧石器時代とは対照的な様相を見せる。

開地型遺跡で発見されたハンドアックスには礫を加工した石器のほか，剥片を加工した例もある。ハンドアックスの器面全体を加工し，精巧な加工が見られるという特徴は，西方のアシュール石器インダストリー類型遺跡のハンドアックスと比べても遜色なく，現在のところ，洛南盆地は中国で発見されたハンドアックスの中で，加工技術が最も突出した地区の一つと言える。そればかりか，洛南盆地の開地型遺跡では，厳格な意味で大形剥片を加工したクリーヴァーや大形両面加工背付ナイフなどの石器が，集中して大量に発見されている（王ほか，2004；Wang, 2005；陝西省考古研究院ほか，2007；王・沈，2006）。洛南盆地のピックは，三稜ピックであろうと通常型のピックであろうと，器形は左右対称で比較的整っている（図3）。

3．龍牙洞遺跡

(1) 遺跡の位置

龍牙洞遺跡は，南洛河およびその支流である石門河左側（北岸）の"花石浪"と呼ばれる山腹に位置する。遺跡の西南3kmには洛南県城が位置し，地理座標は34°07′39″ N，110°09′51″ Eである。龍牙洞はカンブリア紀輞峪組石灰岩の山地に発達した裂隙型溶洞で，岩層の方向はNWW，岩層の傾斜角度はNNW43°である。遺跡の発掘前，洞穴内の地表面の面積は約10m²であったが，発掘による深度の増加にともなって，洞穴内の面積は徐々に拡大し，最大面積は20m²を測る。その下層では洞穴内の面積は徐々に縮小する。1995年から1997年にわたる3年間の発掘で，われわれは洞内の20m²と洞外の120m²を調査した。

(2) 遺跡の埋蔵学的研究

龍牙洞遺跡の堆積は，洞内の堆積物と洞外の第2段丘崖錐堆積物の2つから構成される。20世紀の60～70年代には，洞内外の堆積物は地元村民による大規模な龍骨の掘削のため，数度にわたり重度の破壊を受けた。発掘前，洞内の大部分の堆積物は洞外に搬出され失われていた。洞内に残存した堆積物は，洞口部で厚さ3.4mを測り，洞穴の奥に行くに随って次第に薄くなる。層位により，

龍牙洞内部の面積は異なる。洞外の調査区では，堆積物の厚さは最大で12mを測る。

龍牙洞の堆積物は比較的厚いが，早期人類が残した文化層は，下部堆積物の第2～4層に集中し，それ以外の層位では，いかなる人類文化の痕跡も見られない。平行する不整合面の層位的な関係から，洞内の文化遺物を含む第2～4層や洞口外の段丘堆積物は3つの文化期に区分することが可能である。以下，前期から後期にわたる3つの文化期について遺跡の埋蔵学的な状況を分析する。

龍牙洞遺跡第1期文化は，第2層砂礫層の形成期に当たる。当時，南洛河や支流である石門河下流の龍牙洞一帯では，現在の第2段丘が河谷の河床部であった。河川縁辺部に位置するため，河流は遺跡右側の山腹によってさえぎられ，遺跡が所在する河流左岸は浸食から免れた。龍牙洞の前方でも河流が見られたが，その流速は比較的緩やかだった。第2層砂礫層は，まばらな中砂－細砂や小礫により構成される。礫の分級度は高く，摩滅が著しい。地層の上部は砂層，下部は径5cm前後の小形礫が多い。堆積物には上流から運ばれた巨大な礫は見られず，本地点は河道の本流部から離れていたと考えられる。洪水時には，形成の初期段階にあった龍牙洞に河流が流れ込んだものであろう。当時の龍牙洞は，すでに洞穴の原型が完成していたとしても，洞穴内の空間は限られ，早期人類の生活に十分な空間を提供するまでには至らず，人類は当時の河床縁辺部を活動の場とした。龍牙洞遺跡周辺の地形は比較的開放的であることから，急流の脅威を受けず，龍牙洞付近では早期人類によって豊富な石製品が残されたと考えられる。ただし，動物化石については埋蔵状況が複雑で，早期人類の活動にともなうほか，自然死や他の動物に捕食され持ち込まれた可能性の残る資料もある。また洪水により上流から運搬された可能性のある資料は，2次的な運搬の結果として堆積したと考えれば，当時の人類活動と直接的に関連するものではない。この時期の動物化石・石製品は，龍牙洞の文化層の中で数量が最も少ない。

龍牙洞遺跡第2期文化は，第3層の石灰岩角礫砂を挟む黄色シルト質土層の形成期に当たる。堆積物の色調から，当時，寒冷乾燥な気候であったことを示唆する。造山運動による地殻隆起の影響を受け，浸食基準面が大きく下降する状況下で，第1期文化には遺跡の遠くにあった河床面が相対的に隆起し河岸段丘を形成した。丘陵底部の中砂－細砂や小礫層の上部には，比較的均一な黄色シルト質土層が堆積し，両層の間には平行する不整合面が認められる。これは両層の堆積に比較的長時間の断絶期が存在したことを示している。この時期には，龍牙洞の原型が形成され，洞内は少人数での日常生活や居住の需要を満たすものとなっていた。早期人類は河道に近い洞内や河岸段丘上で生活し，豊富な動物化石や石製品を残したと考えられる。段丘堆積物には花石浪山の山腹から崩落した石灰岩角礫がまばらに見られるが，黄土状の堆積物は比較的均一である。洞外の堆積物に見られる動物化石と石製品は，洞内に比べて豊富でない。洞内の堆積物は多くの文化遺物を含み，豊富な動物化石や石製品のほか，焼石・焼骨・炭化物など火の使用に関連する遺物も見られる。このことは，早期人類が洞穴を居住区としていたことを示唆する。

龍牙洞遺跡第3期文化は，村民による龍骨採掘にともなって形成された第10層に包含される遺物と，撹乱を受けていない第4層で発見される遺物との両者から構成される。第10層の堆積物から，篩により検出された動物化石や石製品は，きわめて豊富である。石製品の接合研究によると，龍牙洞内外の第10層から検出された石製品は，第4層から出土した石製品と接合するケースが多く，撹乱層に包含される石製品は，もともと第4層に帰属した可能性が高い（Wang, 2005；陝西省考古研究

院ほか, 2008；王ほか, 2004)。第3期文化が形成された段階は，早期人類活動の盛行期に当たる。堆積物の色調や粒度は，気候が温暖湿潤であったことを示し，人類の生活に適していたと考えられる。この時期の文化層は，洞内でも洞外の段丘堆積物でも最も厚く，堆積物に包含される人類活動の痕跡や遺物は，龍牙洞遺跡の中で最も豊富である。発掘調査ではきわめて豊富な石製品のほか，早期人類の生活面・炭化物層・焼骨も検出され，この時期に炉跡が出現したことを示している。生活面の上下には，豊富な動物化石・焼石・焼骨・炭化物や石製品などの文化遺物が見られる。早期人類による火の使用の影響で，洞内の大部分の堆積物は黒色に変色する。第3期文化の形成期は洞穴の発達期に当たる。第4層の形成期には，洞内面積が最大となる。洞内の第4層堆積物には4つのカルシウム板層が見られ，カルシウム板層の存在は洞穴が発達過程にあったことを示している。気候が比較的温潤で降水も豊富なため，山腹に溜まった雨水は岩盤の隙間に沿って洞内に滲み込んだ。炭酸カルシウムを豊富に含む雨水は，地面に落下したあと土壌に浸透して結晶化し，最終的にカルシウム板層を形成したと考えられる。

　第3期文化層の堆積後，洞内は長期にわたる堆積により，内部の面積が徐々に縮小した。最終的に，人類の生活に不十分なほど縮小したことにより，洞穴は放棄されざるをえず，人類は他の地点へ移動したと考えられる。その後，龍牙洞一帯が人類に利用されることはなく，洞外の調査区でも上部の堆積物からは，人類の生活に関連するいかなる痕跡や遺物も発見されていない。

(3) 遺跡の年代

　龍牙洞遺跡で発見された旧石器文化の年代を測定するために，1997年9月，洞内外で遮光した状態で文化層および関連する層位から，熱ルミネッセンス法年代測定 (TL) の試料を採取した。洞内の試料は，底部基盤岩上1.75mのカルシウム板を含む第4層紅褐色シルト質亜粘土層 (試料番号Ly-3)，底部基盤岩上2.30mの同一の紅褐色シルト質亜粘土層 (試料番号Ly-4) より採取した。また洞外の段丘堆積物については，洞内の文化層上のトレンチT1東壁第5層紅色亜粘土層上部に相当する地点で，試料を採取した (試料番号Ly-5)。表4は，中国科学院地質研究所熱ルミネッセンス実験室による年代測定の結果である (王・黄, 2001；Wang et al., 2002)。

　表4の測定結果によると，洞内や洞外の段丘堆積物の形成年代は中期更新世中・後期となる。ただし洞内の堆積物は，早くから数度にわたり撹乱を受け，現在の堆積物は明らかに洞外の崖錐堆積物に比べて継続期間は長くない。龍牙洞遺跡において旧石器時代の遺物を含む地層は，中期更新世中・後期 (Q_2^{23}) に相当する。下部の両文化層について正確な年代が得られているとは考えられず，

表4　龍牙洞遺跡堆積層の熱ルミネッセンス法年代 (王・黄, 2001)
Table 4　TL chronological data of the Longyadong cave site (Wang and Huang, 2001)

サンプルNO.	層位	等価線量 (Gy)	U (mg g⁻¹)	Th (mg g⁻¹)	K (%)	年間線量率 (mGy/a) 10³	年代 (ka)
Ly-5	洞外崖錐堆積層	370.4	2.49	16.7	2.75	1.76	210.5±10.5
Ly-4	洞内第4層上部	435.2	2.22	13.8	2.61	1.59	273.9±13.7
Ly-3	洞内第4層中部	527.8	2.11	7.8	2.59	1.48	356.6±17.8

地層の堆積状況や色調・堆積物の特徴から，約500 kaBPに形成されたと推測される。

(4) 龍牙洞遺跡出土の石器

龍牙洞遺跡で生活した早期人類は，多種類の石材を探索・使用して石製品を製作した。第1・2期文化の石材は完全に一致し，石英・淡色石英岩・濃色石英岩・紅色石英岩・石英砂岩・砂岩・細粒砂岩・燧石・火成岩や硅質石灰岩など10種の石材が見られる。第3期文化では，これに加え花崗岩・鉄鉱石の2種が増加し使用された石材は12種にのぼるが，大量に廃棄された石製品の中で，この2種の石材を使用したものは各1点のみである。龍牙洞遺跡で使用された石材は，時期ごとに僅かな変化を見せるが，実質的に大きな変化は見られない。主に使用された石材は石英，淡色石英岩，濃色石英岩，紅色石英，石英砂岩の5種類で，各時期にわたり石英が安定した割合を占める。数量の変化が比較的大きな石材は，岩質が比較的良好な淡色石英岩で前期から後期段階にかけて増加傾向が認められる。とくに，第1期文化から第2期文化には，淡色石英岩の割合が明らかに増加する。これに反し，その他の石質がやや劣り結晶が粗い石材は，数量が少ないが安定した比重を占める紅色石英岩を除き，濃色石英岩・石英砂岩が減少する。

剥片剥離法には，直接打法・碪砧法・両極打法など，単純なハードハンマーによる直接打法が見られ，すでに石製品による石材の初歩的な使い分けが見られる。刃部加工には，背面加工・腹面加工・交互剥離法・錯向加工・両面加工など5種類が見られ，前期から後期にかけ大きな変化が認められる。第1・2期文化では，中国の旧石器文化に伝統的な背面加工は多数を占めず，腹面加工が比較的多い。また両面加工の割合も少なくない。こうしたなか，第3期文化には大きな変化が認められる。伝統的な背面加工の増加は顕著でないが，刃部加工において一定の位置を占めるようになる。交互剥離法はさらに増加し，両面加工の割合は減少する。

龍牙洞遺跡の石製品は，石核や中・小形剥片が多く見られるほかは，2次加工をもつ石器の様相は単純で，スクレイパー，尖状器，彫器やチョッパーのみで構成される。ハンドアックス，ピック，クリーヴァー，大形両面加工背付ナイフ，石球などの重量石器は見られない。龍牙洞遺跡は，中・小形剥片や簡単な2次加工をもつ剥片石器に代表される石器インダストリーと位置づけられる（王ほか，2004；Wang, 2005；陝西省考古研究院ほか，2008）。

4．小　結

(1) 遺跡の年代

これまでの測定結果から，洛南盆地における第2段丘黄土の堆積は，1.1 MBPから開始したと考えられる。旧石器遺跡のうち，周坡・上白川・劉湾遺跡などに代表される第2段丘の開地型遺跡は，前・中期更新世の黄土層で見られる。野外調査や年代測定の結果，第2段丘黄土層の上・中・下部で石製品が発見され，このうち上部に多い。第2段丘における開地型旧石器遺跡の存続期間は比較的長く，上部黄土の形成は約200 kaBPである。野外調査中，上白川遺跡では段丘頂部の地表から16m前後の層準において2点の石製品を採集した。石製品の採集地は，上白川遺跡で測定されたブリューヌ／マツヤマ境界付近に位置することから，少なくとも800 kaBPと考えられ，この頃，早期人類がすでに洛南盆地一帯で活動していたことを示している（陝西省考古研究院ほか，2007；鹿ほか，

2007)。

　第3段丘以上の開地型旧石器遺跡は，段丘の形成年代が第2段丘より古いが，高位段丘上の堆積状況は複雑で，第3段丘以上に位置する旧石器遺跡の年代については，現在も検討中である。これまでの光励起ルミネッセンス法（OSL）による研究を見ると，高位段丘の開地型旧石器遺跡の年代が，第2段丘より新しくなることも否定できず，後期更新世前・中期まで継続した可能性がある。これらが最終氷期以前の堆積物か，さらに古い地質年代に形成された堆積物かは，なお検討の余地を残している。

　近年，「黄土石器インダストリー」という呼称が学界の注目を集めているが（Ranov, 1995；劉, 1999；楊ほか, 2005），典型的な黄土から発見された石製品や動物化石は資料的に限られ，それらの年代比定は困難である。こうした研究の進展は比較的緩慢で，今後の調査の加速にともない，洛南盆地の開地型旧石器遺跡群などに代表される黄土地層堆積類型遺跡の研究が促進されるものと信じる。

（2）洛南盆地の石器インダストリー

　洛南盆地は現代中国の南北自然地理境界線に当たる秦嶺山脈に位置し，歴史上，この一帯は中国南北文化の過渡地域となってきた。こうした地理的位置は，洛南盆地の旧石器遺跡群が中国旧石器文化の接点であることを決定づけている。表5は洛南盆地に位置する龍牙洞遺跡各文化期の石器組成と洛南盆地の開地型旧石器遺跡を比較したものである。龍牙洞遺跡で出土した石製品はきわめて豊富で，統計によると，第4層では1㎥に包含される長さ10㎜以上の石製品は1,000余点にのぼる（王ほか, 2004；Wang, 2005；陝西省考古研究院ほか, 2008）。前期旧石器遺跡としては特異である。総体的に見ると，龍牙洞遺跡の石器組成は比較的単純で，ピック，ハンドアックス，クリーヴァー，大形両面加工背付ナイフや石球などの重量石器は見られない。チョッパーも下部堆積層で偶然見つかる程度である。龍牙洞遺跡とは対照的に，開地型旧石器遺跡では礫を直接利用した石器の数量が多

表5　龍牙洞遺跡における各文化期の石器組成と洛南盆地開地型旧石器遺跡群との比較
　　（陝西省考古研究院ほか, 2008）
Table 5　Comparison of lithic artifact categories between Longyadong cave and open-air sites

比較項目→	石製品数量(個)				石製品数量百分率(%)			
器種分類↓	龍牙洞第1期文化	龍牙洞第2期文化	龍牙洞第3期文化	開地型遺跡群	龍牙洞第1期文化	龍牙洞第2期文化	龍牙洞第3期文化	開地型遺跡群
焼石	2	1	69	0	0.03	0.01	0.13	0
礫石材	30	25	95	0	0.48	0.15	0.18	0
ハンマーストーン	2	4	25	5	0.03	0.02	0.05	0.04
台石	0	0	2	0	0	0	0.004	0
石核	203	182	924	2,971	3.21	1.09	1.7	21.88
剥片	4,047	11,033	34,740	6,946	64.03	65.77	64.03	51.14
完形の剥片	3,690	10,017	30,846	6,109	91.18	90.79	88.79	87.95
欠損した剥片	357	1,016	3,894	837	8.82	9.21	11.21	12.05
小計	4,047	11,033	34,740	6,946	100	100	100	100
工具	215	277	2,230	2,193	3.4	1.65	4.11	16.15
チョッパー	10	2	7	132	4.65	0.72	0.31	6.02
ピック	0	0	0	231	0	0	0	10.53
ハンドアックス	0	0	0	236	0	0	0	10.76
クリーヴァー	0	0	0	119	0	0	0	5.43
石球	0	0	0	77	0	0	0	3.51
大型両面加工背付ナイフ	0	0	0	24	0	0	0	1.09
スクレイパー	164	229	1,748	1,245	76.28	82.67	78.39	56.77
尖状器	23	29	329	87	10.7	10.17	14.75	3.97
彫器	18	17	146	42	8.37	6.14	6.55	1.92
小計	215	277	2,230	2,193	100	100	100	100
砕片	1,822	5,254	16,169	1,466	28.83	31.32	29.8	10.79
総計	6,321	16,776	54,254	13,581	100.01	100.01	99.99	100.01

い。石器組成を見ると，龍牙洞遺跡と共通するスクレイパー，尖状器，彫器といった3種の小形石器やチョッパーのほか，多くのハンドアックス，ピック，クリーヴァー，大形両面加工背付ナイフ，チョッパーや石球など重量石器が見られる。

　石製品の加工技術を見ると，龍牙洞遺跡・開地型旧石器遺跡ともに，直接打法・礎砧法・両極打法など単純なハードハンマーによる直接打法が見られる。また両面加工も見られ，石材に適した剥離技術が採用されたと考えられる。石質が比較的脆い石英には両極打法が，比較的粘りが強い石英岩・砂岩には礎砧法が多く採用され，異なった結果を生じるに至った。龍牙洞遺跡の石製品は中・小形剥片と簡単な剥片石器によって代表され，石製品の加工技術から見ると，中国において更新世以降に流行する剥片および剥片を2次加工した石器インダストリーに類似する。例えば，周口店北京原人遺跡，貴州省黔西県観音洞，盤県大洞など洞穴類型堆積の遺跡があげられる。

　洛南盆地の開地型遺跡では多くの大形剥片や大形剥片を素材にした重量石器が発見される。少量の礫を直接利用した石器を除くと，大・中形の剥片や大・中形の剥片および自然礫を加工した石器を代表とする石器インダストリーで，藍田地区，丁村遺跡群，三門峡地区といった華北南部汾渭地溝周辺の文化様相と類似する。同時に，20世紀の80年代以降，長江中・下流域や華南百色盆地で発見された開地型遺跡との間にも類似性が認められる。こうした遺跡の間には，年代や石製品の組成・加工技術・石材に相違が見られるが，それらの間に共通した特徴を抽出するのは困難でない。また開地型遺跡の石器は両面加工技術が発達し，多くのハンドアックス，クリーヴァー，大形両面加工背付ナイフ，両面加工したピック，大形スクレイパーなど，西方のアシュール・インダストリーに類似した石器が見られる。洛南盆地の開地型旧石器遺跡におけるハンドアックス，クリーヴァー，大形両面加工背付ナイフや三稜ピックなど両面加工石器の割合は，西方の重要遺跡と比べても遜色がない（Wang, 2005）。

　著名な考古学者モヴィウスが，20世紀の40年代に，旧大陸における二大文化圏説を発表して以来，当時の東アジアにおいてハンドアックスなどアシュール・インダストリーの石器が発見されない現象をめぐって，さまざまな解釈が提示された（Schick, 1994）。しかし，中国を包括する広大な極東地区でハンドアックスなどアシュール・インダストリーの石器が発見されないという点を根拠とした解釈は，20世紀の70～80年代以降，朝鮮半島，中国南部の百色盆地，長江中・下流域における多くの開地型旧石器遺跡においてハンドアックスが発見される中で大きな打撃を受けた。近年における旧石器考古学資料の増加にともなって，東アジア発見のハンドアックスに関して時期や類型区分・加工方法に具体的な論争点を残しつつも，東アジアにもハンドアックスが分布するという事実が多くの学者によって受け容れられている。

　ある学者は，西方のアシュール・インダストリー類型で発見されるハンドアックスの加工がソフトハンマーによるのに対し，これまで東アジアで発見されたハンドアックスなどの両面加工石器はソフトハンマーによるものではないとしている。しかし，少し考えて見れば，最古のアシュール・インダストリー類型は約170万年前にアフリカ大陸で誕生し，100万年以上にわたって流行した。アシュール・インダストリー類型の長期にわたる伝統の中で，必ずしもソフトハンマーが広く掌握されたとは言いがたく，西方のアシュール・インダストリー類型で発見されるハンドアックスも全てがソフトハンマーによるものではない。明確なソフトハンマーの使用はアシュール・インダストリ

一類型後期のもので，東アジア発見のハンドアックスなどにソフトハンマーによる加工が見られない点を根拠に，東アジアと西方のハンドアックスの違いを強調するのは説得力を欠いている（王ほか，2005；陝西省考古研究院ほか，2007）。と同時に，近年の発見や研究によると，早期人類は在地石材のサイズや形状によって適切な方法でハンドアックスなどを加工したとされており，この点はすでにアフリカ，ヨーロッパ，南アジアにおける研究から実証されている（Jones, 1979；Jones, 1994；Stiles, 1991・1998；Petraglia, 1998；Pappu, 2001；Shaw et al., 2003）。さらにイタリア半島やドイツ内陸地方では，大型ゾウの骨によって石材を加工し，ハンドアックスなどを製作した例も報告されている（Gaudzinski et al., 2005）。こうした事実は，ハンドアックスの加工において，早期人類がさまざまな原石に適応していたことを示しており，ハンドアックスの形態も決して単一で典型的なものではなく，多彩な変化が認められる。

　これまでのところ，洛南盆地では，開地型遺跡と龍牙洞遺跡が異なる種属の人類によって残されたという明確な証拠は認められず，両者の石器組成の差異は遺跡の機能差に帰される可能性がある。龍牙洞遺跡は小規模な集団が日常生活を営んだキャンプ地，より広い分布をもつ開地型遺跡は動・植物資源の採集地である可能性があり，性格の異なる遺跡における生産活動の差異が，石器の選択に影響したと考えられる（王ほか，2004・2005；Wang, 2005；陝西省考古研究院ほか，2007・2008；王・沈，2006）。

謝辞　本研究に当たり，オーストラリア研究理事会（ARC 番号：DP0665250）および中国国家自然科学基金（40325007）の支援を得た。

引用文献

Gaudzinski, S., E. Turner, A. P. Anzidei et al., 2005 The use of proboscidean remains in every-day Paleolithic life. *Quaternary International*, 126-128：179-194.

鞏義市文物保護管理所，河南省社会科学院河洛文化研究所，1998 河南鞏義市洪溝旧石器遺址試掘簡報. 中原文物，(1)，1-8.

季楠，牛樹森，1983 河南省廬氏県発現人類化石. 人類学学報，2（4），399.

Jones, P. R., 1979 Effects of raw materials on biface manufacture. *Science*, 204, 835-836.

Jones, P. R., 1994 Results of experimental work in relation to the stone industries of Olduvai Gorge. In: *Olduvai Gorge, Vol. 5, Excavations in Beds Ⅲ, Ⅳ and the Masek Beds*, 1968-1971. Leakey M. D., D. A. Roe et al., (eds). Cambridge University Press. 254-298.

劉東生，1999 黄土石器工業.（徐欽琦主編）史前考古学新進展，科学出版社（北京），52-62.

呂遵諤，1999 従鞏義和洛南之行浅談礫石石器工業. 考古与文物，（4），27-35.

鹿化煜，張紅艶，王社江ほか，2007 東秦嶺南洛河上游黄土地層年代的初歩研究及其在旧石器考古中的意義. 第四紀研究，27（4），559-567.

Petraglia, M. D., 1998 The lower Paleolithic of India and its bearing on the Asian record. In: *Early Human Behavior in Global Context: The Rise of Diversity of the Lower Paleolithic Record*, Petraglia, M.D., and R. Korisettar (eds). London: Routledge, 343-390.

Pappu, R. S., 2001 *Acheulian Culture in Peninsular India: An Ecological Perspective*. New Delhi: DK Printworld.

Ranov, V. A., 1995 The 'loessic paleolithic' in South Tasjikistan, Central Asia: Its industries, chronology and correlation. *Quaternary Science Reviews*, 14, 731-745.

陝西省考古研究院, 商洛地区文管会, 洛南県博物館, 2007 花石浪（Ⅰ）. 洛南盆地曠野類型旧石器地点群研究. 科学出版社（北京）.

陝西省考古研究院, 洛南県博物館, 2008 花石浪（Ⅱ）. 洛南花石浪龍牙洞遺址発掘報告, 科学出版社（北京）. (inpress)

Shaw, A. D., and M. J. White, 2003 Another look at the Cuxton hand-axe assemblage. *Proceeding of the Pre-historic Society*, 69, 305-313.

Schick, K., 1994 The Movius line reconsidered: perspectives on the earlier Paleolithic of Eastern Asia. In: *Integrative Paths to the Past*: Paleoanthropological Advances in Honor of F. Clark Howell, Corruccini, R. S., and R. L. Ciochon (eds). Prentice Hall, Englewood Cliffs, N. J. 569-596.

Stiles, D., 1991 Early hominid behavior and culture tradition: raw material studies in Bed Ⅱ, Olduvai Gorge. *The African Archaeological Review*, 9, 1-19.

Stiles, D., 1998 Raw material as evidence for human behavior in the lower Pleistocene: the Olduvai case. In: *Early Human Behavior in Global Context : The Rise of Diversity of the Lower Paleolithic Record*, Petraglia, M.D., and R. Korisettar (eds). London: Routledge. 133-150.

王社江, 胡松梅, 2000 丹江上游腰市盆地的旧石器. 考古与文物,（4）：36-42.

王社江, 黄培華, 2001 洛南盆地旧石器遺址地層劃分及年代研究. 人類学学報, 20（3）, 229-237.

Wang, S. J., and P. H. Huang, 2002 Stratigraphy and TL dating of Paleolithic sites in the Luonan Basin, China. *Acta Anthropolgica Sinica*, 21 (Supplement), 67-77.

王社江, 張小兵, 沈辰ほか, 2004 洛南花石浪龍牙洞1995年出土石製品研究. 人類学学報, 23（2）, 93-110.

王社江, 沈辰, 胡松梅ほか, 2005 洛南盆地1995-1999年野外地点発現的石製品. 人類学学報, 24（2）, 87-103.

Wang, S. J., 2005 Perspectives on Hominid Behavior and Settlement Patterns: A Study of the Lower Paleolithic Sites in the Luonan Basin, China. *BAR International Series*, 1406, Oxford: Archaeopress.

王社江, 沈辰, 2006 洛南盆地旧石器早期遺址聚落形態解析. 考古,（4）：49-60.

Wenban-Smith, F. F., C. Gamble, and A. Apsimon, 2000 The lower Paleolithic site at Red Barns, Portchester, Hampshire: bifacial technology, raw material quality, and the organization of Archaic behavior. *Proceeding of the Prehistoric Society*, 66, 209-255.

夏正楷, 鄭公望, 福友ほか, 1999 洛陽黄土層中発現旧石器. 第四紀研究,（3）, 286.

薛祥煦, 1987 陝西洛南人牙化石及其地質時代. 人類学学報, 6（4）, 284-288.

楊暁燕, 夏正楷, 劉東生, 2005 黄土研究与旧石器考古. 第四紀研究, 25（4）, 461-466.

張森水, 梁久淮, 方孝廉, 1982 洛陽首次発現旧石器. 人類学学報, 1（2）, 149-155.

New Progress on Paleolithic Archaeological Studies in the Luonan Basin, Eastern Qinling Mountains, China

She-jiang WANG[1,2], Richard COSGROVE[1], Hua-yu LU[3],
Chen SHEN[4], Ming WEI[1], Xiao-bing ZHANG[5],

[1] Department of Archaeology, La Trobe University,

[2] Shaanxi Provincial Institute of Archaeology,

[3] School of Geographical and Oceanographical Sciences, Nanjing University,

[4] Royal Ontario Museum, [5] Museum of Luonan County

During 1995-2004, more than 268 Paleolithic open-air sites were identified, and 13,581 lithic artifacts were collected from Luonan Basin in the Eastern Qinling Mountains, Central China. These sites are distributed between the second to sixth terraces in the South Luohe River and its branches. The former analysis suggests that the lithic assemblages from the open-air sites were made of local raw materials that come from the cobbles of the South Luohe River system. They were procured, transported, and used by early hominids in these places. Lithic artifacts not only include cores, flakes, choppers, scrapers, points, and burins, but also contain many Acheulian-type tools such as hand-axes, cleavers, bi-facially modified backed knives, and trihedrals or triangular picks. It represents Acheulian-type Paleolithic industries with higher presence of bi-facially retouched heavy-duty and light-duty tools. In contrast to the open-air sites, the Longyadong Cave was systematically excavated during 1995-1997, and yielded more than 77,000 stone artifacts and faunal remains. Generally, the composition of lithic artifacts in the Longyadong cave is similar to the simple "core-retouched flake tools" lithic industry found in North China. The lithic assemblages excavated from the Longyadong cave differs significantly from those collected from the open-air sites. The greatest difference lies in the fact that large tools such as hand-axes, cleavers, trihedrals, and spheroids were totally absent from the Longyadong cave. Very different lithic assemblages are found separately in the open-air sites (the second terrace) and cave site in Pleistocene. The discoveries of great quantities of faunal remains associated with unusually high concentration of flakes and retouched flake pieces at the Longyadong cave indicates that apart from tool manufacture, early hominids probably carried out same butchering and wood working activities. The predominance of small flakes and retouched flaked pieces, as well as a lack of large tools indicates that the hominid behaviour did not involve heavy-duty activities in the Longyadong cave.

Although we had made a reasonable start in relation to the Paleolithic studies in the Luonan Basin, the lack of dating material and sedimentary records have blocked our investigation on the hominid behavior and the environmental changes. During 2004-2007, we surveyed various side tributaries and river valleys of the South Luohe River to identify suitable archaeological sites for further excavation. We identified Huaishuping Site (LP55) on the 4th river terrace for excavation. A depth of 2.85m was reached with stone artifacts. Other sites named Mayigou (Ants Gully)

(LP81) and Heling (LP45) at the 3rd terrace were also collected samples from the loess section to compare the patterns and to establish chrono-stratigraphy. OSL dates from sediments at Huaishuping (LP55) and Mayigou (Ants Gully) (LP81) were successful with age ranges of between 90ka to 50ka BP for hominid occupation.

Except the samples collected from the 3rd and 4th terraces in the Luonan Basin, A 24.8m and a 13m sections of loess deposit were also sampled at Shangbaichuan Site (LP08) and Liuwan Site (LP21) for paleomagnetic stratigraphy analysis and optically stimulated luminescence dating (OSL) in 2006-2007. Our preliminary results show that these loess deposits are typical aeolian origination with strong weathering process. The loess-paleosol alternations are related to the glacial-interglacial changes of the Northern Hemisphere. There are clearly warm/cold and humid/arid changes in the Eastern Qinling Mountains during Pleistocene time. Analyses for structure of the soil stratigraphy and depositional process, plus the OSL dating, paleomagnetic stratigraphy analyses as well as the magnetic susceptibility measurements, the results show that commencement of loess deposit in this region is at least since 1.10Ma ago. Because some lithic artifacts were collected from the lower parts of loess deposits (about 16m in depth) in the Shangbaichuan Site (LP08), these evidences indicate that early hominid were living in this region at least since 0.8 Ma ago.

Key words: Eastern Qinling Mountains, Luonan Basin, Paleolithic sites, Loess stratigraphic chronology, Lithic technology

中国・丹江水庫地区の旧石器文化

李超栄

中国科学院古脊椎動物与古人類研究所

1．はじめに

　丹江水庫地区の旧石器は，主に南水北調中線工程の水没地区に位置する湖北省鄖県，十堰市，丹江口市や河南省淅川県で発見されている。この地区は東秦嶺の一部に属し，地質，歴史時代には人類や動物の南北往来の過渡地帯にあたり，科学研究上，重要な意義を有している。1989年における"鄖県猿人"の発見により，当該地区は衆多の注目を集めるとともに，古人類が漢水流域に生息していた事実が明らかとなった。

　丹江口水利枢紐後期続建工程の施工にともなって，ダムの水量が増加し，大量の脊椎動物化石埋蔵地層や古人類遺跡が埋没することになった。貴重な古人類，旧石器遺跡や脊椎動物化石の保護のため，1994・2004年，長江水利委員会は中国科学院古脊椎動物与古人類研究所に対し，丹江口水庫埋没地区の旧石器，古人類と古脊椎動物の遺跡，地点の全面的な調査と，修復，保護計画を委託した（黄ほか，1996）。2006・2007年には，湖北省南水北調中線建設工程文物保護工作弁公室の計画にしたがって，中国科学院古脊椎動物与古人類研究所の4つの考古調査隊が丹江地区の双樹（李ほか，2007），北泰山廟，彭家河，尖灘坪旧石器遺跡で，湖北省文物考古研究所が学堂梁子旧石器遺跡で発掘をおこなった。また2007年には，地質調査中に4地点で新たな遺跡を発見した。

　これまで丹江水庫地区では，93ヵ所の旧石器遺跡，地点が発見されている（8地点では脊椎動物化石をともなう）。このうち前期旧石器時代は37ヵ所，中期旧石器時代は51ヵ所，後期旧石器時代は5ヵ所である。地表採集や試掘，発掘調査で出土した石製品は数千点で，その内訳は石核，人工石塊，剥片，石球，ハンマー・ストーン，尖状器，ハンドアックス，ピック，クリーバー，チョッパー，スクレイパー等である。

2．旧石器文化

　石製品の出土地点の地形や，地層の岩性，哺乳類動物化石の分析から，93ヵ所の旧石器地点は前，中，後期旧石器時代に区分される。以下では，文化遺物について初歩的分析をおこなう。

（1）前期旧石器時代遺跡

　前期旧石器時代の遺跡は37ヵ所を数える（茅草注，大樹埡，方家溝，関門岩磚廠，学堂梁子遺跡は水没区に位置する）。これらの地点は主に丹江口市や鄖県，淅川県に位置する。文化遺物の大多数は漢水の第3段丘の土壌堆積層から出土し，第4段丘の土壌堆積層からも少量の文化遺物が出土する。代表的な遺跡として北泰山廟1号，紅石坎1号，双樹，黄沙河口，外辺溝，杜店，馬家嘴，彭家河，水牛注，何家湾2号，龍口，関門岩磚廠，学堂梁子遺跡等があげられ，このうち彭家河，学堂梁子，

図1　紅石坎遺跡のハンドアックス
　　　（前期旧石器）
Fig.1 Handaxe from the Hongshikan site (early Paleolithic)

図2　曲遠河口遺跡のハンドアックス
　　　（中期旧石器）
Fig.2 Handaxe from the Qyuanhekou site (middle Paleolithic)

龍口遺跡では哺乳類動物化石がともなう。石製品には石核，剥片，スクレイパー，尖状器，チョッパー，クリーバー，ピック，ハンドアックス（図1）が見られる。主に大きな河原石を素材とし，石材には硅質石灰岩，石英岩，脈石英，砂岩等が見られる。加工は直接打法を主体とし，礎砧法，両極打法も見られる。直接打法による交互剥離，加工を特徴とする。2次加工は比較的粗雑であるが，石器は比較的整っている。大多数の石製品は礫面を残している。初歩的な観察や研究によると，こうした遺跡，地点の地質年代は中期更新世で，前期旧石器時代に位置づけられる。

(2) 中期旧石器時代遺跡

中期旧石器時代の遺跡，地点は51ヵ所を数え，そのうち5ヵ所では哺乳類動物化石をともなっている。文化遺物は主に丹江や漢水の第2段丘の黄褐色土壌堆積層から出土する。代表的な遺跡，地点として，鄖県曲遠河口（曲遠河第2段丘），韓家洲，劉湾1号，肖溝，余嘴1号，劉家溝，淅川県宋湾，坑南，賈湾1号，台子山，十堰市徐家湾遺跡等があげられる。哺乳類動物化石を含む地点は劉家溝，台子山，梁家崗1号，魏営である。石製品には石核，剥片，チョッパー，ハンドアックス（図2），スクレイパー，石球，ハンマー・ストーンが見られる。河原石やその剥片を素材とし，石材には石英岩，硅質石灰岩，砂岩，脈石英，フリント，瑪瑙等が見られる。加工は直接打法を主体とし，チョッパー，尖状器，ハンドアックスには直接打法による交互剥離方式の加工が多く見られる。大多数の石製品は礫面を残している。地層や哺乳類動物化石の特徴から，こうした遺跡，地点の地質年代は後期更新世前期で，中期旧石器時代に位置づけられる。

(3) 後期旧石器時代遺跡

後期旧石器時代の遺跡，地点は5ヵ所を数え，淅川県境内の丹江第2段丘前縁の黄褐色土層から発見されている。代表的な遺跡として馬嶺2号，双河2号遺跡があげられる。石製品には石核，剥片，スクレイパー，チョッパー，尖状器，ハンマー・ストーン等が見られる。石材は石英岩，フリント，硅質石灰岩，脈石英，瑪瑙等である。石核，剥片や自然礫を素材とし，加工法は直接打法を主体とする。この時期の文化は中期旧石器時代の特徴を継承し，押圧技術の出現や，石器の小形化，加工が精緻になるなどといった変化も認められる。地層や石器の特徴から，こうした遺跡，地点の地質年代は後期更新世と考えられ，後期旧石器時代に位置づけられる。

3. 考 察

(1) 石製品の特徴

丹江口水庫水没地区発見の旧石器遺跡は数量が多く，分布範囲も広い。いくつかの遺跡の分布面積は比較的広く，露出する地層も良好で文化層の状況も明らかである。石製品も文化的な地域性を反映し，中国南北過渡地域における旧石器文化の変遷や石器製作技術，西方の旧石器文化との対比を考えるうえで重要な資料となっている（李, 1998）。丹江水庫区で発見される石器は，大形のチョッパー（37.99%：1994年の資料による），ハンドアックス（18.28%：1994年の資料による），ピック（18.28%：1994年の資料による）が主体を占め，小形のスクレイパー（15.77%：

図3　紅石坎遺跡のスクレイパー（前期旧石器）
Fig.3　Scrapers from the Hongshikan site (early Paleolithic)

1994年の資料による）も一定の割合を占めている。大形礫石器を主体としたインダストリーとみることができる（図4）。中国北方の旧石器インダストリーはスクレイパーを主体とし，比較的小形であるが，丹江水庫地区で発見されたスクレイパーは比較的重く，サイズも比較的大形である（図3・5・6）。該地区の旧石器インダストリーは南北石器インダストリーの過渡的様相を呈している。

丹江口水庫で発見された大量の石器のうち，内外の学者の注意を引いたのはハンドアックスの存在である（Oakley, 1963）。ハンドアックスは礫核，粗礫や大石塊の両面を加工した打製の重型石器で，形態は西洋梨形や楕円形を呈している。一端は尖って薄く，他端は幅広で肉厚を呈し，剥片剥離に一定の工程が認められることから，人類最古の定型化した道具と称されている。ハンドアックスは，ヨーロッパやアフリカで前期旧石器時代の遺跡で常に見いだされ，この時期の旧石器文化を特徴づける石器と位置づけられている（Oakley, 1963）。

東アジア，南アジアでは，これまでハンドアックスの発見例は少なく，たとえ発見例があっても十分に認識されないまま，この地域にはハンドアックスの分布が少ないという印象が徐々に形成されてきた。20世紀の40年代にはモヴィウス（H. L. Movius Jr.）が，こうした印象にもとづいて"二大文化伝統"仮説を提示し，前期旧石器時代には東方と西方に異なる

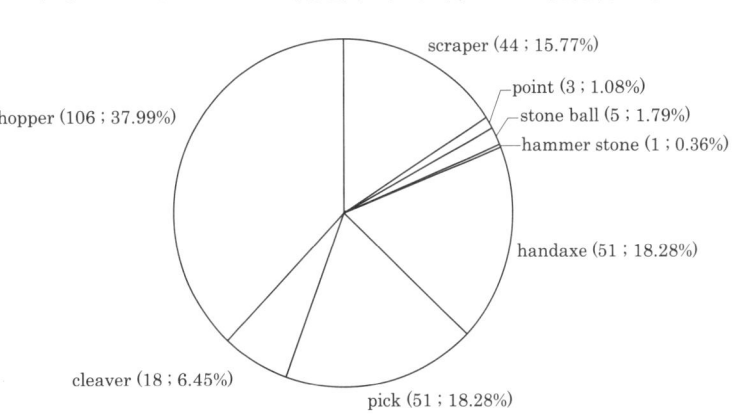

図4　石器組成の比率
Fig.4　Stone tools assemblage

- scraper (44 ; 15.77%)
- point (3 ; 1.08%)
- stone ball (5 ; 1.79%)
- hammer stone (1 ; 0.36%)
- handaxe (51 ; 18.28%)
- pick (51 ; 18.28%)
- cleaver (18 ; 6.45%)
- chopper (106 ; 37.99%)

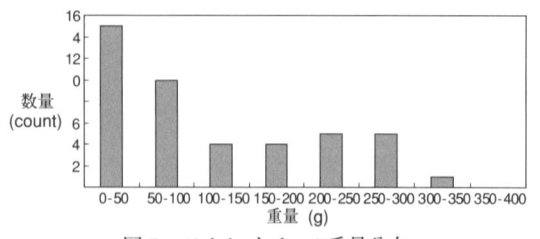

図5　スクレイパーの重量分布
Fig.5　Weight distribution of scrapers

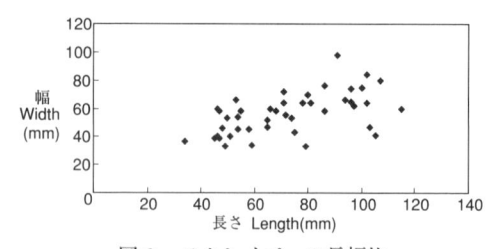

図6　スクレイパーの長幅比
Fig.6　Ratio of length and width of scrapers

文化圏が存在するとした。すなわち，東方のチョッパー文化圏と西方のハンドアックス文化圏である（Movius, 1944・1948）。この学説の影響は大きく，一部の研究者が中国や東アジア，南アジアにおけるハンドアックスの存在を指摘しても，こんにちまで"二大文化伝統"仮説にもとづいて東アジア，南アジアの旧石器文化や東西の文化的関係を考える傾向が強かった（載, 1985）。また中国や東アジア，南アジアで発見されるハンドアックスが，正式な発掘によって出土したものではなく，層位的な関係が不明確であった点も，こうした状況を招く大きな原因になったといえるだろう。

近年，中国南方や北方の旧石器遺跡においてハンドアックスが発見されている。とくに漢水両岸の段丘堆積物からは大量のハンドアックスが発見され，"二大文化伝統"仮説にとって有力な反証になったことは間違いない（李, 2002）。漢水第4段丘の学堂梁子，関門岩磚厰，第3段丘の双樹，北泰山廟1号（図7），紅石坎1号，杜店（図8・9），黄家湾，水牛洼，何家湾2号，馬家嘴，曹家院，大土包子，外辺溝，第2段丘の余嘴1号，余嘴2号，肖溝，韓家洲，劉湾，曲遠河口（曲遠河第2段丘）等の地点で，数量はさまざまであるがハンドアックスが発見されている。ハンドアックスは一般的に重く，大形である（図10・11）。2006・07年，双樹や尖灘坪遺跡の発掘において地層からハンドアックスが発見された。これは丹江水庫地区において，初めて発掘

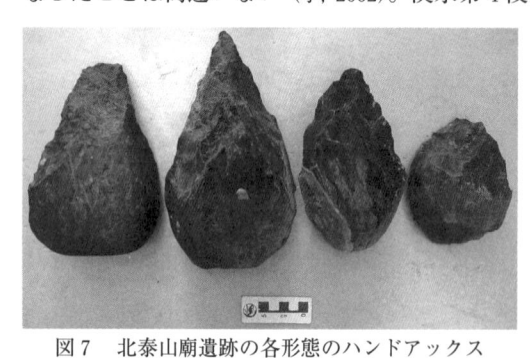

図7　北泰山廟遺跡の各形態のハンドアックス
　　　（前期旧石器）
Fig.7　Different handaxes from the Baitaishanmiao site（early Paleolithic）

図8　杜店遺跡のハンドアックス
　　　（正面／前期旧石器）
Fig.8　Handaxes from the Dudian site
　　　（early Paleolithic）

図9　杜店遺跡のハンドアックス
　　　（背面／前期旧石器）
Fig.9　Handaxes from the Dudian site
　　　（early Paleolithic）

図10　ハンドアックスの重量分布
Fig.10　Weight distribution of handaxes

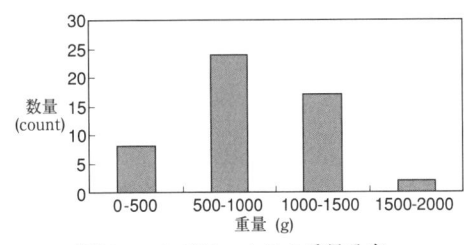

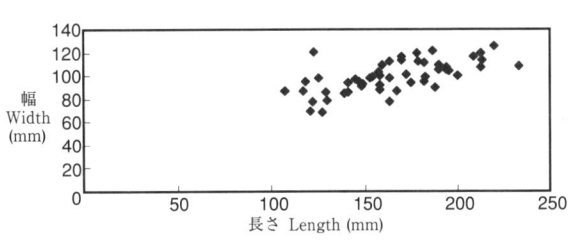

図11　ハンドアックスの長幅比
Fig.11　Ratio of length and width of handaxes

調査にともなって発見されたハンドアックスで，漢水流域においても発掘調査にともなって初めて発見された例である。これまで漢水流域では第2段丘から第4段丘でハンドアックスが発見され，当該地区の考古学編年や年代，西方の旧石器文化との対比に重要な資料を提供した（李ほか，2007）。2007年7月，フランス南部のペルペニアンで国際学術会議"前・中期更新世のハンドアックス文化―調和概念の誕生―"が開催された。中国，インド，韓国の学者によって東アジアのハンドアックス研究が紹介され，参加者の注目を集めた。筆者も丹江水庫地区発掘のハンドアックスを展示し，「中国ハンドアックスの研究」という報告をおこなった。この中で，中国のハンドアックスの発見の歴史を回顧し，世界のハンドアックス・インダストリーにおける位置づけを探るとともに，中国のハンドアックスが独自に出現し発達したことを指摘した。中国のハンドアックスは，アジア諸地域やヨーロッパのハンドアックスに比べて年代的に先行する。

　漢水およびその支流の曲遠河，龍門河では，第2段丘上で中期旧石器時代に位置づけられる地点が発見された。石製品は非常に豊富で数量は500点にのぼり，発見された石製品総数の52.6％を占める（1994年の資料による）。石器の加工は精緻で，ハンドアックスは礫を用いた両面加工を特徴とする。この時期の石器文化は，一面で"鄖県猿人"の文化を継承する（例えば曲遠河口遺跡の石器。また劉湾遺跡では上層が新石器，下層が旧石器となる）。一方，中期旧石器時代の早期には，石器の小形化や加工が精緻になるといった変化が見られるが，剥片剥離や加工技術には明確な継承性も認められる。

　浙川県において丹江の第2段丘前縁で発見された遺跡・地点は，後期旧石器時代に位置づけられる。5地点にすぎないが，発見された石製品の数量は大変多く99点にのぼる。発見された石製品の10.4％を占める（1994年の資料による）。とくに注目される点は，石材はフリントや瑪瑙が多く，小形で加工は精緻である。また2次加工として押圧剥離が出現する。梁家崗2号遺跡は，この時期を代表する重要な遺跡である。露出した地層は良好で，文化層は明瞭である。発見された石製品は，当該地区の後期旧石器時代の特徴を示しており，丹江流域における後期旧石器時代の石器インダストリーの特徴を考えるうえで貴重な資料となっている。

(2) 遺跡群の時代と性格

　93ヵ所の旧石器地点のうち，漢水の第4段丘が4ヵ所，漢水の第3段丘が32ヵ所，漢水の第2段丘が28ヵ所，丹江の第2段丘が28ヵ所を数える。また曲遠河口遺跡は漢水の支流である曲遠河の第2段丘に位置する。黄培華等は沈玉昌等の研究成果にもとづいて，漢水の第4・3段丘を中期更新

図12 双樹遺跡（前期旧石器）
Fig.12 Shuangshu Paleolithic Site

世，漢水の第2段丘を後期更新世と位置づけた（黄ほか，1995）。また黄学詩等が発表した論文では，丹江の第2段丘と漢水の支流である曲遠河の第2段丘を後期更新世と位置づけている（黄ほか，1996）。さらに李天元等（2001）は，鄖県人遺跡の化石人類や文化遺物，哺乳類動物化石の研究から，鄖県人遺跡の地質年代を中期更新世とした。古地磁気法による鄖県人遺跡の年代は，0.83〜0.87 MaBPである（閻，1993）。

筆者は漢水の第4・3段丘出土石製品を前期旧石器時代，漢水の第2段丘，丹江の第2段丘，漢水支流の曲遠河の第2段丘出土石製品を中期から後期旧石器時代に位置づける。前期旧石器時代の遺跡が37ヵ所，中期旧石器時代の遺跡が51ヵ所，後期旧石器時代の遺跡が5ヵ所となる。こうした遺跡のうち，河南省淅川県魏営のみが洞穴遺跡であるほかは，全て開地型遺跡である。踏査や発掘調査において，各遺跡から発見された文化遺物は一定でなく，最も多い遺跡は数百点，最も少ない遺跡は1点である。10点以下の遺跡は54ヵ所，10〜20点の遺跡は20ヵ所，20〜30点の遺跡は11ヵ所，30〜40点の遺跡は2ヵ所，40〜50点の遺跡は1ヵ所，100点以上の遺跡は5ヵ所となる。これは野外調査の期間，試掘面積の大小，正式な発掘調査の有無に関連すると考えられるが，発見された資料から推測して，大部

図13 双樹遺跡出土のハンドアックス
Fig.13 Handaxe from the Shuangshu Paleolithic site

図14 フランスのテラ・アマタ遺跡出土のハンドアックス
Fig. 14 Handaxes from the Terra Amata site in France

図15 フランスのラザレ遺跡出土のハンドアックス
Fig. 15 Handaxes from the Lazaret site in France

分の遺跡・地点は臨時の宿営地や活動場所と考えられる。当時の人類は，河岸や丘陵で臨時に石器を製作し，狩猟，採集活動をおこなっていたのであろう。

2007年，湖北省丹江口市双樹遺跡の発掘中，地層からハンドアックスが発見された（図12・13）。B地区のトレンチでは人類活動を反映する遺構や遺物が検出され，2点の大形台石が出土した。このうち砂岩製台石の上面には，石器を打撃した痕跡が見られ，周囲には石核や剥片が認められた。また硅質石灰岩製台石の上面には，動物を解体したと考えられる線状の痕跡が観察される（李ほか，2007）。

(3) 文化対比

漢水流域の旧石器は相当豊富である（閻，1980；閻・魏，1986；黄・祁，1987；李・馮，2001）。丹江水庫地区発見の石製品を陝西（王ほか，2005），湖南（袁，1996），江西（李・徐，1991），広西省（何・邱，1987）や安徽省（房，2004）等で出土した石製品と比較すると，これらの地域の間に密接な関連が認められる。剥片剥離技術や加工技術，石器類型，石器のサイズは非常に類似し，礫石器インダストリーに位置づけられる。主要な石器にはチョッパー，ピック，ハンドアックス等がある。丹江水庫地区の石製品は，韓国やヨーロッパの旧石器と類似し，アジアやヨーロッパの旧石器文化の研究において重要な意義を有している（図14・15）（Bae, 1999；Bae et al., 2001；Lumley, 1996・2004）。とりわけ，西方からの人類の移動や文化交流を考えるうえで，重要な資料を提供した。丹江地区旧石器遺跡群で発見された豊富な旧石器文化は，中国南北地区の過渡的様相を呈している。こうした遺跡は，考古学的発掘や総合的研究を通じて，旧石器文化伝統や人類の認知能力，中国における人類の南北移動，西方との文化対比を考えるうえで重要な意義をもつ。丹江口水庫地区における緊急調査の進展にともなって，新たな発見がもたらされ，当該地区の旧石器文化研究の深化が期待される。

謝辞　本研究に当たり中国自然科学基金（KA207304），国家重点基礎研究発展規劃項目（Supported by the Major Basic Research Projects（2006CB806400）of MST of China）（2006CB806407），独立行政法人日本学術振興会の基金の援助を得た。また文中の図は許勇工程師による。深く謝意を表したい。

引用文献

Bae, Kidong, 1999 *The Kumpari Paleolithic Site ; Report of Excavations in 1989-1992.* National Research Institue of Cultural Properties Seoul, Korea.

Bae, Kidong, Miyoung Hong, Hanyong Lee, 2001 *The Chongok Paleolithic Site ; Report of Test-Pits Excavation, 2000-2001.* The Institute of Cultural Properties, Hanyang University.

戴爾倹, 1985 旧大陸的手斧与東方遠古文化伝統. 人類学学報, 4（3）, 215-222.

房迎三, 2004 長江下游地区的旧石器時代考古.（呂遵諤主編）中国考古学世紀回顧：旧石器時代考古巻, 科学出版社, 北京, 392-408.

広西壮族自治区博物館, 2003 百色旧石器. 文物出版社, 北京.

何乃漢, 邱中郎, 1987 百色旧石器的研究. 人類学学報, 6（4）, 289-297.

黄慰文, 祁国琴, 1987 梁山旧石器遺址的初歩観察. 人類学学報, 6（3）, 236-244.

黄培華, 李文森, 1995 湖北鄖県曲遠河口地貌. 第四紀埋蔵地層和埋蔵環境, 江漢考古, 2, 83-86.

黄学詩, 鄭紹華, 李超栄等, 1996 丹江庫区脊椎動物化石和旧石器的発現与意義. 古脊椎動物学報, 34（3）, 228-234.

李超栄, 徐長青, 1991 江西安義潦河発現的旧石器及其意義. 人類学学報, 10（1）, 34-41.

李超栄, 1998 丹江水庫区発現的旧石器. 中国歴史博物館刊, 1, 4-12.

李超栄, 2002 在中国出土的手斧.（裴基同, 李延哲主編）東北亜細亜旧石器研究, 韓国漣川郡・漢陽大学校文化財研　究所, 29-38.

李超栄, 許勇, 張双権等, 2007 丹江口庫区的旧石器文化―記双樹旧石器遺址的発掘. 化石, 2, 46-48.

李天元, 馮小波, 2001 鄖県人. 湖北科学出版社, 武漢, 1-218.

Henry de Lumley, 1966 Les Fouilles de Terra Amata a Nice. *Bulletin de Musée d'Anthropologie, Préhistorique de Monaco,* 13, 29-51.

Henry de Lumley, 2004 *Le Sol d'occupation acheuléen de l'unité archéostratigraphique UA 25 de la grotte du Lazaret*（Nice, Alpes-Maritimes）. EDISUD.

Movius, H. L., 1944 Early Man and Pleistocene Stratigraphy in Southern and Easten Asia. *Papers of the Peabody Museum,* 19（3）, 1-125.

Movius, H L, 1948 The Lower Paleolithic Culture of Southern and Eastern Asia. *Transaction of The American Philosophical Society,* 38（4）, 329-420.

Oakley, K. P., 1963 *Man the Tool-maker,* British Museum.

王幼平, 1997 更新世環境与中国南方旧石器文化発展. 北京大学出版社, 北京.

陝西考古研究院等編, 2007 花石浪（I）―洛南盆地曠野類型旧石器地点群研究―. 科学出版社, 北京.

王社江, 沈辰, 胡松梅等, 2005 洛南盆地1995-1999年野外地点発現的石製品. 人類学学報, 24（2）, 87-103.

閻家祺, 1980 陝西漢中地区梁山龍崗首次発現旧石器. 考古与文物, 4, 1-5.

閻家祺, 魏京武, 1986 陝西梁山旧石器研究. 史前研究, 1, 51-56.

閻桂林, 1993 湖北"鄖県人"化石地層的磁学初歩研究. 中国地質大学学報, 18（4）, 211-226.

袁家荣, 1996 湖南旧石器文化区域性類型及其地位.（湖南省文物考古研究所編）長江史前文化 第二届亜洲文明学　術討論会論文集, 岳麓書社, 長沙, 20-27.

The Culture of the Paleolithic at Danjiang Reservoir in China

Chaorong LI

Institute of Vertebrate, Paleontology and Paleoanthropology, Chinese Academy of Sciences

　The Danjiang (丹江) reservoir locates in the eastern part of the Qinling Mountains (秦嶺山脈), which form a geographic boundary between North and South in China. The most Paleolithic sites were found by the archaeological team of institute of vertebrate paleontology and paleoanthropology, Chinese Academy of Sciences at the middle route project of the South-North water transfer project in China from 1994 to 2007. The Paleolithic sites are chronologically subdivided into three stages according to characters of the stone artifacts, their geomorphologic occurrences and the data of palaeomagnetic dating. The early Paleolithic sites were discovered mostly from the third and the fourth terraces of Hanshui (漢水). The middle Paleolithic sites were discovered mostly from the second terraces of the Hanshui. The late Paleolithic sites were discovered from the second terraces of the Danjiang. The Paleolithic material were found at Yunxian (鄖県) county, Danjiangkou (丹江口) and Shiyan (十堰) cities of Hubei Province, Xichuan (淅川) county of Henan province.

　The stone artifacts of the early stage include cores, flakes, scrapers, stone balls, cleavers, picks, handaxes, choppers, chopping-tools etc. The heavy-duty tools are mainly made of of large pebble. They are characterized by means of direct percussion and alternating retouching with hammer. However the retouching is not so fine, and most of them preserve pebble faces. The raw material of tool are mainly siliceous limestone and quartzite. The light-duty tools are mainly made of small flakes. The artifacts of the middle stage are mainly collected from the 2nd terrace of the Han River. In view of the percussion and retouching technique, they are very similar to that of the early stage, but smaller in size and more exquisitely retouched. This stage is characterized by handaxes that are retouched bifacially. The industry at the late Paleolithic stage is more progressive, the artifacts are made mainly of flint and agate, and are smaller, and the retouching is more exquisite.

　The artifacts of these three stages from this area reveal the continuity of the cultural evolution. They also show both characters of southern and northern Chinese Paleolithic industries. These will play a great role in the study of the Chinese Paleolithic culture.

　The discovery of handaxes provides evidence for the correlation of Chinese Paleolithic cultures with foreign ones, especially some other Asian countries. The discovery of handaxes industry in China provides a question. It was the origin of this industry from Africa or from Asia. I think that the handaxe in China locally born and bred. Handaxe industry in China is different from handaxe in Africa. It is similar to handaxe in Europe. The age of the handaxe in China is earlier than the age of handaxe in Europe according to the present material. It is very important for studying Paleolithic culture in Asia and Europe.

Key words：Danjiang reservoir, handaxe, pick, clearer, chopper, siliceous limestone, quartzite

中国・織機洞遺跡の古人類活動と年代学・古環境的背景

王幼平

北京大学考古文博学院

　織機洞遺跡は河南省鄭州市郊外の滎陽崔廟郷王宗店村に位置する，石灰岩の列隙に沿って発達した岩陰式の洞穴である。洞口は高さ20余m，幅10余mで，奥行きが20余mを測る（図1）。また堆積物の総厚が20m以上に達する。遺跡は嵩山支脈によって形成された低丘陵地帯に位置している。付近には植生が繁茂し，草木が生い茂っている。1990年以来，繰り返し発掘調査が実施され（張ほか，2003），2001年からは，北京大学考古文博学院と鄭州市文物考古研究所が合同で2次にわたる発掘調査をおこなっている（邵，2003；王幼平，印刷中）。

1．地層堆積

　堆積物の特徴から，更新世人類のこの巨大な岩陰遺跡の利用には，2つの段階が認められる。上部の堆積物は古環境や年代学的な分析から後期更新世の比較的新しい段階，後期旧石器時代に位置づけられる。一方，下部の堆積物は^{14}C年代法や光励起ルミネッセンス法などから，その主なもの

図1　織機洞遺跡の洞口と部分堆積
Fig.1　The entrance and partial deposit of the Zhijidong site

表 1　層位別花粉組成と環境（夏正楷ほか，印刷中）
Table 1　Combination of pollen from cultural layers and presumed environment

段階	層位 深度（cm）	花粉濃度 深度／g	花粉組合量（%）			気候環境
			草本	木本	ワラビ類	
晩期	2層 60〜160	2.8〜41.4	72.2〜100 ヨモギ属 －イネ科	0.0〜37.5 広葉樹低木	0.0〜20.8	温暖やや湿潤 樹木が疎らな 草原
中期	3層 160〜300	5.4〜30.8	86.6〜100 ヨモギ属 －イネ科	0.0〜10.4 広葉樹見られず	0.0〜3.1	温和乾燥 温帯草原
	4層 300〜352	20.0〜67.1	91.3〜98.4 ヨモギ属 －アカザ科 －イネ科	2.0〜8.7 広葉樹は少なく，ニレ・オニグルミ・サワグルミ・コナラ・ウルシ・カエデ等のみ。低木は少ない。	0.0〜2.1	温和やや乾燥 温帯草原
早期	5層 352〜382	22.4〜53.6	80.9〜96.3 ヨモギ属 －アカザ科 －イネ科	3.7〜18.3 広葉樹が多く，高木はカバノキ・ニレ・ハンノキ・オニグルミ・コナラ等，低木はクワ・マオウ。	0.0〜0.9	温暖やや湿潤 樹木が疎らな 草原
	6層 382〜430	22.8〜88.5	76.8〜93.3 ヨモギ属 －イネ科	3.4〜8.2 広葉樹が多く，高木はニレ・オニグルミ・サワグルミ・コナラ・ウルシ・カエデ等。	0.0〜19.3	温暖やや湿潤 暖温帯 樹木が疎らな 草原
	7層 430〜459	11.6〜32.8	85.2〜100 ヨモギ属 －イネ科	0.0〜13.1 広葉樹が多く，高木はニレ・コナラ・ウルシ，低木はクワ。	0.0〜1.6	
初期	8層 459〜526	3.0〜33.8	88.2〜100 ヨモギ属 －イネ科	0.0〜9.8 広葉樹・低木見られず	0.0〜6.6	温和やや乾燥 温帯草原

は4万年前以前に形成されたと考えられ，今回重点的に調査をおこなった。洞口部の堆積は9層に区分され，その概要は以下の通りである。

　1層（表土層；棕黄色粘質シルト）　石灰岩砕屑を含有する。　　　　　　　　　　　深さ0〜0.6m

2層（黄色粘土質シルト）　3～5 cmの石灰岩角礫を少量含む。光励起ルミネッセンス法による年代は37.4±3.51 kaBPである。　　　　　　　　　　　　　　　　　　　　　深さ0.6～1.6m

3層（石灰華（カルシウム板）層）　上部は灰白色，下部は磚紅色。強烈な風化を受け，団塊状を呈する。頂部は起伏を見せ，平坦でなく，層厚も変化に富む。少量の石製品を包含する。深さ1.6～3 m

4層（褐灰色カルシウム質粘土）　極めて少量の石灰岩砕屑を含み，灰黒色のマンガン質条帯を挟む。少量の石製品を包含する。　　　　　　　　　　　　　　　　　　　　深さ3～3.65m

5層（褐灰色カルシウム質粘土）　底部には石灰岩砕屑が薄い層状をなす。少量の石製品を包含。光励起ルミネッセンス法による年代は46.5±4.12 kaBPである。　　　　　深さ3.65～3.82m

6層（磚紅色カルシウム質粘土）　多くの石灰岩砕屑を包含する。礫は径3～5 cm前後で，扁平状を呈する。また大量のカルシウム質結核を含む。底部の色調は濃く，灰黒色のマンガン質条帯が見られる。やや多くの石製品を包含する。光励起ルミネッセンス法による年代は48.1±11.1 kaBPである。　　　　　　　　　　　　　　　　　　　　　　　　　　　深さ3.82～4.3m

7層（灰黒色砂質粘土）　少量の石灰岩砕屑を包含する。カルシウム質条帯が発達し，特に西側で顕著に見られる。豊富な石製品を包含する。光励起ルミネッセンス法による年代は49.7±5.76 kaBPである。　　　　　　　　　　　　　　　　　　　　　　　　　　深さ4.3～4.59m

8層（灰褐色シルト質粘土）　白色の石灰華団塊や灰黒色のマンガン質条帯を挟み，分布は均一でない。少量の石製品を包含する。　　　　　　　　　　　　　　　　　　深さ4.59～5.26m

9層（褐灰色砂質粘土）　大量の灰黒色カルシウム質条帯と灰白色カルシウム質条帯が混在する。条帯は湾曲し，その産状は変化に富むが，基本的に洞壁と一致している。洞底の落水による充填物である。本層中には少量の石製品を包含する。　　　　　　　　　深さ5.26～9m

2．年代と環境

(1) 花粉分析と環境

古人類が活動した時期の環境を理解するために，調査区断面のうち深さ0.6～5.25mの層位から，長さ4 cmのサンプルを連続的に79点採取した（夏ほか，印刷中）。実験室における分析の結果，39種

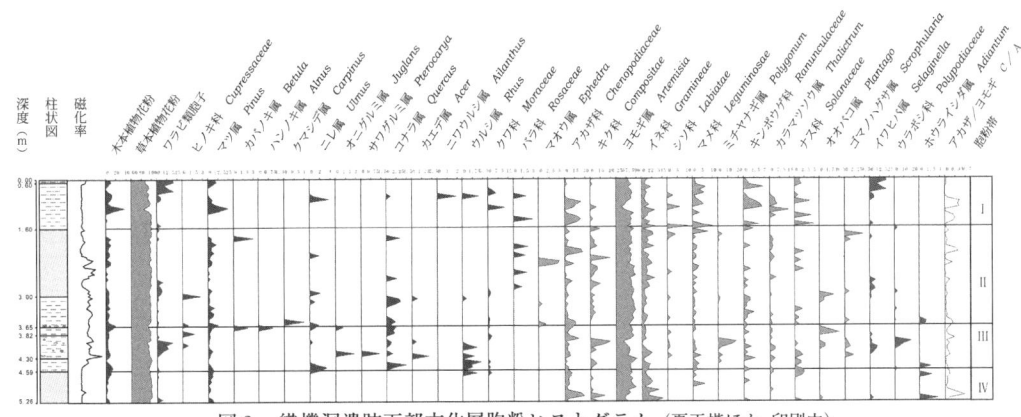

図2　織機洞遺跡下部文化層胞粉ヒストグラム（夏正楷ほか，印刷中）
Fig.2　Result of pollen analysis from the Zhijidong site（Xia *et al.*, in print）

表2 織機洞遺跡下部文化層のOSL年代
Table 2 OSL ages of lower cultural layer at the Zhijidong site

サンプル番号	層位	等価線量（Gray）	年間線量率（Gray／ka）	サンプル年代（ka B.P.）
B1	1		3.52 ± 0.10	
B2	2	171.2 ± 15.3	4.58 ± 0.13	37.4 ± 3.51
B3	3		7.85 ± 0.29	
B4	4	389.1 ± 40.4	3.93 ± 0.11	99.4 ± 10.65
B5	5	199.5 ± 16.6	4.289 ± 0.13	46.5 ± 4.12
B6	6	244.8 ± 55.9	5.09 ± 0.16	48.1 ± 11.1
B7	7	255.1 ± 28.5	5.13 ± 0.16	49.7 ± 5.76
B8	8	307.6 ± 24.8	7.579 ± 0.294	40.6 ± 3.63

の花粉が検出された。その内容は図2の通りである。

花粉の組合せを見ると，基本的にヨモギ属－アカザ科－イネ科の組合せを主体とする。暖温帯草原－樹木の疎らな草原環境と考えられ，気候は温暖湿潤と推定される。さらに花粉分析の結果を細かく見ると，以下のような変遷が想定される。

下部文化層底部（8層；深さ4.59～5.26m）の花粉は，ヨモギ属－イネ科の組合せを特徴とする。広葉樹や低木が見られない暖温帯ヨモギ属草原環境と考えられ，気候は温暖乾燥と推定される。

下部（7・6・5層；深さ3.52～4.59m）の花粉は，ヨモギ属－イネ科の組合せを主体とするが，木本植物としてマツ類のほか広葉樹が出現し，高木にはカバノキ・ニレ・ハンノキ・オニグルミ・コナラ・サワグルミ・ウルシ・カエデなどが，低木にはクワなどが見られる。落葉広葉樹が生息する暖温帯の樹木の疎らな草原環境と考えられ，気候は比較的温暖湿潤だったと推定される。また第5層ではアカザ科やマオウなど耐乾性の植物が出現し，オニグルミ・サワグルミなど暖温帯広葉樹が消失する。下部文化層の後半には，気候が寒冷乾燥化したことを示している。

中部（4・3層；深さ1.60～3.52m）の花粉は，ヨモギ属－アカザ科－イネ科の組合せを特徴とし，広葉樹は明らかに減少する。第4層ではニレ・オニグルミ・サワグルミ・コナラ・ウルシ・カエデなどが少量見られるが，第3層では広葉樹が見られなくなる。暖温帯乾燥草原環境と考えられ，気候は温暖乾燥と推定される。

上部（2層；深さ0.60～1.60m）の花粉は，ヨモギ属－イネ科の組合せを特徴とし，広葉樹が再び出現する。暖温帯草原－樹木の疎らな草原環境と考えられ，気候は温暖湿潤化したと推定される。

(2) 光励起ルミネッセンス法による年代測定の結果

織機洞遺跡の年代という難問を解決するため，各層位の年代を系統的に測定した。調査区北側の断面からサンプルを採取し，光励起ルミネッセンス法で年代測定をおこなった。同断面の保存状況は良好で，地層の堆積も連続するため，1～8層でサンプルを採取した。サンプルの採取は発掘調査と同時進行でおこなわれ，年代測定の研究者がサンプル採取を担当することで，試料の科学性を担保した。測定結果は表2の通りである。

(3) 小 結

上述した年代測定結果は，織機洞遺跡の年代を考える上で信頼性の高い数値を提供した。また織

機洞遺跡下部の7層でも^{14}C年代法により初歩的な年代測定を実施し，約4万年前という年代を得た。年輪試料を用いた暦年較正により，その年代はさらに遡るだろう。さらに，^{14}C年代法による胞粉帯第Ⅱ期から第Ⅲ期の年代は約3.5万年前で，光励起ルミネッセンス法による測定結果と一致することから，7・8層の年代は約4～5万年前と確定される。

織機洞遺跡の堆積物と洞外の黄土−古土壌断面を対比すると，下部の各文化層は洞外の堆積では古土壌（L_1S_1）の発達期に相当する。こうした状況は上述した年代とも一致する。わが国の黄土研究によると，この時期に形成された古土壌は，鄭州から洛陽一帯にとどまらず黄土高原全体で見ることができる（夏ほか，1999）。このことは，織機洞遺跡が中国北方地域と同様に，当時，温暖湿潤な間氷期にあたっていたことを意味しており，快適な気候は古土壌の発達にとどまらず，人類の生活にとっても良好な環境と空間を提供したと考えられる。

3．石器製作と人類活動

織機洞遺跡の下部の堆積物から出土した石器群は，明瞭に2つの類型に分けることができる。1～7層を代表とする剥片石器群と，8・9層を代表とする礫石器群である。

初歩的な分析によると，1～7層出土の石製品は数千点に及び，石材は石英を主体とする。次に燧石が多く，少量の石英砂岩や石英岩も見られる。石英砂岩や石英岩は，周辺の河原に見られる礫石であるが，そのほかの石材は，数km以上離れた露頭から採取したり，風化した石塊を利用している。出土した石製品を観察すると，燧石の質は劣悪で剥片状の小塊が多く，大形のものは見られない。一方，石英の質はよく，サイズも比較的大きいため，石材としての利用率も高くなったと考えられる（図3）。

この1～7層の段階の石核は不規則な形態を呈し，大部分はハンマーによる直接打法により剥離される。打面の形状も不規則で，打面調整は見られない。自然面や打撃により生じた剥離面を利用して剥片剥離がおこなわれる。そのため利用率は大変低く，一般には，数片を剥離した後に石核は廃棄されている。剥片も多く見られるが不規則な形態のものが多く，三角形や整った縦長の剥片は少ない。ハンマーによる直接打法によるもののほか，少数の資料は両極打法によっている可能性がある。

2次加工のある石製品は1,000点以上を数え，サイド・スクレイパー，エンド・スクレイパー，ノッチ，尖頭石器，石錐，彫器，チョッパー，チョッピング・トゥールなどに分類される。このうちサイド・スクレイパー，尖頭石器，石錐などはいくつかの類型に細分が可能である。2次加工は単純で，入念に加工された定型的な精製品は少ない。2次加工はハード・ハンマーに

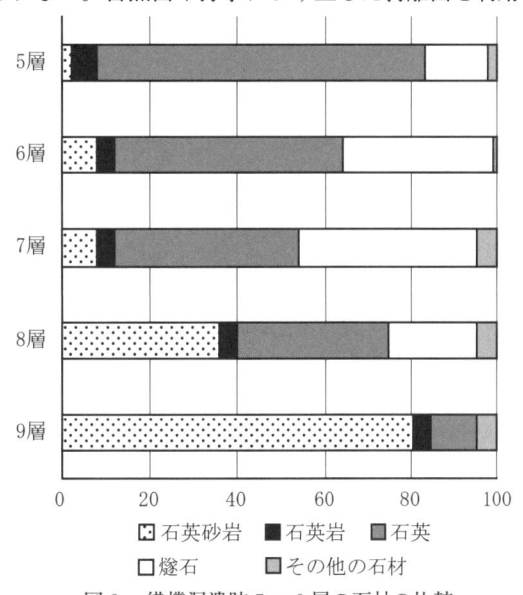

図3　織機洞遺跡5～9層の石材の比較
Fig.3 Comparison of lithic materials in the layer 5-9 at the Zhijidong site

図4　織機洞遺跡7層の燧石製石器
Fig.4 Stone artifacts made of flint from the layer 7 at the Zhijidong site

図5　織機洞遺跡7層の石英製石器
Fig.5 Stone artifacts made of quartz from the layer 7 at the Zhijidong site

よるものを主体とする。背面加工を主体とし，腹面加工は少ない。また両面加工のものは見られない（図4・5）。

　織機洞遺跡8・9層出土の石製品は1〜7層に較べて少なく，これまで整理した資料は100余点である。8・9層の段階の石材を，1〜7層と比較すると大きな変化が認められる。石英岩と砂岩の

図6　織機洞遺跡9層の礫石器
Fig.6 Pebble tools from the layer 9 at the Zhijidong site

比率が増加し主体を占める。一方，石英や燧石は明らかに減少する。また，石材の来源も明らかに異なり，洞前の河原礫が主に利用され，形状は大形である。

出土した石核や剥片を観察すると，剥片剥離技術に大きな変化は見られない。直接打法による剥片剥離を主体とし，石核調整や打面調整は見られない。両極打法の使用は非常に限定的である。しかし2次加工のある石製品を比較すると，1～7層との間に大きな変化が認められる。8・9層では，チョッパー，チョッピング・トゥールなど大形石器の比率が漸次増加し，石器のサイズや重量は明らかに増加する（図6・7）。

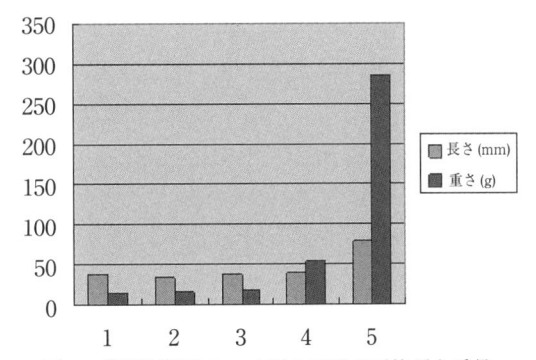

図7　織機洞遺跡5～9層の石器の平均長と重量
1：5層，2：6層，3：7層，4：8層，5：9層
Fig.7 Average length and weight of stone artifacts in the layer 5-9 at the Zhijidong site
1：Layer 5, 2：Layer 6, 3：Layer 7, 4：Layer 8, 5：Layer 9

織機洞遺跡の更新世堆積物は大変厚く，主な部分は後期更新世中期から同後期に位置づけられ，考古学的には中期から後期旧石器時代にまたがっている。連続的に堆積した断面では，複数の層位から石製品が出土し，人類が継続的に洞穴を利用したことを示している。中期旧石器時代から後期旧石器時代になると，その文化的な特徴に明瞭な変化が認められる。そうした変化は，石材の選択

や石製品の大きさ，石器組成などに見られる。これらは人類の活動の変化と密接に関連するものであり，人類の行動様式の発展と変化が，その文化的な遺物に反映した結果といえる。

　石材をめぐる経済的な変化であろうと，石器群の変化であろうと，こうした文化的現象は人類の行動様式の変化を反映すると考えられる。織機洞遺跡の調査から，その住民は遺跡周辺で石材を採取して，その場で石器を製作したと推定され，チョッパーなどの大形石器が生活の中で重要な役割を果たしていた。これらの多くは2次加工が単純な便宜的な石器である。また石材の産地や石器を製作し使用した場所は，いずれも居住地から近く，比較的狭い範囲の中に存在する。こうした状況は，織機洞遺跡の住民が遺跡周辺で活動し，チョッパーなどの大形石器が重要な位置を占めたことを示している。

　上述した状況は，7層以降，急激に変化する。この時期，織機洞の住民は周辺の河原で豊富に見られる石英砂岩や石英岩を放棄し，遠隔の山間部に小形で鋭利な刃部をもつ石器の製作に適した燧石や石英を求めている。このことは，すでに燧石の産地を熟知していたことを示しており，石材の獲得のため少なくとも半径6〜7kmを行動範囲としていたと推定される。また石英の産地はさらに遠い可能性がある。織機洞遺跡から出土した大量の燧石，石英の石材や石製品から，織機洞の住民は居住地から少なくとも6〜7km以上の範囲を日常的な行動域としていたと考えられる。精巧で軽い石製品は，遠隔活動地への携帯に適している。石材の産地が遠隔地に位置することにとどまらず，そうした遠隔地石材を用いて製作された石製品の携帯性や適用機能は，この時期の彼らの活動範囲がさらに広範なものになったことを示している。こうした小形の鋭利な刃部をもつ石器を利用することで，彼らはさらに多くの活動をおこなうことができるようになったのである。

　広域におよぶ活動範囲や複雑な道具の使用開始は，織機洞の住民の行動様式が複雑化したことを示している。こうした変化は4〜5万年前，最終氷期最寒冷期に先行する亜間氷期に起こったと考えられる。織機洞遺跡および，その周辺の古環境研究によると，当時，人類は温暖湿潤な気候下で生活したと推定され，周辺の植生は森林草原を主体としたと考えられる。近年の後期更新世における環境変化の研究によると，気候が全体的な傾向として寒冷乾燥化する中でも，温暖化する時期が認められる。3〜5万年前の織機洞の住民は，まさにこの温暖な環境下で生活したと考えられる。これまでの旧石器考古学研究の成果によると，一般的に温暖湿潤な森林または森林草原環境では大形のチョッパー類を主体とした石器群が，寒冷乾燥した草原環境では小形で鋭利な刃部をもつ石器群が利用されたとされている。しかし，織機洞遺跡では気候変動が見られない温暖湿潤な環境下で，大形礫石器群から小形剥片石器群への変化が認められる。織機洞遺跡におけるこの変化は，環境への適応では説明できないことを示しており，さらに深層の原因があるということができる。

　人類の進化に目をむけると，織機洞遺跡に人類が生活していた時期は，現代型新人の出現と迅速な発展を見せた重要な時期にあたっている。人類化石など直接的証拠を欠いているが，織機洞遺跡で出土した考古学的な資料は，この段階の人類行動に特徴的な変化があったことを示している。まず8・9層の石器群とそれに関連する資料から，住民は近隣の石材を利用して便宜的な石器を生産したと考えられる。主に狭い範囲に適応し，相対的に単純な活動をおこなっていた。しかし，7層以降には，石材の長距離運搬や多数の精巧な石器の製作が認められ，活動範囲の拡大と行動の複雑化が認められる。こうした活動の複雑化や生存領域の拡大といった特徴は，まさに現代型新人に特

有の特徴とも一致する。織機洞遺跡に見られるこうした変化は，単純な環境適応ではなく，現代型新人とその行動様式の出現と密接に関連する。

織機洞最下層の礫を素材とした大形石器群に類似するものは，織機洞遺跡周辺や華北南部地区の後期更新世の比較的古い段階に広く分布し，後期更新世新段階になると織機洞後期の小形の剥片石器群に類似するものが取って代わる。こうした現象は，近年，中国南方や朝鮮半島の旧石器時代遺跡でも一般的に認められる。織機洞遺跡における厚い地層堆積や，多層にわたる石製品の発見，とりわけ特徴が異なる石器群の発見とその変遷は，中原地域や東アジア地域における後期更新世の旧石器文化の発展を考えるうえで，重要な視座を提供した。こうした視座によれば，近年，中国各地や東アジア地区で新たに発見された後期更新世の旧石器遺跡や，それに反映されている後期更新世人類の行動様式の発展を，より明確で詳細に窺うことができるだろう。

引用文献

邵文斌, 2003 織機洞遺址2001年的発現与初歩研究（北京大学修士学位論文）.

王幼平, (印刷中) 織機洞的石器工業与古人類活動. 考古学研究（7）.

夏正楷ほか, 1999 洛陽黄土地層中発現旧石器. 第四紀研究, （3）.

夏正楷ほか, (印刷中) 鄭州織機洞遺址MIS 3 階段古人類活動的環境背景. 第四紀研究.

張松林ほか, 2003 織機洞旧石器時代遺址発掘報告. 人類学学報, 22（1）.

Pleistocene human activity in the Zhijidong site, China, and its chronological and environmental context

Youping WANG

Department of Archaeology, Peking University

New excavation at the Zhijidong site in Xingyang, Henan Province was conducted since 2001. Ten thousands stone artifacts and other information related human activities as well as palaeo-environment were found, and dated by OSL and ^{14}C-AMS from 50,000BP to 30,000BP. The preliminary research result on this new discovery indicates that the pebble tool industry occupied the leading position when early human came to this cave. However, the small flake tool industry apparently succeeds and develops from the pebble tool tradition since about 40,000BP. The process from pebble tool to small flake tool may reveal the transition from the Middle to the Upper Paleolithic as well as emergence of modern human behaviours in this region as well as North China.

Key words: Zhijidong site, pebble tool industry, small flake tool industry, OSL dating, ^{14}C-AMS dating

レス－古土壌編年による東アジア旧石器編年の再構築（Ⅰ）
—中国—

麻柄一志[1], 松藤和人[2], 津村宏臣[2], 上峯篤史[3]

[1]魚津市立図書館, [2]同志社大学, [3]同志社大学大学院文学研究科

1. はじめに

中国における旧石器時代遺跡の年代推定は，（1）遺跡の位置する段丘面序列，（2）出土した化石骨による動物相，（3）数値年代測定，（4）レス－古土壌編年，（5）石器の型式学的検討や技術的分析などさまざまな方法を駆使し，個々の遺跡の年代や遺跡間の相対的位置づけがおこなわれている。なかでもレス－古土壌編年層序にもとづく旧石器編年は黄土が厚く堆積する地域で広範囲に適用でき，日本列島における関東地方のローム層編年と同様，出土層位による遺跡間での石器群対比をおこなうことができる。

さらにレス－古土壌編年にもとづく旧石器編年は，世界標準年代尺度としての海洋酸素同位体編年と連動してさまざまな地域の石器群の対比を可能とし，最近，中国国内でも酸素同位体ステージにもとづく旧石器編年研究が試みられつつある（黄, 2000；楊ほか, 2005；杜, 2006；張, 2006）。なお日本人による中国旧石器研究でもレス－古土壌の層序を手がかりに中国北部の旧石器編年の構築を試みた加藤真二（2000）の先駆的な研究がある。

本稿では，今回，日中共同研究で調査をおこなった長江下流域において良好な黄土堆積物が認められる旧石器時代遺跡を対象にレス－古土壌編年による位置づけをおこない，さらに近年中国国内で石器包含層についてレス－古土壌編年により再検討がおこなわれたいくつかの遺跡を紹介し，これらの遺跡の編年的対比をおこなうことにより，中国における旧石器編年の再構築を試みる。

2. 長江流域における旧石器遺跡の層位と出土石器

長江下流域では1980年代後半から多くの旧石器時代遺跡の発見が相い次ぎ，なかでも安徽省水陽江流域では厚いレス－古土壌堆積物中から旧石器が層位的に検出され，宣城市陳山遺跡では房迎三（1988・1997・1998）によって自然科学者との連携研究が積み重ねられている。ほかにも特徴的な古土壌を鍵層として出土石器の編年的位置づけが可能な遺跡が存在する。ここでは，江蘇省金壇市和尚墩遺跡の層序を酸素同位体ステージに対比し，さらに長江下流域のMISステージへの対比が可能な遺跡の資料を中心に本地域の旧石器編年を試みる。ここで取りあげる遺跡は和尚墩遺跡のほか，安徽省陳山遺跡，江蘇省放牛山遺跡である。

長江中・下流域を包摂する中国南部の前期・中期旧石器の特徴は，石英岩，石英砂岩，珪質石灰岩などの硬質石材を用いたチョッパーやチョッピング・トゥール（chopper, chopping-tool），ハンドアックス（handaxe），クリーヴァー（cleaver），ピック（pick），石球（spheroid, polyhedron）などの大形石器（heavy-duty tool）の卓越である。中国の研究者は，これらが長期にわたって存続したと考

え，「華南礫石器文化伝統」と呼ぶ（王，1997）。こうした代表的な器種の時間的消長に関して，レス－古土壌編年から再検討をおこないたい。なお，これらの器種の定義は『旧石器考古学辞典』（旧石器文化談話会編，2000）に拠るが，ハンドアックスについては同辞典の「祖型ハンドアックス」に近い。

（1）安徽省陳山遺跡（図1）

　陳山遺跡は安徽省宣城市向陽に位置し，長江の支流の一つである水陽江中流域の河岸段丘上に立地している。房迎三による1987年の分布調査で水陽江流域からは20数ヵ所の旧石器時代遺跡が発見され，ハンドアックス5点を含む100点以上の石器が採集されている（房，1988）。1988年に発掘調査が実施され，層序区分された考古区分の11層のうちの②〜⑩層から計78点の石器が出土した。剥片どうしの接合が認められるがいずれも⑦層出土で，層を跨いでの接合ではなく，同一層内から出土した石器は時間幅があるかもしれないが，ほぼ同一時期のものとみなすことができよう。

　考古学の発掘調査における層序は11層からなるが（房，1997・1998），地質学者の層序区分は異なる。楊達源ほか（1991），房迎三ほか（1992）は発掘地点の地層を15層に細分し，古土壌とレスを1セットとした9組の土層に再編した。古土壌はS_1，S_3〜S_8の7枚が確認され，⑪層のレス（L_7）のESRによる年代測定は700ka（楊ほか，1991），680ka（房ほか，1992）と報告されている。また趙其国・楊浩（1995）は遺跡の位置する地層断面を17層，9組の層に細分し，北方の黄土高原のレス－古土壌層序との対比をおこなっている。古土壌はS_1からS_7までの7枚が認められるが楊達源ほか（1991）で最下層の礫層直上で確認されているS_8は認められない。またESR法で②層（L_8）817ka，③層（S_7）701ka，④層（L_7）678ka，⑤層（S_6）638ka，⑦層（S_5）546ka，⑪層（S_3）455ka，⑫層（L_3）426ka，⑬層（S_2）364ka，⑭層（L_2）205ka，⑮層（S_1）126kaと測定されている。考古学的層序と楊ほかの地質学的層序区分の対応関係は，房（1997）論文の表1に示されており，さらに楊達源（1991）と趙其国・楊浩（1995）の層序区分は古土壌との対応関係によって対比可能である。これらの層序区分の対比を図1にまとめたが，陳山遺跡では場所によって軽微な不整合面に示される地層の部分的な欠落も認められるものの，古土壌とレスが層厚約11〜13mにわたって互層をなして堆積し，黄土高原の標準的なレス－古土壌編年との対比が可能である。

　また宣城地区黄土の古地磁気の分析から風成堆積物の最下部は850kaと推定されており（喬ほか，2002），遺跡における最下層の年代推定と矛盾はない。

　出土層位が判明している石器は78点あり，主要な器種はチョッパー，ハンドアックス，ピック，削器からなる。このほかに使用剥片，考古区分の⑩層から出土している使用石核として分類されている石器もあるが，使用石核はチョッパーに分類するほうが適している。チョッパーは11点出土しており，出土層位が判明するものは6点で，⑨層1点，⑧層1点，④層1点，③層1点，②層2点で，下層から上層まで遺物が満遍なく出土している。ハンドアックス（handaxe）は中国では一般的に「手斧」と称されている石器で，房の報告では尖状砍砸器（pointed chopper）と分類され計3点出土している。そのうち内層位が明らかなものは⑩層1点と⑧層1点にすぎない。ピックは4点出土しており，そのうちの2点が②層出土と報告されている。

　陳山遺跡の発掘成果から読み取ることができる各器種の消長は，チョッパーが使用石核を含めれ

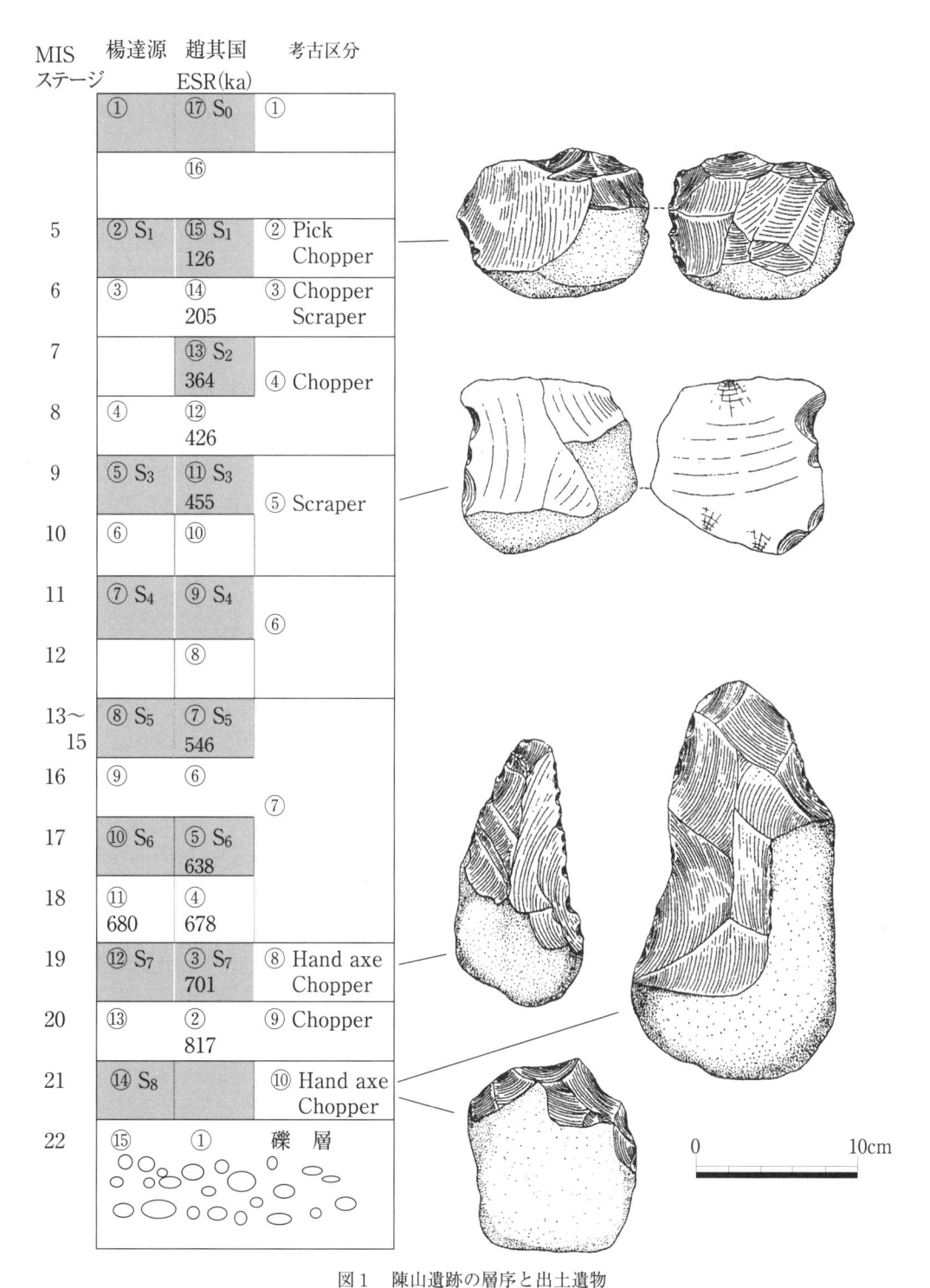

MIS ステージ	楊達源	趙其国 ESR(ka)	考古区分	
	⑰	⑰ S_0	①	
		⑯		
5	② S_1	⑮ S_1 126	② Pick Chopper	
6	③	⑭ 205	③ Chopper Scraper	
7		⑬ S_2 364	④ Chopper	
8	④	⑫ 426		
9	⑤ S_3	⑪ S_3 455	⑤ Scraper	
10	⑥	⑩		
11	⑦ S_4	⑨ S_4	⑥	
12		⑧		
13〜15	⑧ S_5	⑦ S_5 546		
16	⑨	⑥	⑦	
17	⑩ S_6	⑤ S_6 638		
18	⑪ 680	④ 678		
19	⑫ S_7 701	③ S_7	⑧ Hand axe Chopper	
20	⑬	② 817	⑨ Chopper	
21	⑭ S_8		⑩ Hand axe Chopper	
22	⑮	①	礫 層	

図1 陳山遺跡の層序と出土遺物
Fig.1 Loess-paleosol stratigraphy and stone artifacts from the Chenshan site

ばステージ21から5まで，ハンドアックスがステージ21・19，ピックがステージ5に位置づけられる。この中でハンドアックスはステージ21と同19に位置づけられ，ブリューヌ/マツヤマ境界（78

万年前）前後に対比することができ，長江下流域におけるハンドアックス出現時期の目安の一つとすることができる。またステージ21（866〜790 ka）に対比される陳山遺跡⑩層の石器群は，長江中・下流域のレス－古土壌編年にもとづいて最も古く位置づけられる石器群の一つである。

(2) 江蘇省放牛山遺跡（図2，3，12）

放牛山遺跡は句容市春城鎮に位置し，1999年に発掘調査が実施されている（房ほか，2002；房，2002）。堆積物は11層に区分され，そのうちの2，6〜9層から石器が出土している。堆積物はレスと古土壌が互層をなしており，酸素同位体ステージへの対比は容易である。ESR年代測定がおこなわれており，2層の古土壌（S_1）が162±32 ka，4層の古土壌（S_2）が203±51 ka，6層の古土壌（S_3）が192±38 ka，8層の古土壌（S_4）が345±69 kaと報告されている。4層と6層の数値年代が逆転しており，2層もやや古すぎるがレス－古土壌編年によるMISステージ年代の期待値から6層以外は大きく逸脱するものではない。

本遺跡で収集された54点の石器のうち，発掘調査で出土層が判明する石器は16点にすぎないが，大形石器ではピック，クリーヴァー，石球がそれぞれ1点ずつ含まれる。出土層位不明の石器の中にピック1点，チョッパー2点，石球5点がある。接合資料は2組確認されており，6層中と7層中からの出土を見せ，いずれも同一層中での接合で，異なる地層間での接合例はない。遺物の上下移動は認められず，石器群は同一層内に安定した状態で埋蔵されていた可能性が高い。使用石材は石英砂岩と石英岩と呼ばれる硬質な石材で，長江下流域で旧石器時代の石器素材として普遍的に見られる材質である。

9層〜7層出土の石器には定型的なものはなく，若干の2次加工が施された剥片が含まれる程度である。6層からはピックと石球が出土している。ピック（図3-2，17.2×9.3×7.3cm，996 g，石英砂岩）はやや細長い角礫を素材とする大形品で，2次加工は先端部に集中している。石球（図3-3，11.4×10.4×9.7cm，1,006 g，石英砂岩）は加工が比較的進行しており，球形に近い。打面を固定し，打面の全周を鈍角剥離で調整している。5層〜3層は無遺物層であるが，2層からはクリーヴァー（図3-1，14.2×15.3×7.7cm，1,558 g，石英砂岩）が出土している。このクリーヴァーは大形の剥片を矩形に分割し，打面部に僅かに2次加工が施された石器で，ハンド・

MIS ステージ	層 名 ESR (ka) 年代	出土石器 点数・器種
	①褐色粉砂質粘土	
5	②紅褐色粉砂質粘土（S_1） 162±32	1 Cleaver
6	③灰褐色粉砂質粘土	
7	④灰黄色粉砂質粘土（S_2） 203±51	
8	⑤黄紅色粘土	
9	⑥棕紅色粘土（S_3） 192±38	6 Pick Spheroid
10	⑦黄色粘土	2
11	⑧紫紅色網紋状粘土（S_4） 345±69	6
12	⑨棕黄色網紋土	1
13〜15	⑩桃紅色粘土（S_5）	
16	⑪粉紅色粘土	出土 16 採集 38 合計 54

図2　放牛山遺跡の層位
Fig.2　Stratification of the Fangniushan site

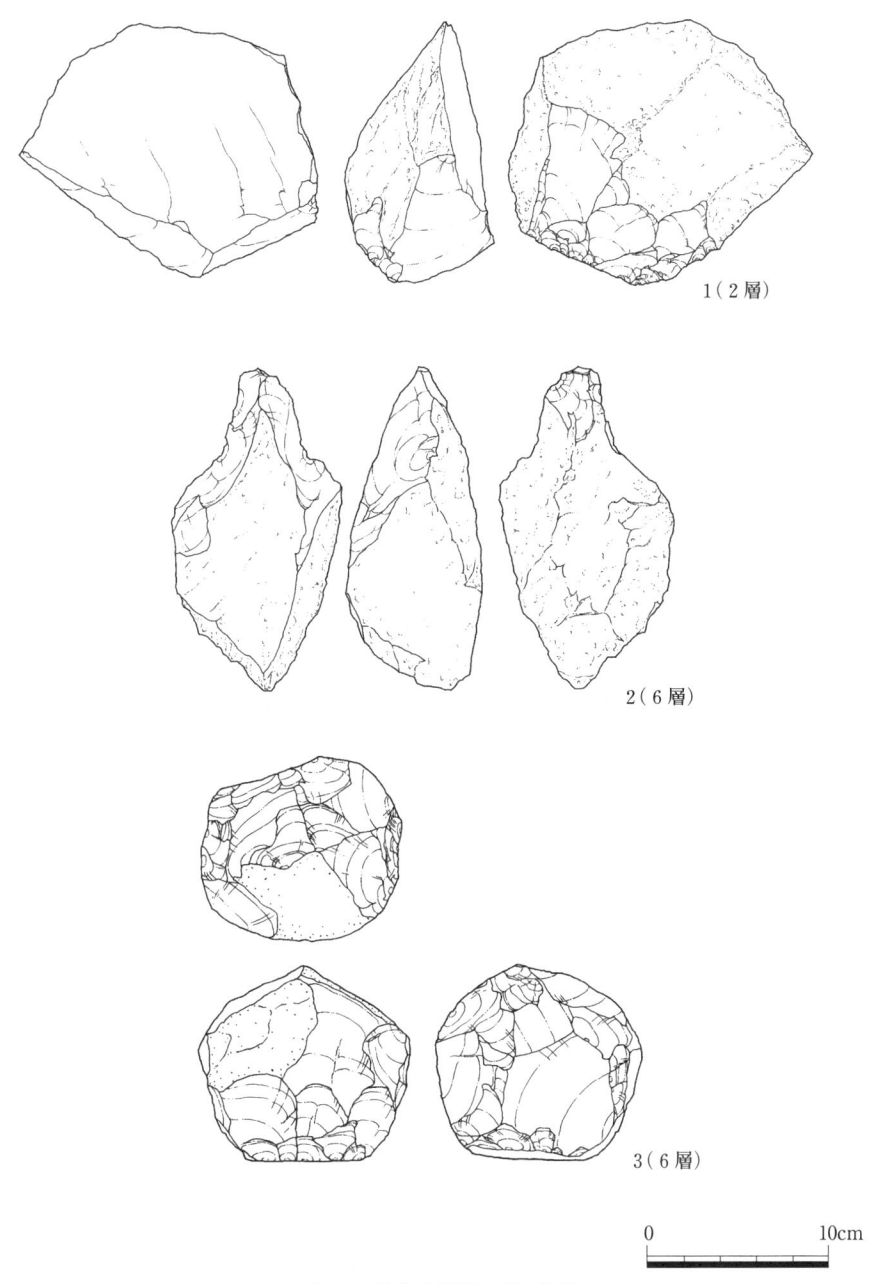

図3　放牛山遺跡の出土石器
Fig.3 Stone artifacts from the Fangniushan site

クリーヴァーの範疇に含まれる。

　かつて中国の旧石器用語で「寛型斧状器」,「修理把手大石片」,「劈裂器」などと称されたハンド・クリーヴァー (hand-cleaver) は2層 (S_1) からの出土なのでステージ5に位置づけられ,石球とピックは6層 (S_3) からの出土で,ステージ9の段階に相当しよう。定型的な石器ではないが,9層 (L_5) からも遺物が出土しており,放牛山遺跡ではステージ12 (427〜474 ka) から人類の活動が認められる。

(3) 江蘇省和尚墩遺跡（図4，5，13～16）

　金壇市薛埠鎮に位置する和尚墩遺跡は2002年と2005年に発掘調査が実施されているが（房，2007），われわれは2005・2006両年に2002年の発掘調査で出土した260点余りの石器の観察と実測をおこなう機会を得た。2002年の調査区（和尚墩遺跡西地点）では表土から12層まで発掘され，このうち4層～12層中から石器が出土しているが，11層からの出土量が最も多いとされる。成瀬敏郎ほか（2008；本書所収）によれば，第1層がL_1SS_1の古土壌でステージ3に，11層の古土壌（S_5）がステージ13～15に対比されるという。つまり最下層の12層はステージ16に相当する段階と考えられる。石器は4～12層まで出土しているが，2002・2005年の調査区合わせて11組26点の接合資料が得られ，ほとんどが同一層内での接合であり，石器の包含状況は安定していると考えられる。したがって，層を違えて出土する石器は，基本的には年代差を有するものとみなしてよい。

　各層からの主な出土遺物を以下に示す。最下層の12層から出土したピック（図5-1，9.3×9.1×6.7cm，680g，石英岩）は厚手の剥片の2側縁に加工を施し一端を尖らせたものである。11層は最も多い121点の石器が出土しており，ピックとチョッピング・トゥールが含まれている。ピック（図5-2，14.3×9.3×7.2cm，820g，石英砂岩）は卵形の礫を大きく剥離し，1側縁と礫面の稜から数枚の剥離を加え先端を尖らせた石器である。チョッピング・トゥール（図5-3，11.8×10.6×6.6cm，899g，石英砂岩）はやや扁平な円礫の一端を両面への数回の加撃で刃部を形成した石器である。10層は11層に次ぐ79点の石器が取り上げられており，ピックとチョッパーが出土している。ピック（図5-4，12.8×7.7×6.7cm，770g，石英砂岩）は角礫の一端を尖らせた石器で四稜尖状器の形態をとる。チョッパー（図6-5，9.1×12.9×4.9cm，765g，石英砂岩）は扁平礫の一端に一方向からの加撃で急角度の刃部を形成している。

　9層からは数点の剥片と石核が出土しているのみで2次加工のある石器は出土していない。8層からはチョッパー，剥片，石核が出土している。石核（図6-6，8.6×10.0×7.9cm，770g，石英岩）は打面を転移するサイコロ状（多面体）の石核であるが，大きさや重量から判断すれば，

層　名	MIS ステージ	出土石器 点数	器種
①黒褐色砂質粘土 L_1SS_1	3		
②紅色砂質粘土 L_1LL_1	4		
③黒紅色砂質粘土 S_1	5		
④灰黄色さ質粘土 L_2	6	1	
⑤褐紅色紛砂質粘土 S_2	7	3	チョッパー
⑥黄色紛質粘土 L_3	8	8	ピック 石球
⑦棕紅色紛砂質粘土 S_3	9	5	
⑧棕紅色砂質粘土 L_4	10	25	チョッパー
⑨紅色砂質粘土 S_4	11	12	ピック
⑩灰黄色砂質粘土 L_5	12	79	チョッパー
⑪桔紅色砂質粘土 S_5	13～15	121	ピック チョッパー
⑫紅色砂質粘土	16	8	ピック
礫層			

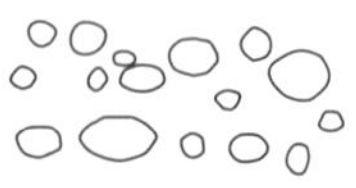

図4　和尚墩遺跡の層位
Fig.4 Stratification of the Heshangdun site

石球の初期段階の可能性も
ある。7層からは数点の石
核と剥片が出土しているに
すぎない。6層からの出土
は8点にすぎないが，ピッ
ク3点と石球1点が含まれ
ている。T6出土のピック
（図6-7，17.3×11.1×7.8cm，
1,679g，石英砂岩）は角礫
の1面を礫面のまま残し，
他の3面を整形して三稜尖
状器としたものである。T
4出土のピック（図6-8，
25.2×9.7×5.8cm，1,915g，石
英砂岩）扁平長楕円礫の2
側縁を整形し，一端を尖ら
せた石器である。最大級の
ピックである。T2出土の
ピック（図7-9，22.8×
11.1×10.2cm，2,200g，石英砂
岩）は裏面に大きく礫面を
残し，2側縁と稜上から整
形加工を施している。典型
的な三稜大尖状器の形態を
とる。石球（図7-10，7.2×
8.4×8.7cm，770g，石英砂岩）
は上下両端に礫面を打面と
して設け，打面の全周に剥
離を施して球形に仕上げよ
うとしている。石球の仲間
では比較的初期段階に近い
ものである。5層の出土品

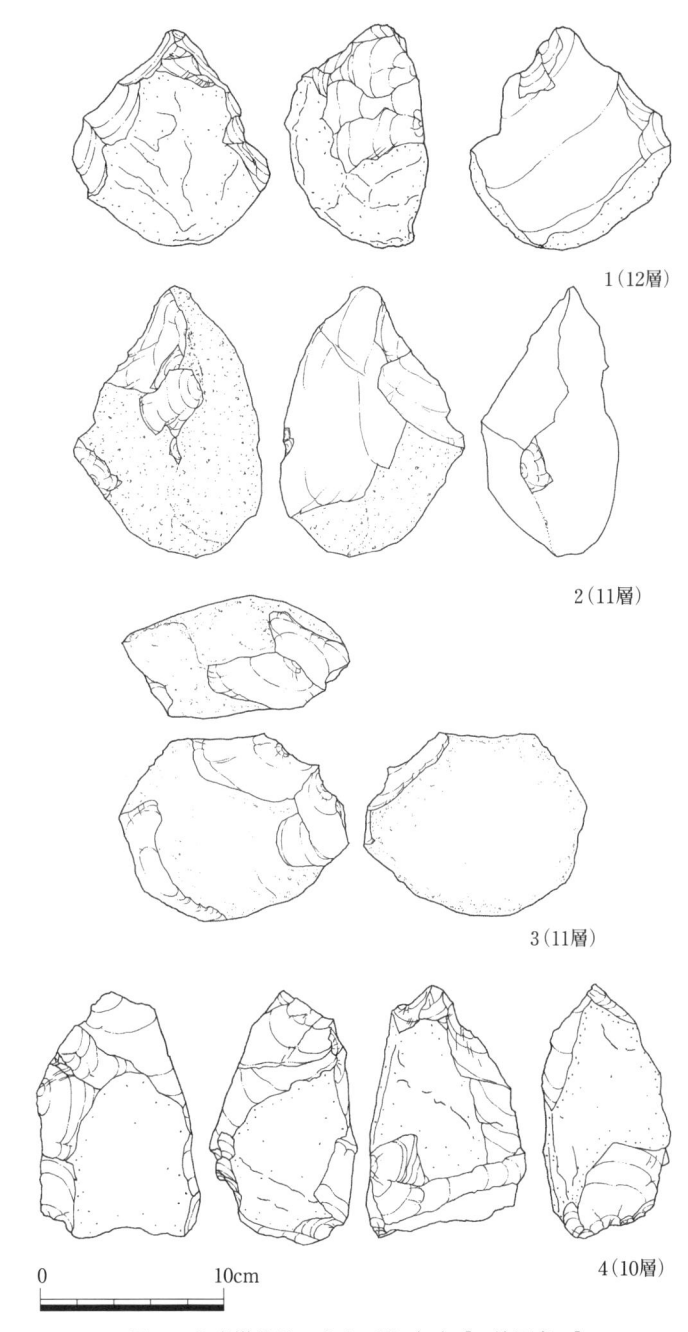

1（12層）

2（11層）

3（11層）

4（10層）

図5　和尚墩遺跡の出土石器（1）［口絵写真12］
Fig.5 Stone artifacts from the Heshangdun site (1) [See frontispiece Plate 12]

はチョッパーと剥片で，チョッパー（図7-11，9.7×10.5×8.7cm，761g，石英砂岩）は扁平円礫の一端
に大きく2回の打撃で尖状の刃部を形成している。

　主な器種の出土層位はチョッパー（チョッピング・トゥール）が5，8，10，11層から，ピック
は6，10，11，12層から，石球は6層からである。出土点数が比較的多いチョッパーはステージ7，
10，12，13〜15に位置づけられ，ピックはステージ8，12，13〜15，16に相当する。いずれも60数

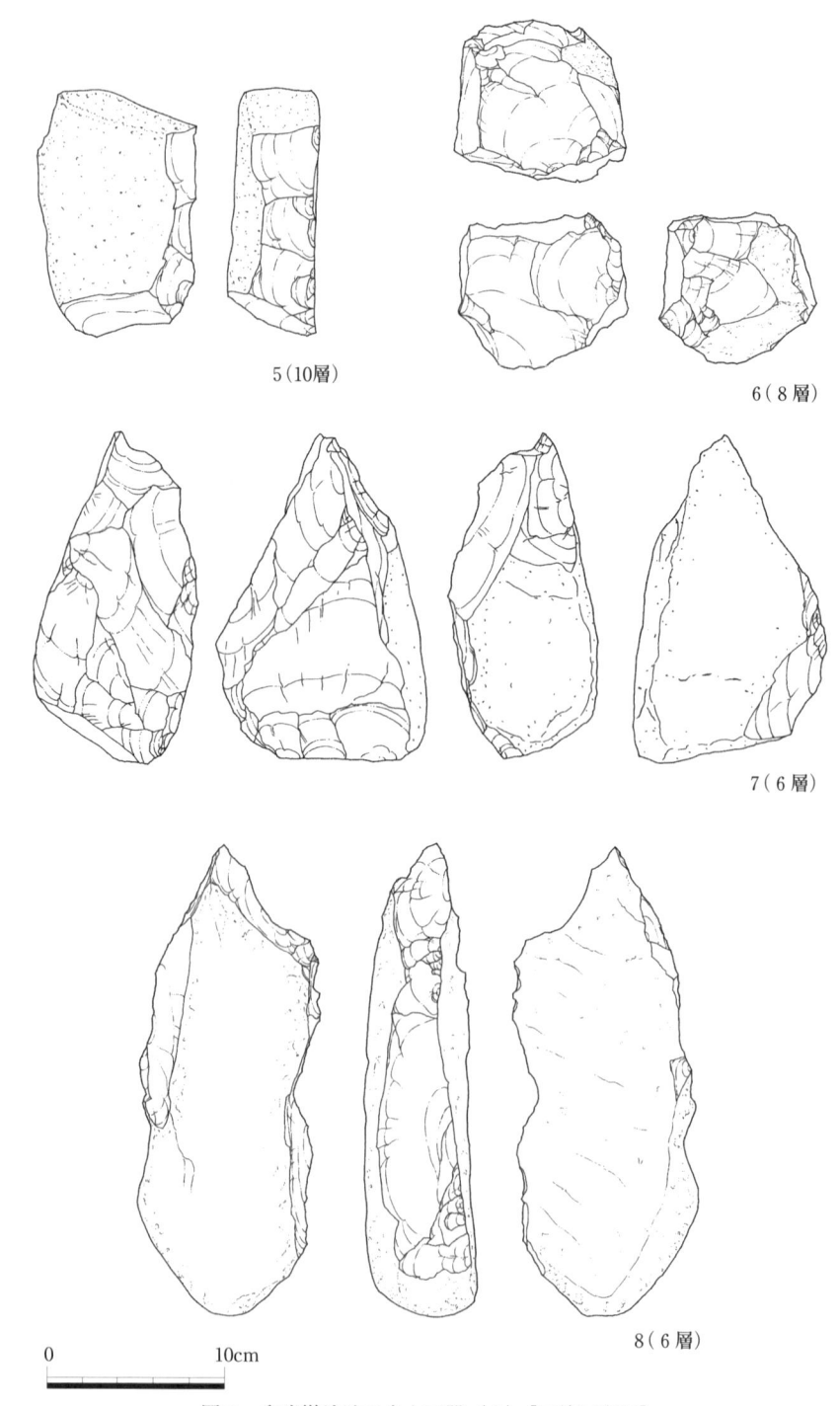

190 Ⅲ 東アジアの旧石器編年

5（10層）
6（8層）
7（6層）
8（6層）

0   10cm

図6　和尚墩遺跡の出土石器（2）［口絵写真12］
Fig.6 Stone artifacts from the Heshangdun site (2) [See frontispiece Plate 12]

万年前～20万年前後の長期間にわたって存続していることがわかる。型式的に識別しやすい形態のピックは最下層ステージ16（621～659 ka）からステージ8（242～301 ka）までさほど変化はない。同一の遺跡において一器種（ピックやチョッパー）が長期間にわたって型式変化をおこさないまま存続

9（6層）

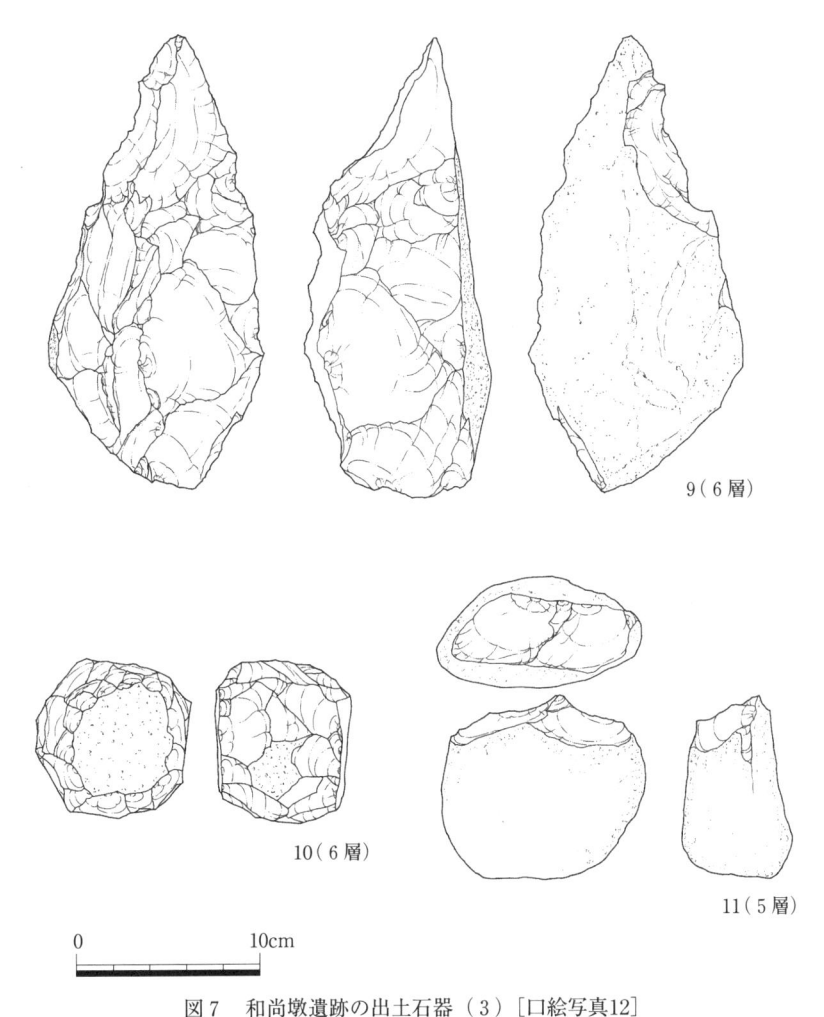

10（6層）　　　11（5層）

0　　10cm

図7　和尚墩遺跡の出土石器（3）［口絵写真12］
Fig.7 Stone artifacts from the Heshangdun site (3) [See frontispiece Plate 12]

していることを和尚墩遺跡では示している。石球はステージ8に位置づけられ，放牛山遺跡に年代的に近い。

このほかに長江下流域で，レス－古土壌編年での石器群の位置づけ可能な遺跡として浙江省上馬坎遺跡がある（張ほか，2004）。遺跡の地層は1～4，5A，5B，5C層に区分され，安徽省陳山遺跡の地層との比較検討がおこなわれ，3層がS_1（ステージ5），4層がS_2（ステージ7），5B層がS_3（ステージ9）に対比されている。石器は107点出土しているが，そのうち発掘調査で出土し，出土層位が明らかなものは29点にすぎない。石器の出土は2層から5層に及んでいるが，層位が判明している29点の内訳は2層1点，3層2点，4層2点にすぎず，残りは5層からの出土である。5層出土石器には削器とチョッパーが1点ずつ含まれているが，型式的に特徴的なものでなく，他は剥片，砕片が主体である。唯一特徴的な形態の石器として出土しているピックは発掘資料でないため，出土層位が不明で石器群の変遷についての情報は得られないが，石器群全体は華南礫石器文化伝統の中で理解できる。また第5層出土の石器群から浙江省においてもMISステージ9（301～334ka）の段階から確実に人類活動がおこなわれたことがわかる。

3．レス－古土壌編年の位置づけが可能なその他の遺跡

（1）山西省丁村遺跡群（山西省襄汾県；図8）

　丁村遺跡群は20数地点からなる研究史上著名な旧石器時代遺跡群であるが，これらの地点は立地する河岸段丘面の分類にもとづいて，大まかに前期，中期，後期旧石器時代に比定されていた（裴ほか，1958；王ほか，1994）。そのうちの54:100地点と79:02地点の石器群出土層位がレス－古土壌序列に対比された（呉・劉，2002）。これまで中期旧石器時代とされた54:100地点はウラン系法（16～21万年），ESR（7.5～10.4万年）などの数値年代は測定値にかなりのバラツキがあり，付近の断面を含めた黄土層の検討から7～14万年前と想定された（李ほか，2001）が，呉文祥・劉東生（2002）の研究によれば4層の古土壌層がS_1（ステージ5）に対比され，その下位にある遺物包含層の6層がステージ6に位置づけられた。また前期旧石器時代に位置づけられている79:02地点の石器包含層は古土壌層S_2（第9～12層）の下位の第14層（砂礫層）であることからステージ8に対比されている。従来の段丘編年やウラン系の数値年代をおおむね追認する結果となったが，レス－古土壌層序編年によって広域の対比が可能となり，年代もより絞り込まれることになった。

　王建ほか（1994）の報告では54:100地点からはクリーヴァーとピックが出土し，また79:02地点からはハンドアックス，クリーヴァー，ピック，石球が出土している。両地点の石器群は，いずれもホルンフェルスを石材に用いながらも，酸素同位体編年ステージの異なった段階に属することから時期差が考えられるが，石器の顔つきには大きな差がない。ただし，1954年100地点の発掘調査での出土石器は小形の剥片石器が主体で大形石器としてはピックが1点報告されているにすぎず（張，1993），同一遺跡の筈だが，王建ほか（1994）が報告した大形石器主体の石器群とは様相が異なっている。

　2004年に丁村遺跡群で新たに発見された6地点のうち4ヵ所が馬蘭黄土の第1古土壌中（S_1）から石器が出土し，1ヵ所が馬蘭黄土の頂部（S_0）から出土することが確認されている（王・周，2004）。04:01～04:4地点はいずれもS_1（ステージ5）からの出土であるが，発掘調査がおこなわれたのは04:01地点のみで，他は断面からの採集である。各地点からの出土石器は少なく，最も出土点数が多い04:02地点でも13点にすぎず，4地点合わせても2次加工が施された石器は12点である。器種としてはチョッパー，削器，鋸歯縁石器があり，図示されていないが04:02地点で「斧状器」が出土している。報告者のひとり王益人は丁村遺跡群の前回の報告で，クリーヴァーに対し斧状器の中国語を当てており（王ほか，1994），出土石器にクリーヴァーが含まれている可能性がある。また04:02地点のチョッパーと鋸歯縁石器は加工度合いの高い長さ15cm前後の大形品が多く，ハンドアックスやピック，石球を欠くが1994年に報告された54:100地点と79:02地点の石器群に近いものがある。つまり，79:02地点（ステージ8），54:100地点（ステージ6），04:02地点（ステージ5）と同一の系譜の石器群が連続しているとみなすことも可能であろう。

（2）匼河遺跡（山西省；図8）

　匼河遺跡は1959年と1960年に調査され，6051地点から6065地点までのうち11ヵ所から旧石器が出土している（賈ほか，1962）。とくに6054地点と6055地点で多数の石器が出土している。匼河遺跡の

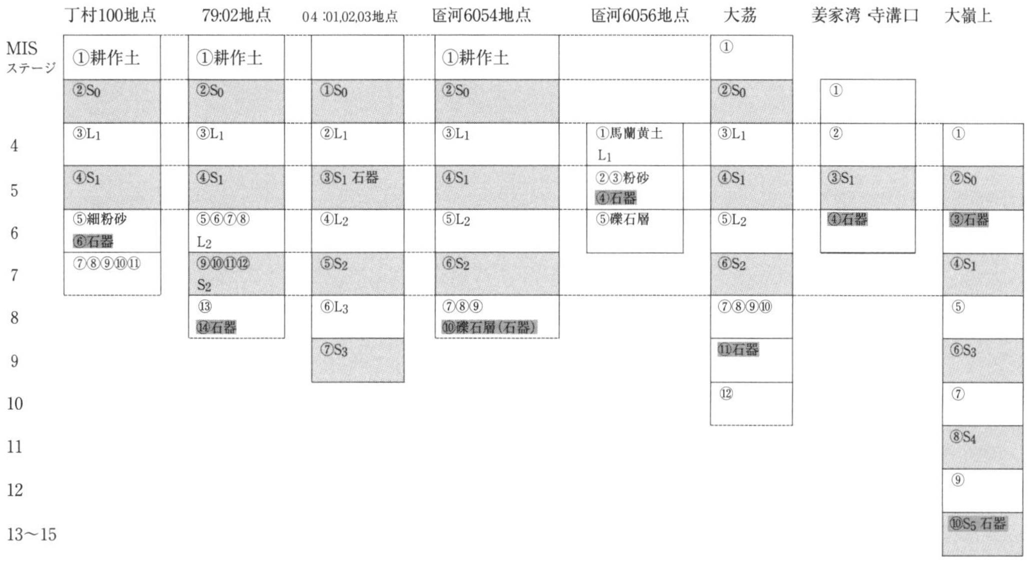

図 8 丁村遺跡群・匼河遺跡群・大荔遺跡他の層位
Fig.8 Stratification of the Dingcun sites, Kehe sites, Dali sites and others

報告では11地点の出土遺物が一括され，旧石器時代初期の早い段階に位置づけられている。

近年，匼河遺跡の6054地点と6056地点の地層の再検討により，レス－古土壌の堆積が確認され，レス－古土壌編年にもとづく石器群および文化層の位置づけがおこなわれている（呉ほか，2001b；劉ほか，2007）。6054地点の出土遺物は1962年の報告書の分類によれば，チョッパー，石球，削器などがあるが，詳細は不明である。一般的には李炎賢（1990）のように各地点から出土した石器を一括して議論されることが多いが，各地点の石器出土層位が同年代である保証はなかった。呉文祥ほか（2001b）によれば，6054地点では 3 枚の古土壌が確認され，古地磁気の測定により古土壌は上から S_0，S_1，S_2 に対比されている。S_2（ステージ 7 ）の古土壌の下には砂層，礫層が堆積しているが，石器や動物化石が出土している10層はこの礫層で，S_2 の古土壌より古い地層であることは明らかで，石器群の年代はステージ 7 より古く位置づけられる。

呉文祥ほか（2001b）は6056地点の分析もおこなっており，遺物包含層である粉砂質粘土（4 層），礫層（5 層）の上位に部厚い馬蘭黄土が堆積し，古土壌層が認められないことから遺物包含層を最終間氷期以降の堆積物と推定している。つまり遺物包含層はステージ 5 以降の段階と考えられている。

1960年の6056地点の調査で出土した石器はほとんど明らかでないが，その後の山西省の調査で6056地点から116点の石器が出土している（陳，1994）。これらの石器はスクレイパー類などの小形の剥片石器が主体で，ハンドアックスやピック，石球などの大形石器は出土していない。

これに対し劉平ほか（2007）は呉文祥等と同様に古地磁気分析をおこなっているが，6054地点の古土壌を S_7～S_{12} に対比している。石器群は S_{12}（ステージ29）以下となり，1.02 Maより古い年代が考えられている。遺跡の古土壌を S_7～S_{12} に対比した根拠は分析範囲の上部が正磁極，中央が逆磁極，下部が正磁極であり，それぞれブリューヌ正磁極帯，松山逆磁極帯，ハラミヨ正磁極亜帯に対比し，洛川断面に磁化率を対応させたものである。劉平等の結論にもとづけば，6056地点の石器群も呉文

祥等が想定したステージ5以降よりはるかに古い年代を想定しなければならない。このように古地磁気分析にもとづいたレス－古土壌の対比においても全く異なった結論が導き出されており、異なった方法によるクロスチェックの必要性を痛感させるものである。

　従来，匼河遺跡の石器群はハンドアックスやピック（三稜大尖頭器）などを特徴とし，丁村につらなる石器群とみなされがちであるが（呉ほか，1989），著名なピックの出土は6059地点で，まとまった量の石器が出土している6054地点，6056地点では6054地点の石球を除き大形石器は見られない。石器の様相から時期比定は困難であり，古地磁気からの年代推定を補完または検証するものではない。なお，図8の各遺跡の層位の対比は呉文祥ほか（2001b）の論文を採用している。

（3）大茘遺跡（陝西省大茘県；図8）

　陝西省大茘県と蒲城県にまたがる大茘旧石器時代遺跡群のうち，大茘人化石の出土で知られる78006A地点についてレス－古土壌編年による位置づけがおこなわれている（呉・劉，2001a）。大茘人化石出土層の年代についてはMISステージ6～7と想定されていたこともあるが（周，1986），呉・劉のおこなった地層の観察と古地磁気分析により，3枚の古土壌は上からS_0，S_1，S_2に対比されている。石器と人類頭骨化石はS_2古土壌の約20m下の礫層から出土しており，石器群はS_2（ステージ7）より古い段階のものと考えられる。

　呉・劉（2001a）は花粉と動物相から人類化石と石器群が残された時期は温暖期であると考え，寒冷期のL_3（ステージ8）よりさらに古い温暖期のS_3（ステージ9，301～334ka）に位置づけている。ウラン系やESRの年代測定では前者が258～346ka，後者が210～297kaと測定されており（尹ほか，2002），呉・劉の推定と大きく矛盾するものではない。

　石器群は小形の剥片石器で，スクレイパーや小形尖状器が主体である。大形石器を主体とする同時期の長江中・下流域出土の石器群とは大きく様相を異にしている。

（4）涇川大嶺上遺跡（甘粛省涇川県；図8）

　100m近い黄土堆積が認められる涇川大嶺上遺跡では，第2古土壌の下と第5古土壌中の2つの文化層から石器が出土している（劉，1987）。古土壌層は十数枚認められ，層位の再検討をおこなった張宏彦（2006）は涇川大嶺上遺跡の層位を同水系の涇水上流の西峰断面に対比し，第2古土壌をS_2（ステージ7），第5古土壌をS_5（同13～15）に位置づけている。つまり，第2古土壌の下から出土している涇川大嶺上遺跡上層石器群はステージ8に，第5古土壌中の下層石器群はステージ13～15に位置づけることができる。

　下層石器群は石英岩と石英脈岩を主体とし，チョッパー，ピックなどの大形石器やスクレイパーなど23点が出土している。上層石器群はやはり石英岩と石英脈岩を主体とし，チョッパー，スクレイパー，尖状器など18点が出土している。下層石器群は礫素材の大形石器が多く，上層石器群は小形の石器が主体であり，大嶺上遺跡では年代が新しくなると小形化の傾向が読みとれる。報告者（劉）は小形石器が主体の上層石器群が周口店洞窟の石器群に，下層石器群が藍田遺跡の石器群にそれぞれ類似することを指摘している。

（5）姜家湾遺跡・寺溝口遺跡（甘粛省鎮原県；図8）

姜家湾遺跡では第4層の粉砂質粘土層から動物化石と石器が出土しているが（謝・張，1977），張宏彦（2006）はその上層の3層の浅棕紅色粉砂土を丁村遺跡100地点の層位を参考に，第1古土壌（S_1）と推定しており，浅棕紅色粉砂土より下の4層出土の石器群はS_1（ステージ5）より古い年代が想定できる。石器群の年代は丁村遺跡100地点に近いものと張宏彦は考えている。出土石器は39点で，チョッパー3，石球1のほかスクレイパー17点などが出土している。

姜家湾遺跡の10数km南側に位置する寺溝口遺跡は姜家湾遺跡とほぼ同様の層序が認められ，4層の粉砂質粘土層から動物化石と石器が出土している。この遺跡も張宏彦（2006）によれば，ステージ5より古いと考えられている。石器の出土数は9点にすぎないが石球，スクレイパー，尖状器が出土している。姜家湾遺跡と寺溝口遺跡はいずれも小形の剥片石器が主体で，打面を著しく転移する石核から2〜7cm大の剥片を剥離し，スクレイパー類に加工している。石球がともなう点を含め，山西省許家窰遺跡の石器群と類似する。

（6）北窰遺跡（河南省洛陽市）

北窰遺跡の層位は5層に識別され，古地磁気測定，TL年代測定がおこなわれ1層黄土，2層古土壌（L_1SS_1），3層黄土，4層黄土下部，5層古土壌（S_1）に分けられている。1，2層の出土遺物は小形石器で，出土量の豊富な4層と5層頂部から出土した石器は大形であるとされている（夏ほか，1999）。出土遺物の詳細は不明であるが，下層文化がステージ4〜5，上層文化がステージ2〜3に位置づけられ，下層が大形の石器で，上層が小形石器と年代が新しくなるにつれ小形化する傾向がわかる。

4．レス－古土壌編年から見た大形石器の消長

石器群の出土層位をMISステージに対比可能な長江流域の3遺跡と丁村遺跡群の2遺跡に関する主要器種とステージ対比は図9に示したとおりである。以下，特徴的な器種について概観する。

（1）ハンドアックス

ハンドアックスは中国では一般的に「手斧」と表記されることが多いが，「尖状砍砸器」，「両面器」などとも称されることがあり，鎬，大尖状器，砍砸器に分類されている大形石器のなかにもハンドアックスが含まれている場合がある。しかし，ピック（鎬，大尖状器）やチョッパーの一部（凸型・双刃砍砸器）などとの区別をつけがたい例もある。

陳山遺跡のハンドアックスは8層と10層から出土しステージ19と21に位置づけられ，また丁村遺跡群79:02地点でも出土しており，ステージ8に対比されている。ハンドアックスの存続期間は長期にわたっていることが知られるが，陳山遺跡の10層（ステージ21）は87〜79万年前の年代が推定されており，長江下流域では遅くともステージ21にはハンドアックスが出現していたことを示している。中国におけるハンドアックスの出現については，これまで前期旧石器時代の比較的早い段階と考えられていたが，ハンドアックスを出土している湖北省鄖県遺跡（李，2001）や広西壮族自治区の百色遺跡群（黄ほか，2001）の年代が80万年前後と考えられていることからも，出現期ハンドアッ

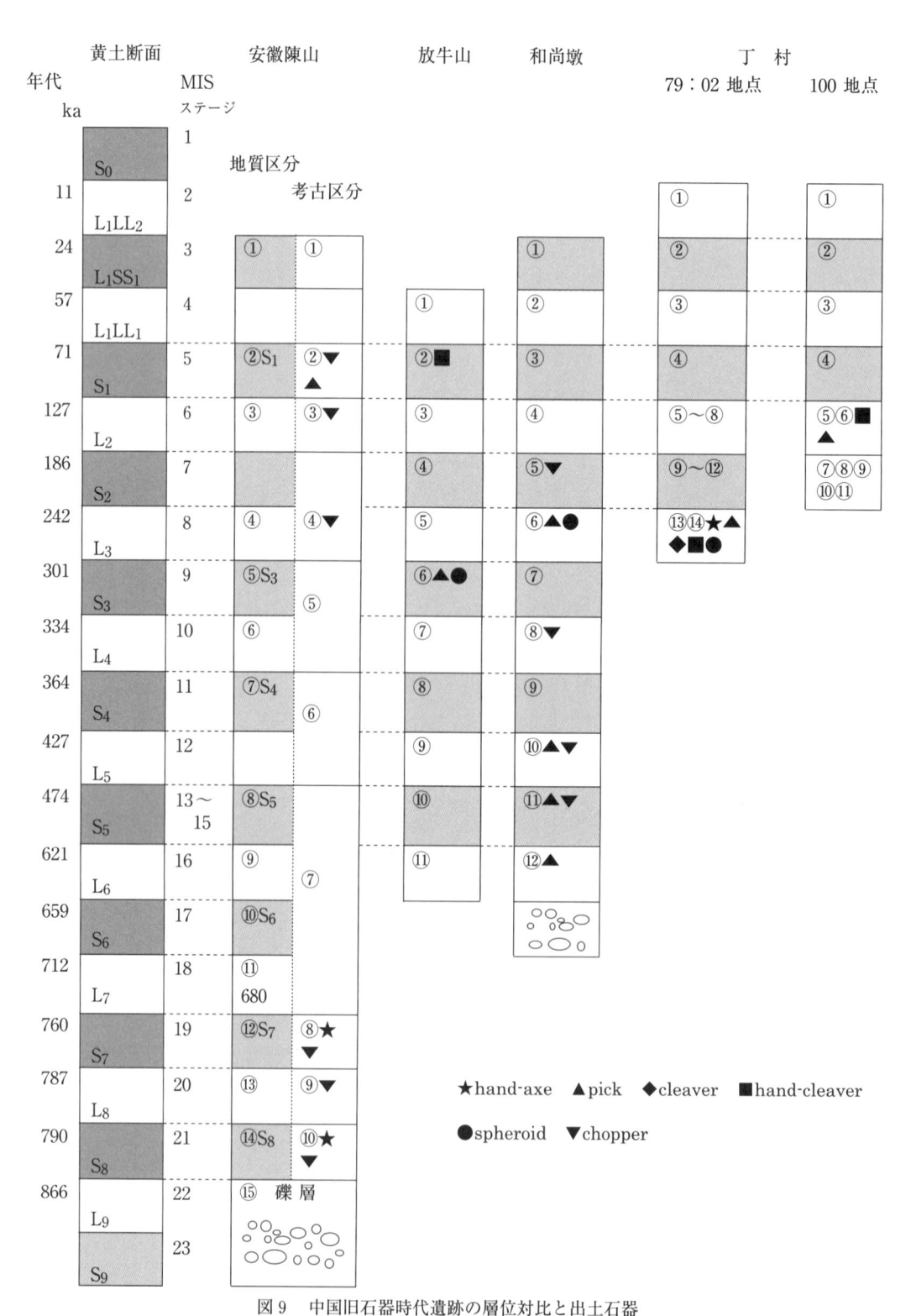

196　Ⅲ　東アジアの旧石器編年

年代 ka	黄土断面	MIS ステージ	安徽陳山 地質区分 考古区分		放牛山	和尚墩	丁　村 79:02 地点	100 地点
	S₀	1						
11		2					①	①
	L₁LL₂							
24		3	①	①		①	②	②
	L₁SS₁							
57		4			①	②	③	③
	L₁LL₁							
71		5	②S₁	②▼▲	②■	③	④	④
	S₁							
127		6	③	③▼	③	④	⑤～⑧	⑤⑥■ ▲
	L₂							
186		7			④	⑤▼	⑨～⑫	⑦⑧⑨ ⑩⑪
	S₂							
242		8	④	④▼	⑤	⑥▲●	⑬⑭★▲ ◆■●	
	L₃							
301		9	⑤S₃		⑥▲●	⑦		
	S₃			⑤				
334		10	⑥		⑦	⑧▼		
	L₄							
364		11	⑦S₄		⑧	⑨		
	S₄			⑥				
427		12			⑨	⑩▲▼		
	L₅							
474		13～15	⑧S₅		⑩	⑪▲▼		
	S₅							
621		16	⑨	⑦	⑪	⑫▲		
	L₆							
659		17	⑩S₆					
	S₆							
712		18	⑪ 680					
	L₇							
760		19	⑫S₇	⑧★▼				
	S₇							
787		20	⑬	⑨▼				
	L₈							
790		21	⑭S₈	⑩★▼				
	S₈							
866		22	⑮ 礫層					
	L₉							
	S₉	23						

★hand-axe　▲pick　◆cleaver　■hand-cleaver
●spheroid　▼chopper

図 9　中国旧石器時代遺跡の層位対比と出土石器
Fig.9　Loess-paleosol Chronology and heavy-duty tools from Paleolithic sites in China

クスの年代として齟齬はない。なお陝西省藍田公王嶺付近出土とされる石英製ハンドアックスは藍田人骨の出土相当層からの検出といわれ100万年を超える年代が想定されているが，詳細な出土層位等の記載がなく追証できないので，ここではその評価を保留する。藍田出土のハンドアックスと称される資料は基部に礫面を残し，ヨーロッパやアフリカのハンドアックスに比べて先端部を含め全体の調整加工が粗雑なもので，陳山遺跡，鄖県遺跡，百色遺跡群出土のハンドアックスも形態上これに類似する。こうしたハンドアックスは朝鮮半島出土のものも含めて「祖型ハンドアックス」，「東アジア型のハンドアックス」（佐藤，2004）と呼ばれるものであるが，ヨーロッパやアフリカのアシュール系ハンドアックスとの関係についてはその流入時期を含めさまざまな仮説が提示されている。

図10　中国における大形石器の分布
Fig.10　Distribution of heavy-duty tools in China

　長江中・下流域のハンドアックスは，石英岩や石英砂岩と呼ばれる，極めて硬質な石材が使用されている。朝鮮半島でも同様である。石英岩や石英砂岩は単純に剥離をおこなうだけでも相当な加撃力が必要と思われ，フリントなどの珪質の石材に比べて細部加工に適していないことは明らかである。それぞれの遺跡周辺における石材環境を詳しく調べる必要があるが，石英岩や石英砂岩といった在地石材の材質が東アジア的な形態を産み出した可能性も考慮しなければならない。

　中国ではハンドアックスの出土遺跡は近年増加しているが，その年代は遺跡が立地する段丘面の対比など素朴な推定が多く，詳細な年代が明らかでない例が多い。このため中国におけるハンドアックスの終焉は現時点では，明確な資料の指摘はできないが，レス－古土壌編年では丁村遺跡群の79：02地点のハンドアックスがステージ8段階で確実な例といえよう。

　中国におけるハンドアックスの分布（図10）は，南は広西壮族自治区から北は山西省にまで及んでいるが，黄河中流域（山西，陝西，河南），長江下流域（江蘇，安徽，浙江），長江中流域（湖南，湖北，陝西），西江流域（広西，広東）に集中する。基本的には，「華南礫石器文化伝統」の分布範囲に含まれる。数量的には陝西省洛南盆地で93遺跡から236点が出土しており突出しているが，遺跡数や採集された石器の数量は熱心な研究者の存在によって著しく増加することは日本列島の旧石器研究でも経験済みである。

　近年，雲南省臨滄市滄源県硝洞遺跡で出土した礫器の中に祖型ハンドアックスやピックの形態をとるものが含まれるが（吉ほか，2006），長さが10cmに満たないため，ここでいう大形石器には含めていない。また吉林省や内蒙古自治区，新疆ウイグル自治区からもハンドアックス類似の資料が報告されているが，華南で多く発見されているものとは形態が異なっており，別器種とみなしたい。

(2) クリーヴァー

クリーヴァー（薄刃斧）は放牛山遺跡の2層（ステージ5），丁村100地点の6層（ステージ6以前）丁村92：02地点の14層（ステージ8以前）からそれぞれ出土しており，20数万年前から10万年前後，考古学の伝統的な時期区分によれば前期旧石器時代末から中期旧石器時代初頭に位置づけられる。中国出土のクリーヴァーは，林聖龍（1992）の研究によれば水洞溝，周口店第15地点，丁村，三門峡水溝，廟後山，梁山から出土している（林，1992）。中国でのクリーヴァーの定義はヨーロッパ・アフリカでの定義を超え，「薄刃斧」で一括されている石器にはさまざまな形態がある。アシューリアンに組成される平面形U字形の典型的クリーヴァーと矩形や扇形，卵形の大形剥片の打面部周辺に2次加工が施されたものとの2種に分類される。後者は「寛型斧状器」（cleaver-like tool），「ハンド・クリーヴァー」，「修理把手大石片」，「石片制成的砍伐器」，「似薄刃斧工具」，「劈裂器」，「手鋳」とも称されることがある。中国国内でも王建ほか（1994）のようにアシューリアンの典型的クリーヴァーを「斧状器」，大形剥片の打面部周辺に2次加工が施されたものを「寛型斧状器」と区別して記載する場合もある。形態や2次加工の違いからこの2種については，本来は別器種として議論すべきであるが，ここではアシューリアンに典型的なU字形クリーヴァーを「クリーヴァー」，大形剥片の打面部周辺に2次加工を施して整形したものを「ハンド・クリーヴァー」（Pei, 1939）と呼び，クリーヴァーの中の2類型として扱う。

またこの2種以外の形態の石器にも「薄刃斧」と記載されている場合がある。たとえば，広西壮族自治区百色遺跡群では多数の地点から薄刃斧が報告されているが，林聖龍（1992）の薄刃斧の定義にも含まれない形態の石器が含まれており，刃部が鋭利で直刃状の砍砸器が薄刃斧に分類されている。百色遺跡群の中には18点の薄刃斧が存在するとされ，そのうち7点が図示されているが，このうち剥片を素材としたクリーヴァーの定義に合致する石器は百谷地点の1点のみである（謝，2006；謝・韋，2006）。また雲南省南滄源農克硝洞の報告（吉ほか，2006）では薄刃斧が4点出土していることになっているが，図示された石器はすべて全周が加工されており，形態的には石箆に近い。さらに重慶市龍骨坡遺跡の1997年の調査で出土した石器の中にも薄刃斧が報告されている（侯ほか，1999）が，実測図からはクリーヴァーに含めることに躊躇する。これらは広西・百色遺跡群の薄刃斧と同様に中国国内で一般的に使用されている薄刃斧の定義からも逸脱した形態であり，これらをクリーヴァーに含めて議論することはできない。

近年，陝西省洛南盆地の旧石器時代遺跡群から63地点，119点のクリーヴァーの出土が報告されている（王，2006）。これまで中国国内で報告されたクリーヴァーの全点数を遥かに凌駕する数量である。洛南盆地のクリーヴァーのうち図示されたものはアシューリアン型のものが多く，大形剥片を素材とし2側縁に整形加工を施したものであるが，数点のハンド・クリーヴァーも含まれている。1遺跡の一括出土遺物ではないが，中国におけるクリーヴァーの定量的分析が可能となった。

さて，ハンド・クリーヴァーは周口店第15地点，丁村遺跡群，陝西省洛南盆地遺跡群，湖南省南部などにも存在しており，数量は少ないが中国国内に広く分布することが知られているが，アフリカ，ヨーロッパ，西アジア，インドにこうした形態のものが存在するのかについては，今後検討する必要がある。1980年代から報告が増えている湖南省の大形石器群に周口店第15地点型のハンド・クリーヴァー類似資料が含まれている。正式な発掘で検出された例は少なく，年代は不明である。

表1-1　中国の大形石器出土地（1）
Table 1-1　Location list of heavy-duty tools in China (No. 1)

	遺跡・地点	handaxe	pick	cleaver	spheroid	chopper
遼寧	本渓市廟後山			○	○	
北京	周口店第15地点		○	○	○	○
	周口店第1地点		○		○	
河北	渉県石門郷新橋				○	
甘粛	慶陽環県楼房子				○	
	慶陽鎮原県巴家嘴				○	
	慶陽涇川県郝白村				○	
	鎮原県姜家湾				○	
	鎮原県寺溝口				○	
	涇川県大嶺上		○			
山西	古交市長峪溝		○			
	襄汾県丁村	○	○	○	○	○
	霍県峭峪村	○				
	新絳県西馬村				○	
	河津県北里北溝	○				
	静楽県風程山	○				
	匼河		○			
	西侯度		○		○	
	陽高県許家窰				○	
陝西	洛南県洛南盆地遺跡群	○	○	○	○	○
	商州市腰市鎮3級階地	○				○
	2級階地	○			○	
	長武県窰頭溝	○				○
	乾県大北溝	○				
	漢中市南鄭県龍崗寺	○		○	○	○
	勉県赤土嶺	○				
	藍田県厚鎮撈池河溝	○				
	藍田県公王嶺	○				
	潼関県張家湾村	○				○
	安康市白家梁	○	○		○	○
河南	霊宝県朱陽県菅里		○			○
	陝県張家湾		○			
	三門峡市会興鎮	○	○	○	○	○
	淅川県宋湾	○				
	西峡・鳳山			○		
浙江	長興県		○		○	○
	安吉県上馬坎		○			
江蘇	句容市春城鎮放牛山		○	○	○	○
	金壇市薛埠鎮曙光村	○	○		○	
	金壇市薛埠鎮上水村	○	○			
	金壇市和尚墩		○		○	
	南京市江浦県南二村勝利				○	

表1-2 中国の大形石器出土地（2）
Table 1-2 Location list of heavy-duty tools in China (No. 2)

	遺跡・地点	handaxe	pick	cleaver	spheroid	chopper
安徽	寧国市河瀝渓鎮	○	○		○	○
	寧国市河瀝渓鎮毛竹山	○	○		○	○
	銅陵市	○	○		○	○
	巣湖市銀屏区望城崗	○	○		○	
	広徳県独山鎮	○				○
	貴池市池州鎮孔井村	○		○		○
	懐寧県皖河	○				○
	宣州市陳山	○	○			○
	寧国市英雄嶺	○				
	寧国市輪窰廠				○	
	黄山市屯渓区奕棋郷博村		○			
	慮江県建材廠		○		○	○
	樅陽県後方		○		○	○
湖北	丹江口市北泰山廟	○	○	○		○
	丹江口市紅石坎					
	丹江口市果茶場					
	丹江口市杜店					
	鄖県韓家洲	○	○			
	鄖県劉湾	○				
	鄖県曲遠河口	○				
	鄖県青曲鎮鄖県人	○	○			○
	丹江口市涼水河鎮連溝Ⅲ級階地	○	○		○	○
	丹江口市涼水河鎮連溝Ⅱ級階地	○	○	○	○	○
	丹江口市石鼓村		○			
	丹江口市明家山	○				
	荊州市鄖北村鶏公山遺跡下層	○	○			○
	十堰市第箭区鴛鴦寺村	○				
	丹江口市石鼓村殷家岩		○			
	丹江口市石鼓鎮石鼓村蛤蟆溝	○				
	襄陽県山湾	○	○			
	秭帰県両河口鎮二甲村孫家洞	○				
	神農架林区犀牛洞		○			

　この地域では大石片石器と呼ばれる大形剥片石器が注目されている（儲, 1999）。大形の円形，扇形，楕円形の剥片の一部に2次加工が施されただけの石器が多く，長さは15～20cmに達するものが多く，重量も1kgを超える。湖南省北部ではクリーヴァーだけでなく，ハンドアックスやピック，石球，チョッパーといった大形石器の出土遺跡が多く，クリーヴァーはこうした大形石器群の中に数点組成されているようである。

　百色遺跡群のクリーヴァーは，百谷地点からの出土であるが，百谷地点から石器と共に出土したテクタイトのフィッション・トラック法年代測定で73.2±3.9万年前，Ar/Ar法で80.3万年前と測定され，この年代が百色遺跡群の年代とされている。報告書では個々の石器の出土状況等について説明がないため，百谷地点の1点のクリーヴァーがこの年代に属するかは不明である。また百谷地点

表1-3　中国の大形石器出土地（3）
Table 1-3 Location list of heavy-duty tools in China (No. 3)

	遺跡・地点	handaxe	pick	cleaver	spheroid	chopper
湖南	澧県澧陽郷後山崗	○	○	○	○	○
	澧県大坪郷群楽			○		
	澧県澧東郷十里崗	○	○		○	○
	澧県道河郷張家灘		○		○	○
	澧県道河郷仙公		○		○	○
	澧県道河郷金鴨村	○	○		○	○
	澧県澧西郷龍山崗		○			○
	澧県澧南郷喬家河		○			
	澧県澧西郷鉢魚山	○	○	○		○
	澧県澧南郷紅旗村		○	○		
	澧県王家鎮長楽村猴児坡		○	○	○	
	澧県当市鎮紅陽村多宝寺	○	○	○		○
	澧県界嶺郷金羅村万紅嶺		○		○	
	澧県道河郷高堰村烏鴉山	○	○			○
	澧県夢渓郷樊家鋪	○	○		○	○
	澧県夢渓郷双嶺村		○		○	○
	澧県郷宣万郷白蓮村		○		○	○
	津市市窰坡渡郷董家村虎爪山	○	○		○	○
	津市市窰坡渡郷董家村杉児嶺	○	○		○	○
	澧県澧南郷栗木村鶏公垱		○			
	澧県夢渓郷範家村範家鋪	○				
	津市市陽由郷虎爪山北坡	○	○	○		
	澧県栗木	○				
	津市市沙児嶺	○	○	○		○
	津市市一職中		○	○		○
	石門県新関鎮向家坪村大聖廟	○	○	○		○
	常徳市鼎城区囲子山		○			○
	常徳市鼎城区黄土山	○	○		○	○
	常徳市武陵区徳山郷樟木橋村				○	
	常徳市桃源県城関鎮印家崗		○			
	常徳市武陵区徳山郷永豊村				○	
	益陽市赫山区黄泥湖郷益陽電廠	○	○			○
	懐化市芷江県木叶渓郷悪灘村			○		○
	懐化市杆樹郷岩屋灘地点		○			○
	懐化市中方鎮荊坪新円地点		○			○
	懐化市芷江県岩橋郷小河口村	○	○			○
	靖州県窰台上遺跡		○			
	靖州県大壠瑙		○			
	靖州県小壠瑙		○			
重慶	豊都県冉家路口	○		○	○	○
	豊都県三合鎮新湾村棗子坪	○				○
江西	安義県潦河	○	○		○	○
	新余市羅坊郷打鼓嶺				○	○

表1-4 中国の大形石器出土地（4）
Table 1-4 Location list of heavy-duty tools in China (No. 4)

	遺跡・地点	handaxe	pick	cleaver	spheroid	chopper
広東	広州市黄埔区南崗鎮		○			
	広州市黄埔区増城県新塘鎮	○	○			○
	河源市灯塔鎮	○	○			○
	掲陽市掲東県埔田鎮車田村	○				
	掲陽市掲東県新亨鎮碩和村	○				
	東興県石角村亜婆山	○				
	東興県馬蘭基村馬蘭咀	○				
広西	百色市大同	○	○			○
	百色市小梅	○	○			○
	百色市大梅	○				○
	百色市百谷屯	○	○	○		○
	百色市江風	○				○
	百色市楊屋	○				○
	百色市六懐山	○	○			○
	百色市那華郷百法村上宋屯		○			○
	田東県壇河	○		○		○
	桂林市中山北路宝積岩	○	○			○

の薄刃斧は三角形で刃部が器体の最大幅となり，中国の薄刃斧の中では唯一の形態である。謝光茂は薄刃斧の中国国内での分布を示し，周口店と廟後山を除き，旧石器時代早期と考えているが，百谷地点を除き，古い測定値が得られているものはない。

周口店第15地点の年代は中更新世晩期から晩更新世早期とされており，ウラン系法とESR法による年代測定で11～14万年前と推定されている（北京市地方志編纂委員会, 2004）。この年代を採用すれば，ステージ5もしくは6に相当する。放牛山のステージ5，丁村54：100地点のステージ6以前，丁村79：02地点のステージ8以前など年代が明らかな遺跡からの出土例によれば，ハンド・クリーヴァーは前期旧石器時代後葉から中期旧石器時代初頭にかけての比較的限られた時期に存在することが知られる。

(3) 石 球

石球は放牛山遺跡の6層（ステージ9），丁村79：02地点の14層（ステージ8以前），和尚墩遺跡の6層（ステージ8），匼河遺跡6054地点（ステージ8以前またはステージ30以前），甘粛省姜家湾遺跡，寺溝口遺跡（いずれもステージ6以前）から出土している。石球は中国の旧石器時代において普遍的に見られる器種とされており，前期旧石器時代から後期旧石器時代に至る幅広い年代が与えられている（李，1994）が，山西省許家窰遺跡や丁村遺跡群で大量に出土し，また周口店第1地点では，8～9層4点，鴿子堂石英Ⅱ層1点，4～5層1点，1～3層2点と下層から上層まで石球が出土しており（裴・張，1985），さらに周口店第15地点でも2点出土している。周口店第1地点の年代は古地磁気や数値年代測定で8～9層が40万年前後，1～3層が20数万年と考えられている（呉ほか，1985）。その盛行期はハンド・クリーヴァーと類似した様相を示す。

ただし，その分布はハンドアックスやピックといった大形石器の分布範囲（図10）と重なる部分

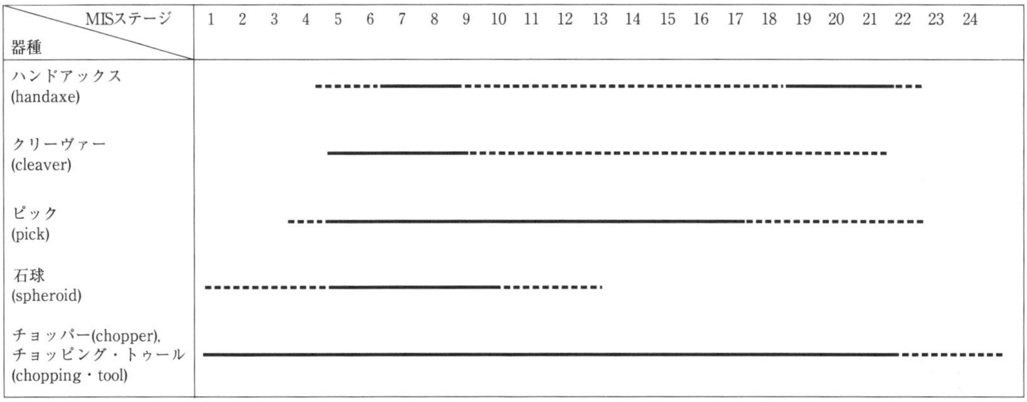

図11　中国における大形石器の消長
Fig.11　Duration of heavy-duty tools in China

が多いが，長江中・下流域以北に限られ，1,000点を超す出土で知られる山西省許家窰遺跡など華北に目立ち，遼寧省廟後山遺跡や内蒙古自治区大窯四道溝遺跡など北方地区からも報告されている。他の大形石器に比べてより北方的な石器といえよう。レス－古土壌編年ではステージ8および9に石球が確実に存在するが，今回扱った資料数が少なく，積極的に傾向性を指摘するまでには至らなかった。華北での出土状況はステージ10から5前後にピークを想定できるかもしれない。

(4) ピック

ピックは中国では「鎬」，「手鎬」，「三稜大尖状器」，「尖状器」などとも表記されており，形態的にハンドアックスやチョッパーと分別しがたいものもある。先端の尖ったチョッパー，器厚の厚いハンドアックスはピックの範疇に含めたほうがよいかもしれない。ピックの分布は基本的にはハンドアックスの分布と一致する。尖刃チョッパーやハンドアックスとピックの違いは遺跡周辺の石器素材の形状に由来すると思われる。石器素材として大形の扁平楕円礫が入手しやすい地域では尖刃チョッパーや祖型ハンドアックスの割合が高い可能性がある。この場合，器種の差はあまり意味をもたないことになる。和尚墩遺跡ではハンドアックスは出土しておらず，先端が尖る大形礫器はピックに限られるが，ピックの素材として大形の亜角礫を用いている。チョッパーは中形扁平礫を加工しており，大形の扁平楕円礫が遺跡に持ち込まれた痕跡はない。適当な素材がないためにハンドアックスが作られなかったのか，扁平楕円礫が存在するにもかかわらずハンドアックスの製作がおこなわれなかったのか，遺跡周辺での石材の形状を検討する必要がある。

長江下流域では陳山遺跡2層（ステージ5），放牛山遺跡の6層（ステージ9），和尚墩遺跡の11層（ステージ13か～15），10層（ステージ12），9層（ステージ11），6層（ステージ8）からピックが出土しており，丁村79:02地点の14層（ステージ8），丁村54:100地点の6層（ステージ6）なども含めると，ステージ13～15から6まで満遍なくピックが存在することになる。また甘粛省涇川大嶺上遺跡の下層石器群（ステージ13～15）にもピックが含まれており，チョッパー（砍砸器）と同様，長い年代幅を考慮する必要がある。なお，旧石器時代初頭といわれている重慶市龍骨坡遺跡からもピックが報告されている（侯ほか，1999）が，本稿のピックの定義から逸脱している。

5．おわりに

　ここで取り上げた遺跡は中国で現在まで報告されている膨大な数の旧石器遺跡のごく一部にすぎないが，こうしたレス－古土壌編年による石器群の再検討をおこなうことで同一基準による編年が可能となり，これからの中国の前・中期旧石器編年の一つの基準資料として活用できる見通しが立ったといえよう。また主に扱った遺跡が長江下流域であったため，華南礫石器文化伝統に含まれる大形石器についての知見が得られ，これらの石器の消長についても年代的な裏づけを与えることができた。

　これまで述べたように中国国内でもレス－古土壌編年の有効性に気づいていた研究者は既に存在しており，今後は中国国内の黄土の堆積地帯における旧石器遺跡の調査で地質学者等との共同作業を通じて，石器出土層準に対するレス－古土壌の検討がこれまで以上に推進されることを期待したい。

　なお，中国山西省の遺跡については，加藤真二氏からご教示と文献の提供を受けた。

引用文献

北京市地方志編纂委員会, 2004 北京志・世界文化遺産巻・周口店遺址志.
陳哲英, 1994 独頭旧石器的新発見. 山西省考古学会論文集, (2), 45-57.
儲友信, 1999 湖南澧水流域旧石器文化中大石片石器的初歩研究. 考古耕耘録, 岳麓書社, 1-10.
杜水生, 2006 中国北方旧石器時代中期文化的年代問題. 華夏考古, 2006-3, 19-23,60.
賈蘭坡, 王擇義, 王健, 1962 匼河—山西西南部旧石器時代初期文化遺址, 科学出版社.
房迎三, 1988 皖南水陽江旧石器地点群調査簡報. 文物研究, 3, 74-83.
房迎三, 楊達源, 韓輝友, 周旅復, 1992 水陽江旧石器地点群埋蔵学的初歩研究. 人類学学報, 11(2), 134-141.
房迎三, 1997 安徽省宣州市陳山旧石器地点1988年発掘報告. 人類学学報, 16(2), 96-106.
房迎三, 1998 水陽江旧石器地点群考古発掘与研究. 文物研究, 11, 2-9.
房迎三, 2002 江蘇南部旧石器調査報告. 東南文化, 2002-1, 17-25.
房迎三, 王結華, 梁任又, 王菊香, 翟中華, 楊春, 2002 江蘇句容放牛山発現的旧石器. 人類学学報, 21(1), 41-49.
房迎三, 2007 江蘇省金壇和尚墩旧石器遺跡の地層と年代. 平成16〜19年度科学研究補助金基盤研究(A)に伴う研究成果の公開 公開国際セミナー 東アジアにおける古環境変遷と旧石器編年；予稿集, 69-76.
侯亜梅, 徐自強, 黄万波, 1999 龍骨坡遺址1997年新発現的石製品. 龍骨坡史前文化誌, 1, 69-80.
黄慰文, 2000 中国旧石器文化序列的地層学基礎. 人類学学報, 19(4), 269-283.
黄慰文, 何乃漢, 佐川正敏, 2001 百色旧石器Ⅱ, 佐川正敏.
吉学平, 張璞, 馬娟, 董宏, 謝紅梅, 2006 雲南滄源農克硝洞新発現石製品的技術類型額初歩研究. "元謀人"発現40周年紀念会曁古人類国際学術研究検討会文集, 雲南出版集団公司, 雲南科技出版社, 122-132.
加藤真二, 2000 中国北部の旧石器文化, 同成社.
旧石器文化談話会編, 2000 旧石器考古学辞典, 学生社.
林聖龍, 1992 中国的薄刃斧, 人類学学報, 11(3), 193-201.
李天元, 2001 鄖県人, 湖北科学技術出版社.
劉平, Reidar Lovlie, 2007 匼河遺址6054地点黄土－古土壌剖面磁性地層学的年代研究. 地層学雑誌, 31(3), 240-246.

劉玉林, 1987 甘粛涇川大嶺上発現的旧石器. 史前研究, 1987-1, 37-42.
李炎賢, 1990 匼河石制品的時代和原始性問題. 人類学学報, 9(2), 97-104.
李有利, 傅健利, 胡暁猛, 楊景春, 馬志正, 2001 用黄土地層学方法研究丁村組的時代. 地層学雑誌, 25(2), 102-106.
李超栄, 1994 石球的研究. 文物季刊, 1994-3, 103-108.
Pei, W. C., 1939 A preliminary study on a new palaeolithic station known as locality 15 within the Coukoutien region. *Bull. Geol. Soc. China*, 19, 207-234.
裴文中, 呉汝康ほか, 1958 山西襄汾県丁村旧石器時代遺址発掘報告. 科学出版社.
裴文中, 張森水, 1985 中国猿人石器研究, 科学出版社.
喬彦松, 郭正堂, 郝青振, 呉文祥, 張仲石, 趙華, 朱日祥, 2002 安徽宣城黄土堆積的磁性地層学与古環境意義. 地質力学学報, 8(4) 369-375.
佐藤宏之, 2004 ハラム, モヴィウスと東洋の停滞. 法政史学, 61, 17-31.
王建, 陶富海, 王益人, 1994 丁村旧石器時代遺址群調査発掘簡報. 文物季刊, 1994-3, 1-75.
王社江, 沈 辰, 胡松梅, 張小兵, 王昌富, Richard Cosgrove, 2005 洛南盆地1995-1999年野外地点発現的石製品. 人類学学報, 24(2), 87-103.
王社江, 2006 洛南盆地薄刃斧. 人類学学報, 25(4), 332-342.
王幼平, 1997 更新世環境与中国南方旧石器文化発展, 北京大学出版社.
王益人, 周倜, 2004 丁村遺址群発現的新材料. 第九届中国古脊椎動物学学術年会論文集, 海洋出版社, 193-201.
呉汝康, 任美鍔, 朱顕謨等, 1985 北京猿人遺址綜合研究, 科学出版社.
呉汝康, 呉新智, 張森水編, 1989 中国遠古人類, 科学出版社.
呉文祥, 劉東生, 2001a 大荔人遺址黄土-古土壌序列. 地質科学, 36(3), 364-369.
呉文祥, 劉東生, 陳哲英, 2001b 匼河旧石器遺址6054和6056地点地層的再研究. 地層学雑誌, 25(4), 303-306.
呉文祥, 劉東生, 2002 丁村旧石器遺址群的黄土地層研究. 地震地質, 24(2), 241-248.
謝駿義, 張魯章, 1977 甘粛慶陽地区的旧石器. 古脊椎動物与古人類, 15(3), 211-222.
謝光茂, 2006 百色薄刃斧初歩観察. "元謀人"発現40周年紀念会暨古人類国際学術研究検討会文集, 雲南出版集団公司, 雲南科技出版社, 182-188.
謝光茂, 韋愛桃, 2006 百色薄刃斧. 広西考古文集2, 科学出版社, 436-442.
夏正楷, 鄭公望, 陳福友, 劉富良, 郭引強, 1999 洛陽黄土地層中発現旧石器. 第四紀研究, 1999-3, 286.
尹功明, 趙華, 尹金輝, 盧演儔, 2002 大荔人化石地層年齢. 科学通報, 47(12), 938-942.
楊達源, 韓輝友, 周旅復, 房迎三, 1991 安徽宣城地区中晩更新世風成堆積与環境変遷. 海洋地質与第四紀地質, 11(2), 97-104.
楊暁燕, 夏正楷, 劉東生, 2005 黄土研究与旧石器考古. 第四紀研究, 25(4), 461-466.
張宏彦, 2006 涇水上游旧石器文化研究. (鐘侃・高星主編)旧石器時代論集—紀年水洞溝遺址発現八十周年, 文物出版社, 132-145.
張森水, 1993 丁村54：100地点石制品研究. 人類学学報, 12(3), 195-213.
張森水, 徐新民, 邱宏亮, 王恩霖, 羅志剛, 2004 浙江省上馬坎遺址石制品研究. 人類学学報, 23(4), 264-280.
趙其国, 楊浩, 1995 中国南方紅土第四紀環境変遷的初歩研究. 第四紀研究, 1995-2, 107-116.
周春茂, 1986 大荔旧石器文化若干問題初探. 史前研究, 1986-1・2, 15-25.

1（2層）

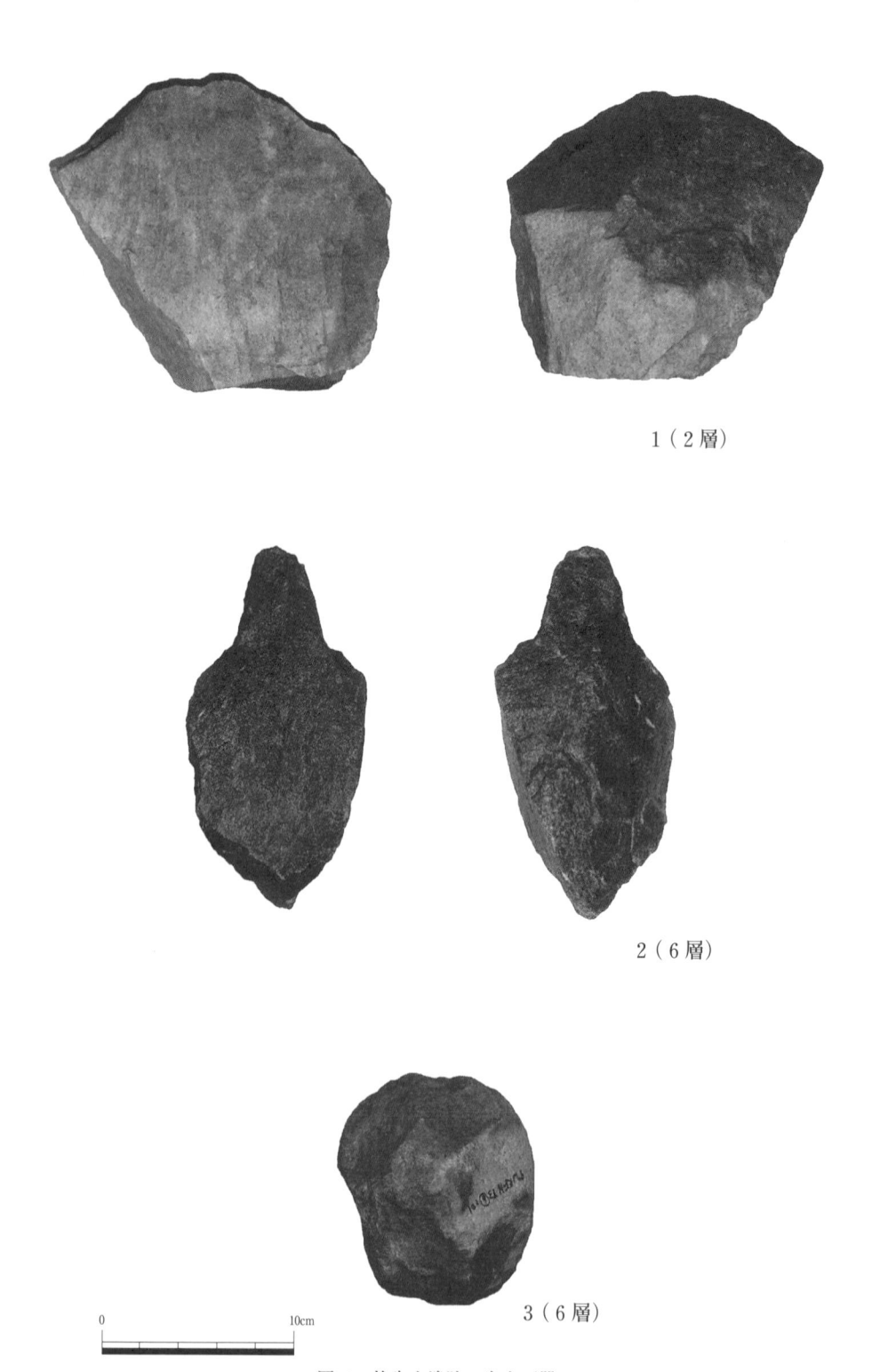

2（6層)

3（6層）

0　　　　10cm

図12　放牛山遺跡の出土石器
Fig.12 Stone artifacts from the Fangniushan site

1（12層）

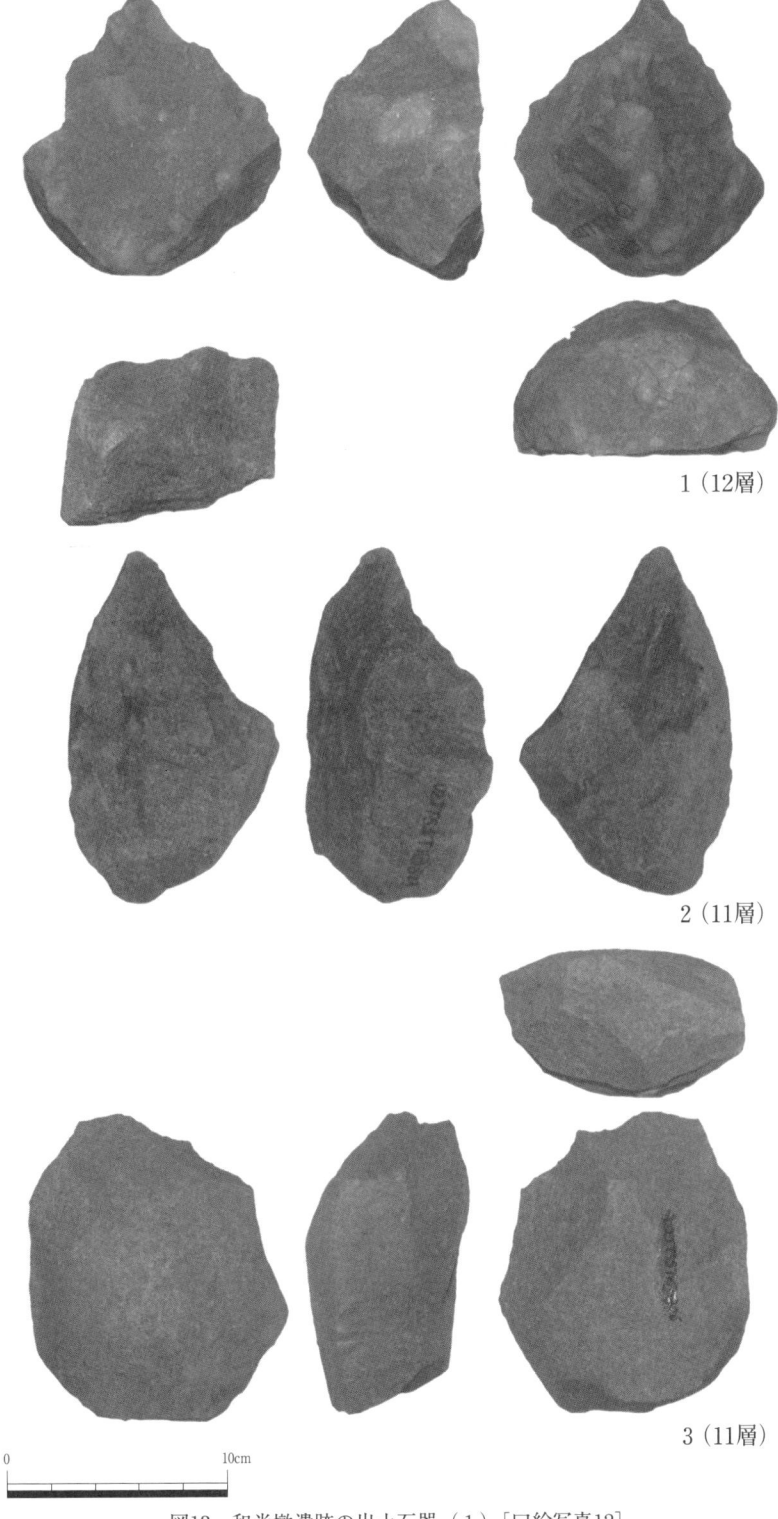

2（11層）

3（11層）

0　　　　10cm

図13　和尚墩遺跡の出土石器（1）［口絵写真12］
Fig. 13　Stone artifacts from the Heshangdun site（1）［See frontispiece Plate 12］

4（11層）

5（10層）

6（10層）

7（8層）

図14　和尚墩遺跡の出土石器（2）
Fig.14　Stone artifacts from the Heshangdun site（2）

8（6層）

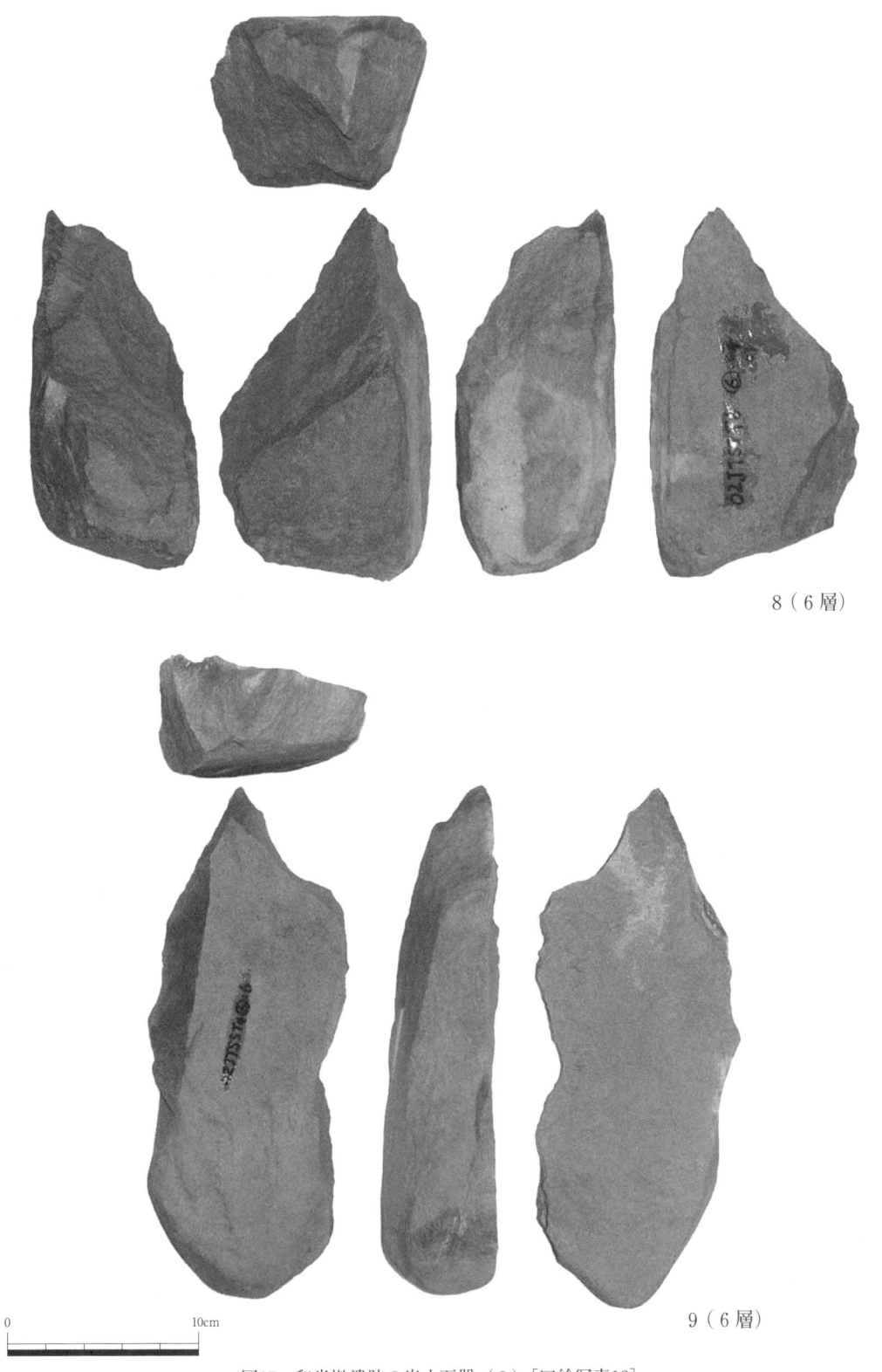

9（6層）

図15　和尚墩遺跡の出土石器（3）［口絵写真12］
Fig.15　Stone artifacts from the Heshangdun site（3）［See frontispiece Plate 12］

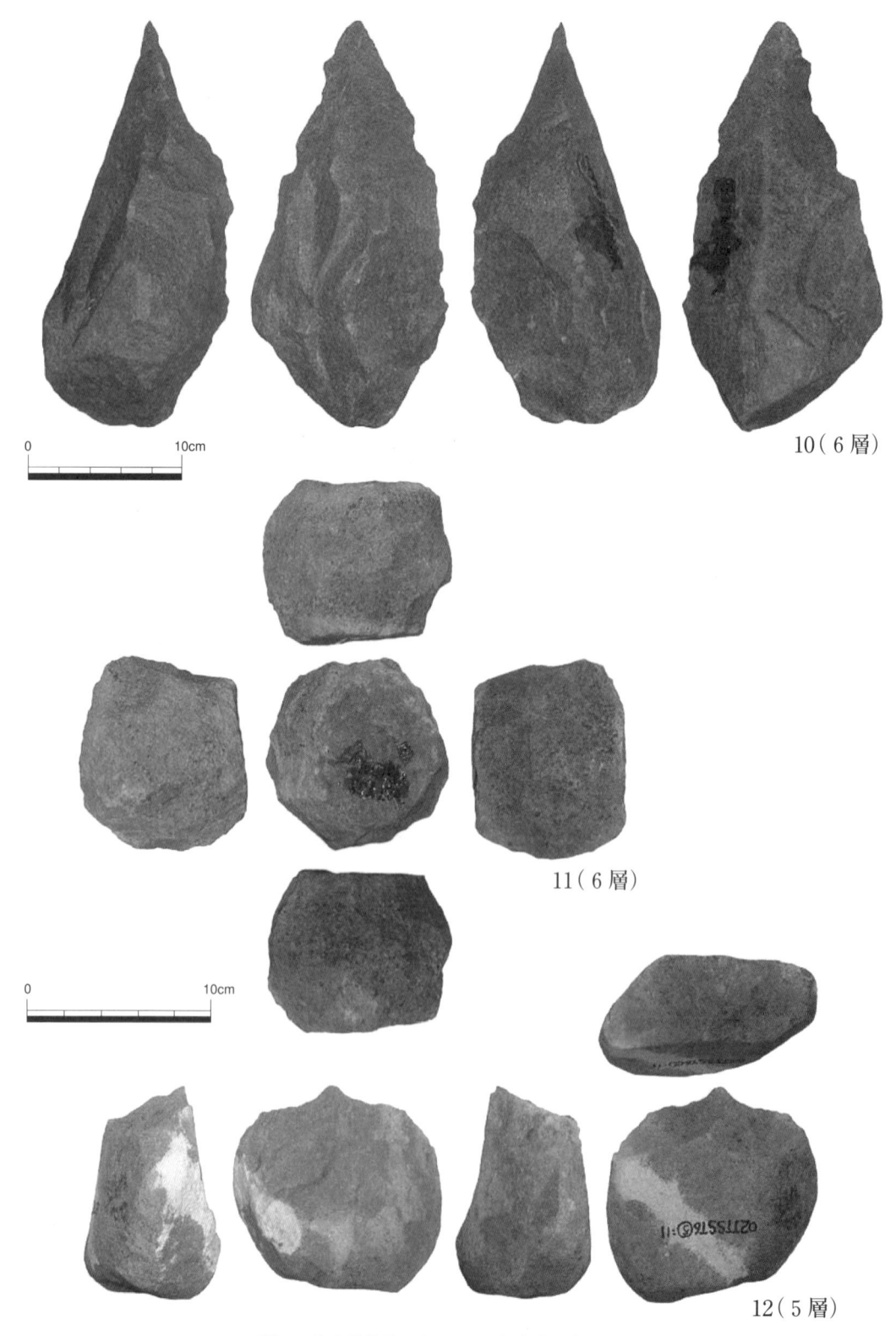

210　Ⅲ　東アジアの旧石器編年

10（6層）

11（6層）

12（5層）

図16　和尚墩遺跡の出土石器（4）[口絵写真12]
Fig.16　Stone artifacts from the Heshangdun site (4) [See frontispiece Plate 12]

Reconstruction of the Paleolithic chronology by loess-paleosol chronostratigraphy in China

Hitoshi MAGARA[1], Kazuto MATSUFUJI[2], Hiroomi TSUMURA[2], Atsushi UEMINE[2]

[1] Library of Uozu City, [2] Doshisha University

Deciding age of stone industries in earlier Paleolithic, Paleolithic archaeologists depend traditionally on such radiant dating methods as U-series, TL, ESR, FT, OSL thus far. However, the chronology based on loess-paleosol chronology in North China has been recently done connecting with marine isotope stage (MIS) as a global standard time scale.

Thick loess-paleosol deposit is widely observable in the lower basin of Changjiang River too. Since 1980's many multi-stratified Paleolithic sites have been discovered in both Anhui and Jiangsu Provinces. For instance, the Chenshang site in the southern Anhui and the Fangniushang and Heshangdun sites in the southern Jiangsu yielded such heavy duty tools as handaxe, pick, chopper and spheroid made of large quartz pebble. Their chronological position can be decided relating loess-paleosol sequence to Marine Isotope Stage stage. At the Chenshang site, the earliest industry with proto-handaxe and pick was recovered from the paleosol of MIS 21 (866-790 ka). This suggests hominin with large-massive tools had appeared in the lower basin of Changjing River c. 800 ka ago at latest.

Using the loess-paleosol chronology in China, we reexamined the duration of "Pebble tool tradition in the southern China". As the result we made clear that handaxe lasted from MIS 21 to 8, pick lasted from MIS 15 to 6, spheroid lasted from MIS 9 to 6, and cleaver lasted from MIS 8 to 5. Reexamining loess-paleosol stratigraphy and cultural layers at the Dincun and Kehe sites in Shanxi Province, and the Dahli site in Shaanxi Province, some Chinese researchers have already tried to decide their chronological position of stone industries. At present, such a method is enlarging upon several sites in Gansu and Henan Provinces which have been excavated recently.

Using Paleolithic chronology connected with loess-paleosol chronology in China, we will enable to make more detailed comparison of earlier industries in East Asia after this.

Key words: multi-stratified Paleolithic site, Chenshang site, Heshangdun site, loess-paleosol chronology, pebble tool tradition

韓国・栄山江流域の旧石器編年

李憲宗[1], 金正彬[2]

[1]韓国木浦国立大学校, [2]韓国順天国立大学校

1. 韓国栄山江流域における人類の居住開始期

　この10年の間に，栄山江流域では考古遺跡1ヵ所，自然科学研究のフィールド1ヵ所，遺物散布地92ヵ所が発見されている（図1）。これらの遺跡の多くは，羅州市の公山面や洞江面に位置している。公山面や洞江面の遺跡の標高は海抜3.15～25.33mを測り，土地の勾配の平均は2.77°，最小値は0°で最大値は6.94°である。遺跡の大部分は南西や南東に面しているが，これは羅州市公山面や洞江面の地形が影響している（Kim et al., 2002）。

　長洞里龍洞遺跡は三浦江と栄山江の下流に挟まれた場所にある。標高は海抜10～25mで，小さな丘陵地を除けば土地は平坦であり，その大部分は耕地となっている。本遺跡は，研究目的にもとづいて3つの地点（第1地点，第2地点，第3地点）に分けられる。第1地点（2002～2003年調査）では3枚の文化層が確認され，同位体による年代が測定された[(1)]。第1地点では更新世の地層が17mの厚さに達しているが，主に黄色土や黄褐色土から構成されており，最下層には少量の砂質土が含まれる。層序は明確ではない。第3地点については火山灰分析，OSL，^{14}C-AMS，レス－古土壌分析，初期磁化率，古地磁気層序の分析が実施されている（Naruse et al., 2006）。

　第3地点上部の8つの層準でおこなわれた^{14}C-AMSおよびOSLの年代測定では，深くなるにしたがって年代が古くなる結果が出ている（図2）。これは地層の深度と絶対年代の間に強い相関があることを示唆する[(2)]。韓国の旧石器時代研究に鑑みて，その相関が230ka～17.5ka（MIS 7～MIS 2）の間の気候変化と関係しているという点に，本遺跡の重要性がある。長洞里遺跡ではK-Tzに由来するβ-quartz（高温型石英）が確認されてい

図1　発掘調査された栄山江流域の主な遺跡
Fig.1 Paleolithic sites in the Youngsan river basin

214　Ⅲ　東アジアの旧石器編年

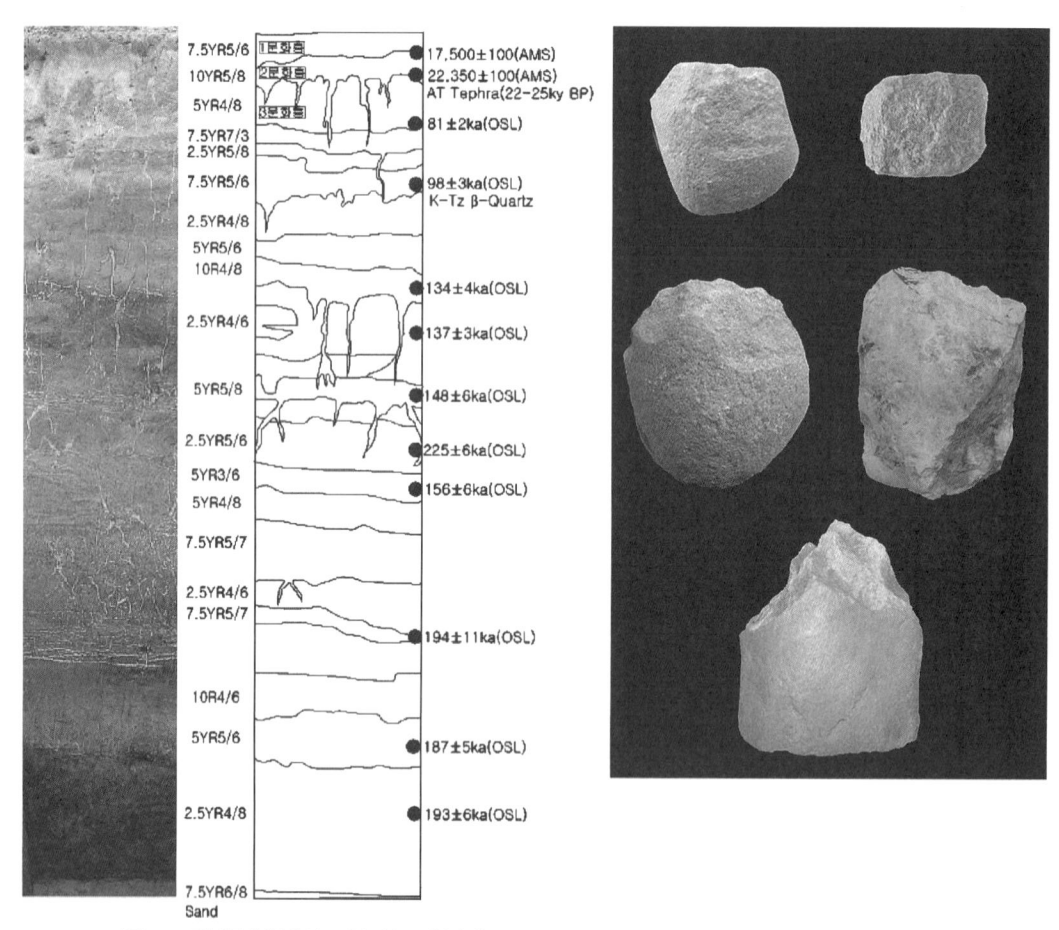

図2　長洞里龍洞遺跡の断面と石製遺物（上段：第1文化層, 中段：第2文化層, 下段：第3文化層）
Fig.2 Profile of the Jangdongri Yongdong site and stone artifacts
(upper ; first cultural layer, middle ; second cultural Layer, lower ; third cultural layer)

図3　唐加遺跡の俯瞰と断面
Fig.3 Aerial photo and profile of the Dangga site

る（成瀬によって層序区分されたS_1L_1（98±3 ka）層）。上部の第4層からは2つの年代が得られており（図2），近接した遺跡で得られた2つのサンプルは，61±6 ka，81±2 kaという測定値を示している。第3文化層の深度100〜120cmの部位からは，マツ属やトウヒ属に似た低木が発見されたが，これらは第1・第2文化層に豊富に含まれる。また寒冷気候に適応し

たカバノキ属やクマシデ属も含まれ，現在の韓国の植生とよく似ている。第3文化層下部は亜間氷期の期間に相当し，花粉分析（深度100～120cm）では漸移的な植生変化（最終氷期最寒冷期へ向かう亜間氷期）が明らかになっている（Chung, 2006）。

^{14}C-AMS年代測定値（17,500±100 yr BPと22,350±100 yr BP）は第3地点の第1，第2文化層に対応する。したがって，絶対年代測定や花粉分析が示すように，60～80 kaの間に第4文化層が残されたと考えることができる。

長洞里龍洞遺跡第3地点の調査では，3枚の文化層が確認された。そのうちの第3文化層は第4層中から確認されている。各文化層の石器は礫石器伝統に属している。

長洞里龍洞遺跡の層序の解釈には，唐加遺跡（砥石川沿いに位置する）や村谷遺跡が参考になる。西海岸では現在の海面より少なくとも10m

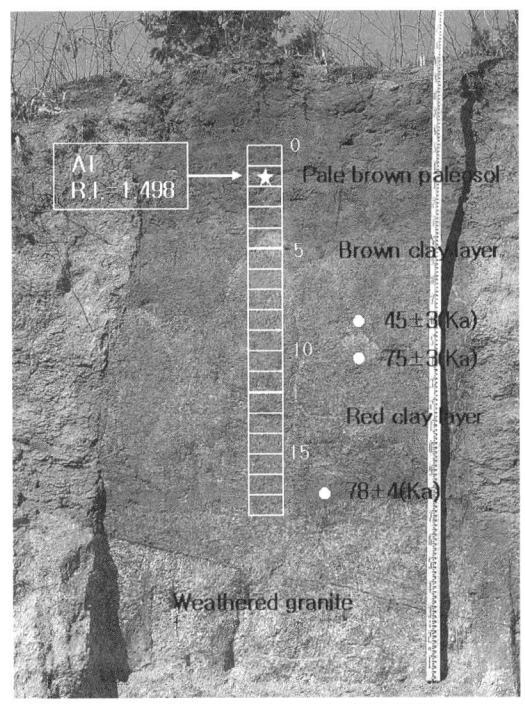

図4　村谷遺跡のサンプル採取箇所
Fig.4 Sampling profile of the Chongok site

の高さに，いくつかの段丘面が存在するようであるが，村谷遺跡や砥石川沿いの小丘陵は栄山江の流入と直接的な関係はない。これらの遺跡の著しく風化した花崗岩や土壌脈（soil dike；赤色の土壌や風化の進んだ岩石の影響によって栗色を呈している土壌で，朝鮮半島では普通に見られる）は，最終氷期開始期に形成された地形や土壌生成の産物である。著しく風化した基盤岩の分布域を除き，西海岸の表土は洗い出された風化土壌からなり，地層を形成した。礫，ひどく摩滅した陸成の岩片，礫石器が第1文化層中から発掘された。ソイル・ウェッジやクラックは第2居住層中で普通に見られる。（唐加遺跡の）炭化物の放射性炭素年代は，44,710±1,150 yr BP（DG-1）と45,380±1,250 yr BP（DG-2）の測定値を示すが，これらはMISステージ3の初頭ないしはMISステージ4の末期に相当する（図3）。また第1文化層は，基盤岩の浸食による土壌化の進行で形成された地層と解釈される（Kim et al., 2002）。この文化層は，長洞里龍洞遺跡の第3層に関連づけられるのかもしれない。

最近，羅州市の村谷遺跡で3つのOSL年代が得られたが，それらは文化層の下位の層で45±3 ka，基盤岩を覆う赤色土層の上部で75±7 ka，同層の下部で78±4 kaと測定された（Kim, 2004）（図4）。これらの年代は，唐加遺跡の第2文化層の年代を決定するうえで重要である。

その文化層は礫石器伝統に特徴的な石製遺物に代表され，上述した年代決定結果が得られた。石英製の礫から作られた各種の石器が唐加遺跡の第1文化層で見つかっており，チョッピング・トゥール，チョッパー，多面体石器，剥片が出土している（Lee and Lee, 2006）。この遺跡では重量石器が主体となっている。栄山江上流の治平洞遺跡は，他の文化層と関連づけられるだろう。

このように，中期旧石器時代のこの地域の文化は礫石器伝統の特徴を有していた（Park, 1992；Lee H.J. 2001・2003a）。栄山江流域に居住した最初の人々は，最終間氷期以後にこの地に到来し，栄

山江流域のいくつかの支流に居住した。

2．後期旧石器時代の編年と文化変化

（1）栄山江下流の堆積環境と^{14}C-AMS年代

韓国地質資源研究院は，栄山江の河口における8つのボーリング試料（特にMW−①，IL−②，IL−①）の編年的な検討をおこない，更新世に1枚の古土壌層が存在し，更新世の中に不整合関係が存在したと結論づけた。土壌有機物（SOM）による^{14}C-AMSの年代測定によると，その古土壌の年代は27,000年よりも古くなる可能性があり，MISステージ2の初頭に位置づけられることになる。栄山江地方の1枚の古土壌層はMISステージ2初頭の自然堤防や氾濫原，河岸段丘に堆積している。マツの花粉から当時の気候が寒冷であったことを示唆し，土壌形成を促進するような200〜800mm以上の降水量をともなっていた。そしてIL−③，JD−①や河岸段丘には粗粒砂や小礫が存在する。

長洞里龍洞遺跡の第1・第2文化層の花粉の検討から，当時はマツの成長が減退するほど寒冷化し，カバノキ属の成長が加速したことがわかる。結果的に，第1・第2文化層の^{14}C-AMS年代（17,500±100，22,350±100 yr BP）とAT火山灰を考慮し，最終氷期最寒冷期の気候状況が想定できる（Chung, 2006）。

Kim, Cheong-Bin（2004）は，長洞里龍洞遺跡と村谷遺跡で複数の地層からテフラを発見している。また長洞里龍洞遺跡や村谷遺跡では第1文化層と第2文化層の間に上部古土壌層が見つかっている。

これらの遺跡から発見されるテフラの大部分はY字型の無色のバブル・ウォール型で，暗褐色のバブル・ウォール型や形状のそろったパミスも散見され，典型的なテフラの形態を見せる。韓国のサンプルはややK$_2$Oが多いが，SiO$_2$，Al$_2$O$_3$，Na$_2$O，CaO，MgO，TiO$_2$，Fe$_2$O$_3$，MnOは日本で発見される火山灰とよく似ている。無色のバブル・ウォールをもつテフラの屈折率は1.496〜1.500，平均値は1.498である。この分析結果は，始良カルデラ起源のAT火山灰の屈折率とよく整合する（図5）。このことから，古土壌の形成やAT降灰時の風成堆積物が，後期旧石器時代に相当することがわかる。

栄山江流域から採取した花粉試料の分析から，30 kaから17 kaの幅をもつ年代が得られた。長洞里龍洞遺跡や村谷遺跡の花粉や火山灰の分析は，その値が長洞里龍洞遺跡の第1・第2文化層を旧石器時代と関連させるうえでいかに重要であるかを示している。栄山江中流の羅州市や唐加遺跡における絶対年代測定は44,710±1,150 yr BP（DG-1），45,380±1,250 yr BP（DG-

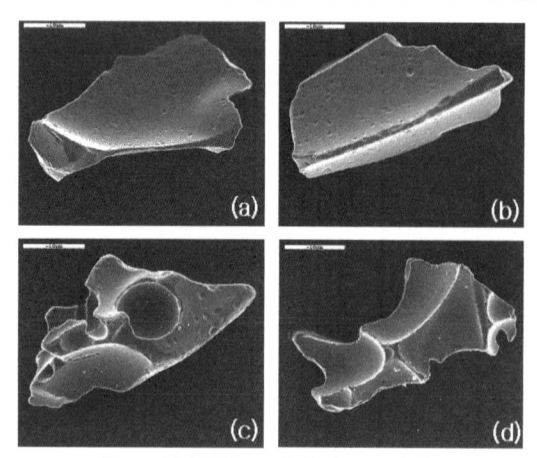

図5　代表的なAT火山ガラスの写真
(a) バブル・ウォールY字型ガラスののSEM顕微鏡写真
(b) バブル・ウォール型ガラスのSEM顕微鏡写真
(c) バブル・ウォール型ガラスのSEM顕微鏡写真
(d) バブル・ウォールY字型ガラスのSEM顕微鏡写真

Fig.5 Photographs of the representative volcanic glass shards from Aira-Tanzawa (AT) ash
(a) SEM microphotograph of the bubble wall Y-type glass shard.
(b) SEM microphotograph of the bubble wall type glass shard.
(c) SEM microphotograph of the bubble wall type glass shard.
(d) SEM microphotograph of the bubble wall Y-type glass shard.

2）と重要な値を示し，これは当地域の後期旧石器時代のさまざまな文化的特徴を研究することを可能にする。

(2) 後期旧石器文化の発展

後期旧石器時代の到来にともない，栄山江流域では中期旧石器時代～後期旧石器時代の過渡期的な特徴を見せる遺跡が散見されるようになる。龍虎洞遺跡は栄山江下流で見つかり，羅州市唐加遺跡の第2文化層，道山遺跡と沙倉遺跡の第1文化層は栄山江の上・中流域に位置している。また龍虎洞遺跡（Lee and Choi, 2004）の第2層の石器は，唐加遺跡の第2層のものと対比でき，中期旧石器から後期旧石器時代の過渡期の特徴，すなわちチョッパーや他の礫石器，多面体石器，石刃核や石刃が認められる（図6）。これらは全て，韓国の中期・後期旧石器時代の過渡期に属する他の遺跡の観察所見とも合致する。例えば，栄山江流域の後期旧石器文化の特徴をもつ遺跡では，原礫を選択し，縦長剥片を剥離しているし（Lee H.J. et al., 2004；Choi M.N., 2005），道山遺跡（Lee G.K., 2003）では馬蹄型の石器が発見されており，明らかにこれらの遺跡は過渡期に属している。両面加工技術とハンドアックスの拡散は，中期・後期旧石器時代過渡期の遺跡の一般的な特徴である。

村谷遺跡は礫石器伝統を基盤としつつも，後期旧石器時代に属するものと考えられている（図7）。栄山江流域では，この礫石器伝統は和順沙倉遺跡の後期旧石器文化層に至るまで長期にわたって継続する（図8）。

図6　龍虎洞遺跡の石製遺物
Fig.6　Stone artifacts from the Yonghodong site

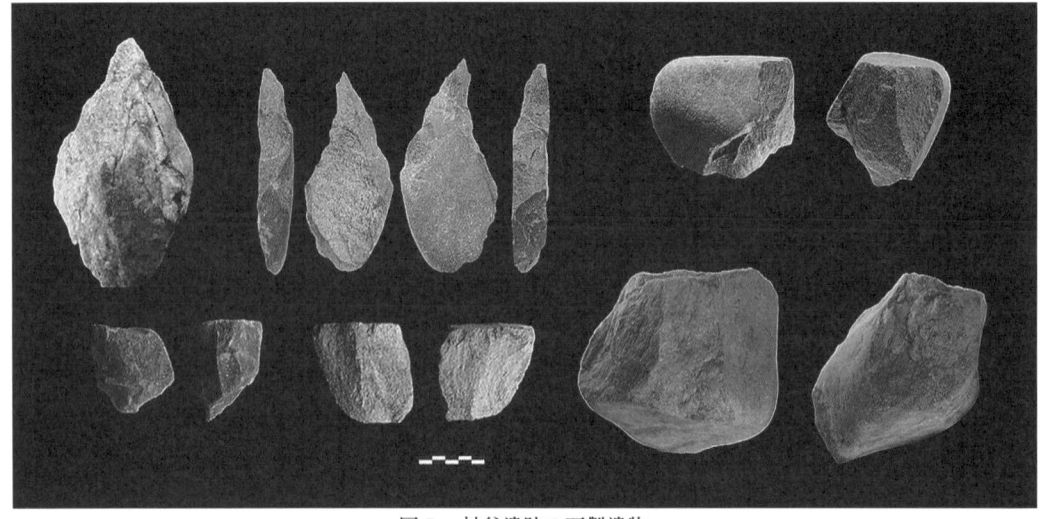

図7　村谷遺跡の石製遺物
Fig.7 Stone artifacts from the Chongok site

図8　沙倉遺跡の石製遺物（左列：第1文化層，右列：第3文化層）
Fig.8 Stone artifacts from the Sachang site (left ; first cultural layer, rignt ; third cultural layer)

　羅州市唐加遺跡の第3文化層と沙倉遺跡の第2文化層は栄山江流域で見られるものと同じ特徴をもっており，後期旧石器時代の石器類型の一端を垣間見せている。この石器群の特徴は，石核や剥片によく表れている。石核には特定の技術的特徴を示す，円錐形に類する石核が見られる。これらの石核には，縦長剥片を剥離するうえでの必要な技術を読み取ることができ，これらは縦長剥片の生産には必要性があったと言える（Lee et al., 2004）。剥片石器や小形の石製遺物は，多くの道具の

中でも代表的な存在である。（韓国や中国の中期旧石器遺跡で広く認められる）多面体石器，チョッピング・トゥール，2次加工すなわち両面加工された石器が，特に沙倉遺跡や村谷遺跡で発見されている。つまり，これらの遺跡からは両面加工技術に関連する石器が出土しているのである。

中期〜後期旧石器時代の文化層は，長洞里龍洞遺跡の第1・第2文化層で見つかっている。遺物量が少ないため，韓国の他の遺跡との比較・対比はできないが，この地域の礫石器伝統が17,000 yr BP以前に安定して存在していたとみなすことができる。

栄山江流域では，典型的な後期旧石器時代遺跡はほとんど知られていない。栄山江流域の中央部に位置する咸平長年里の堂下山遺跡の表土層からは，重量型の礫石器，細石刃核，細石刃や剥片石器が発見されている。栄山江流域では，流紋岩の石核や剥片が見つかっているが，これらは沙倉遺跡を除いて後期旧石器時代遺跡には珍しい。

沙倉遺跡の第1文化層の大部分は破壊されたが，流紋岩に似た緻密な石材は5〜6ヵ所の遺跡で見つかっている。それらは長さ20cm以下の礫で，石器をともなっており，接合する資料もある。主な石器は細石刃核，スキー状削片，石刃，敲石，台石，石核，掻器である（Choi, 2005）。細石刃核や石刃，スキー状削片が一定量存在することから，その所属時期は旧石器〜新石器時代の過渡期に先行すると考えざるをえない。特に礫から作られた石器や90度の打角をもつ剥片，目的的に剥離された剥片の存在から，この時期が旧石器から新石器時代の過渡期というより，むしろ新石器時代に属すると考えられるのである。

3．結　論

栄山江流域の礫石器伝統は，ヨーロッパやアフリカで認識されてきたものとやや異なっている。この地域の礫石器伝統は，文化や環境が変化したにもかかわらず，一貫して継続した文化現象である。たしかに彼らはもっぱら礫石器を作っていたのだが，自分たちの経済システム，居住パターン，ひいては石器の使用法を考えた際に有益な石材の価値を知っていた。それゆえ，この地の旧石器人は，重量石器を作るために，幾多の礫の中から石英質の礫を選んだのである。くわえて，後期旧石

表1　栄山江流域における主な石製遺物
Table 1　Main stone artifacts in the Youngsan river region

relics \ sites	Chipyeongdon in Gwangju	Dosan in Whasun	Dangga in Naju 3rd cultural layer	Chongok in Naju	Yonghodong in Naju
core	○	○	○	○	○
blade-core			○	○	○
blade flake				○	○
hand-axe			○		
chopper	○	○	○		○
chopping tool		○	○	○	○
polyhedron	○	○	○	○	
scraper	○	○	○	○	
awl		○		○	
"Malgup" type tool		○			
notch		○	○	○	
denticulate		○	○	○	
hand-pick		○			
burin			○	○	
plane		○			
pick		○			
bec				○	

表2　栄山江流域における旧石器時代の編年
Table 2 Chronology of the Paleolithic period in the Youngsan river region

	Dangga	Chongok	Chipyeong	Dosan	Yonghodong	Sachang	Yongdong
about 15,000 B. P.						3rd cultural layer	1st cultural layer
about 30,000 B. P.	3rd cultural layer	cultural layer	cultural layer	cultural layer		2nd cultural layer	2nd cultural layer 22,350±100 B. P.
about 45,000 B. P.	2nd cultural layer 44,710±1,150 B. P. 45,380±1,250 B. P.				cultural layer	1st cultural layer	
more than 50,000 years							3rd cultural layer 61±6ka(OSL)

器時代の石器の進歩を見れば，この地の人々が発達・進歩してきたことが明らかである。彼らは石刃製石器の作り方や2次加工の方法を発達させた。これらの石器は亜楔形石核，石刃，後期旧石器時代の特徴である石刃製石器からなる。その後，石器製作では繊細な2次加工をもつ剥片石器が発達した。この地域の文化は，中期〜後期旧石器時代の過渡期の文化よりも，後期旧石器時代の文化により類似すると結論づけられる。

補註
（1）第1地点の地表下10mで測定された2つの絶対年代の値（52±4 ka, 61±5 ka BP）は，近年の調査の測定値より新しくなる可能性がある。
（2）下部の4つの層（砂を含む層）の絶対年代は，相対的に新しくなるようだ。地層が安定しているため，絶対年代が順序よく並ぶのである。しかし，225,000年前（OSL）という絶対年代を除いて，上限年代を正確に測定する必要がある。

引用文献

Choi, Mi-No, 2005 Characteristic of Sachang Paleolithic Site in Hwasun, 6th conference material of Korean Paleolithic Society. *Hangukguseokgihakbo ; Journal of Korean Palaeolithic Society*, No. 12, 7-18.

Chung, Chul-Hwan, 2006 Palynology of the Pleistocene in Jangdongri Yongdong Paleolithic Site, Naju, Korea. *Hangukguseokgihakbo ; Journal of Korean Paleolithic Society*, No. 13, 1-8.

Kim, Cheong-Bin, 2004 The tephra analysis of the Quaternary system in Jangdongri site, Application of natural science for archaeological interpretation. *The third seminar material of the Institute of Archaeology & Geology in Mokpo National University*, 51-78.

Kim, Ju-Yong, Lee, Heon-Jong, Yang, Dong-Yun, 2002 Quaternary Formation Environment and Chronology of Some Palaeolithic Sites of South Korea. *Hangukguseokgihakbo ; Journal of Korean Paleolithic Society*, No. 6, 165-198.

Lee, Gi-Kil, 2003 *Hwasun Dosan Palaeolithic Site, Chosun* University Museum, Kwangju, Korea, 124

Lee, Heon-Jong, No, Sun-Ho, Lee, Hye-Yeon, 2004 *Report on the Excavation of Dangga site, Chongokri site, Naju,* Mokpo National University Museum, 371.

Lee, Heon-Jong, Kim, Cheong-Bin, Chung, Chul-Hwan, Lim, Hyun-Soo, Lee, Hye-Yeon, Derevianko, A. P., Dergachova, D. I., Bolikhovskaya, N. S., 2006 *The Paleolithic Archaeology and Quaternary Geology in Youngsan River Region,* Hakyeon, 320.

Lee, Heon-Jong, 2000a Cultural Characteristics of Jangnyeon-ni Danghasan Palaeolithic Site, Hampyeong, Korea. *Hanguksanggosahakbo ; Journal of Korean Palaeolithic Society,* No. 2, 1-15.

Lee, Heon-Jong, 2000b A Study of Middle Paleolithic Culture in Northeast Asia. *Hanguksanggosahakbo,* No. 33, Korean Ancient Historical Society, 7-48.

Lee, Heon-Jong, 2002 Middle Paleolithic Studies on the Korean Peninsula. *Archaeology, Ethnology and Anthropology of Eurasia,* No. 2 (10), IAE Press, 87-104.

Lee, Heon-Jong, 2003a The Middle to Upper Paleolithic Transition and the Tradition of Flake Tool Manufacturing on the Korean Peninsula. *Archaeology, Ethnology and Anthropology of Eurasia,* No. 1 (13), IAE Press, 65-79.

Lee, Heon-Jong, 2003b New Finding Paleolithic Sites in Southwest coast, Jullanam-do. *A primitive life and Archaeological Sites of Paleolithic man,* Hakyoun, 475-499.

Lee, Heon-Jong, 2004 Cultural Character of Dangga Paleolithic Multilayered Site in Youngsan river Basin, Naju. *Inmunhaknonchong,* Associative publishing thesis committee by Seven national universities, 187-204.

Lee, Heon-Jong, Lee, Hye-Yon, 2006 Study of the Cultural Character of the Paleolithic of Middle and Upper Youngsan river Region. *Seonsawagodae,* No. 24, Korean Association for Ancient Studies, 3-28.

Lee, Yeong-Chul, Choi, Mi-No, 2004 *Naju Yongho Paleolithic Site,* The Honam Archaeological Society, 79.

Naruse, T., Matsufuji, K., Lee, Heon-Jong, Danhara, T., Hayashida A., Kim, Cheong-Bin, Yu, K. M., Yata K., Hwang, So-Hee, Ikeda, K., 2006 Preliminary report of the loess-paleosol stratigraphy in Jangdongri site, Korea. *The Paleolithic Archaeology and Quaternary Geology in Youngsan River Region,* Hakyeon, 269-289.

Park, Young-Chul, 1992 Chronology of Palaeolithic Sites and its Cultural Tradition in Korea. *Hangukgogoihakbo,* No. 28, The Korean Archaeological Society, 1-130.

Chronology of the Paleolithic in Youngsan River Region

Heonjong LEE[1] and Cheong-Bin KIM[2]

[1] Mokpo National University, [2] Sunchon National University

In the last 10 years some 100 archaeological Paleolithic sites have been found in southwestern part of the Korean peninsula. The Pebble Tool Tradition recognized in these sites and in particular in the Youngsan River (栄山江) region is somewhat different from similar cultures found in Europe and Africa. This tradition persisted for a long time, in spite of cultural and natural climatic and other changes to which the people appear to have adapted readily. The Paleolithic people here recognized the value of raw materials, such as quartz pebbles that could be used to make various heavy weight tools. The earlier tools such as sub-wedge cores, blade and blade tools are typical of Paleolithic Pebble Tool Tradition, the latter tools, such as delicate retouched tools and blade tools are more typical of Upper Paleolithic Pebble Tool Tradition.

Key words: Youngsan River region, Pebble Tool Tradition, blade, blade tool, Upper Paleolithic Pebble Tool Tradition

レス-古土壌編年による東アジア旧石器編年の再構築（Ⅱ）
—韓国—

中川和哉[1]，松藤和人[2]，裵基同[3]，津村宏臣[2]，黄昭姫[4]

[1](財)京都府埋蔵文化財調査研究センター，[2]同志社大学，
[3]漢陽大学校博物館，[4]漢陽大学校文化財研究所

1．韓国における旧石器遺跡の層位と出土石器

　韓国では臨津江・漢灘江流域の全谷里遺跡において，1978年に前期旧石器時代の代表的な石器とされる石英製のハンドアックス，クリーヴァー，石球などの大形石器が発見された。Movius, Jr., H. L. (1944) の提唱になる東アジアのチョッパー＝チョッピング・トゥール文化圏におけるアシューリアン類似石器の出土は，一躍世界的な注目を集めた。しかしながら，その年代的な位置づけについては，K-Ar，TL法による若干の年代測定以外に年代根拠が乏しく，長い間，韓国旧石器学界で論争が続いたことはよく知られている。

　韓国の旧石器出土層をながめると，河岸段丘，海岸段丘や丘陵のような堆積環境が安定した場所では，基盤層や水成堆積物の上に細粒の堆積物が厚く堆積しており，温暖期に生成した赤褐色または茶褐色の土壌と，寒冷期に堆積した灰色ないしは黄褐色の土壌が互層となり，後者の下面から下位の古土壌層中にソイル・ウェッジ（soil wedge）が貫入するなど，共通する自然現象が観察される。全谷里遺跡では石器が包含される赤褐色または茶褐色の粘土質堆積物の成因について，

1　全谷里	7　萬水里
2　佳月里・舟月里	8　唐加
3　金坡里	9　村谷里
4　錦山里	10　長洞里
5　下花渓里	11　古礼里
6　坪倉里	

図1　本文中紹介遺跡位置図
Fig.1 Location of the sites introduced in this paper

レスや陸化した黄海の砂塵が吹き寄せられたものからなるという風成説，河川や湖沼の堆積物とする水成説，緩斜面上を降水と重力によって移動し堆積したという斜面崩積物説などの諸説が提示されてきた（裵, 2002）。

　韓国の広域に同じような周期的堆積状況が見られる現象（図2）は，過去の気候変動が主因となっているのではないかという想定のもとで，全谷里遺跡においては堆積物の性格の究明，編年層序の確立などを目的に学際的調査が進められてきた（松藤ほか, 2005；松藤, 2006）。一連の調査の結果，細粒堆積物の周期的な変化は中国黄土高原に典型的に見られるレス-古土壌の周期的変動に対応するものと考えられ，高精度・高分解能の火山灰分析，初期磁化率測定（金ほか, 2002；Hayashida, 2003），基盤岩の玄武岩に対する系統的なK-Ar法およびFT法による年代測定（Danhara et al., 2002；長岡ほか, 2007），レス-古土壌編年（Naruse et al., 2003）などによって，堆積物の年代を特定することが可能

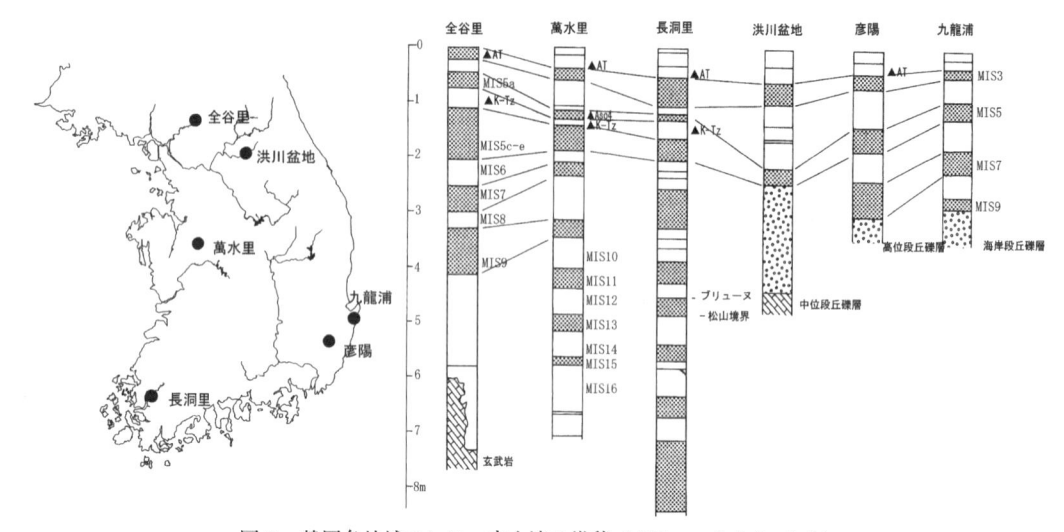

図2　韓国各地域のレス－古土壌の堆積（成瀬, 2006を参考に作成）
Fig.2 Loess-paleosol stratigraphy in Korea（modified from Naruse, 2006）

になった。また成瀬敏郎ほか（2006）は特定の古土壌に固有な外観・色調からステージ3，ステージ5，ステージ11を判別し，鍵層となる古土壌の肉眼識別への途を拓きつつある。こうしたレス－古土壌編年研究の成果に立脚し，韓国の旧石器時代石器群の編年を検討する。

（1）京畿道全谷里遺跡（図3）

全谷里遺跡（京畿道漣川郡全谷邑全谷里）は臨津江支流の漢灘江流域の玄武岩溶岩台地上に位置し，1978年にアメリカ人軍属により発見された。発掘調査は1979年から14次にわたって実施され，国家史蹟の指定を受けている。総数5,000点以上の石器が発掘され，その大半が漢灘江・臨津江の河床で採取可能な石英質の岩石（以下石英[1]）を用いたもので，ほかに若干量の玄武岩・凝灰岩等が含まれる。

遺物包含層は，玄武岩上に堆積したもので，堆積年代の上限を示す。玄武岩については，これまで幾度かのK-Ar年代測定がなされてきたが，測定値の異なる年代が提示され，石器群の年代をめぐる論争に混乱をもたらした。長岡信治ほか（2007）の研究によって，全谷里遺跡周辺には少なくとも2回以上の溶岩流の流出があり，新しいものを車灘玄武岩，古いものを全谷玄武岩と名付けた。フィッション・トラック年代測定，K-Ar年代測定（Danhara et al., 2002；長岡ほか, 2007）によって車灘玄武岩は約15万年前，全谷玄武岩は約50万年前の年代が提示されている。全谷里遺跡の立地する溶岩台地の基盤は全谷玄武岩で，基盤岩の年代から，遺物を包含する堆積物は層位的にステージ13[2]よりも新しいことになる。また残留磁化の方位の測定結果，玄武岩

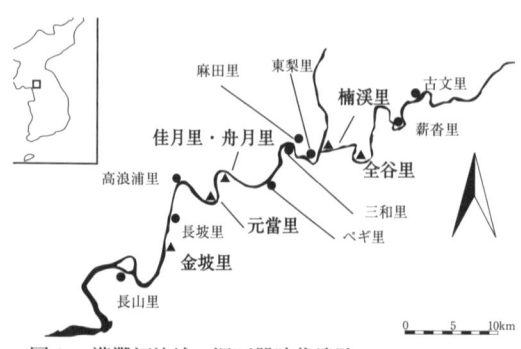

図3　漢灘江流域の旧石器時代遺跡（裵, 2002を改変）
Fig.3 Paleolithic sites in Hantan-Imjin river basin（modified from Bae, 2002）

上の堆積層はすべて正磁極期であり，玄武岩自体も正磁極期で玄武岩も含めブリューヌ正磁極期の堆積でステージ19より古くはならない。（村田ほか，2007）

日本列島起源の火山灰（ATおよびK-Tz）の発見によってレス－古土壌の特定層準に対する詳細な年代把握が可能となった調査区（E55S20-Ⅳ pit）[3]もある。ここでは，E55S20-Ⅳ pitのレス－古土壌編年（Naruse et al., 2003）に照らして出土層準の年代特定が可能で，旧石器の出土量にも恵まれた調査区の資料を紹介していきたい。

① W6S4 pit（裵・高，1993；図4～6）

全谷里遺跡の位置する玄武岩溶岩台地西側に設けられた調査ピットである。上から1層（撹乱土），2層（古地表土），3層（暗褐色粘土層），

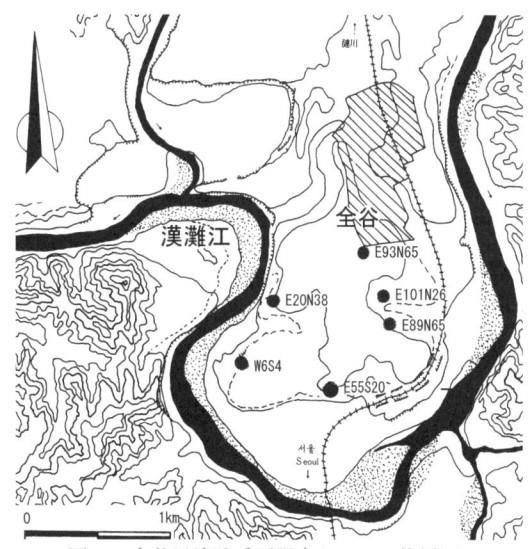

図4　全谷里遺跡重要調査トレンチ位置図
（裵，2002に加筆）
Fig.4 The location of trenches in the Chongokni site (modified from Bae, 2002)

4層（赤褐色粘土層），5層（黄褐色粘土層），6（赤色粘土層），7層（砂層），8層（粘土層），9層（玄武岩）である。全谷里遺跡全体で観察できる古土壌の特徴から4層はステージ5，6層はステージ7に比定できる。4層には中間部に色があせた部分があり，他の調査地区の層相に照らしてステージ5bのレス層と考えられ，5a，5b，5c-e[4]の3つの層に細分できる。

遺物は古土壌と考えられる4層と6層から出土している。石器は計248点出土したが，その多くは6層から出土したものである。出土石器，礫の94％が石英製である。出土状態を見ると，大形の搬入礫を含む集中部が6層上面に形成されている。調整の加えられた石器は17点あり，ハンドアックス，礫器，石球，削器，尖頭器，石核，石核（礫器），石核（大形削器）などが各1～数点出土し

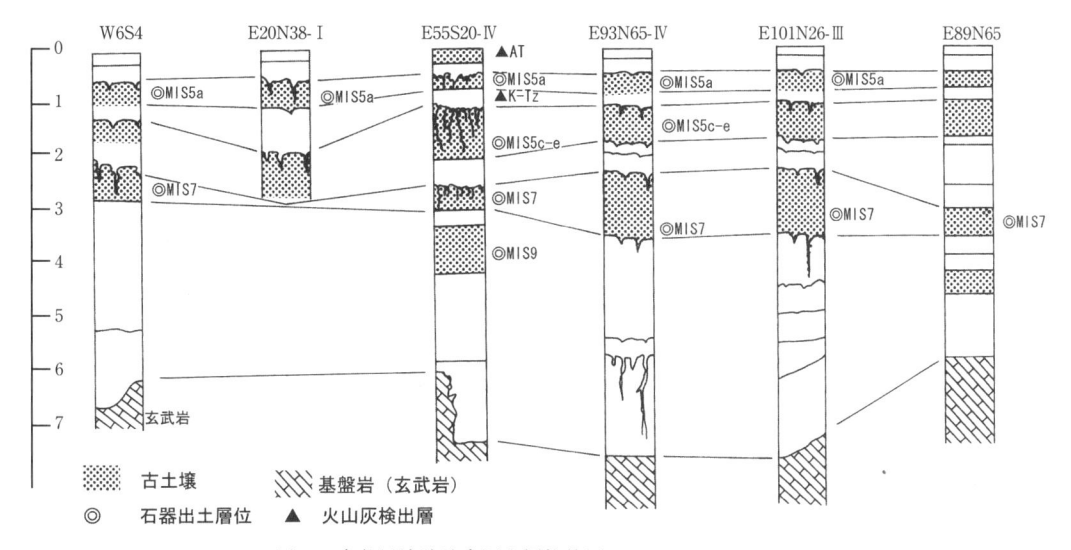

図5　全谷里遺跡地点別土層柱状図（黄，2007を参考に作成）
Fig.5 Loess-paleosol stratigraphy of the Chongokni site (modified from Hwang, 2007)

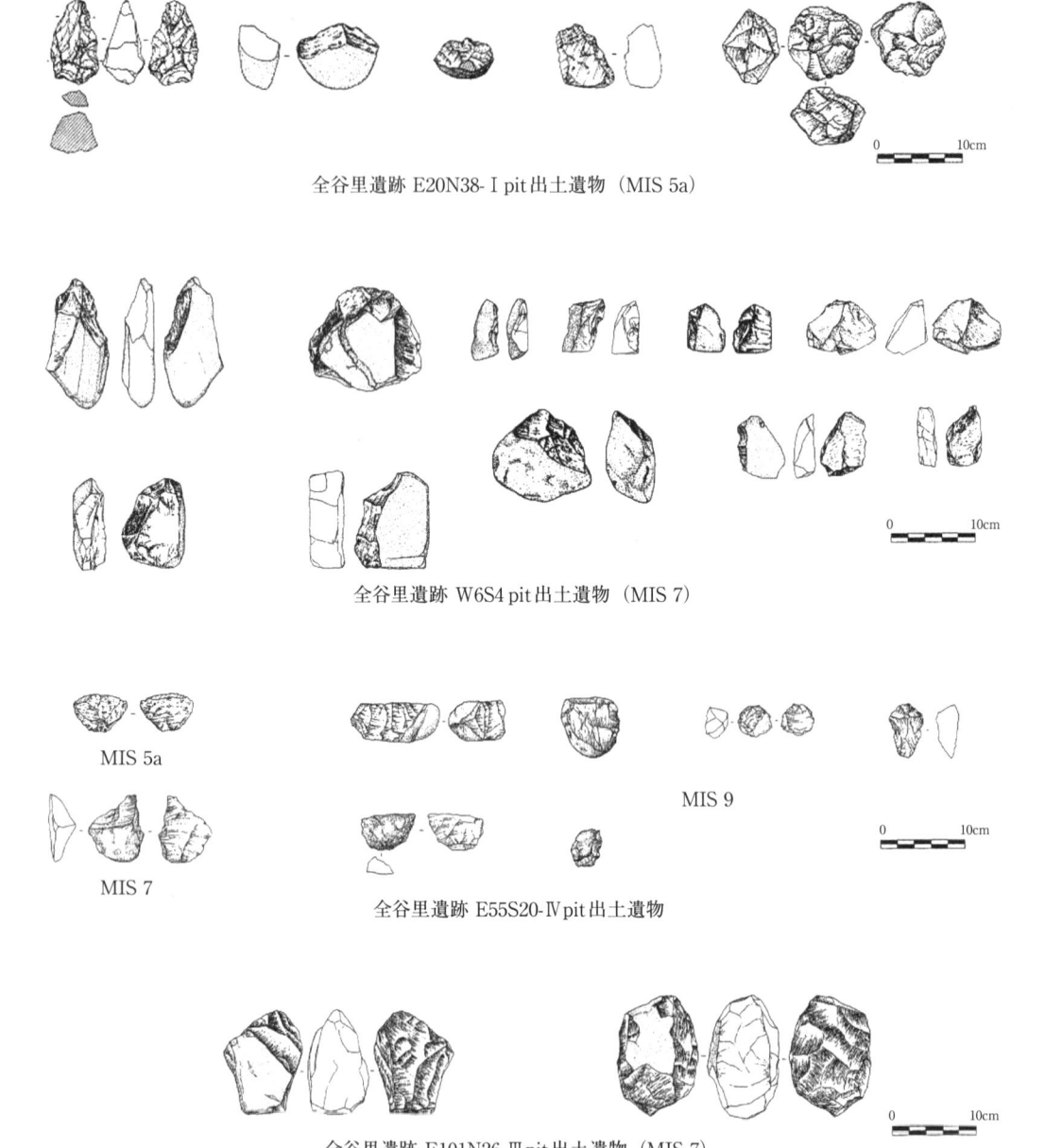

全谷里遺跡 E20N38-Ⅰpit 出土遺物（MIS 5a）

全谷里遺跡 W6S4 pit 出土遺物（MIS 7）

MIS 5a

MIS 7

MIS 9

全谷里遺跡 E55S20-Ⅳpit 出土遺物

全谷里遺跡 E101N26-Ⅲpit 出土遺物（MIS 7）

図6　全谷里遺跡地点・層位別出土遺物（裵ほか, 1993・1996・2001）
Fig. 6　Stone artifacts from the Chongokni site（Bae *et al*, 1993・1996・2001）

た。石英を利用したハンドアックスは扁平な楕円形を呈する円礫の長軸端を尖らすように加工したもので，先端部付近の自然面の状態から素材礫の長さとハンドアックスはほぼ同じ長さであることがわかる。基部については未加工で円礫のまま残されている。

② E101N26-Ⅲpit（裵ほか, 1996；図4～6）

　全谷里の市街地に近い台地中央部に位置する。地表面の海抜は59.5mで，台地の最高所が61.1mを測ることから，全谷里遺跡の中でも比較的高所に立地することがわかる。調査面積は25㎡で，出

土点数は35点,基盤岩までの深さが約7mである。堆積物は12層に分けられ,上からⅠ～Ⅻと番号がふられる。石器群はⅢ層とⅥ層に2枚の出土層準をもち,両者は約2mの深度差をもつ。出土層はいずれも古土壌で,Ⅲ層はステージ5a,Ⅵ層はステージ7に相当する。Ⅲ層では石英製剥片およびチップにともない,玄武岩搬入礫が11点,片麻岩製の搬入礫が2点出土した。Ⅵ層からは報告では石英製の両面加工礫器(bifacial chopper)と呼ばれた表裏に加工され,厚みのある大形の石核あるいは礫器と考えられる石器が出土している。

③ E93N65-Ⅳpit(裵ほか,1996;図4～5)

遺跡の北側に位置する調査地点である。堆積状況は後述するE55S20-Ⅳ pitに類似する(黄,2006)。88m^{2}の調査区内から623点の各種石製遺物が出土した。このうち接合資料が7組存在する。最も多くの石器が出土したのは,地表下10～40cmの赤色粘土層上面で,遺物は集中部を形成して分布する。ステージ5aの古土壌に相当する地層である。出土遺物には大形の石核掻器,石球,掻器,削器などが存在するが,ハンドアックスは存在しない。また出土石器のうち長さが6cm以下のものが80%近くを占めており,大形のものも15cm以下で,削器,掻器は5cm前後である。なお散発的ではあるが,ステージ5c-e,7の古土壌層からも遺物が出土している。

④ E55S20-Ⅳpit(裵ほか,2001;図4～6)

遺跡の南東部に位置する調査地点である。6m余りの堆積物に対して各種の自然科学的分析がおこなわれた。その結果,姶良Tn火山灰(AT;26～29ka),鬼界葛原火山灰(K-Tz;95ka)が発見され(Danhara et al., 2002)ており,それぞれステージの2,5bに比定されている。また堆積物の詳細な初期磁化率測定(金 et al., 2002;Hayashida, 2003)によりステージ3～9の気候変動が明らかにされている。こうした一連の調査の結果,本トレンチは全谷里遺跡の基準層序を提供した調査地点として位置づけることができる。

25m^{2}の調査区内から72点(搬入礫を含む)の石器が出土し,そのうち58点がステージ9にあたる11層中からの出土である。石器には掻器,削器,ノッチがあるが,搬入礫を除くと10cm以下の小形のもので構成される。石材の約90%に石英が用いられている。ほかに少量ではあるがステージ5a,5c-e,7の層序からも石英製遺物が出土している。

⑤ E20N38-Ⅰpit(裵ほか,2001;図4～6)

遺跡の北部に位置する調査地点である。耕作地25m^{2}が調査され104点の石製遺物が出土した。地層の上位は,農地造成によって削平されていた。層位は上からⅠ層(耕作土),Ⅱ層(褐色粘土層),Ⅲ層(赤褐色粘土層),Ⅳ層(暗赤褐色粘土層),Ⅴ層(暗赤褐色粘土層)であるが,基盤岩までの掘り下げはおこなわれていない。遺物にはハンドアックス,チョッパー,削器,ノッチが含まれる。ハンドアックスは両面とも調整加工が施され,自然面は残されていない。全長は10cm足らずと非常に小形である。出土層はステージ5aにあたる古土壌に比定される。全谷里遺跡で出土層準が判明するハンドアックスとしては最も新しい年代に位置づけられる。

⑥ E89N65 pit(漢陽大学校文化財研究所,2007;図4・5)

2006・2007年度に調査されたピットで,史跡指定された全谷里遺跡の東側,指定区域外の場所である。633点の石製遺物が発見され,剥離痕のある石器は266点である。石製遺物中,石英製のものが85%を占める。ステージ7とみられる古土壌層からハンドアックスが複数点出土している。また

ステージ 6 相当層の直上に15万年前の車灘玄武岩の噴出によって古期漢灘江が塞き止められ氾濫したと考えられる水成層が確認できた。

上記したもののほかに，E10S17-Ⅳ，W35N40-Ⅰ（裵ほか，2001）では，古土壌層中から石英製ハンドアックスがそれぞれ 1 点出土している。小面積の調査で基盤（玄武岩）までの掘り下げがなされていないため，古土壌のMIS比定は保留せざるをえない。

（2）京畿道金坡里遺跡（漢陽大学校文化財研究所，2004；図 3・7 ）

金坡里遺跡（京畿道坡州市坡平面金坡里）は臨津江左岸に位置し，1989年 5 ～ 7 月に国立文化財研究所が実施した地表調査によって発見された。その後，5 回の発掘調査が実施されている。本遺跡から臨津江をやや遡ったところに，調整加工の発達したハンドアックスなどの大形礫石器を出土する元當里遺跡，佳月里遺跡，舟月里遺跡が所在する。

遺跡は玄武岩の基盤の上に載っており，遺物包含層は基盤岩を形成した溶岩流噴出以後の堆積物である。漢灘江流域の全谷里周辺では少なくとも新期（車灘玄武岩；約15万年前）・古期（全谷玄武岩；約50万年前） 2 枚の溶岩流が確認されているが，金坡里付近に達した溶岩流がそのいずれに帰属するものかは明らかでない。

2004年度の発掘調査の層序は上からⅠ層（撹乱層），Ⅱ層（古土壌：赤褐色粘土層），Ⅲ層（水成堆積？：黄褐色砂質粘土層），Ⅳ層（水成堆積：黄褐色砂質土層），Ⅴ層（玄武岩の基盤層）である。Ⅱ層の古土壌が遺物包含層である。最も遺物が多く出土した調査 1 区では，赤褐色粘土層中部で439点，

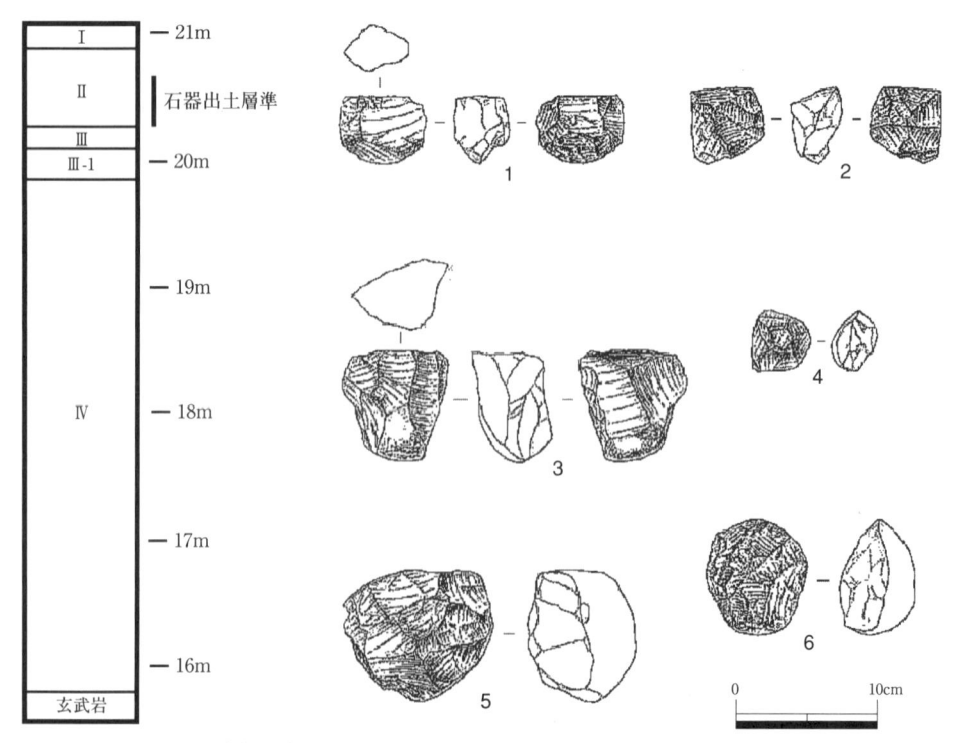

図 7　金坡里遺跡土層柱状図と出土遺物（漢陽大学校文化財研究所，2004）
Fig.7　Loess-paleosol stratigraphy and stone artifacts of the Kumpari site
(Institute of Cultural Properties of Hanyang Univ., 2004)

赤褐色粘土層下部で382点の石器が出土した。この古土壌は
層相の観察からステージ5に比定できる。旧地表は後世の攪
乱・削平を受け，遺物包含層であるⅡ層の本来の層厚は不明
である。遺物（石核・剥片）は古土壌層中・下部を中心に出
土していることからステージ5前半の石器群として位置づけ
られよう。また元の原礫近くまで復元できる接合資料があり，
礫器に加工することが可能な大形剥片を剥離している。地表
面においてハンドアックスが採集されている。

　1989～1992年の調査（裵編，1999）では，クリーヴァー，ハ
ンドアックス，石球も出土している。出土層準は大半がステ
ージ5と考えられる赤褐色粘土層上層の黄褐色粘土層中から
出土している。出土状態は赤褐色粘土層上面が激しく起伏に
富み，その土坑状の窪みの中から石器が集中して出土してい
る。その落ち込みの成因については，風倒木痕説，流水によ
る掘り込み説，人為的掘削説があり，いまだ決着を見ていな
い。石器には接合関係も見られることから，移動範囲につい
ては大きくないと考えられ，直下の赤色粘土層あるいは黄褐
色粘土層堆積時の遺物と考えられる。

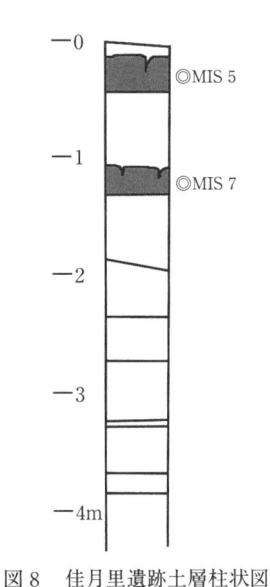

図8　佳月里遺跡土層柱状図
（漢陽大学校文化財研究所，2003）
Fig.8 Loess-paleosol stratigraphy of the Gawolri site
(Institute of Cultural Properties Hanyang Univ.,2003)

（3）京畿道佳月里遺跡（漢陽大学文化財研究所，2003；図3・8）

　坡州郡積城面佳月里に所在する，臨津江流域の遺跡である。他の漢灘江・臨津江流域の遺跡と同
様，玄武岩の基盤上に文化層が堆積する。1988年ソウル大学によって発見され，1993年に発掘調査
（李・李，1993）が実施されたが，表面採集で得られたような典型的な礫石器・ハンドアックスは発
見されず，石器群の内容は乏しいものであった。

　2003年に国道第37号線の拡張工事の一環として漢陽大学校文化財研究所とソウル大学校考古美術
史学科が共同で調査を実施した。その結果，2区域B地区のE460S50-Ⅰトレンチから石英製のハン
ドアックスが発見された。堆積層は6つに区分され，上からⅠ層（表土），Ⅱ層（赤褐色粘土層），Ⅲ
層（黄褐色砂質粘土層），Ⅳ層（褐色砂質粘土層），Ⅴ層（黄褐色砂質粘土層），Ⅵ層（玄武岩盤）である。
Ⅴ層についてはさらに細分することが可能である。遺物はⅡ層下部と，Ⅲ層下部からⅣ層にかけて
出土している。Ⅱ層は古土壌で，厚く赤褐色を呈することからステージ5に比定でき，Ⅳ層はステ
ージ7の可能性がある。ハンドアックスは，Ⅳ層から出土しており，科学的な分析が必要であるが，
全谷里遺跡のハンドアックス出土層準と同じである。

（4）忠清北道萬水里遺跡（韓国土地公社・漢陽大学校文化財研究所，2006；図9）

　萬水里遺跡は，忠清北道清原郡江外面萬水里・連堤里に所在し，錦江支流の美湖川流域に位置す
る。遺跡は開析の進んだ丘陵斜面に立地する。調査は対象面積が広大であるため，韓国先史文化研
究院，漢陽大学校文化財研究所，中央文化財研究院，韓国文化財保護財団が発掘地点を分担して実

230　Ⅲ　東アジアの旧石器編年

★ Cul.1
★ Cul.2
★ Cul.3
★ Cul.4
★ Cul.5

★ Cultural layer　◆ Pebble

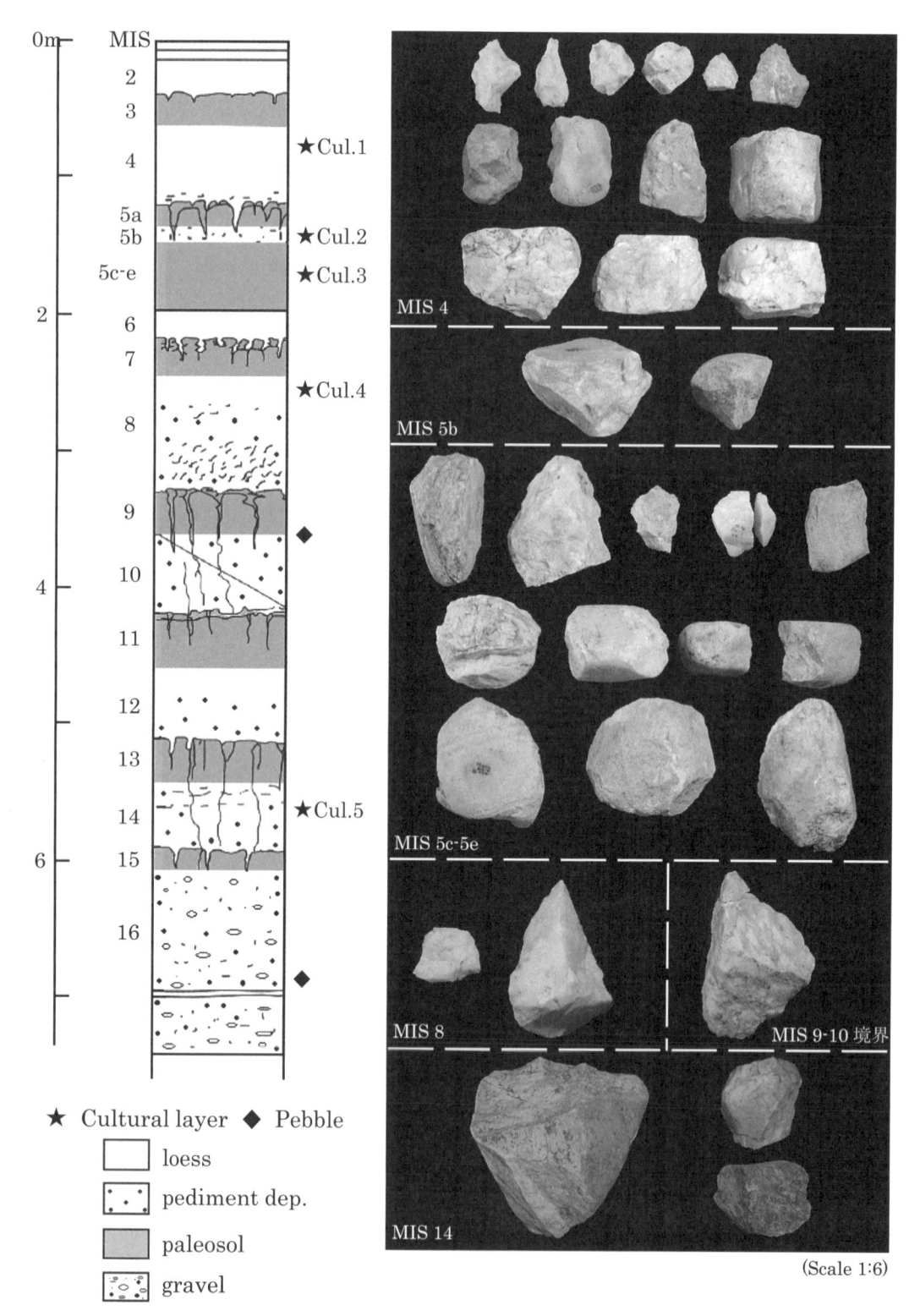

- loess
- pediment dep.
- paleosol
- gravel

MIS 4
MIS 5b
MIS 5c–5e
MIS 8
MIS 9-10 境界
MIS 14

(Scale 1:6)

図 9　萬水里遺跡土層柱状図と出土遺物（漢陽大学校文化財研究所提供）[口絵写真13]
Fig.9　Loess-paleosol stratigraphy and stone artifacts of the Mansuri site [See frontispiece Plate13]
(photos ; presented by the Institute of Cultural Properities, Hanyang Univ.)

施した。ここで取りあげる遺物と自然科学的分析は，主として漢陽大学校文化財研究所の調査地区における成果である。

遺跡の基盤層は花崗岩バイラン土層で，丘陵東斜面に厚さ約7mに達する堆積物が観察される。上層はレスを主体とした風成堆積物，中・下層は粗粒の斜面崩積物からなる。本遺跡からはAT，Aso-4（90ka），K-Tz（95ka）の火山灰とともに8枚の古土壌が確認されており，成瀬敏郎によって上からMISステージ3，5a，5c-e，7，9，11，13，15に比定されている（成瀬ほか，2008；本書所収）。このステージ比定は火山灰の検出層準，古土壌の層相と枚数によるものである。萬水里遺跡の堆積物の磁気層序はいずれもブリューヌ正磁極期を示し（村田ほか，2007），ブリューヌ/マツヤマ境界（0.78Ma）より若い地層であることがわかる。なお基盤となる花崗岩までは調査が及んでいない。

石製遺物は7つの層準から出土している（図9）。1-c層（ステージ4；第1文化層）では石核，剥片が13点出土した。2-b層（ステージ5b；第2文化層）では礫器と石核などが15点出土した。2-c層（ステージ5c-e；第3文化層）では削器，石球，石核，剥片が298点出土したが，半径5mの範囲から155点の石器が出土した地点も存在する。3-b層（ステージ8；第4文化層）からは加工は粗いがピックないしはハンドアックスと考えられる石英製大形石器や石核などが18点出土している。4-a層（ステージ9・10境界）からは自然礫のみが出土している。5-c層（ステージ14；第5文化層）からはチョッパーないしは石核と考えられる大形の石英製石器などが19点出土している。第5文化層の遺物は，現在確認できる韓国最古の石器群で約57～53万年前の年代が与えられる。また6-b層（ステージ16）からは数点の河原礫のみが出土している。

(5) 江原道錦山里葛屯遺跡（江原文化財研究所，2005；図10）

大形のハンドアックス類は，これまで臨津江・漢灘江流域を中心に発見されていたが，近年，韓国のほぼ全域にわたってハンドアックスの出土例が知られるようになってきた（図11）。とくにハンドアックスがまとまって出土した春川市錦山里葛屯遺跡は，北漢江上流の河岸段丘上に立地し，495m²が調査された（江原文化財研究所，2005）。堆積物は9つに分層され，上から1層（盛土），2層（旧表土），3層（腐植土層），4層（明褐色粘土層），5層（暗褐色粘土層），6層（暗赤褐色粘土層），7層（赤色粘土層），8層（黄褐色あるいは赤褐色の砂質粘土層），9層（砂層，砂礫層，円礫層）である。本遺跡では間層を挟んで5枚の文化層が層位的に検出され，4層（第1文化層）から掻器，削器，石核，円礫，剥片を含む17点の遺物が出土した。5層（第2文化層）から削器，ノッチ，石球，円礫，破砕片，石片等を含む15点の遺物が出土した。6層上部（第3文化層）からは礫器，石球，削器，ノッチ，石核，剥片などが500余点発見され，接合資料も存在する。6層下

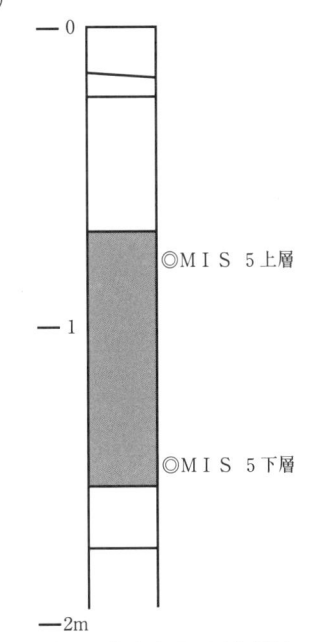

図10 錦山里葛屯遺跡土層柱状図
Fig.10 Loess-paleosol stratigraphy of the Geumsanri site

部（第4文化層）ではハンドアックス，ピック，石球，尖頭器，削器，ノッチ，石核，剝片等が350余点出土している。7層（第5文化層）からも石器の出土が報じられているが，詳細は不明である。

　ハンドアックス，ピック，石球は古土壌とみられる赤色粘土層下部（6層）からセット関係をもって出土している。ハンドアックス，ピック類が15点以上確認されているが，第4文化層の石器は150㎡ほどの調査範囲の中から集中して出土しており，これまで発見されているハンドアックスを含む石器群の中でも，特定器種の集中度は他に例を見ない。また臨津江・漢灘江流域のハンドアックスには石英質の石材が主に用いられているが，本遺跡では斑岩，シェール系統の石材などで作られたものの比率も高く，臨津江・漢灘江流域のアシューリアン類似の石器群の特徴が，韓国全土に普遍化できるものか，既に地域性をもったものかについては江原道における近年の発掘成果の増加（崔，2006）を受け，検討できるものと考えられる。

　北漢江流域の段丘面上に残されたレス－古土壌の編年（申ほか，2005）[5]が試みられており，高位段丘面はステージ7，中位段丘面がステージ5，低位段丘面がステージ3の各古土壌以降の堆積層からなることが明らかにされている。錦山里葛屯遺跡は，段丘面に立地することからハンドアックスを包含する古土壌はステージ7以降の古土壌であることが知られる。出土層準は赤みの強い粘土質堆積物で，層厚も厚くステージ5の古土壌と想定され，その最下部にハンドアックスが包含されることからステージ5 c-eの石器群と考えられる。正確なMIS比定には，赤色粘土層中からのK-TzおよびAso-4火山灰の検出が必要となる。

　また江原道下花渓里遺跡（崔，2006）における数多くのハンドアックス類も，地形解析によって段丘面上に位置していることから，ステージ7以降のものと想定することができる。

(6) 全羅南道長洞里龍洞遺跡（Naruse et al., 2006；成瀬ほか，2007；図2）

　栄山江下流域の羅州市洞江面長洞里龍洞に所在する多文化層遺跡である。遺跡は栄山江と三浦江に挟まれた海抜10～25mのなだらかな丘陵地形上に立地する。長洞里龍洞遺跡は3つの地点（第1～3地点）に分けられ，第1地点は発掘調査によって3つの文化層が層位的に検出されている。第3地点では地質学的な地層の検討がなされており，同時に3枚の文化層が確認されている。第3文化層上面からはAT火山灰が検出され，ステージ5bに比定される層準からはK-Tz起源と考えられるβ-quartzが検出されている。ステージ5の堆積物は磁化率が非常に高く，韓国内の他の遺跡のステージ5の特徴と同じである。ステージ5までは整合性をもって古土壌層が存在しているが，海抜7.1mの部分でブリュヌ／マツヤマ境界が認められ（林田ほか，2007），ステージ7の下面付近において不整合が存在することがわかった。同時にステージ19（78Ka）を遡る古土壌層が韓国に存在することもわかった。初期磁化率および火山灰分析の結果，第1文化層はステージ1，第2文化層はステージ2，第3文化層はステージ3の時期に位置づけられる。

2．レス－古土壌編年から見た大形石器の消長

　韓国で出土する大形石器にはハンドアックス，ピック，クリーヴァー，石球，チョッパー，チョッピング・トゥールなどがある。そのほかに石核との区分が困難な刃角が90°に近い大形の石器はheavy-duty scraperに分類されることが多い。石器に用いられる石材の大半は石英質の岩石である。

報告書中では風化面が黄褐色を呈し，緻密で肌理が細かく良質なものを硅岩，硅質岩として分けて記述されている．臨津江・漢灘江流域の遺跡ではこの良質の石材が好んで用いられている．

　ハンドアックスは基部側に丸い円礫面を残し，先端部のみに加工されているものが主体である．ピックについてはハンドアックスとの明確な分類基準がないが，先端部が細く厚いものがピックとされており，ハンドアックス類と一括して扱われる場合も多い．素材となる原礫の厚さによって規定される．ただし，ハンドアックスが多数出土した錦山里葛屯遺跡においては，明確なピックが存在し，ハンドアックスと峻別することができる可能性が指摘できるが，報告書の刊行を待って検討したい．その分布を見ると韓国各地で発見されているが，研究をリードしてきた臨津江・漢灘江流域では出土量と遺跡数は他の地域に比べて突出している．しかし，江原道では北漢江流域や東海岸地域の調査によって，ハンドアックス発見の遺跡数や出土点数が著しく増加している．

　クリーヴァーは出土点数が少なく，ハンドアックスに比べて表面採集資料においても数が少ない．そのため明確な年代的位置づけは困難であるが，金坡里遺跡の1989～1992年の調査で出土していることから，ステージ5の段階を含むそれ以前の段階でハンドアックス，クリーヴァー，石球の共伴が確認できる．また全谷里遺跡の表面採集資料も玄武岩流出以降のものであり，基盤岩（玄武岩）の年代測定値からステージ13よりは新しいことがわかる．その分布は，図11に示したように臨津江，漢灘江流域を中心に分布しているが，これは大形石器の発見量に影響されたものと考えられる．韓国南東部（慶尚北道・南道）については，調査事例が少ないせいか，他の器種と同様，分布が見られない．

　石球は正円形のものは少なく，上下に素材面の一部をとどめるものが多い，そのため多面体石核との区別が難しい．石球についても韓国の全土で確認できる．その数はハンドアックスやクリーヴァーの出土遺跡より多く，ステージ5，7のみならずそれより新しいステージ3，2の地層でも検出されている．石器の定義とあわせて検討する余地がある．

　こうした韓国の後期旧石器時代以前に見られる石器群の加工頻度は，低く粗いものが大半である．また大形石器のほかに，剥片や小形の礫を素材として用いた削器，搔器，鋸歯縁状石器などが共伴することもあるが，石器群によってはこれら小形石器が石器群の主体を占めるものもある．

　韓国における最も古い石器群は，萬水里遺跡第5文化層から出土したものでステージ14に相当す

ハンドアックス，ピック　　　　　クリーヴァー　　　　　　　石球

図11　大形礫器器種別分布図
Fig.11 Distributon of heavy-duty tools in Korea

表1　韓国の大形石器出土遺跡
Table 1 Sites of heavy-duty tools in Korea

遺跡名	道	郡・市	ハンドアックス	ピック	クリーヴァー	石球	チョッパー	チョッピング・トゥール
禾坌里	京畿	抱川				○		○
全谷里	京畿	漣川	○	○	○	○	○	○
楠渓里	京畿	漣川	○	○		○	○	○
元堂里	京畿	漣川	○	○		○	○	○
舟月里・佳月里	京畿	坡州	○	○	○	○	○	○
金坡里	京畿	坡州	○	○	○	○	○	○
屏山里	京畿	楊平	○			○	○	○
三里	京畿	廣州	○					
坪倉里	京畿	龍仁						
一山遺跡群	京畿	高陽	○					
淵陽里	京畿	驪州				○	?	○
上舞龍里	江原	楊口	○	○		○	○	○
下花渓里チャグンソルバッ	江原	洪川	○	○		○	○	
下花渓里ペギ	江原	洪川	○			○	○	
上花渓里	江原	洪川		○				
コドウ里	江原	春川	○					
錦山里葛屯	江原	春川	○			○	○	○
安興里	江原	横城	○					
釜洞里ゴルマル	江原	横城				○	○	○
深谷里	江原	江陵	○					
ピョンヌン洞	江原	東海	○					
九湖洞	江原	東海	○	○		○		
発翰洞	江原	東海		○				
竹亭里	江原	高城	○					
桃花里	江原	襄陽	○		○			
垂楊介	忠清北	丹陽				○	○	○
金窟	忠清北	丹陽	○	○		○		
長管里	忠清北	鎮川				○		
龍灘洞	忠清北	忠州	○					○
鳳鳴洞	忠清北	清州		○				
トルボン	忠清北	清原	○?					
龍虎洞	忠清南	大田					○	
老隠洞	忠清南	大田					○	
石壮里	忠清南	公州	○	○	?	○	○	○
堂下山	全羅南	咸平	?			○	○	○
竹内里	全羅南	昇州				○	○	○
右山里曲川	全羅南	昇州				○		
竹山里下竹	全羅南	宝城				○		
道山	全羅南	和順		○?				
沙倉	全羅南	和順	○			○		
治平洞	全羅南	光州						
唐加	全羅南	羅州					○	○
村谷里	全羅南	羅州	○				○	○
慕程里	全羅北	鎮安				○		
内村里	慶尚南	晋州					○	
古礼里	慶尚南	密陽				○		
正荘里	慶尚南	居昌				○		

る。またステージ16と推定される斜面崩積物中に石英製の大形円礫が自然に混入することは考えがたいことから，ステージ16に人類活動の痕跡をうかがうことができる。

　以下，大形礫器のうちでも比較的出土量の多いハンドアックスを中心に見ていきたい。

　韓国のハンドアックス（またはピック）は，萬水里遺跡第3文化層においてやや変則的ではあるが1点確認できる。ハンドアックス類はステージの7，5の時期に多くの遺跡で発見されている。最も年代が新しい例は全谷里遺跡E20N38-Ⅰpitのステージ5aの時期のものである。ハンドアックス類が出土する遺跡と同じく，石英製石器を主体とするステージ3に位置づけられる京畿道龍仁市坪倉里遺跡（李ほか，2000）では，小形石英製剥片石器群が出土しているが，ハンドアックス類は全

く含まれない。石器も小形で，わずかばかりの加工が施されたものと折れ面をもつ剥片が目立つ程度である。ハンドアックス類の出土状況を見ると，一部で多量に出土する遺跡も存在するが，一般的には出土点数が少なく，ハンドアックスをともなうステージ5，7に属する遺跡においても地点によってはハンドアックスが発見されない場合もある。特に萬水里遺跡のステージ14の文化層は遺物量も少なく，ハンドアックスが存在する可能性もあながち否定できない。

レス－古土壌編年にもとづく石器群の再検討の結果，発掘調査で出土したハンドアックス類の所属年代を明らかにすることができた。その結果，韓国のハンドアックス類の多くが伝統的な考古学時代区分の前期旧石器時代末から中期旧石器時代相当期のものであることが明らかになった。

3．レス－古土壌編年から見た問題点の整理

韓国において最も組織的かつ継続的に調査が実施されているのは，全谷里遺跡である。この遺跡では複数の地点，複数の層位から石器群が出土している。これまでの調査の結果，調査トレンチの面積にも関連するが，必ずしもハンドアックスやクリーヴァーといった石器が石器群に含まれない調査トレンチもあるが，これらはステージ5a，5c-e，7，9に形成された古土壌層中に含まれる。古土壌は温暖期に形成されたものであり，全谷里遺跡および漢灘江・臨津江流域の遺跡においては温暖な時期に人類の活動が活発であったことがわかる。

萬水里遺跡ではステージ4，5a，5c-e，8，14から石器が出土している。ステージ番号が偶数のものは寒冷期にあたり，寒冷地適応が困難であったと考えられる古期のステージ8，14に人類が活動したことになる。萬水里遺跡の中・下層においては，古土壌と古土壌の間を埋める堆積物はレスではなく基盤岩である花崗岩が浸食されて形成された山麓緩斜面ペディメントである。この堆積物は寒冷期に堆積したものであるが，ペディメントの堆積環境は一定の降水量が必要であり，氷期最盛期の乾燥期ではなく，氷期の初期ないしは末期の夏季モンスーンが比較的活発な時期に形成されたと考えられる（成瀬ほか，2006）。

近年の現代型新人の拡散仮説にならうならば，ステージ5以前のハンドアックスをもった人類が極度の寒冷化において十分に活動できたかは，中国の高緯度地域の石器群のあり方とともに検討する必要がある。この問題は，後期旧石器時代以前に日本列島へ韓半島を経由しての人類移動の問題にも関わる。現在確認されている最古の渡海例であるオーストラリア大陸への移住が5万年前後と考えられ，この時期はステージ3にあたる。ステージ4以前の日本への移動に関しては寒冷期に生じた陸橋を利用したと考えられるが，寒冷期における石器群や韓半島における人類活動の解明が，日本列島への人類移住と当時の石器群を知る手がかりになる。

またアシューリアン類似の石器群の由来についても論じていく必要がある。韓国では，ハンドアックスやクリーヴァーの整形時の加工頻度が少なく，石材は石英質のものに偏って使用されている。このことは後期旧石器時代の石刃や細石刃が頁岩・流紋岩・黒曜岩に依存していることと対照的である。こうした韓国における大形石器群について，松藤ほか（2007）は長江中・下流域に分布する石器群との間で石材，器種組成，剥片剥離技術の面で共通する点が多く，寒冷期に陸化した黄海（水深約70m）を経て渡来したものと想定する。

韓国における旧石器時代区分については，前期・中期・後期の3時期区分を用いて論じる研究者

が少なくない。それらの年代観については，ヨーロッパ旧石器編年の年代観を援用する。裵基同（2001）はヨーロッパでいうムステリアン石器群やルヴァロア技法が韓半島で欠如するという文化内容の相違，韓国で中期と称されてきた時期の石器群に含まれる大形礫器の存在から，研究の現状にあって中期を独立して区分するときの文化内容が明らかでないと主張した。ヨーロッパの伝統的な時期区分を無批判に踏襲していくことに対する警鐘であり，この指摘は現在なお説得力をもつ。

現在，韓国では大形礫石器群→剥片石器群→石刃石器群→細石刃石器群という石器群の変遷案（李，2006）が広く受け容れられつつある。レス－古土壌編年に照らして，萬水里遺跡ではステージ16において最古の人類活動の可能性を指摘できるが，明瞭な加工痕をもつ石器の出土例はステージ14，ハンドアックス類を含む石器群はステージ8には始まりステージ5aまで存続することが明らかになった。中国大陸ではハンドアックス，クリーヴァーなどの大形石器を含む華南礫石器文化伝統と泥河湾盆地や周口店の遺跡に代表される小形剥片石器文化伝統の2つの文化伝統が知られており，韓国のステージ8以前の石器文化がハンドアックス等を含むかは不明であるが，長江下流域のステージ21まで遡るハンドアックス等を含む石器群との石材の共通点などから，ハンドアックスを伴う大形石器文化が韓国地域内でステージ8以前にも存在した可能性も否定できない。こうした石器群は，伝統的考古学時代区分でいう前期旧石器時代から中期旧石器時代相当期まで長期間にわたって存続したと考えられる。

ステージ4の石器群が問題となるが，栄山江流域においては李憲宗（2006）によって^{14}C-AMS年代を主たる根拠で編年案が示されている。レス－古土壌編年とは層相等で年代観が離齬する[6]ことから，相互にデータを詳しく検証していく必要がある。

ステージ3の石器群である坪倉里遺跡（李ほか，2000）では，大形礫器を確認することができない。この石器群は石英を用いた石器群で，比較的小形の石核から剥片が剥がされている。

後期旧石器時代に入ると，韓国で有茎尖頭器[7]と呼ばれる石刃または縦長剥片を素材とした石器が主要な器種となり，石材も頁岩，流紋岩などの珪質岩を用いたものに変化する。こうした石刃石器群を代表する資料として慶尚南道古礼里遺跡の石器群（朴・徐，1998）がある。石器群は2つの文化層に層位的に分離でき，有茎尖頭器（剥片尖頭器）は下部文化層からのみ出土している。剥片尖頭器は九州においてはステージ2の前半，AT降灰直後に出現する。古礼里遺跡の遺物包含層は黄褐色粘土層で下部文化層は暗色を帯びており，この層からAT火山灰が検出されている。古礼里遺跡下層の文化層はステージ3に属すものと推定できる。坪倉里遺跡の石器群と同じステージ3に帰属しながらも，ステージ3は5.7～2.4万年前という年代幅の中での前後関係が考慮され，石材に伝統的な石英を用いる点や技術伝統の面から坪倉里遺跡の石器群が先行するものと推定される。両石器群は石材，石器製作技術，石器器種の点で著しい断絶を見せる。

坪倉里遺跡に代表される石器群[8]については，類例と系統関係が明らかになるまでは評価を留保せざるをえないが，文化的背景が明らかになり，一定の時間幅を有することが明らかになれば韓国の中期旧石器時代として位置づけることも可能であろう。

韓半島においてステージ4をはじめとする寒冷期に人類が十分に適応できたのか，どのような石器群が当該期に流布したのかについての探求が，韓半島における旧石器文化の変遷，現代型新人の拡散，日本列島への人類移動問題を解き明かす鍵になるものと考えられる。

補註

（1）石英（quartz）というのは，本来，鉱物の名称で，本稿では硅岩（quartzite）を含めて石英と呼称する。

（2）本稿においては，文化内容が十分に明らかになっていないことから旧石器時代前期・中期という用語の使用を避け，MISステージ番号を用いている。

（3）トレンチは10m四方で，記号はE・W・S・Nは東・西・南・北に対応し，数字が大きくなるほど1次調査で設定した基点の0からその方向に向かい離れていく。またこうして区分されたトレンチを5m四方の4つのピットに分け，原点に近いほうを基準に時計回りにⅠ～Ⅳピットと命名している。

（4）ステージ5の古土壌は厚く赤みが強いもので，層の対比において最も基準になる堆積層であるが，堆積状態のよいところではステージ5bの寒冷期のレスの堆積を肉眼で識別でき，顕微鏡下でK-Tzの火山灰を検出することができる。一方，中国黄土地帯とは異なりステージ5cとステージ5eの古土壌の間には明確な区分を見出すことができない。よってステージ5の中でも下層の部分をステージ5c-eとして表現している。またステージ5とのみ表記したものはステージ5bが明確に識別できないもので，K-Tzが未検出の土層をさす。

（5）段丘面上の堆積物におけるレス－古土壌編年は，太和江流域の慶尚南道彦陽，同凡西面，兄山江流域の慶尚北道慶州市葛谷里の分析結果（成瀬，2006）もまた北漢江流域の洪川盆地の段丘に見られる堆積状況と対応しており，韓国全土に段丘面上のレス－古土壌編年が利用できる可能性があり，日本における関東ローム層の場合と同様，層相を手がかりに現地でMIS比定できるようになるであろう。

（6）羅州唐加遺跡での分析例が根拠の1つとなっているが，^{14}C-AMSで4.5万年前後の測定値が提示されている2文化層は年代からMISステージ3の石器群とされるが，赤色粘土層の下位の層から出土しており，赤色粘土層上位には間層を挟んで古土壌と考えられる黒味を帯びた堆積層があり，他の古土壌帯で見られるように土壌楔が確認される。

（7）韓国でいう有茎尖頭器は，九州の剥片尖頭器と石材や形態などの点で非常に類似しており，韓国と九州地域の文化的な交流（松藤，1987）を示すものとされている。しかしながら，九州の剥片尖頭器と素材剥片の製作技術が異なる可能性も指摘できる（稲原，1986；張，2002）。また形態的に剥片尖頭器と異なるものもあり，詳細な比較，分類が今後必要と考えられる。

（8）この石器群については，斜軸尖頭器や台形様石器などの日本との関連を示唆する石器名がつけられているが，斜軸尖頭器は日本では実体のないものになり，台形様石器についても実見したが必ずしも首肯できる典型的なものではない。

引用文献

裵基同編, 1999 金坡里旧石器遺跡. 文化財研究所.

裵基同／黄昭姫訳, 2001 韓半島の前・中期旧石器時代. 旧石器考古学, 62, 1-10.

裵基同, 洪美瑛, 李漢龍, 金永妍, 2001 全谷里旧石器遺跡（2000～2001年度発掘調査報告書）. 漣川郡・漢陽大学校文化人類学科.

裵基同, 2002 漢灘江と臨津江流域の旧石器遺跡と工作. 我が国の旧石器文化（延世大学校博物館学術叢書1）, 延世大学校出版部, 123-151.

裵基同, 高才元, 1993 全谷里旧石器遺跡発掘調査報告書；1992年度. 漢陽大学校文化財研究所・京畿道漣川郡.

裵基同, 李漢龍, 申英浩, 黄昭姫, 呉連淑, 1996 全谷里旧石器遺跡（1994～95年度発掘調査報告書）. 漣川郡・漢陽大学校文化人類学科.

朴英哲, 徐姶男／小畑弘己訳, 1998 韓国・密陽古禮里旧石器遺跡の発掘調査概要. 旧石器考古学, 57, 83-90.

張龍俊, 2002 韓国の石刃技法―古礼里遺跡を中心に―. 旧石器考古学, 63, 1-19.

崔承燁, 2006 江原道地域のハンドアックス類（handaxe/pick）石器. 韓国旧石器学報, 14, 19-33.

江原文化財研究所, 2005 指導委員会資料（春川西面錦山里906-5住宅新築敷地内旧石器遺跡発掘調査）.

Danhara, T., Bae, K., Okada, T., Matsufuji, K. and Hwang, S., 2002 What is the real age of Chongokni Paleolithic site? *Paleolithic Archaeology in Northeast Asia*, Yeoncheon Country and Institute of Cultural Properties of Hanyang University, 77-116.

金周龍, 裵基同, 梁東潤, 南旭鉉, 洪世善, 高尚模, 李允秀, 姜文卿, 2002 韓国全谷里遺跡E55S20-Ⅳpit分析の土壌・堆積物分析結果. *Paleolithic Archaeology in Northeast Asia*. Yeonchon Country and Institute of Cultural Properties of Hanyang University, 117-146.

韓国土地公社・漢陽大学校文化財研究所, 2006 清原萬水里旧石器遺跡4地区発掘調査略報告書.

漢陽大学校文化財研究所, 2003 坡州積城迂回道路開設区間内文化遺跡発掘調査略報告書. 漢陽大学校文化財研究所・ソウル地方国土管理庁・㈱明神建設.

漢陽大学校文化財研究所, 2004 斗浦－泉川間道路拡張および舗装工事区域内文化遺跡略報告書. ソウル地方国土管理庁・新一建業株式会社・漢陽大学校文化財研究所.

漢陽大学校文化財研究所, 2007 漣川全谷地区住宅建設業敷地内文化遺跡発掘調査略報告書.

Hayashida, A. 2003 Magnetic Properties of the Quternary Sediments at the Chongokni Paleolithic Site ; a Preliminary Result. *Geological Formation of the Chongokni Paleolithic Site and Paleolithic Archaeology in East Asia*. Institute of Cultural Properties of Hanyang University, 157-160.

林田明, 福間浩司, 横尾頼子, 浅井健司, 楊振宇, 2007 東アジアの風成堆積物の磁気特性―古地磁気編年と環境復元をめざして―. 公開国際セミナー；東アジアにおける古環境変遷と旧石器編年 予稿集, 29-36.

黄昭姫, 2003 全谷里旧石器遺跡E55S20-Ⅳpitの火山灰分析. 全谷里遺跡の地質学的形成過程と東亜細亜旧石器：第2回全谷里旧石器遺跡記念国際学術会議論文集, 漣川郡・漢陽大学校文化財研究所, 135-141.

黄昭姫, 2007 韓国旧石器考古学の編年構築に関する小考―臨津－漢灘江流域の遺跡を中心に―. 考古学に学ぶ（Ⅲ）（森浩一先生傘寿記念献呈論文集）, 777-790.

稲原昭嘉, 1986 剥片尖頭器に関する一考察. 旧石器考古学, 32, 33-54.

李憲宗, 2006 栄山江流域における旧石器考古学と第四紀地質学, (考古学叢書40), 学研出版社.

李鮮馥/小畑弘己訳, 1998 臨津江流域の旧石器遺跡の年代について. 旧石器考古学, 57, 67-81.

李鮮馥, 李教東, 1993 坡州舟月里・佳月里旧石器遺跡. ソウル大学校考古美術史学科.

李鮮馥, 兪鏞郁, 成春澤, 2000 龍仁坪倉里遺跡発掘調査報告書. 京畿道博物館・ソウル大学校考古美術史学科.

松藤和人, 1987 海を渡った旧石器"剥片尖頭器". 花園史学, 8, 8-19.

松藤和人, 2006 韓国全谷里遺跡の地質学・年代測定における新展開―韓国全谷里旧石器遺跡国際セミナー2006―. 旧石器考古学, 68, 43-48.

松藤和人, 裵基同, 檀原徹, 成瀬敏郎, 林田明, 兪剛民, 井上直人, 黄昭姫, 2005 韓国全谷里遺跡における年代研究の新進展―日韓共同研究2001-2004の成果と課題―. 旧石器考古学, 66, 1-16.

Movius, Jr. H. J., 1944 *Early Man and Pleistocene Stratigraphy in Southern and Eastern Asia*. Peabody Museum, Harvard University.

長岡信治, 檀原 徹, 板谷徹丸, 栅山徹也, 渡辺満久, 裵基同, 松藤和人, 2007 大韓民国・全谷里周辺の第四紀玄武岩類の層序と年代および古地理復元. 公開国際セミナー；東アジアにおける古環境変遷と旧石器編年予稿集, 42-59.

成瀬敏郎, 2006 風成塵とレス. 朝倉書房.

Naruse, T., Bae, K-D., Yu, K-M., Matsufuji, K., Danhara, T., Hayashida, A., Hwang, S-H., Yum, J-G. and Shin,

J.-B., 2003 Loess-Paleosol sequence in the Chongokni Paleolithic site. *Geological Formation of the Chongokni Paleolithic Site and Paleolithic Archaeology in East Asia*. Institute of Cultural Properties of Hanyang University, 143-156.

Naruse, T., Matsufuji, K., Danhara, T. and Watanabe, M., 2006 Significance of Korean loess-paleosols in relation to the chronology of paleolith and the reconstruction of the paleo-climate. *Proceedings of New development in Age Dates and Geology of the Chongokni Paleolithic site, Korea*. 13-14.

Naruse, T., Matsufuji, K., Lee, H-J., Danhara, T., Hayashida, A., Kim,C-B., Yu, K-M., Yata, K., Hwang, S-H., Ikeda ,K., 2006 Preliminary report of the loess-paleosol stratigaraphy in Jangdongri Site, Korea. 栄山江流域の旧石器考古学と第四紀地質, 269-289.

成瀬敏郎, 田中幸哉, 黄相一, 伊順玉, 2006 レス－古土壌編年による韓国の更新世段丘・山麓緩斜面の形成期に関する考察. 地学雑誌, 11（4）, 484-491.

成瀬敏郎, 兪剛民, 渡辺満久, 2007 東アジア旧石器編年構築のための90万年前以降のレス－古土壌層序と編年. 公開国際セミナー；東アジアにおける古環境変遷と旧石器編年 予稿集, 13-22.

申宰鳳, Naruse, T., 兪剛民, 2005 レス－古土壌堆積層を利用した洪川江中流に発達した河岸段丘の形成時期. 地質学会誌, 41（3）, 323-334.

Reconstruction of the Paleolithic chronology by loess-paleosol chronostratigraphy in Korea

Kazuya NAKAGAWA[1], Kazuto MATSUFUJI[2], Kidong BAE[3],
Hiroomi TSUMURA[3], Sohee HWANG[4]

[1] Kyoto Prefecture Research Center for Archaeological Properties, [2] Doshisha Univ.,
[3] Hanyang Univ. Museum, [4] Institute of Cultural Properties, Hanyang Univ.

In Korea, handaxe, cleaver, pick, spheroid made of quartz, which are representative tools of the early Paleolithic, were discovered in the Chongokni site in 1978. The discovery of the Acheullan-like tools was very noted all over the world, because it was discovered within "chopper and chopping tool cultural zone" of East Asia advocated by Movius, Jr. H. L. in 1944. However, Korean Paleolithic archaeologists had a long controversy regarding the geological age of the handaxe and other large tools from the Chongokni site.

Under an assumption that alternate deposition of loess and paleosol at E55S20-IV pit in the Chongokni site which reflects global climatic oscillation, interdisciplinary and international project (Korea-Japan) of constructing chronostratigrphy for Korean loess-paleosol sequence has been carried out in the site and others since 2001. In this paper we examine Korean Paleolithic chronology on the basis of loess-paleosol chronology connected to marine isotope stage (MIS).

In Korea, there are handaxe, pick, cleaver, spheroid, chopper, chopping-tool as heavy duty tools. They have been found all over the Korean Peninsula up to now. Most of them have been found in the paleosols of MIS 7 and 5. The earliest quartz chopper or core in Korea was unearthed from the cultural layer 5 (MIS 14) in the Mansuri site near Daejon City. A quartz pick occurred in the sediment of MIS 8, which is the earlist Acheullean-like tool in Korea. However, such an Acheullean-like tool, which has rough retouch and deep scars, does not show outstanding morphological and technological changes from MIS 8 to 5. Korean loess-paleosol chronostratigraphy proved that the duration corresponds to the Early-Middle Paleolithic periods by European terminology.

Basing on common raw material and technology between Korea and the eastern coast of China, it is probable that Korean massive tool culture came from the pebble-tool tradition in the lower basin of Chanjiang River.

Key words: Chongokni site, Mansuri site, heavy duty tools, loess-paleosol chronostratigraphy, marine isotope stage

Ⅳ　パネル・ディスカッション

パネル・ディスカッション
東アジアにおける古環境変動と旧石器編年

2007年11月25日（日）13：30〜15：30　於同志社大学臨光館301教室

Ⅰ部　東アジアにおける中期更新世以降の気候変動

司会：林田 明，松藤和人（同志社大学）

パネリスト：成瀬敏郎（兵庫教育大学），檀原 徹（㈱京都フィッション・トラック），裵基同（漢陽大学校），
李憲宗（木浦国立大学校），房迎三（南京博物院考古研究所），王社江（陝西省考古研究所）

通訳：黄昭姫（漢陽大学校文化財研究所），河森一浩（田原本町教育委員会）

松藤： Ⅰ部は，「東アジアにおける中期更新世以降の気候変動」と題しまして，レス－古土壌編年の検証という問題を中心に，議論を進めたいと思います。一応，私のほうの手元にありますスケジュールでは40分ぐらいを考えております。それを受けまして，Ⅱ部では「東アジアの前期・中期旧石器文化研究の現状と課題」と題しまして，午前中もいろいろ質問が出ておりましたけれども，中国の南北二大文化圏と韓国でこれまでに判明している前期旧石器文化との関連性を議論の俎上にあげたいと思います。さらに，近年とみにかしましいのですが，1940年代にアメリカの著名な考古学者ハラム・モヴィウス Jr.が提起した，いわゆるモヴィウス仮説あるいはモヴィウス・ライン，これを現状でどういうふうに理解するのか，中国での最近の調査を踏まえながら議論したいと思います。これについては中国の研究者から発言していただくことになるかと思います。あと時間があれば，午前中も少し話が出ておりましたが，解剖学上の現代人すなわち現代型新人の東アジアにおける登場，それとそれ以前の文化との関わりの問題，その辺のところを議論したく思います。ただ時間が2時間しかありませんのでどこまで議論が深められるか，パネリストの皆様の要点をついた発言に期待したいと思います。ひとりで長くお話になりますと，あとの討論時間に差し支えますので，コメントが長くなりましたら，私の独断でベルを鳴らさせていただきます。Ⅰ部の方は林田先生に司会をお願いして進めていきたいと思います。それでは林田先生にバトンタッチします。どうぞよろしくお願いします。

林田： いま松藤先生のほうからお話がありましたように，最初は東アジアにおける中期更新世以降の気候変動に焦点をあてまして，ディスカッションしていただきたいと思っております。特に中心になる話題は，考古学の遺跡の編年にも重要だということで明らかになってきたレス－古土壌編年の検証という問題があります。私たち司会のほうでは特にレス－古土壌編年をいかに検証するか，それが次のステップだというふうに考えておりまして，すでに昨日もお話があった広域火山灰の利用ということをまず確認すべきだと考えております。それから他にも古地磁気の問題など，そういったことを最初に少し確認しながら追加の議論をしていただければと思います。ということで，最初にこちらのほうから指名させていただき，パネリストの方に昨日の話題を補足していただくというかたちで進めたいと思っています。

まず，広域火山灰について発表していただきました檀原さんのほうから昨日のお話をまとめるかたちで，さらに新しい展望というかたちで簡単にお話をいただけますでしょうか。松藤先生からの話にあり

ましたように，パネル・ディスカッションですけれどもベルが置いてありまして，長くなったら切りますけれども，よろしくお願いします。

檀原：どうも，トップバッターで，マイクを持ったら離さないと言われないように短くお話したいと思います。

まず広域火山灰によるレス－古土壌編年の検証，これは非常に重いテーマでありまして，レス－古土壌編年というのは今日東アジアの堆積物の年代決定，実質的な年代決定の点で現場サイドでも非常に大きな意味をもっておりますので，それを保証する必要があります。私はそのレス－古土壌サイクル，堆積物のなかでどこに日本でよく編年された広域火山灰が検出されるかということを検討しました。

結論から言いますと，韓半島の全谷里，萬水里，長洞里，これら3つの遺跡では大変よく，レス－古土壌編年と広域火山灰の年代観が一致するということで，基本的に矛盾がないということです。もちろん，地層を細かく見ると境界が不鮮明だったりして少々のズレはあるようには思いますが，基本的に全く問題はない。具体的に言いますと，AT（姶良Tn火山灰）であればMISの2と3の境界付近，Aso-4（阿蘇4火山灰）であればMISの5a，K-Tz（鬼界葛原火山灰）であればMISの5bと5cの境界付近と，

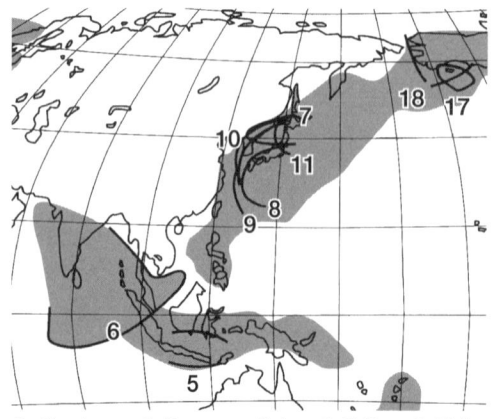

図1 アジアのテフラ降灰域（町田・新井 2003）
Fig.1 Distribution area of Tephra in Asia
5：Tambora，6：Youngest Toba，7：B-Tm，8：K-Ar，9：AT，10：Aso-4，11：Toya，17：Katmai，18：Old Crow

日本の情報から得られたものはそのまま韓国でもよく検出される。しかも1ヵ所だけではなくて3ヵ所，成瀬先生が独自に分層されたレス－古土壌編年と大変よく一致すると思います。

一方，中国においても，それを期待したのでありますが，いまのところ，否定的な材料あるいはもう少しじっくりチェックを要するようなデータが出ているわけです。

具体的に言いますと，和尚墩遺跡の地表部に近いところで軽石質の火山灰が出ております。私の予稿集では27・28ページ，特に28ページ（本書口絵写真5・6）のところに写真が載っております。地表部に近いところに軽石質のガラスがありまして，その下にバブル・ウォール，板状のガラスが出てくる。さらにその下に軽石状のガラスが出てくるという状況があります。細かいことですが，上の層準の軽石ガラスには小さな結晶あるいは小さな気泡がたくさん入っておりまして，水和層の厚みも薄いということからアバウトな話をしますと，1万年前から2万年前ぐらいの年代で，若い年代で日本から飛ぶにはあまりにも小規模な噴出物という印象があります。広域テフラとして見た場合に，この火山ガラスはどうしてもその対象になりにくい，非常に規模の小さな噴火であると考えられます。それに対してバブル・ウォール型の，ちょっと下にありますガラスは，これは大規模な噴火の産物だと思われますが，出土層準的にはAT火山灰とみなして矛盾はありませんけれども，AT火山灰には見られない小さな結晶を含んだりしております。もしかしたらAT火山灰にそういう結晶を含むステージがあるのかもしれません。それはいままで知られていませんが，最も初期にそういうものを含むのかもしれない。しかしこれまでの私の知識から言うと，形態学的な点でAT火山灰に対比しにくいということになります。さらにその下位に出てくる軽石も小さな結晶を含んでおりまして，これもまた噴出規模としては小さいだろうと考えられます。

結局それらは，一言で言うと，簡単に日本列島から噴出したものだとは言えない。つまるところ，日本のテフロクロノロジー（火山灰層序学）の成果というものがそのまま中国大陸の堆積物の編年に役立

たないということになりまして，その給源として南の方，フィリピンあるいはインドネシア方面から季節風に乗って運ばれてきたというイメージが最も強くいたします。ここ3年ぐらい，その問題が私の頭に引っ掛かっておりまして，フィリピン，インドネシア地域のテフロクロノロジー，火山，年代測定，海洋など，いろんな専門分野の10人以上の方々にこれまで質問してまわっておりますが，誰ひとりとして知りません。フィリピン，インドネシア地域のテフロクロノロジーは全く確立しておりませんので，それをしっかり確認しないと，中国大陸のテフラと対比することはそう簡単にはできないというのが現状です。

林田：まとめさせていただいていいですか。こちらから後でお伺いしようとしたこともすべて話していただいた感じもしますけれども，少し確認させていただきます。まず韓国で見つかった火山灰は，日本列島起源の広域火山灰と確認され，MISステージの対応ともよく合うと最初におっしゃっていただきましたが，そこのところでATは例えばMISの2と3の境界，それからAso-4はステージ5aというふうなお話をしていただきましたが，絶対年代としてどの程度正確に時間軸を入れられるのか，現在の研究状況ともあわせて簡単にAT，Aso-4，K-Tzについてお話しいただけますか。

檀原：絶対年代としてAT火山灰は2.6万年前から2.9万年前，Aso-4は9万年前，K-Tzは9.5万年前ということが言われております。（表1）

林田：いまおっしゃったATの年代は，いわゆる^{14}Cの補正前の年代，あるいは補正後の年代というような意味になりますか。

檀原：補正年代だと考えていただいて構わないと思います。

林田：ATのカレンダーイヤー（暦年代）が2.6万年前から2.9万年前。

檀原：補正年代ということですね。

林田：もう一点重要なことをおっしゃっていまして，中国大陸の江蘇省では必ずしも，檀原さんの意見では日本列島起源の火山灰ではないということなのですが，すでに候補としてはインドネシアかフィリピンかということでして，まだこれはもちろんこれから研究されていかれると思います。また江蘇省で見つかっている，例えばバブル・ウォール型火山灰を生じた大噴火，ATとほぼ同じ年代の火山灰というものの起源についても今後の研究課題だと思いますが，そうした火山の候補というのはありますでしょうか。

檀原：ここに論文のコピーを持ってきておりますけど，ごく最近，『火山』という学術雑誌にハナ・ミラブエノというフィリピンの研究者の論文（Mirabueno, H. T. et al., 2007）が載っております。フィリピンのルソン島南部の，イロシンというところで，巨大な火砕流を伴った噴火がありまして，その年代が4万1千年前というカレンダーイヤーで測定されております。これは直径が11kmもある大きなカルデラをつくった噴火でありまして，この論文の中ではフィリピンのテフロクロノロジーの個々の進展だけではなくて，周辺地域の発展にも寄与するテフラの一つであろうとうたっております。これも一つの候補だと考えております。

林田：ありがとうございます。いまの檀原さんのお話について，それをある意味で利用する立場と言いますか，レス－古土壌の編年について，その岩相と言いますか，あるいは粒度分析などを含めて考えておられる成瀬先生とか，あるいは考古学のほうの方で，コメントとかご質問はありますでしょうか。成

表1 中国大陸・韓半島地域で検出される可能性の高いテフラ
Table 1 Tephras found possibly in China and the Korean Peninsula

テフラ名	年代（×ka）	海洋酸素同位体ステージNo.	給源火山
K-Ah	7.3	MIS 1	鬼界カルデラ
AT	26〜29	MIS 2/3	姶良カルデラ
Aso-4	90	MIS 5a	阿蘇カルデラ
K-Tz	95	MIS5b/c	鬼界カルデラ
B-Og	450	MIS 12	白頭山

瀬先生いかがですか。

成瀬：檀原さんが精力的に東アジアの各地で火山灰を検出されており，本研究でもレスの層序を決定するのに非常に役に立っています。火山灰分析なしには私は自信をもってレス－古土壌を区分することができない状況です。

林田：房先生，和尚墩のほうでいま必ずしも日本から飛来したとは思えない，日本起源ではない火山灰が発見されたということですが，ご自身のフィールドのほうからこの火山灰の起源の研究について，どのような方向を考えるか，何かご意見ございますか。

房迎三：いままで中国ではあまり火山灰が注目されてこなかった。この4年間の共同研究は大変重要な成果だと思います。特に，今回は考古学の遺跡から火山灰が発見されたということで，遺跡の年代を決めるうえでも，これから特に江蘇省とか安徽省周辺において遺跡の年代を決めるうえで非常に重要な発見かと思います。ただ，今回発見されました火山灰が，日本のものなのか，あるいはフィリピン周辺のものなのかということはこれからも非常に注目される課題だと思います。今回，和尚墩遺跡の上部層で発見された火山灰は，これは松藤先生の見解ですと将軍崖の中・下部層から見つかった火山灰と一緒じゃないかということなのですけれども，そうした問題についても関心をもっております。

林田：その件について，檀原さん少し確認してください。

檀原：江蘇省南部の和尚墩あるいは放牛山，そして連雲港市の将軍崖から検出された火山灰は，いずれも大変よく似ておりまして，同一の軽石質の火山灰の可能性が高いと思っております。それからバブル・ウォール型のものもよく似ているというふうに私は思っています。それで，もう一言，こういう華中の地域で3ヵ所ですが火山灰が見つかっており，そして給源が南であると考えますと華南，台湾，あるいは南シナ海，フィリピン，ベトナム，そういう地域にも広範囲に降っている可能性もありますので，今後そういう地域でテフラの検出というものを試みる必要があるかと思います。

林田：ご存知のように，ATはかなり広い範囲を覆いますけど，もちろん東アジア全域ではないわけで，日本列島以外のところに噴出源をもつ広域火山灰を考えますと，それをつないでいく形で，まさに東アジア全域を覆う広域火山灰の確認ができるということです。それは考古学だけではなく，地球科学のいろんな分野が期待していることだと思いますので，是非これから研究が進展するように願っています。火山灰の話も尽きないのですが他にもいろいろ話題がありますので，次の話に移らせていただきたいと思います。このように広域火山灰を用いてレス－古土壌編年を確認していくわけですが，レス－古土壌は編年研究だけではなくて，過去の気候変動あるいは地域による気候の差などもいろいろ考えていくうえで重要な情報を提供してくれるかと思います。古土壌というのは，当然，湿潤温暖な気候下でできるわけですから，それを地域間で比べるということも重要かと思ったりしております。成瀬先生，できましたら古土壌も時代によっていくつか特徴があるとか，あるいは地域的な特徴があるとか，レスとの関係とか，少しコメントしていただけますでしょうか。

成瀬：レス－古土壌の編年という観点からお話したいと思います。1点目は，レスが東アジア全域に分布堆積しているということがほぼわかってまいりました。一番古いのは260万年前から，そして90万年前以降のものは広域に分布しています。あとはこれをどう分層，識別するかということだけです。そういった点で，レスをめぐる研究は今後も研究地域を拡げる必要があります。それから旧石器の年代の編年にあたって，例えば5万年前から10万年前というひとくくりのグループにまとめるのではなく，レ

ス-古土壌編年の立場からは，それが3層，3時期に層位的に分けることができます。このほかの時期に関しても旧石器編年をさらに詳細に細分できるだろうと思います。

　2点目ですが，古土壌は時期的に非常に特徴があります。たとえばステージ5eの古土壌です。10万年前の温暖な時期に生成したものですが，非常に赤みを帯びています。さらにこれよりも赤いものがステージ11，つまり約40万年前の古土壌で，これは本当に赤く，だれが見てもわかる特徴をもっています。たとえば黄土高原の洛川露頭では，ステージ11の古土壌が非常に赤く，5がそれに次いでいます。これが50～60万年間のレス-古土壌編年上の手がかりになります。こうした古土壌には，上層部分にクラック（crack）が発達しています。これについては趙哲済さんから話があると思いますけれども，このクラックはいくつかのタイプに分けることができます。そのひとつアイス・ウェッジ（ice wedge）は，韓国にはあまり認められず，その多くが中国東北地方に認められます。つぎにソイル・ウェッジ（soil wedge）と，ドライ・クラック（dry crack）があります。ドライ・クラックは，デシケイション・クラック（desiccation crack）と表現する場合もあります。古土壌が生成された温暖な時期から氷期に移行する過程で乾燥気候が卓越し，レスを構成する粘土鉱物―たとえばスメクタイトが多い場合に―に形成されます。ドライ・クラックはクラックの幅が数㎝程度ですが，ソイル・ウェッジはその幅が20～30㎝で，クラック中にはレスや礫が落ち込んでいます。3点目ですが，レス-古土壌から過去の古地理や，氷期に大陸棚がどのぐらい広がったのかについて，レスに含まれている石英の酸素空孔量分析によって明らかになりつつあります。人類が氷期に陸化した大陸棚を渡ったか渡らなかったとかいった問題についてもレス中の石英の分析で可能になるだろうと考えております。

松藤：ありがとうございます。成瀬先生に一つお尋ねしたいのです。これまでわれわれは安易にレス-古土壌という言葉を使うのですが，2年ほど前，国際シンポジウムのときだったか，あなた方の言う韓国のレスというのは，本当に定義されたレスですか，という質問がありまして，私はぐっとつまってしまいました。要するに「レス-古土壌」のレスというのは言葉の便宜上使っておりまして，実際に韓国の地層断面を観察しますと，下部の地層は非常に粒子が粗い，粗粒の堆積物でありまして，上部の地層は非常に細粒のファインな堆積物から構成されている。その辺のところをやはり学問的にきちっと押さえたうえで「レス」という言葉を使わなければいけないだろうと思うのですけども，成瀬先生のお考えはいかがなものでしょうか。

成瀬：粒子の大きさから申しますと，韓国，特に日本が顕著でありますが，レス中に現地性のものが必ず混じってくる。したがって，現地性のものと外来性のものを識別する必要があります。一般に細粒のものはレス，粗いものは現地性で，背後に山地がある場合は細粒物質が少なく現地性の粗流物質が多い，一方，台地上では細粒物質が多くを占めます。その違いは地形を理解できないと難しいと思います。韓国レスは，見た目がかなり中国黄土高原と違いますが，それは風化の程度の違いによります。最近，慶熙大学校の研究者によってレスの風化がどの程度進んでいるのか解明できる段階にきています。

松藤：私はどちらかと言えば，見た目に差異があるレスよりも古土壌のほうにウェイトを置いた層序連続というものを重視したほうがより有効性をもち，しかも広範囲に視認できるのではないかと考えますが，成瀬先生いかがなものでしょうか。

成瀬：そうです，おっしゃるとおりです。なお言い忘れましたが，韓国の場合にはペディメント堆積物，山麓斜面堆積物がレスと同じく広く分布しています。レスよりもペディメント堆積物のほうが山岳地域に行きますと広く分布するものですから，「レス-古土壌」というよりも「レス-ペディメント堆積物-古土壌」というふうに考えたほうがよいと思います。ご指摘のように，第四紀堆積層中の古土壌は容易に識別できますので，旧石器にとって古土壌に着目した編年法が重要だろうと思います。

図 2　韓国全谷里遺跡のソイル・ウェッジ
Fig.2 Soil wedge in the Chongokni site, Korea

（水糸枠の 1 辺は 1 m）

林田：ありがとうございました。いまの成瀬先生のお話のなかにも古土壌と絡んでソイル・ウェッジの話が出てまいりましたけれども，昨日も成瀬先生のお話のときでしたでしょうか，大阪市文化財協会の趙先生がコメントされたと思いますが，もしよろしかったらソイル・ウェッジのもつ古環境復元のための意味とかそのあたりのコメントをいただけますでしょうか。

趙哲済：大阪市文化財協会の趙です。ソイル・ウェッジというものはよくわからないのです。フレンジーという人が定義していますけれども，その定義がよくわからない定義をしています。定義になってないのです，ソイル・ウェッジは。韓国の場合に，ソイル・ウェッジではないのではないかと，まず昔はアイス・ウェッジと言い，最近はソイル・ウェッジと言われているのですけれども，実はいかにも堆積物が入っているように見えます。例えば予稿集の27ページの右側の線を引いてある断面写真（図 2）ですね。それなんかも結構幅があるように見えるのですけども実は割れているのは本当に薄いんです。0.1mmとか0.数mmしかないですね。その中に粘土がち

ょろっと入っている。フィルムが入っている，そういうものなのです。ここで見えている，幅広く見えていますのはその割れ目を伝わった地下水が動くことによって鉄の成分が外側に浸透して，要は溶脱して全体として白く見える。その結果，その割れ目が強調されている，そういうものなのです。暗色帯と古土壌と，それからその割れ目，割れ目は古土壌の形成後に割れているわけですから，寒い時期に割れているわけなのですけど，どういう関係にあるかっていうのはちょっと置いといてですね，要は地下水がたくさん入ってよく乾いたときには当然幅が広がってというか，溶脱が進むわけです。そういうのは，今後，古土壌とセットで見ていけば，層準認定がますますうまく行くのではないかと期待しているところです。

成瀬：趙哲済先生の科研報告書を拝見いたしました。詳細に研究されておられ非常に参考になりました。私自身はクラックというものに対してあまり関心がなかったものですから，これまでぞんざいに扱っていたのですが，趙先生の研究報告を読んで，もう少し調べなくてはいけないと思っています。クラ

ックのうちドライ・クラックは粘土鉱物の性質によって発達するものだろうと考えます。レスにはクラックが発達するのがごく普通です。たとえばインドのレグール土というレスですが，深さ1m近くのクラックが乾燥期に発達します。それはスメクタイトが卓越しているからです。一方，韓国にはドライ・クラックとは違った非常に幅の広い（30cm幅）クラックが発達する場合が認められます。これは乾燥条件だけではできないだろうと思います。しかし数mの幅・深さに達するアイス・ウェッジではない。したがって冬季の厳寒下で，非常に乾燥した気候で形成されるソイル・ウェッジが想定されます。

趙哲済：乾燥が主たる原因であるということに関しては，私もそんなふうな気がしています。単に暑くて干割れするというそういうものだけではなくって，寒い乾燥が影響しているのだろうという気はしています。私の研究っていうのはたいしたことないですから，よくわかってないです。

成瀬：立派な研究をなさっておられます。私ももう少し勉強させていただいて，さらにクラックについて研究を進めたいと思います。

林田：ウェッジについて，裵基同先生からもコメントいただけるそうです。

裵基同：私に発言の機会を与えてくださってありがとうございます。ウェッジという話が出ると，私も話したいことがあります。このウェッジについては，1987年の全谷里遺跡の発掘当時，いまは亡くなった韓国の地質学者であるイ・ドンヨン（李東瑛）先生と2人ですごく悩みました。最初はこのウェッジがアイス・ウェッジだと思って観察したのですけど，その後アイス・ウェッジではない可能性があるのではないかと，色々な面で悩みました。いまだに，韓国の旧石器研究の問題の一つは，このウェッジ生成の原因を解決することです。最初，ずっとウェッジの話で，韓国のウェッジはアイス・ウェッジではない，本当に韓国に氷河期があったのか，それで疑問をもっていたのですけど，その当時，李東瑛先生がこれはアイス・ウェッジだとおっしゃって，地層の最上部に見えるウェッジを1万5千年前，2番目に見えるウェッジを6万5千年前のウェッジだとおっしゃいました。いまだかって韓国では李東瑛先生が定義したその二つの年代観をそのまま使って韓国の旧石器編年に適用している学者が結構多いので，これは本当に大きい問題だと思います。

先ほど趙先生もおっしゃったのですが，韓国でよく見るウェッジというのは，そのウェッジの入口が広く見えるのですけど，よく観察するとその真ん中だけ狭く下の方に続いていくのです。横のほうは水の影響で脱色して黄褐色あるいは明るい黄色になっています。午前中の発表で李憲宗先生のスライドにもあったのですけど，ウェッジの入口がすごく広い，そのようなウェッジもあります。同じく李憲宗先生の発掘現場なのですけど，全羅南道務安の地層でも，同じく幅の広いウェッジが観察できます。この二つのウェッジは地質学者のフレンジーさんが定義したアイス・ウェッジとは違うと思います。それで，韓国でよく見るのは，さきほどの趙先生の話でも同じく，脱色という水の影響で広く見えるだけで実際には狭いクラックになります。ここではドライ・クラックと言いたいのですけど，乾燥している環境で，クラックが作られた後にその空隙に水が侵入するということです。とりあえず乾燥している環境の中でつくられたクラックだと思います。その形成年代については，これから解決しなければならない問題だと思います。

松藤：ソイル・ウェッジの問題については，まだ成因が十分解明されていないという状況だと思います。ただ，いまの時点で趙さんのおっしゃったことを受けますと，気温が下がっている時期，つまり寒冷・乾燥している時期に形成されたものであろうと，そういう点では一応共通認識があると見ていいのでしょうか。この議論はこれ以上やりません。これを議論していたらもう3時間ぐらいかかりそうですので，先へ進みたいと思います。

趙哲済：いまの話では，松藤先生がおっしゃった寒い時期の乾燥気候ということでいいと思います。

林田：火山灰の話，それからアイス・ウェッジ，ソイル・ウェッジの話と，話が尽きないのですけれども，少し前半の話をまとめる形で，色々もちろん今後の展望も見えてきているわけですが，現状のレス－古土壌編年について，今後の研究方針も含めて，実際にそれを使って層序や旧石器の編年を研究しておられる先生方から，どなたでも結構ですからコメントをいただけますでしょうか。レス－古土壌編年全般に関して，王社江先生いかがですか。

王社江：特にありません。

林田：それでは，李憲宗先生。

李憲宗：さきほどの裵基同先生の話で，ウェッジについて悩んでいるとおっしゃったのですけど，私も同じく，その点で悩んだ者のひとりです。私も最初，李東瑛先生が定義した1万5千年前とか6万5千年前の二つの年代に関して，自分で発掘している遺跡で研究していたのです。それで私の発掘現場である務安・皮西里遺跡で検討してみました。

松藤：ちょっとその議論は時間の都合で打ち切りたいと思います。また元に戻ってしまいますから。それよりもこれから議論したい問題点がいくつかありますので，それを優先したいと思います。要するに，レス－古土壌あるいは古土壌のサイクリックなシリーズというものを，今後，旧石器遺跡の調査の際に明確な年代基準として使えるのかどうか，ここが一番重要なポイントです。そうでなければ，いくら研究したってあまり大した進展がないだろうと思います。そこで，それぞれの古土壌の年代をどうやっておさえていくのかという問題があります。一つは火山灰でおさえていく方法があります。もう一つは玄武岩が基底にある，例えば全谷里みたいな遺跡ですと，玄武岩を正確に測って年代を決定してその上に載っているレス－古土壌というものの年代の一番古いところ―日本語では上限と言いますけれども，昨日は中国の方が下限とおっしゃった―を押さえる手立てがあります。さらに林田先生がやっておられるような古地磁気の年代測定をおこなって，ブリューヌ／マツヤマ境界すなわち中期更新世と後期更新世の境目を出し，その上にレス－古土壌が何枚のっているのか，というところを把握していく方法もあります。それ以外にこれまでにやられているのが理化学的な数値年代，放射年代を測定して，それを信用してそのまま考古学者は遺跡年代を組み立てていく。これが普通のやり方だろうかと思います。そういう数値年代というのを逆に言えば，レス－古土壌編年でクロスチェックできないかどうか，これは非常に重要なことで，例えば遺跡を掘っていて，自分が遺物を発掘している地層がはたして何万年前の地層なのか，これがわからないと発掘していて非常に不安でならないし，研究もなかなか進まない。これまで韓国の古い地層の研究では，けっこうOSL年代測定というのに人気があります。今日の新聞にも出ていますが，萬水里という遺跡で，下の地層から上までOSL年代を測定された。下層のほうで測定された年代が9万年前。その数字を信じて，上層の遺物というのをすべて9万年前より新しいのだと考えられる考古学者もいる。そうしますと，9万年前以降に形成された古土壌の枚数と合わなくなり，古土壌の枚数があまりにも多すぎることになり，これは明らかに自己矛盾に陥ります。例えば，全谷里遺跡ではK-Tzの層準がわかっています。またATの層準がわかっている。その間の時間経過がだいたい7万年ぐらい。7万年ぐらいの時間が経過している中で地層が，檀原さん，何十cmぐらい積もっているでしょうか，40cmか50cmぐらいでしょうか。

檀原：40cm～50cmぐらい。

松藤：それぐらいの時間の経過がある。それを堆積速度で単純に計算しても，そんな新しい年代になりっこない。更新世にアジア大陸の内陸部から細かい風成塵が飛んできますが，ある時期には極端にたくさん飛んできて，ある時期にはそれほど飛んでこないということがありうるのか，そこらへんの問題を成瀬先生はどのように考えておられるのでしょうか。

成瀬：兪剛民先生，ご意見ございますでしょうか。

図3 パネル・ディスカッションのパネリスト
Fig.3 Panelists at the panel discussion

レスの堆積速度は，日本では泥炭に含まれている風成塵量からレスの堆積速度が求められていますが，韓国ではまだそうした研究が行われていませんので，不明の状況です。古土壌の生成は1〜2万年しかかからない。一方，レスの堆積は7〜8万年かかって堆積しているわけですから，堆積時間から計算していけば，中国東部，韓国，日本それぞれの堆積速度が解明できると思います。

松藤：レス－古土壌の編年を構築していくうえで，不整合が入っていたらその間は地層に時間が抜けるわけですから，非常に大きな問題です。あくまでも，地層を観察してレス－古土壌の間に大きな時間間隙がないのだと，そういうところを実際の遺跡の調査，あるいは先生たちが観察される露頭の観察の中でどういうふうにチェックできるのか，そのへんのところをちょっと教えていただければと思うのですが。

成瀬：話がヨーロッパになるのですが，オーストリアにクレムスというところがございます。そこにクレムス・レスが数十メートルの厚さに堆積しています。私たちの学生時代には，クレムス・レスは最終氷期に堆積したものだということが常識でした。ところが，古地磁気研究法が採り入れられるようになって，時代観がすっかり変わってきました。そのほとんどが70万年前よりも古いものでした。これを契機に世界のレスの年代測定に古地磁気研究を導入するようになりました。中国レスに関しては古地磁気研究が進んでいますが，韓国・日本でもレス堆積物に関する古地磁気研究をさかんにする必要があります。それから先生のご質問に関してですが，レス－古土壌の不整合など層序に関しては，露頭の観察を最も重視しながら，諸分析結果を総合的に吟味していけば解決できると思います。そのためには自然科学を専門とする私たちが新しい分析方法を開発するなど協力を惜しまないつもりです。

林田：はい，ありがとうございます。前半のテーマをそろそろまとめないといけないのですが，最後に私のコメントを言わせていただきます。古地磁気にしても不整合がありますと解釈がすごく難しくなりまして，ここは何年前と言えてもその間がわからなくなってしまって，なかなか有効に使えないと思います。それで，結局，レスの中で不整合を認める堆積の環境を調べるのは難しいと思うのですけど，ぜひ私のお願いと言いますか，今後私も考えたいことなのですが，それは一つの地域の中で一つのセクションだけでデータを出して，それでここが古地磁気年代の境界と決めるということだけでは，やはり不十分で，同じ地域でも堆積環境が違うところと比べて，ミクロな環境と絡めながら検討していくというのが大切なことだというふうに考えております。

成瀬：地理的に可能なかぎり広域的に取り扱うという観点から地層を判断し，編年していくことが重要だろうと思います。これは自然地理的な伝統的な研究方法ですが。

林田：長岡先生，すみませんが，風成層の中の不整合の認定とか，そのあたりのことを少しコメントいただけますか。

長岡：すみません，何も言わずに帰ろうと思ったのですが。個人的にはレスっていうのは，基本的には全部土壌ですよね。地質学的には普通，全部が不整合であって，早い話が。それが，ちょっとスピードが違うという感じなので，何が起きても不思議ではないと思っているのです。むしろちゃんと溜まっているのが異常なのですね。非常に運がいい，そればっかり見てはどこでも溜まっているように見えて実はないところが多くて，だから本当にたくさんの露頭を確認してそういうところを組み合わせるようなこともしないと，一本の露頭だけでは危ないと思っています。以上です。

林田：ありがとうございます。ちょっと不思議に思われるかもしれないですが，地質学の分野では，水の中で溜まっているところは不整合じゃなくて連続的に溜まり，陸化すると不整合と習うわけです。考えてみると風成堆積物は陸上に溜まっているので，基本的にはいつ不整合が起こっても不思議ではないと，いうふうな感覚もあります。もちろん定量的に風成堆積物が記録されているところでは，かなり連続している。やはり地表面であるということは気をつけて考えなくてはならない。だからこそ人が住むということになると思いますけど。この話はまだこれからも出てくると思いますが，それでは後半の考古学分野の順番ですので，松藤先生にバトンを渡します。

引用文献

町田 洋・新井房夫, 2003 新編火山灰アトラス［日本列島とその周辺］, 東京大学出版会.

Mirabueno, H. T. *et al.*, 2007 AMS Radiocarbon Dating of a Charcoal Fragment from the Irosin Ignimbrite, Sorsogon Province, Southern Luzon, Philippines.『火山』52（4）, 241-244.

Ⅱ部　東アジアの前期・中期旧石器文化研究の現状と課題

司会：松藤和人，林田 明（同志社大学）
パネリスト：裵基同（漢陽大学校），王幼平（北京大学），李憲宗（木浦国立大学校），李超栄（中国科学院古
　　　　　　脊椎動物与古人類研究所），房迎三（南京博物院考古研究所），王社江（陝西省考古研究所）
通訳：黄昭姫（漢陽大学校文化財研究所），河森一浩（田原本町教育委員会）

松藤：皆さん，ご着席いただけましたでしょうか。これからⅡ部：「東アジアの前期・中期旧石器文化研究の現状と課題」というテーマで，先ほど申しました3つの論点を中心に議論できればというふうに思います。すでに昨日の本セミナーでの研究発表を受け，今日の一部の新聞の朝刊に，韓国の萬水里遺跡最下層の石器を包含する文化層が55万年前と年代がえらく細かいんですけれど，そういう年代観が発表されてしまいました。昨日，共同通信社の記者が見えていたんですが，今日の議論がすむまでそれは待たなきゃいけないんじゃないかと思ったんですが，スクープ記事にされてしまったようです。その萬水里遺跡にしましても，また全谷里遺跡にしましても，石器が出土する一番古い地層の年代なんですが，それはさきほどの議論（Ⅰ部）にありましたように，レス－古土壌が連続してサイクリックに堆積していることを前提として，地層の年代がわかる定点，例えば日本列島から飛んでいった広域火山灰のATとかK-Tz，Aso-4との層位的な関係を押さえて確かな議論ができます。だいたいステージ5，実年代で言いますと約13万年前より後になりますが，それくらいまでは高い年代精度で把握できると考えます。それ以前になると，広域ラフテを使って確実な年代の定点を挿入するのが難しくなります。したがいまして，先ほど議論がありましたように，一番下に年代のわかる地層あるいは年代を測定可能な基盤岩，さらには古地磁気のブリューヌ／マツヤマ境界が出てくれば，その間に古土壌を何枚挟んでいるか，鍵層となる古土壌を手がかりに，それぞれの古土壌・レスの年代的な位置づけが可能となります。そういう意味での萬水里遺跡の最下層文化層の55万年前という年代観ですから，そのへんの「からくり」を了解していただきたいと思います。一応，そういうレス－古土壌編年にもとづいた石器群の年代的位置づけが正しいと仮定したうえで，これから議論を進めていきたいというふうに考えます。

　中国の場合は，まだそういうレス－古土壌編年にもとづく旧石器編年が全国的に確立されていない研究段階にあります。しかしながら，中国北部の黄土高原の周辺地域では，数人の先駆的な地質学者・考古学者がすでにそういう研究に着手しております。したがって，そういう研究者たちの成果というものをわれわれは参考にすることができます。もっと古い段階になると，遺物を包含する地層の年代を理化学的な年代測定で決めるしかないというのが現状かと思います。近年，中国では北と南に大きく異なる石器を作る技術伝統が長期間並存していたということが，中国の研究者の間ではほぼ定説になっています。

　一方，朝鮮半島，特に韓国では少なくともステージ4以前，一部ステージ3の前半くらいまでかかるかもしれませんけれども，この時期の石器群の顔つき・様相がどういうものかということが，ここ数年少しずつ見えはじめてきた。それをレス－古土壌編年にもとづいて時間的な位置づけをきちっとやって，韓国における旧石器の編年，時間的な流れというのを見てみようというのが，昨日の麻柄さんと中川さんの発表でありました。このおふたりの研究も，仮説的な研究だと思いますけれども，それを踏まえて中国あるいは韓国の旧石器文化の関連性をこれから議論していきたいと思います。

　まず午前中の発表でモヴィウス仮説との絡みで注目され，ハンドアックスをまとまって出土する遺跡を湖北省と陝西省で別個に調査された中国科学院の李超栄先生，留学先のメルボルンから見えられた陝西省考古研究所の王社江先生にお話を伺いたいと思

います。そのハンドアックス石器群というのは、単にハンドアックスに似た石器が単独に存在するんではなくて、陝西省の洛南盆地では真正のクリーヴァーもある。本格的なクリーヴァーが中国で見つかったのはこれが初めてのケースだと思います。私、アメリカのアリソン・ブルック（ジョージ・ワシントン大学教授）さんとときどきメールでやり取りをするんですが、最近、中国の洛南盆地で典型的なクリーヴァーが出ているよと伝えますと、その形態・技術はどういうものなのかということを盛んに訊ねてきました。彼女はアフリカあるいはインド、そういうところに分布するクリーヴァーとの形態学的あるいは型式学的な観点から注目したんだろうと思います。さらにアシューリアン型石器群、アシューリアン文化という言葉が昨日から氾濫しております。そのアシューリアン文化の主だった器種であるハンドアックス、クリーヴァー、それからピック、さらに石球（spheroid）というアフリカのアシューリアン石器群にともなう主要器種というのが洛南盆地で全部揃っています。そういうものをモヴィウス仮説と絡めて、現在の東アジアの旧石器文化研究の中でいかに理解していくのか、また説明したらいいのか、そのへんの議論からまず入っていきたいと思います。できれば、韓国の3万年前よりも古い時期の石器群との絡みの中でお話をいただければと思います。まず王社江さんからお願いしたいと思います。

王社江：モヴィウス仮説の問題は非常に古くから議論されていますが、まだ現在でも解決していない、非常に重要な問題だと思います。この仮説はかつては定説とされていたわけですが、ここ30年来、東アジアにおけるハンドアックスの発見にともなって、議論すべき問題になってきているんだろうと思います。この問題は、東アジアの旧石器文化をどのように理解するかという問題を考えるうえでも非常に重要かと思います。すでに東アジアでは、1ヵ所ではなくていろんな地点からハンドアックスやクリーヴァーが見つかっておりますので、そうしたことも踏まえて、新たに考えなければいけない段階だろうと考えております。かつては東アジアにハンドアックスやクリーヴァーがないということが定説になっていたわけですけれども、最近は石英とか非常に特徴的な石材を使ったものがありますので、そうしたものが重要だと思います。この問題は文化伝播の問題、人類の拡散の問題、例えばアフリカ起源説との絡みということでも重要な問題になってくると思います。ただ現在のところ、こうした東アジアで見られる資料とアフリカなどで見られるものとの関連ということについては、なんともいえない状況だと思います。ハンドアックスがあるかないかという問題ですとか、細かい加工技術ですとか、原料の問題とかを含めて考えなければいけない。

松藤：結局、王社江さんは自分が調査された洛南盆地の、ああいうmassiveな大形の石器群を、系譜的にどういうふうに理解されるのか。あの地域で自生したと考えられるのか、それとも西方の世界と密接な関係をもって出現してくるのか、そのへんのところを簡潔にお願いしたいんですが。

王社江：基本的には伝播してきたというか、西方から来たと考えておりますが、年代の問題などをふくめて、伝播時期の問題についてはまだまだ問題があるかと思います。

松藤：ありがとうございます。そうした理解の対極にあるのが李超栄先生だったかのように思いますが、李超栄先生、そう考えられる根拠を、少しお聞かせいただければさいわいです。

李超栄：中期とか後期旧石器に関しては西方との交流を考えておりますが、前期旧石器については、似たような環境のもとで、中国で生まれたというふうに考えております。

松藤：ありがとうございます。横に座っておられる裵基同先生が腕をむずむずさせておられますから、この議論は裵基同先生に振らないわけにはいかないだろうと思います。手短にお話いただければと思います。

裵基同：30年も研究を続けていますが、国際シンポジウムや今日のような場に顔を出しますと、全谷里のハンドアックスについて質問を受けるんですが、まだ正確に答えるのは難しいです。さきほどの李超栄先生の発表で、今年、世界のハンドアックス学会がフランスでおこなわれたという写真を見せていただいたんですけれど、やはり西洋の学者は東アジアのハンドアックスを否定的に見ているようです。石器製作技術から見ても、中国や韓国にも、ヨーロッパの人たちがいうような形態のハンドアックスは確かにあります。全谷里でもクリーヴァーをともなうんですが、さきほど李超栄先生の発表スライドでも、全谷里よりも典型的なクリーヴァーがともなっていることを確認できました。ヨーロッパ、東アジアのハンドアックスが出ている二つの文化は、概念的には一緒だと思いますけれど、違いがあるとすれば、出土している頻度と、どのくらいうまく作られたかという点です。ヨーロッパの学者が東アジアから出土したハンドアックスを否定している理由の一つは、その形態的な問題なんですが、彼らのいうハンドアックスは、技術的には large-cutting ということになるんです。中国や韓国のものには、先端が尖ったピックのようなハンドアックスが多い。西洋から東洋のハンドアックスを比較すると、やはりアシューリアンでは作り方の変化が見られます。西洋の初期のものは横に長く、それが後に縦に軸をもつハンドアックスになります。その点で、人類の文化の発展は西洋と東洋で一緒ではないと思います。今後、東洋と西洋でどのくらいの違いがあるのか、もっとたくさんの遺跡を調査して、そのデータを積み重ねたうえでの分析が必要だと思います。

松藤：ありがとうございます。この議論というのはそれぞれの地域の石器群の年代をもっと絞り込まなければいけない、もっと狭い時間帯のなかで比較しないと、形態学、技術的な検討があまり意味をなさないような気がします。そのためには従来以上の、厳密な時間軸というのを構築したうえで比較していく作業しかないような気がします。北京大学の王幼平先生は、中国の揚子江流域の旧石器群の研究を非常に長い間進められています。実際、こういう類の石器群もよく観察しておられると思いますので、王幼平先生に韓国で出ているハンドアックス、クリーヴァー、石球、ピック、そういうものを中国の類似石器群と比較してどう考えられるのか。そのへんのところをぜひお聞かせいただきたいと思います。

王幼平：さきほど裵基同先生からお話いただきました技術的な面などについても、韓国のものは長江流域と非常に類似したものがあると思います。朝鮮半島の前期旧石器時代の石器を見ますと、中国の南方の石器群と比較的似ている。一方、中国北方の石器群とはかなり差があると思います。技術的な点から見ても、韓国と長江流域の石器群との間に非常に類似性が認められると考えております。こうした問題を考えるときに、石器の調整方法が非常に問題になるかと思います。中国の長江流域では両面加工をした石器が非常に少ない。湖北省では、数万点の石器が出土したのに、両面加工石器は数点しかないというケースもあります。ハンドアックスも一点ありますが、たまたま剥片が割れてそういう形になっているだけで、明確な両面加工になっているわけではないということが重要な点だと思います。もう一つ、ハンドアックスの出現する比率というのが問題になると思いますので、ぜひ韓国の状況について、裵基同先生に、どの程度出土しているのかお聞きしたいと思います。

松藤：裵基同先生、ご指名ですから、手短にお願いします。

裵基同：そんなに頻度は高くないです。全谷里遺跡ではいままで50点くらい出土しているんですが、他の遺跡では少ないです。

松藤：ありがとうございます。洛南盆地では240余ヵ所の遺跡が知られています。オープンサイト（開

地遺跡）ではたいていの遺跡から両面加工石器が見つかっていますが，そのほとんどが表面採集品です。発掘調査された遺跡に龍牙洞という洞穴遺跡がありますけれども，オープンサイトでしかハンドアックスが見つからない。洞穴遺跡で見つからずにオープンサイトだけに両面加工石器が存在し，両者が同じ時期に残されたということ自体，たいへん面白い問題でもあるんですけれども，あまりこれを議論をしていても現在のデータではあまり生産的な議論にならないように思います。ただ洛南盆地で最近オーストラリアのチームと合同調査された王社江先生のご発表の中で，レス－古土壌連続の下のほうにブリューヌ／マツヤマ境界（78万年前）が見つかったということでした（本書149頁 図2参照）。これは，レス－古土壌編年を考えていくうえでは重要な意味があると思います。王社江さんが映されたスライドの一枚の中に，ブリューヌ／マツヤマ境界の上に，古土壌の枚数がピシャと合うかたちで写っているのがありました。王社江先生は一番上の古土壌をS₁（ステージ5）と見ておられます。これは，ひょっとしたら，古土壌，レスがそれぞれステージ番号に相応するんではないかという気がするんですが，古地磁気年代測定もあわせて，王社江さんは洛南盆地のあああいうハンドアックス石器群をどういう年代に推定しておられるのか，ブリューヌ／マツヤマ境界のもっと下から出てくるのか，そのへんの見通しをお話いただきたいのですが。

王社江：これまでの調査は基本的に年代測定が主な目的ということで，発掘面積が非常に小さくて，現在のところは，レス－古土壌層位に対応するかたちでハンドアックスが見つかった例というのがございません。将来もう少し大きな面積で調査していく中で，そうしたことがつかめるかと思っております。ただこれまでの調査から見ますと，70万年前頃の地層から石製品が出ておりますので，そのへんにあってもいいんじゃないかという感触はもっております。

松藤：ありがとうございます。麻柄さんの研究によれば，昨日の発表にございましたけれども，どうも東アジアにそういう両面加工，あるいはモヴィウスが以前にプロト・バイフェイス（proto-biface）と呼んだ片面加工の大形石器，そういうのがどうも80万年前頃には中国で数ヵ所出現していそうだという状況が見えてきましたけれども，これに対して，中国側の研究者のほうから何かございますでしょうか。

李超栄：現在，ハンドアックスの一番古いと思われる年代は110万年前というのが報告されていますので，そうした面から見てもそれほど矛盾はないという考えです。

松藤：その110万年前というのは，陝西省の藍田公王嶺の近くから出た，石英の細長いハンドアックスを指しておられるんでしょうか。

李超栄：そうです。藍田のものです。

松藤：その資料の出自については，ちょっと問題がありはしないかというふうに日本側の研究者，特にわれわれは考えているんですが。麻柄さんいらっしゃいますか。そのへん，ちょっと発言いただけますか。

麻柄一志：藍田の資料なんですけれど，報告書を何度読み返してみても，石器の出ている場所がもう一つ明確に記述されてないんです。実際，人骨が出ている場所が110万年前相当の地層ということは書いてあり，それに相当する地層から石器が出ていると書いてあるんですが，かなり離れた場所から石器が出ているという記述があり，本当に110万年前の地層に対比できるのかどうか。私，文献だけ読んでいるとどうも疑問があったんですが。そこで今回の予稿集の中でも，ちょっと藍田は保留しておく，というふうな表現で書いております。この点り，李超栄先生，いかがでしょうか。

李超栄：その点は認めます。遠いところから出ているとのことです。

松藤：確かな資料にもとづいて議論をやっていくというのが科学のあるべき姿だろうと思いますので，やはり問題を残す資料というのは，厳密な議論の俎上から一応外しておいたほうがいいのではないかと思います。それはそれとして，中国の南北二大文化伝統，北のほうは小形の剥片石器伝統がやたら続く。南のほうではだいたい80万年位前にはプロト・バイフェイス，プロト・ハンドアックスみたいなもの，要するにハンドアックスの前身形態のような石器が出てくる。それが延々と，おそらく3万か4万年前くらいまで続く。北のほうの剥片石器伝統の初源というものを窺える，現時点で確実な資料としてどこがあるのか。そのへんのところを，王幼平先生，ちょっとお聞かせいただきたいんですが。

王幼平：現在のところ河北省泥河湾にある馬圏溝Ⅲ遺跡での160万年前というのが一番古いものではないかと思っております。

松藤：それは王幼平先生も同じような意見でしょうか。

王幼平：年代は古地磁気測定によるものですが，アメリカの研究者が測定したと思いますが，基本的にその年代観に賛成したいと思います。

松藤：私も馬圏溝遺跡の発掘現場を見せていただきまして，どういうところで古地磁気測定のサンプルをとっているのか教えていただきました。測定結果は『Nature』(R. X. Zhu et al., 2004)にすでに発表されていますが，これは非の打ちどころがない，完全なレポートだと思います。それによりますと，文化層が層位的に3つあります。一番下の文化層は166万年前とやたら細かいんです。1桁目の6万という数字がどこから出てきたのかよくわかりませんが，だいたい160万年前くらいでいいんだろうと思います。ところがその遺跡の石器群というのは，その上の2枚の文化層をふくめても，ハンドアックスらしい石器は影も形も見えない。わりと小形のチマチマした剥片石器というのがやたら目立つ。その年代観と石器群の内容とも合わせて，やはり華南，揚子江（長江）流域に展開した重厚で大形の礫石器文化伝統とは際立っている。この二つの文化伝統の関係について，北方の剥片石器文化伝統のほうが出発点においては，少なくとも現時点でわかっている限りでは古い。ところが南の揚子江下流域で出てくる石器群というのは，仮にハンドアックス的なものを挙げるとしますと，だいたい80万年前くらいまでは現在わかっている。両者の間の時間的なギャップをどういうふうに考えたらいいのか。アフリカからホモ・エレクトゥスがアジアに入ってきたとすれば，その問題と彼らが入ってくるときに携えていた技術的伝統がどういうものであったのか，そのところを検討する重要なヒントになりはしないかと考えるんですが，王幼平先生，その点いかがでしょうか。何かお考えをおもちでしょうか。

王幼平：まず中国の前期旧石器がどのようなかたちで伝播してきたかということでは，中国の学者の中では南からやって来たという考え方が今のところ多いかと思います。現在の資料から言いますと，北緯40度くらいのところ，北方から中国に入ってくるようなルートを考えたほうがいいんじゃないかと考えています。

松藤：それは160万年前後の馬圏溝の石器群の系譜についておっしゃってるわけですね。

王幼平：そうです。

松藤：一方，南のほうの揚子江流域に展開した礫石器文化伝統というのは，起源的にはやはり南，西の方から来たとお考えですか。

王幼平：その点に関しても，人類拡散の全体的なところを見ますと，やはり西から来たと考えたほうがいいんだろうと思います。

松藤：ありがとうございます。やはりこの問題というのは，主として人類学者が議論すべき問題かと思いますけれども，人類学的な資料（人骨化石）というのは断片的であります。それに対して考古学的な資料，とりわけ石器というのはまず腐らないので，

世界各地にいっぱい残されている。あとはこの問題にどういうふうにアプローチしていったらいいのか，考古学サイドでは方法論を含めて真剣に対処しなければいけないんじゃないかと思います。時間も随分押してきましたけれども，房先生が俺にも一言いわせてくれみたいな顔でこちらを見ますから，房先生のフィールドである揚子江下流域，特に安徽省・江蘇省の石器群と，昨日来議論になっている韓国の石器群の比較という観点からコメントをいただければと思います。

房迎三：基本的に今までの議論に賛成でして，中国の長江流域と韓国に見られる石器は非常に似ている。ただ年代的に言うと中国のほうが古いのではないかという見方をしています。

松藤：ありがとうございます。同じく李憲宗先生。朝鮮半島の南のほうをフィールドにしておられますので，一言お願いします。

李憲宗：韓国の礫石器文化伝統については，中国と同じ流れの中で考えなければならないと思います。揚子江流域から出土している石器と，韓国の石器は石材もすごく似ているし，技術的な面でも似ていると思います。礫器伝統の文化が韓半島で長く残存したのも，このような文化的な交流が続いていたからだと，私は考えています。

松藤：ありがとうございます。韓国でいつ頃まで礫石器文化伝統が残存するのか，これも韓国旧石器考古学の重要な課題の一つだろうと思います。この点に関して，中川さんから何か一言ありますか。

中川和哉：確実なことを言うのは難しいんですけれど，概観してみますと，だいたいステージ7の時期には大形重厚な石器があって，ステージ5の下のほうでは非常にヴァリエーションがあって石器が大量に出る遺跡があります。全谷里遺跡の中では，ステージ5aまでは一応バイフェイス（両面調整石器）的なものがあります。ところがですね，ステージの3の中でもおそらく石器の顔つきから見たら古そうな坪倉里（京畿道）という遺跡がありますが，この遺跡にはハンドアックスがなくて，いわゆる礫器といってもチョッパーみたいなコア（石核）のようなものがあるだけで，バイフェイスと言えるようなものがない。そういう石器群がございます。ですから，これは栄山江地域の場合と論議になると思うんですけれども，私たちが慎重にレス－古土壌編年を用いて年代を決めた遺跡の中では，ステージ3以降にハンドアックスが明確に残る遺跡はないというふうに言えると思います。

松藤：朝鮮半島でも中国の揚子江流域でも，礫石器文化伝統が消える時期というのは，わりと似通った点がありそうだというのが，昨日と今日の議論で出てきた一つの考え方だろうと思います。この問題はレス－古土壌の編年研究がさらに整備されないと，もっと細かいスパンで検討できませんので，今日のディスカッションはこれくらいにして，今後の課題にしておきたいと思います。遠くからいろんな方が見えられておりますので，会場からぜひこの機会に，中国・韓国の研究者に直接ご質問したいという方がございましたら，残りの時間をそれに当てたいと思いますので，どうぞご遠慮なくご質問いただければというふうに思います。カナダのトロントから見えられた井川史子先生，どうぞ。

井川史子：二つ質問があるんですけれども，一つは王幼平先生に伺いたいんですが，北のフレイク（剥片）の文化は北回りで，南方の文化は西から来たというふうにおっしゃった。それはアフリカから二度，拡散があったとお考えなのか，あるいは初めに入ってきた人たちによって，中国のハンドアックスがローカルに発展してきたんだというお話が，今日，他の方からもありましたけれども，初めにsmall toolを携えてきた人たちが南にいて，彼らが大形石器をそこで発明したようにお考えなのか，というのが一点です。ついでにもう一つ質問させていただきたいんですけれど，さっきから西洋の考古学者は東アジアのハンドアックスに懐疑的だとおっしゃってまし

たけれど,私もカナダにずっと住んでおりますから,懐疑的であったほうかもしれないんです。ですが,昨日,今日とたくさんスライドを見せていただいて,どうも納得させられちゃったんじゃないかと思います。それでですね,とにかく中国の,特に南のほうと韓国のものとが非常に似ているということは,スライドから拝見しただけで非常に明らかになったと思ったんですが,ここにいらっしゃる先生方は,インドのものとお比べになったんでしょうか。アフリカのものとは違うということは,スライドでも見せていただきました。現在のバングラディッシュあたりをモヴィウス・ラインが走っているので,インドはハンドアックス圏に入っているんですけれど,インドと南中国のほうが,アフリカと比べるより,よっぽど地理的に近い。インドのもの,それから裵基同先生はイランでもハンドアックスをご覧になったとおっしゃいましたけれど,インドとかイランなどのハンドアックスと中国や韓国のハンドアックスとをお比べになったことがあるのでしょうか。そうであれば,どういうふうなお考えをおもちか,伺いたいと思います。

松藤:最初の質問のほうは王幼平先生かな。あとのほうは裵基同先生にお願いします。

王幼平:現在は,発掘された資料が少ない状況ですので,具体的な経路を考えるのはなかなか難しいんですが,ただ北方の小形石器と南方の大形石器は,石器技術を見ますと非常に似ているという状況がありますので,そういった意味では北のものが南にいって大形になるという可能性もあるかと思います。

松藤:なかなかそのへんは難しい議論ですけれども,今後の研究課題になりますね。あと裵基同先生,インド,パキスタンあたりの石器,ハンドアックスを見られた印象をお願いします。

裵基同:私もですね,インドとかパキスタンのハンドアックスとか両面加工している実物を少しは見ていて,あとの多くはスライドとか国際学会で見ることができたんですけれど,インドでも,アフリカの

図1　モヴィウス・ライン
Fig.1 Movius's Line (after Stringer, C. et al., 2005)

ような,アシューリアンや類アシューリアンのようによく加工されているハンドアックスがあることを確認しました。インドの遺物の中でも,ピックのようなハンドアックスも結構入っていて,それも全部まとめてアシューリアンと言っています。さきほど井川先生がおっしゃった,イランのカンジバー遺跡からも,尖頭の,側面だけを少し加工しているハンドアックスが出ています。中近東の西にあるコーカサスでもハンドアックスが出ているんですが,すごく薄っぺらい,よく加工がなされているハンドアックスもあるんですが,先ほどのピックのようなハンドアックスもともなっています。その作り方の精巧さを比べると,アフリカでよく見られるようなハンドアックスのほうが,より精巧だと思います。東アジアで薄くて洗練されたハンドアックスが出てこない理由のひとつは,やはり東アジアでルヴァロワ技法が発達していないということと関連があると思います。なぜそのように洗練された石器が出てこないのかという理由を明らかにすることが,東アジアの前期旧石器研究で一番大事な問題だと思います。

松藤:ありがとうございます。時間がどんどん押してきているんですが,会場のほうから,この際ぜひ一言という方がいらっしゃいましたら……。東京大学の佐藤宏之さん,いかがでしょうか。

佐藤宏之:すみません,一言,申し上げます。東京大学の佐藤です。ハンドアックスの問題が出ているので,私のコメントだけ言わせてください。私も確信があるわけではないんですが,全体の見通しにつ

いて，いくつか論文を書いております。第一に私はアシューリアンを前期と後期と分けている。全然違う文化であると考えています。最初の段階でたぶんアフリカから前期アシューリアンが旧大陸中に広がる。北アジアを別としますけれど。その次の段階に，後期アシューリアンがおそらく北アフリカか西アジアのどこかを核として広がるんだろう。ただこれは，かつて言われたモヴィウス・ラインの東側には伝播してこない。そして，その東側の地域では前期アシューリアンの伝統がそのまま続いて，礫器状の東アジア型ハンドアックス石器群と私は呼んでいますけれど，それが発展するんだろうというふうに考えております。したがってモヴィウス・ラインの問題でありますが，モヴィウス・ラインに関しては最初のモヴィウスの定義は，たぶん資料的にもう成り立たない。ただしユーラシア大陸における東と西の大きな差というのは，おそらくモヴィウスの提案したラインにやっぱりあると考えます。それは後期アシュールの段階で西側に後期アシューリアンが来て東側に後期アシューリアンがない。そのまま東アジア型のハンドアックス石器群が展開する。第二の重要な点は，そのラインがそのまま中期旧石器段階でムステリアンの分布，非分布ラインをそのまま引き継ぐと考えています。西側にはムステリアンがあって，東側にはムステリアン石器群がない。その理由は先ほど裵基同先生がおっしゃったとおりだと思います。要するに後期アシュールの技術伝統の中からしかムステリアンは生まれない。したがって東アジア側にはムステリアン型石器群が展開する余地はない，と考えております。簡単ですが以上です。

松藤：ありがとうございます。かなり洞察的な見解が出てまいりました。まだまだ議論は尽きないんですけれども，予定された時間がまいりました。ここいらで，このパネルディスカッションを閉じさせていただきたいと思います。私は敢えて今日の議論をまとめようとはいたしませんが，ここで議論された課題というのは，それぞれ中国・韓国へ持ち帰っていただいて，今後の研究課題にしていただきたいというふうに思います。願わくは，日本列島もこの時期の旧石器文化の議論にくわわりたいものです。そのためには日本でも10万年代，20万年代の遺跡を探索する努力を重ねる必要があろうかと考えます。

　昨日今日と長時間にわたって最新の研究成果をご紹介いただいたパネリストの皆様とコメンテーターの方々，また熱心に話を聴いていただいたご出席者の皆方に厚くお礼を申し上げたいと思います。また両日にわたって本セミナーをサポートしていただいた関係者の皆様に心から感謝の意をささげたいと思います。今後10年くらいの間にもう一度このような機会がもてましたら，ここで議論をおこなった問題点がどれくらい解明されたのか実感できるんじゃないかと思いますし，ぜひそうなって欲しいと思います。今回のセミナーと交わされた議論が，今後の東アジアの旧石器文化研究のひとつのターニング・ポイントになればさいわいかと思います。もっと高精度・高分解の時間尺度に沿って，旧石器時代のさまざまな文化現象を究明していくうえでの基盤づくりに，ここにいらっしゃる諸先生方も寄与されるだろうと確信します。二日間にわたって，ご静聴ありがとうございました。重ねてお礼を申し上げます。

引用文献

R. X. Zhu *et al.*, 2004 New evidence on the earliest human presence at high northern latitudes in northeast Asia. *Nature*, 431, 559-562.

Stringer, C., Andrews, P., 2005 *The Complete World of Human Evolution*, Thames & Hudson.

特別寄稿

松藤和人・同志社大学教授

産経新聞11月19日朝刊

50万年前の半島に原人進出？

国際研究の成果、共有を

土壌が気候変動の指標に

有史以前の日本列島に居住した人類について考えるとき、東アジアとの関わりを抜きにはできない。そのことは、旧石器時代からの列島人のルーツや成り立ちを検証している本紙連載「試行・私考 日本人解剖」第3章でも示されている通りだ。朝鮮半島や中国もそれだけに重要な意味をもつが、両地域の旧石器時代研究では、遺跡や地層の年代的位置づけが絶えず問題にされる。過去を扱う学問分野では、過去の出来事を時間軸に沿って正しく位置づける「編年作業」が出発点となるだけに、研究にとって死活の問題である。

日本には火山が多く、噴出した火山灰の特性と層序編年といった物差し（火山灰層序編年）が世界に例を見ないほど整備されている。そのため、旧石器を出土する地層の年代の割りだしに苦労することはない。しかしながら、中国や韓国では広域に火山灰を降らせた火山はごく限られ、こうした方法を適用できないハンディを抱える。

一方、中国・韓国の旧石器時代遺跡の多くは、冬季季節風（北西風）によって運ばれた細粒の物質（レス＝黄土、風成塵、黄砂）が長い時間をかけ降り積もってできた地層の中で発見される。こうした地層は、約260万年前から1万年前までの間に繰り返し訪れた寒冷・温暖気候の周期的変動を反映することが明らかにされ、いわば過去の気候変動を記録する"化石"として注目されてきた。すなわち、寒冷期にはレスの堆積が旺盛となり、温暖期には気温の上昇と降雨量の増加、植物の繁茂によって土壌の生成が進んだ。地球的規模で生じた過去の気候変動のよき指標であるレス―古土壌は、海洋酸素同位体編年（質量が異なる2種類の酸素同位体比の変化を複合的に組み合わせる慎重な手法）、放射年代測定などを複合的に組み合わせる慎重な手続きが要求される。例えば、韓国に降った九州起源の火山灰を見つけることは、もともと降灰量が少ないこともあいまって、日

高度技術が支える研究

とはいえ、グローバル・スタンダードを実地に応用するのはそれほど簡単ではない。赤色の古土壌と灰黄色のレスが織りなすバーコードのような一連の地層を精細に酸素同位体編年ステージに対比するには高精度・高精度の前処理を要求される。韓国・揚子江下流域でのレス―古土壌編年の地域的なスタンダードづくり、それにもとづく旧石器編年の構築という目的に向け研究が推進された。この関連プロジェクトによって、韓国の旧石器研究を一新する効果が期待される。調査は韓国南端の羅州市長洞里遺跡、大田市北方の萬水里遺跡で実施され、著名な始良丹沢火山灰（2・6〜2・9万年前）、鬼界葛原火山灰（9・5万年前）が全谷里と同じ層位から検出され、13万年前から2万年前に至るレス―古土壌編年の確立を見た。揚子江下流域の江蘇省和尚墩遺跡でも調査を行い、78万年前以降のレス―古土壌編年に大きな見通しが得られつつある。

原郷は揚子江下流域か

レス―古土壌編年という信頼度の高い年代尺度に照らして、これまでに出土した旧石器編年の見直し作業が進められた。韓国・萬水里遺跡ではレス―古土壌編年からホモ・エレクトゥス（原人）が50万年前頃に朝鮮半島に進出していた可能性が高まってきた。ハンドアックスが約24〜7万年前を中心に製作されていたこともわかり、中国山西省

本で検出するときの数千倍の高精度の前処理を要求される。いまも子供の日には、緊張が続く軍事境界線にほど近い全谷里の空にはためく。

研究は、2001年に着手した漢陽大学校との日韓共同によるDMZ（軍事境界線）に近い全谷里遺跡（史跡第268号）の年代測定。遺跡の基盤岩をなす全谷玄武岩に対するカリウム・アルゴン法、フィッション・トラック法による年代測成の成果を象徴するかのように、いまも子供の日には、緊張が続く軍事境界線にほど近い全谷里と判明してきた。揚子江下流域では、80万年前頃に人類が進出していたことがわかってきた。韓国の大型石器は形態・製作技術の点で揚子江流域との共通点が多く、その原郷は揚子江下流域に求められそうである。黄海は水深が70㍍と浅く、氷期には陸と化し、レス―古土壌編年の整備とともに、東アジアの古環境変動と関連した旧石器文化研究の精度は飛躍的に高まり、よそにはない成果を周辺の国々にわたって進められている国際的かつ学際研究の成果が東アジア諸国の研究者・国民に国境を越えて広く共有され、また今後の研究の発展につながることを期待したい。

一連の研究成果を発表する公開国際セミナーを11月24・25両日、同志社大学（京都・今出川校地）で開催される予定である。

丁村遺跡でハンドアックスがつくられた時期と一致することも判明してきた。

Ⅴ 総　括

東アジアにおける古環境変動と旧石器編年
―2004～2007年度調査研究の成果と今後の課題―

松藤 和人
同志社大学

1．はじめに

　本プロジェクトは，独立行政法人日本学術振興会による科学研究費補助金平成16年（2004）～平成19年（2007）度基盤研究（A）（海外調査）「東アジアにおける旧石器編年・古環境変遷に関する基礎的研究」（研究代表者；松藤和人）というテーマのもと，韓国・中国における第四紀更新世の人類遺跡・遺物を包含する陸上堆積物を対象に，東アジアにおける旧石器時代の人類文化と古環境との関係を高精度・高分解能分析にもとづいて究明することを目的としたものである。本研究は，2001～2003年に実施した韓国全谷里旧石器遺跡の年代解明に向けた漢陽大学校（代表；裵基同）・同志社大学（代表；松藤和人）による日韓共同研究に端を発する。

　中国・韓国の旧石器時代開地遺跡の多くは，アジア内陸部から偏西風・季節風によって運搬された細粒物質（レス，風成塵，黄土，黄砂）が降り積もって形成された厚い陸上堆積物の中に埋没して発見される。こうした地層は，更新世に汎地球的規模で繰り返しおとずれた寒冷（氷期）・温暖（間氷期）の気候変動を地層そのものに記録していることが中国の地質研究者によって初めて明らかにされ，過去の気候変動の指示者として注目されてきた。すなわち，寒冷期（氷期）にはレス（黄土；loess）の堆積が旺盛となり，温暖期（間氷期）には気温の上昇と降雨量の増加，植物の繁茂によって古土壌（paleosol）の生成が進行した[1]。更新世気候変動のよき指標であるレス－古土壌は，海洋酸素同位体編年（MIS）に示される汎地球的規模で生じた気候変動と同期し，SPECMAPなどの地球軌道要素の変化にもとづいた天文学年代を介して，過去の地層の年代を測る時間尺度として重要な役割を果たしている。原理を異にするさまざまな科学的方法によってクロスチェックされ，精確に年代づけられたレス－古土壌の編年層序（chronostratigraphy）は，東アジアの旧石器考古学編年，第四紀地質編年を構築するうえで信頼度の高い年代尺度を提供する。

2．研究の背景

　東アジアにおけるレス－古土壌編年研究の現状を概観すると，早くも1980年代に中国内陸部の黄土高原において過去260万年間のレス－古土壌編年層序が確立されたものの，黄土高原の南に隣接する秦嶺山脈以南，長江中・下流域，東北平原（旧満州），朝鮮半島での研究は大きく立ち遅れているのが実情である。朝鮮半島とくに韓国では1980年代の半ば以降，レス研究に着手されてきたが，レスあるいはレス状堆積物の認定と成因をめぐって論争[2]が続き，ローカル・スタンダードとしてのレス－古土壌編年層序を確立するまでには至らなかった。つまるところ，朝鮮半島での本格的なレス－古土壌編年層序モデルの提示は，全谷里遺跡E55S20-Ⅳ pitでの地質年代解明に向けられた

2001～2003年の日韓共同研究を待たねばならなかった（Naruse et al., 2003；松藤ほか, 2005）。

　全谷里遺跡で提示されたレス－古土壌編年層序モデルは，韓国内の他の地域のレス－古土壌編年層序によって検証する必要があり，そのためには韓国南部におけるレス－古土壌連続の調査が要請された。その候補地として選ばれたのが朝鮮半島南端に近い全羅南道羅州市に所在し，高さ8mに達する堆積物を擁する長洞里（龍洞）遺跡である。2003年12月に予備調査を経た後，2004年5月の連休を利用して，木浦国立大学校の李憲宗・金正彬両教授との共同研究として各種分析用サンプリングを実施するに至った。

　2006年8月，漢陽大学校文化財研究所・国立忠北大学校韓国先史文化研究院によって調査された忠清北道清原郡萬水里遺跡は，全谷里遺跡と長洞里（龍洞）遺跡のほぼ中間に位置する一方で，厚さ7mにも達する堆積物は8枚の古土壌を挟み，レス－古土壌編年層序の構築に格好の条件を備えるものであった。いずれも厚い堆積物を有するこれら3遺跡は，韓国の北・中・南部を代表するレス－古土壌連続を見せ，韓国全土を網羅するレス－古土壌編年層序を構築するうえでのローカル・スタンダードを提供するものである。いうなれば，これら3遺跡で確立されたレス－古土壌編年層序は，韓国の地域的な更新世気候変動を解明するうえでの貴重なデータを提供するばかりでなく，隣接地域の旧石器遺跡の年代を把握するうえでのレス－古土壌編年の層序学的基準を与えるものである。

　黄海を挟んで朝鮮半島の対岸に位置する長江下流域では，1980年代末以降，安徽省水陽江流域の旧石器遺跡群の調査に端を発し，風成堆積物に対する多方面にわたる年代研究が安徽省考古研究所の房迎三（1988・1997）を中心に精力的に進められてきた。とくに安徽省宣城市向陽に所在する陳山遺跡は，1988年に発掘調査がおこなわれ，河岸段丘礫層の上に厚さ11mにわたってレス－古土壌が堆積し，MIS 21（前期更新世末）の古土壌にはじまるレス－古土壌，粒度分析，初期磁化率測定，重鉱物組成，化学分析，多層準におよぶESR年代測定ともあわせて，黄土高原洛川のレス－古土壌標準層序との対比が積極的に進められ，長江下流域における基準層序として注目されるようになった（楊ほか, 1991；趙ほか, 1995；李ほか, 1997）。

　本プロジェクトでは，2004年8月に実施した江蘇・安徽両省内の旧石器遺跡・堆積物の予備調査を踏まえ，日本列島から飛来した広域火山灰の探索，韓国のレス－古土壌編年層序との対比という観点から，日本と地理的に最も近い江蘇省南部の金壇市和尚墩旧石器遺跡を対象に火山灰分析，初期磁化率測定，残留磁化測定，湖成段丘地形面とレス－古土壌編年を総合的に研究し，旧石器を包含する風成堆積物の性格と年代の究明をおこなった（檀原, 2007；成瀬ほか, 2007；林田ほか, 2007）。

3．2004～2007年度調査の概要

(1) 全谷里（Chongokni）遺跡

　全谷里遺跡は，DMZ（軍事境界線）にほど近い京畿道漣川郡全谷邑に所在する。1978年，アメリカ人軍属によって地表面でハンドアックスが発見されたことに端を発し，東アジアで初めてアシューリアン型ハンドアックスの発見という学術的重要性に鑑み，1979年以降，14次におよぶ発掘調査が実施され，韓国はもとより世界的にも著名な旧石器遺跡（国家史蹟）として知られている（文化財管理局文化財研究所, 1983；裵, 2007）。その一方で，遺跡の形成年代をめぐって，韓国の研究者の間で

20数万年前説と数万年前説に分かれ，20余年間にわたって熱い論争が繰り広げられてきたことはよく知られている（Yi, 1984・1988；李／小畑訳, 1998；裵, 2002；裵／池田訳, 2006）。

本プロジェクトは，2001年に着手された日韓共同研究（韓国側代表；漢陽大学校教授裵基同，日本側代表；同志社大学教授松藤和人）による全谷里遺跡の年代解明研究に端を発する。2001年〜2003年，遺跡の基盤岩である全谷玄武岩に対するカリウム・アルゴン（K-Ar）法，フィッション・トラック（FT）法による系統的な年代測定，堆積物に対する高精度・高分解能の火山灰分析，初期磁化率測定，残留磁化測定，粒度分析，光励起ルミネッセンス（OSL）法年代測定によるクロスチェックにもとづき，朝鮮半島において初めてMIS 9 からMIS 3 に至るレス－古土壌編年層序モデルを提示した2003年は，朝鮮半島の第四紀地質学はもとより韓国旧石器考古学においても学史上の大きな転換点として銘記されるであろう。2004年までの成果の概要については，本書に再録した松藤ほか（2005）論文を参照されたい。

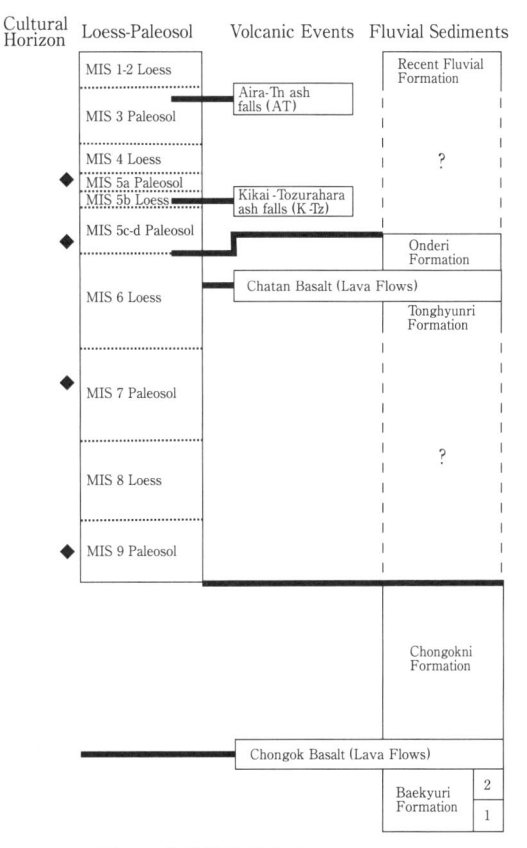

図 1　全谷里層序表（長岡信治原図）
Fig. 1　Lithostratigraphy of Chongokni Basin (after S. Nagaoka's original)

2004年以降，独立行政法人日本学術振興会の科学研究費補助金ならびに同志社大学理工学研究所部門研究費の援助を受け，全谷盆地の玄武岩層序とその系統的なK-ArおよびFT年代測定，電気比抵抗探査による台地面下に埋没する地下構造の探査を進めてきた（井上ほか, 2004・2005・2007）。それまで全谷盆地に流入した玄武岩の地史上の位置づけが未解決であったが，2004年以降，長岡信治によって全谷盆地における玄武岩溶岩流の層序学的研究が精力的に進められ，玄武岩に対するK-Ar法による系統的な年代測定（板谷徹丸）および記載岩石学・化学分析（柵山徹也），玄武岩溶岩流で焼かれたシルトを試料としたFT年代測定（檀原徹）を総合し，全谷玄武岩（Chongok Basalt；約50万年前）と車灘玄武岩（Chatan Basalt；約15万年前）の 2 つの玄武岩溶岩流の層序関係と化学組成が明らかにされた（Nagaoka et al., 2006；松藤, 2006；長岡ほか, 2007）。

これら 2 つの玄武岩溶岩流の年代は，成瀬敏郎によるレス－古土壌の層序学的研究からも検証された（Naruse et al., 2006a；松藤, 2006；成瀬ほか, 2007）。全谷里遺跡は約50万年前に全谷盆地内を覆い尽くして流出した全谷玄武岩の堆積後に形成されたことが，2004年以来の地質調査によって初めて解明されるに至った。全谷玄武岩の流出後，玄武岩上面は削剥・堆積作用を受けたことが知られるが，MIS 9 の古土壌が形成されるまでの期間の水成堆積物（全谷里層；Chongokni Formation）の分布・堆積環境についてはなお不明な点が少なくない[3]（長岡ほか, 2008；本書所収）。この点，今後の

研究で解明されねばならない課題として残される。また全谷盆地で確認された2枚の玄武岩流が漢灘江上流の鉄原地域（直湯の滝付近）で視認される4枚以上の玄武岩流のどれに対応するものか，また臨津江下流域の汶山花石亭付近まで到達した玄武岩溶岩流が全谷玄武岩・車灘玄武岩のいずれに帰属するものかについても将来の研究にゆだねられなければならない。

　2007年3月，成瀬・林田・松藤は全谷里市街地南端，漢灘江に近い玄武岩台地東端に設定された調査区（E89N65 pit）において堆積物の観察をおこなった（成瀬ほか，2008；本書所収）。本地点ではMIS6のレスの直上にラミナを挟在する水成層が確認された。これは，車灘玄武岩（15万年前）の噴出に際して古漢灘江が塞き止められオーバーフローした形跡を示すものと考えられる。

　旧石器出土層準に対するレス－古土壌編年研究によれば，全谷里遺跡はMIS9（30万年前）からMIS5a（7万年前）に至る時間帯の中で形成されたことが判明するとともに，1978年以来続いた全谷里遺跡をめぐる年代論争に終止符が打たれることになった。一連の日韓共同研究を経て，全谷里遺跡は朝鮮半島中央部において高度に編年層序づけられたレス－古土壌編年模式地として学史上重要な意義をもつことになろう。爾後の研究においても，全谷里遺跡は旧石器考古学および第四紀地質研究において測り知れない情報を内包する遺跡として，その潜在的な学術的価値は測り知れないものがある。いまや全谷里遺跡は，学術的価値を科学的に裏づけられた「国家史蹟」としての名に恥じない重要遺跡となったといえるであろう。

（2）長洞里（Jangdongri）遺跡

　2004年春，全谷里遺跡で判明したレス－古土壌層序を検証し朝鮮半島南部におけるレス－古土壌層序のローカル・スタンダードを構築するため，全羅南道羅州市長洞里龍洞遺跡の8mに達する露頭でサンプリング調査をおこなった。対馬海峡を隔てて九州に対峙するこの地を選定したのは，全谷里に比べて日本列島に近く，日本列島起源の広域火山灰の検出が期待されたのがその理由である。火山灰分析の結果，レス－古土壌堆積物の2つの層準からAT（始良Tn火山灰；26～29 ka）に由来する火山ガラスおよびK-Tz（鬼界葛原火山灰；95 ka）にともなう火山ガラスおよびβ-quartz（高温型石英）がそれぞれMIS2相当層のレス層下部，MIS5b相当のレス層から検出され，全谷里E55S20-IV pitに次いで，日本列島起源の広域火山灰が酸素同位体編年の同一ステージに降灰層準をもつことが確認された（檀原，2007）。なおMIS5の古土壌が全谷里・萬水里遺跡では2枚であったのに対し，ここでは3枚観察され，それぞれ上からMIS5a，5c，5eに対応するものと考えられる。

　最近，林田ほか（2007）による残留磁化測定により，長洞里龍洞遺跡の地層断面の中部層準（海抜7.1m）にブリューヌ／マツヤマ境界（Brunhes/Matuyama boundary；0.78 Ma），その直下にハラミヨ事変（Jaramillo Subchron；1.07～0.99 Ma）に比定される可能性のある正磁極帯の存在が明らかとなった。この点，周辺地域での追証を必要とするが，陸上堆積物のなかでブリューヌ／マツヤマ境界を検出したのは朝鮮半島では初めてのことであり，長洞里ではブリューヌ／マツヤマ境界の下位に4枚の古土壌層が観察され，朝鮮半島におけるアジア・モンスーン気候変動の動向を窺ううえで貴重な情報を提供する。またマツヤマ逆磁極期（Matuyama Chron）に遡る古土壌層の存在は，今後，半島における前期更新世の人類遺跡の探索にあたって好条件を備えたフィールドとして注目される。

(3) 和尚墩 (Heshangdun) 遺跡

和尚墩遺跡は長江（揚子江）下流域の江蘇省金壇市に所在し，茅山山麓遺跡群の中核的な遺跡として知られ，2002・2005年に南京博物院考古研究所によって発掘調査が実施された（房，2007）。長江下流域における初期人類遺跡の研究は，韓国で発見されている大形石英製石器のルーツを解明するうえで注目されている（松藤，2006）。また東シナ海を介して日本に最も近い地理的位置ともあいまって，日本列島から飛来した広域火山灰を陸上堆積物の中で検出する潜在的可能性を秘めた地域として注目される。本地域のレス－古土壌連続の特定層準に日本列島起源の広域火山灰を検出できれば，「下蜀黄土」と呼ばれるレス－古土壌連続に時間的な定点を外挿することが可能となるばかりか，レス－古土壌中に包含される旧石器の年代把握に向け重要な手がかりを得ることが可能となる。

2004年8月，南京博物院考古研究所房迎三研究員の案内のもと長江下流域の江蘇・安徽両省に所在する旧石器遺跡（江蘇省放牛山；春城，和尚墩，曙光，安徽省毛竹山，官山，五里棚，陳山）の堆積物の観察を目的とした予備調査を実施し，良好なレス－古土壌連続を確認するとともに若干の予備的なサンプルを採集した。翌年，金壇市和尚墩遺跡の年代解明と本地域でのスタンダードとなるレス－古土壌編年層序を確立する目的で南京博物院考古研究所との共同調査を実施し，2002・2005年発掘調査地点でレス－古土壌連続を確認するとともに，2002年調査区に隣接する断面（本報告で西地点と呼称）とその東方約300mに位置する露頭（同東地点と呼称；MIS 2～11のレス－古土壌連続を確認）で火山灰分析，初期磁化率測定用のサンプルを採取した。

火山灰分析の結果，西地点断面のMIS 3相当の古土壌層（L_1S）の上部層準からpumice型の火山ガラス，その下からbubble wall型の火山ガラスが微量検出された（檀原，2007）。後者は，MIS 3上部という検出層準からAT火山灰の可能性も考えられたが，屈折率がn=1.510と高く，インクルージョンを含むことから，檀原は断定を避けている。後者は日本の後期更新世には見かけない顕著なインクルージョンをともなった軽石型火山ガラスで，和尚墩遺跡のほか句容市春城，山東半島の付け根にある連雲港市将軍崖遺跡でも検出され，いずれもMIS 3の上部付近に集中する。その給源火山は未確定（フィリピンもしくはインドネシア？）であるが，今後，中国東シナ海沿岸部の後期旧石器編年，後期更新世堆積物に時間面を付与できる重要な年代指標テフラとなろう。

2007年9月，江蘇省和尚墩遺跡2002年調査区および2005年調査のT8トレンチ出土石器群のレス－古土壌編年位置を明らかにするための補足調査をおこなった。その結果，2002年調査区（西地点：成瀬・渡辺の地形面分類による台地面Ⅱ）は湖成段丘礫層の上にMIS 13～15以降の古土壌を載せることが判明した。さらに2002年調査区（西地点）よりも一段高い地形面（成瀬・渡辺の地形面分類による台地面Ⅰ）に立地するT8トレンチ（2005年調査；海抜高度25m）の旧石器をともなう湖成段丘礫層はMIS 18（760～712ka）相当期と推定された。なおT8トレンチに隣接する道路際露頭の礫層直下のシルト層に対する楊振宇教授（南京大学）による残留磁化測定は，逆転した磁極性（松山逆磁極期：Matuyama Chron）を示した。また和尚墩遺跡の東南方約1.5kmに位置する曙光遺跡は和尚遺跡T8トレンチと同じ段丘面Ⅰ（海抜高度25m）に立地するが，最下層の地形面を構成する湖成粘土層の磁気層序は逆帯磁（Matuyama Chron）を示し（林田ほか，2007），その上にMIS 17以降のレス－古土壌を載せる。

段丘地形―レス－古土壌編年層序研究ならびに残留磁化測定によれば，中期更新世初頭のMIS 18相当期に形成された和尚墩遺跡T8トレンチの湖成段丘礫層上面に残された旧石器は，70万年前頃には長江下流域に人類（ホモ・エレクトゥスか）が進出していた有力な根拠を提供するものである。

(4) 萬水里 (Mansuri) 遺跡

2006年8月，韓国中央部の韓国忠清北道清原郡萬水里遺跡においてレス－古土壌層序の観察をはじめ，火山灰分析，初期磁化率測定，残留磁化測定，OSL年代測定のためのサンプリング調査を漢陽大学校文化財研究所・韓国先史文化研究院と合同で実施した。厚さ7mに達する堆積物（上部はレス，中・下部は花崗岩バイラン土からなる斜面崩積物）中に8枚の古土壌層が挟まれ，成瀬敏郎ほか (2007) によれば，最上部のレスはMIS 2 (24～11 ka)，最下部の古土壌層はMIS 15 (621～568 ka) に対比されるという。なお林田ほか (2008；本書所収) の予備的分析によれば，一連の堆積物はブリューヌ正磁極期 (Brunhes Chron) に属するものとされる。

火山灰分析では，MIS 2のレス下半部からAT火山ガラス，MIS 5 a層準から微量のAso-4？の火山ガラス（9万年前），MIS 5 b層準からK-Tz火山ガラスおよびβ-quartzが検出された。本遺跡におけるATおよびK-Tzの降灰層準は，韓国北部の全谷里遺跡および同南部の長洞里遺跡におけるレス－古土壌層序と同じMISステージを示し，韓国のMIS 5～2（後期更新世）のレス－古土壌編年層序の確立に寄与した。これは，旧石器遺跡の調査に際して，MIS 5以降の旧石器時代石器群の年代をレス－古土壌編年層序に照らして把握するうえでのスタンダードを提供することになろう。

本遺跡では，5枚の旧石器文化層がMIS 4，5 b，5 c-e，8，14相当の5つの層準から層位的に検出され，韓国の旧石器文化の長期的な変遷を窺うことのできる多層位遺跡として注目される。ほかにMIS 10，16の両層準から幼児頭大の水磨した石英礫（河原石）が複数出土している。これらは粗粒の花崗岩バイラン土からなる堆積物中に自然作用で混入したものとは考えがたく，人為的に搬入されたものとみなすのが合理的である。

4．旧石器編年研究

東アジアの後期旧石器時代以前の石器群 (stone industries) の年代研究については，とかく議論が多い。中国・韓国の当該期の遺跡から出土した石器に接したとき，石器型式学的方法が後期旧石器時代ほどには効力を発揮しえないことが痛感される。こうしたなかで，これまで理化学的方法による年代測定法は，旧石器遺跡の年代を把握するうえで一定の役割を果たしてきた。しかしながら，本書にも収録されている中国和尚墩遺跡におけるESRおよびTL年代は，クロスチェックが不可能なほど測定年代に齟齬がある（房，2007）。また韓国長洞里遺跡の15万年前を遡るOSL年代[4]についても若い年代が測定されている (Naruse et al., 2006b；李・金, 2007)。本プロジェクトでは，のっけから数値年代を盲信せず，伝統的な層序学的方法を重視し，視覚的な観察・検討が可能なレス－古土壌編年層序の海洋酸素同位体編年ステージへの対比から，石器群の包含される地層の年代を推定する方法を採用した。

本プロジェクトでは，ローカル・スタンダードとしてのレス－古土壌編年層序を地域ごとに確立する作業を先行し，その成果に立脚しながら出土石器群の編年的位置づけを試みた。その結果，調

査地が限られるとはいえ，中国・韓国の後期旧石器時代以前の石器群の時間的変遷がより具体的なイメージをもって捉えられるようになってきた。その詳細は本書所収の2つの論文（麻柄ほか，2008；中川ほか，2008）を参照してもらうことにし，ここでは本プロジェクトに直接関連した遺跡の考古学的成果を確認するにとどめたい。

韓国全谷里遺跡では，既発掘の主要トレンチに対するレス－古土壌編年層序による再検討の結果，MIS 9（c. 300 ka）からMIS 5 a（71 ka）までの長期にわたる旧石器人の活動痕跡が確認され，石英製石器文化伝統が長期にわたって存続したことが明らかとなった。この間，石器群の内容にドラスティックな変化は認めがたく，同一系列の文化伝統によって支配された様相が窺える。全谷里最古の石器群はE55S20-Ⅳ pitのMIS 9と推定される古土壌層中から出土した小形石英製石器群からなるが，調査面積（25㎡）とも関係して，本来の石器組成や文化的系譜を詳らかにするのは困難である。出土層準は水成層から風成層に転換する境目にあたり，玄武岩台地が離水した直後に残されたものであろう。全谷里遺跡を世界的に有名にしたアシュール型ハンドアックス[5]の確実な出土例は，W 6 S 4およびE89N65両ピットのMIS 7相当の古土壌層，E20N38-Ⅰ pitのMIS 5 a相当の古土壌層から知られている。MIS 7（242～186 ka）を中心とした時期に韓国のハンドアックスをともなう大形石器群の盛行が窺われる。

韓国萬水里遺跡では，層厚7 mに達する堆積物は古地磁気測定の結果全てブリュンヌ正磁極期に属し（林田ほか，2008；本書所収），MIS 4，5 a，5 c-e，8，14相当層から明瞭な加工痕をもつ石英製石器群が出土するほか，MIS 10，16（659～621 ka）相当層からは搬入礫のみが検出され，朝鮮半島への人類進出が中期更新世の初めころまで遡る可能性がある。石英製石器群は，下層の大形重厚な石器から年代が新しくなるにつれて小形化が進行し，剥片の占める比率が増大する傾向（MIS 4）を示す。石英製ピック1点がMIS 8（301～242 ka）相当層から知られ，MIS 14（568～528 ka）相当の古土壌層には大形の礫製石核ほかが出土し，韓国最古の旧石器としての片鱗を窺わせる。

韓国のMIS 5以前の石器群は，一般に石英製の重厚な石器（ハンドアックス，クリーヴァー，ピック，石球）をともない，周口店遺跡群に代表される華北の「剥片石器文化伝統」とは様相を異にし，石材・石器形態・石器組成の点で長江中・下流域の「華南礫石器文化伝統」との共通点が多い。これは，氷河性海水面変動にともなってたびたび干陸化した黄海平原を経て長江下流域方面から人類の移動があったことを強く示唆するものである（松藤ほか，2007）。

江蘇省和尚墩遺跡は，長江河口の沖積平野に最も近接した多層位旧石器遺跡として重要である。2002年調査区では4層（MIS 6）から12層（MIS 16）にわたって9枚の文化層が検出され，2005年調査区では石器製作址にともなう多量の遺物の出土を見た。2005年以降，同志社大学（松藤和人）と南京博物院考古研究所（張敏所長・房迎三研究員）との共同調査により，レス－古土壌編年層序の構築と旧石器出土層の年代把握において顕著な進展を見た。2005年調査のT 8トレンチではMIS 18の寒冷期に形成されたとみられる高位湖成段丘礫層（この下位にある湖成シルト層はマツヤマ逆磁極期；Matuyama Chronを示す）の上面に張り付いた状態で石器が出土しており，中期更新世初頭には人類が長江下流域に進出していた明白な証拠を提供した。2002年調査区においては，ピックがMIS 16（621～659 ka），15～13（621～474 ka），12（474～427 ka），8（301～242 ka）相当層から，チョッパーがMIS 15～13，12，10（364～334 ka），7（242～186 ka）相当層から，そして石球がMIS 8相当層から

出土しており,「華南礫石器文化伝統」が長期にわたって存続したことをものがたる。

中国・韓国におけるハンドアックス,ピック,クリーヴァー,石球の存続期間を明らかにし,両地域のアシュール型石器群の時間的関係を明らかにしたのも本プロジェクトの重要な成果の一つとして特筆される。すなわち,中国におけるハンドアックスの出現が華南・華中とも80万年前に遡り,韓国のアシュール型石器群に先行して出現することが明らかとなった。中国陝西省洛南盆地,湖北省丹江流域では多量の典型的アシュール型石器が採集もしくは発掘されているが,レス－古土壌中での出土層準は不明である(王ほか,2008および李,2008;本書所収)。典型的なアシュール型石器群を出土した山西省丁村遺跡79:02地点および54:100地点はレス－古土壌編年層序にもとづきMIS 9～7に,韓国ではMIS 7～5 aにハンドアックス,ピックがそれぞれ編年され,両地域間でのアシュール型石器群の年代的関係を議論するうえでの重要な根拠を提供する。中期更新世初頭に長江下流域へ初期人類が進出し,それにやや遅れて韓国に石英製大形石器群が出現する事実は,韓国への初期人類の出現時期と渡来経路を考えるとき無視できない。

本プロジェクトで遂行したグローバルなMIS編年に同期したレス－古土壌編年にもとづく旧石器編年研究は,伝統的な旧石器時代の3時期区分法に比べて,はるかに短いスパンで地域間の地質・考古学的事象の比較検討を許容する。今後,伝統的な3時期区分法に替えて,MIS編年による東アジア旧石器編年網の構築とそれにもとづいた東アジアの旧石器文化像の見直しと再評価が進められるであろう。

5. 成果と今後の課題

2004年から2007年にかけて実施した韓国および中国長江下流域の調査から,この地域の中期更新世以降のレス－古土壌編年層序の確立に向け,重要な一歩が踏み出された。韓国においては全谷里,長洞里,萬水里遺跡のレス－古土壌層序,初期磁化率,磁気層序,ATおよびK-Tz火山灰の降灰層準による編年層序学的検討からMIS 5～2のレス－古土壌編年の確立に向けて明確な見通しを得るに至った。

とくに韓国中・北部のMIS 5の古土壌は,MIS 5 bのレスを挟んで上下2枚の粘土化が著しく進んだ赤褐色～茶褐色を呈する古土壌として識別される。またMIS 5の古土壌は,韓国・長江下流域とも初期磁化率が突出して高いという共通した特性をもつ。長江下流域のMIS 5の古土壌は185cmもの層厚をもち,マンガン・ノジュールが集積した層相を見せ,肉眼でも容易に識別が可能である。その一方で,韓国のMIS 7以下の古土壌では初期磁化率の変動幅が急速に減衰し,林田ほか(2008;本書所収)はその原因として続成作用による磁性鉱物(マグネタイト,マグヘマイト)の酸化が進み,その含有量の減少に起因するのではないかと推測する。さらに事例研究の積み重ねと検討が要請される。MIS 7の古土壌は,韓国北漢江支流の洪川流域においては地形面対比によって識別が可能であるという(Shin *et al.* 2005)。成瀬ほか(2007)は,東アジアの古土壌を俯瞰する中で,MIS 7以下の古土壌の中でもひときわ赤みが強く,網紋状(虎斑)構造が発達するMIS 11の古土壌層を対比上の重要な鍵層として注目している。

長江下流域の江蘇省金壇市和尚墩・曙光両遺跡の調査では,地形面とレス－古土壌連続の層序学的検討,残留磁化測定にもとづき,マツヤマ逆磁極期(Matuyama Chron)と古土壌の層位的関係が

把握された。とくに高位湖成段丘面（T1；海抜25m）に立地する和尚墩遺跡T8トレンチでは段丘礫層直下の水成シルト層上部でブリュンヌ／マツヤマ境界（Brunhes／Matuyama boundary；0.78 Ma）が検出され，礫層の上にMIS 18以降のレス－古土壌が堆積しているのが確認された。また和尚墩T8トレンチと同じ地形面（海抜25m）に立地する曙光遺跡では，マツヤマ逆磁極期を示す水成シルト層の上にMIS 18以降のレス－古土壌を載せることが明らかとなった（成瀬ほか，2008；本書所収）。和尚墩遺跡で試みた段丘地形編年，磁気層序とも絡めたレス－古土壌編年層序にもとづき，長江下流域から出土する石器群の年代位置を決定する途が拓けてきた。

　本プロジェクトで提示された韓国・長江下流域のレス－古土壌編年層序は，個々の遺跡における出土旧石器のMISステージ対比はもとより，複数の遺跡間での石器群の層位学的検討をおこなううえでも信頼できる年代尺度を提供することになろう。

　一方，酸素同位体編年ステージ6以前のレス－古土壌堆積物のMIS比定にあたっては，見た目にも特徴的なMIS 11の古土壌を鍵層とするか，残留磁化測定によりブリュンヌ／マツヤマ境界を検出するか，堆積物に対するBrunhes正磁極期，Matuyama逆磁極期への帰属を決定する必要がある。研究の現状においては，レス－古土壌堆積中に大きな時間間隙（不整合）を挟まないことを前提にレス－古土壌編年層序を適用せざるをえない。したがって，レス－古土壌連続の精確なMIS比定に際しては，現地での慎重な地形学・層序学・堆積物学的観察が欠かせない[6]。今後，レス－古土壌連続に時間的定点を外挿するためのK-Tz以前の中期更新世広域火山灰の検出，より信頼度の高い理化学的年代測定技術の開発が待たれる。

　中緯度に位置する南京周辺に降下した火山ガラスの観察によれば，高温多湿の気候環境下で降灰した火山ガラスは，地表に曝露されるか埋没後に風化が進行し，消滅しているか大きく変質していることが明らかになった。そのため，年代が古く遡れば遡るほど火山ガラスの検出が困難になる事態が予想される。中国大陸では火山ガラスが地中で長期的に保存されやすいと考えられる高緯度温帯－亜寒帯地域の堆積物中に火山灰の検出を期待せざるを得ない。

　韓国のレス－古土壌断面に特徴的なのは，寒冷・乾燥期に形成されたとみられる多様な形態をもつソイル・ウェッジ（soil-wedge）の存在である。しかしながら，その形成メカニズムの詳細については今後の研究にゆだねられよう。また萬水里・全谷里遺跡では周氷河環境に通有とされるインボリューション（involution）をともなう場合も知られる。こうした現象は，厳しい寒冷乾燥気候下で生成したと考えられ，温暖期における古土壌の発達ともあわせて，朝鮮半島の中期～後期更新世気候が極度の寒冷乾燥化と高温多雨気候の繰り返しであったことを示唆するものであろう。このような気候環境は，朝鮮半島の旧石器文化の特質を解明するうえで無視できないものとなろう。

　本プロジェクトは4年間という時間的な限定もあいまって今後の方向性を模索するうえでのガイドラインを示すにとどまるが，東アジア全域を網羅する旧石器編年枠組みの構築に向けてさらなる研究事例の積み重ねが要請される。

補註

（1）古土壌の生成については，Hayashida（2006），林田ほか（2007）がふれているように，古土壌中に含まれる磁性鉱物（マグネタイト；magnetite, マグヘマイト；maghemite）の検討から，風成塵として搬送

され蓄成されたものではなく，それらが高温多雨環境下で2次的に生成された現地性の産物とされる。
(2) 韓国の陸成層としての細粒（シルト・粘土）堆積物の成因に関して水成起源説，斜面崩積物起源説，風成起源説などが取りざたされてきた。氷期に陸化した黄海平原や近辺の河川氾濫原から吹き上げられた物質が含まれるのは当然ながらも，風成起源説にあってはアジア大陸内陸部から冬季北西季節風によって搬送されたレス・風成塵が土壌母材の主体を占めるとみなす点で共通する（松藤，2006）。
(3) 成瀬（2008；本書所収）は，約50万年前に堆積した全谷玄武岩は，その上面がMIS 11（約40万年前）の温暖期に赤色風化を受けた後，流水堆積物の全谷里層（Chongokni Formation）が堆積するようになったと考えている。全谷里E89N65 pitでは玄武岩直上の白色水成シルト層中には玄武岩礫のほか風化の進んだ赤色古土壌のブロック（MIS 11の古土壌か）を挟むのが観察され，全谷里層がMIS 10に形成されたとみなす一つの根拠となる。全谷里層の形成にさきだって，全谷盆地のどこかにMIS 11以前の古土壌が存在したのは確実である。
(4) 本プロジェクトに関連して，韓国長洞里（龍洞）遺跡の10層準で系統的なOSL（光励起ルミネッセンス）年代測定を実施したが，断面下部の5層準から得られた150 kaを超える年代については若返った年代が測定された（Naruse *et al.*, 2006b；李・金，2007）。下岡順直氏の教示によれば，その原因として試料の蓄積線量の飽和が考えられるという。これは，これらの5層準がいずれもMatuyama Chronに属することからも傍証される。
(5) 西ヨーロッパの典型的なアシュール型ハンドアックスは扁平，左右対称で全面に調整を施したものが主流であるが，漢灘江・臨津江流域のハンドアックスは楕円形と尖頭形に大別され，胴部が分厚く，基部に礫面を大きく残し，器面調整の剥離痕が粗大で深いという特徴をもつ（裵／池田訳，2006）。後者の特徴を見せるハンドアックスは，長江中流域とその支流域の湖南省，湖北省，秦嶺山脈以南の陝西省洛南盆地・漢中盆地の開地遺跡でも発見されている。
(6) この方法は，韓国の旧石器遺跡の発掘調査現場で地層の年代を決めるのに有効である。調査終了（遺跡消滅）後，堆積物のMISステージ検討・検証ができるように，調査時に新鮮な地層断面を解像度の高いデジタル・カメラで記録しておく必要がある。その場合，色の再現性を考慮し，カラー・チャートを一緒に写しこむことが望まれる。

引用文献

裵基同／黄昭姫訳, 2001 韓半島の前・中期旧石器時代. 旧石器考古学, 62, 1-10.
裵基同, 2002 漢灘江と臨津江流域の旧石器遺跡と工作. 我が国の旧石器文化（延世大学校博物館学術叢書1）延世大学校出版部, 123-151.
裵基同／池田公徳訳, 2006 漢灘江・臨津江流域の旧石器遺跡と石器インダストリー. 旧石器考古学, 68, 29-42.
裵基同, 2007 全谷里旧石器文化研究の成果と展望. 公開国際セミナー 東アジアにおける古環境変遷と旧石器編年；予稿集, 7-12.
文化財管理局文化財研究所, 1983 全谷里；遺跡発掘調査報告書.
Danhara, T., K. Bae, T. Okada, K. Matsufuji and S. H. Hwang, 2002 What is the real age of the Chongokni Paleolithic site? —A new approach by fission track dating, K-Ar dating and tephra analysis—. Kidong Bae and Jungchul Lee (eds.) *"Paleolithic Archaeology in Northeast Asia"*, Yeoncheon County and the Institute of Cultural Properties, Hanyang University, 77-116.
檀原 徹, 2007 韓国・中国の旧石器遺跡で検出された火山ガラスとその広域テフラ対比の試み. 公開国際セミナー 東アジアにおける古環境変遷と旧石器編年；予稿集, 23-28.

房迎三, 1988 皖南水陽江旧石器地点群調査簡報. 文物研究, 3, 74-83.

房迎三, 1997 安徽省宣州市陳山旧石器地点1988年発掘報告. 人類学学報, 16(2), 96-106.

房迎三, 2007 江蘇金壇和尚墩旧石器遺跡の地層と年代. 公開国際セミナー 東アジアにおける古環境変遷と旧石器編年；予稿集, 60-76.

Hayashida, A., 2003 Magnetic properties of the Quaternary sediments at the Chongokni Paleolithic Site: a preliminary result. *Geological Formation of the Chongokni Paleolithic Site and Paleolithic Archaeology in East Asia*, Yeonchon County and Institute of Cultural Properties, Hanyang University, 157-160.

Hayashida, A., 2006 Magnetic Properties of the Quaternary Sediments at the Chongokni Paleolithic site ; Comparison with Chinese Loess and Paleosol Layers. *Proceedings of New Development in Age Dates and Geology of the Chongokni Paleolithic site, Korea*. The Institute of Cultural Properties, Hanyang University, 11-12. (Seoul)

林田 明, 福間浩司, 横尾頼子, 浅井健司, 楊振宇, 2007 東アジアの風成堆積物の磁気特性—古地磁気編年と環境復元をめざして—. 公開国際セミナー 東アジアにおける古環境変遷と旧石器編年；予稿集, 29-36.

井上直人, 黄昭姫, 相場 学, 林田 明, 松藤和人, Kidong BAE, 2004 韓国全谷里遺跡周辺における比抵抗調査. 日本第四紀学会2004年大会.

井上直人, 黄昭姫, 林田 明, 若林邦彦, 松藤和人, Kidong BAE, 2005 韓国全谷里遺跡周辺における比抵抗調査－Ⅱ－. 日本第四紀学会2005年大会.

井上直人, 黄昭姫, 林田 明, 松藤和人, Kidong BAE, 2007 韓国全谷里遺跡周辺における比抵抗調査－Ⅲ－. 日本第四紀学会2007年大会.

井上直人, 黄昭姫, 林田 明, 2007 全谷里遺跡周辺の比抵抗構造. 公開国際セミナー 東アジアにおける古環境変遷と旧石器編年；予稿集, 37-41.

李徐生, 楊達源, 鹿化煜, 韓輝友, 1997 皖南第四紀風坐堆積序列粒度特征及其意義. 海洋地質与第四紀地質, 17(4), 73-81.

李憲宗, 金正彬, 2007 韓国・栄山江流域の旧石器編年. 公開国際セミナー 東アジアにおける古環境変遷と旧石器編年；予稿集, 107-116.

李超荣, 2007 中国湖北省丹江流域の旧石器文化. 公開国際セミナー 東アジアにおける古環境変遷と旧石器編年：予稿集, 129-133.

松藤和人, 裵基同, 檀原 徹, 成瀬敏郎, 林田 明, 兪剛民, 井上直人, 黄昭姫, 2005 韓国全谷里における年代研究の新展開－日韓共同研究2001-2004の成果と課題－. 旧石器考古学, 66, 1-16.

松藤和人, 2006 韓国全谷里遺跡の地質学・年代測定における新展開—韓国全谷里旧石器遺跡国際セミナー2006—. 旧石器考古学, 68, 43-48.

松藤和人, 麻柄一志, 津村宏臣, 中川和哉, 黄昭姫, 2007 レス－古土壌編年による東アジア旧石器編年の再構築. 公開国際セミナー 東アジアにおける古環境変遷と旧石器編年；予稿集, 77-99.

長岡信二, 檀原 徹, 板谷徹丸, 栅山徹也, 渡辺満久, 裵基同, 松藤和人, 2007 大韓民国・全谷里周辺の第四紀玄武岩類の層序と年代および古地理復元. 公開国際セミナー 東アジアにおける古環境変遷と旧石器編年：予稿集, 42-59.

Naruse, T., Bae, K., Yu, K-M., Matsufuji, K., Danhara, T., Hayashida, A., Hwang, S-H., Yum, J-G., and Shin, J-B., 2003 Loess-paleosol sequence in the Chongokni Paleolithic site. *Geological Formation of the Chongokni Paleolithic Site and Paleolithic Archaeology in East Asia*. Yeoncheon County and the Institute of Cultural Properties, Hanyang University, 143-159.

Nagaoka, S., Danhara, T., Itaya, T., Sakuyama, T., Watanabe, M., Bae, K-D. and Matsufuji, K., 2006 Stratigraphy and age of Quaternary basaltic lavas in the Chongok Basin, Korea. *Proceedings of New Development in Age Dates and Geology of the Chongokni Paleolithic site, Korea*. The Institute of Cultural Properties, Hanyang University. 5 - 6 . (Seoul)

Naruse, T., Matsufuji,K., Danhara, T., and Watanabe, M., 2006a Significance of Korean loess-paleosols in relation to the chronology of paleolith and the reconstruction of the paleo-climate. *Proceedings of New development in Age Dates and Geology of the Chongokni Paleolithic site, Korea*. The Institute of Cultural Properties, Hanyang University, 13-14. (Seoul)

Naruse, T., Matsufuji, K., Lee, H. J., Danhara T., Hayashida, A., Kim, C. B., Yu, K. M., Yata, K., Hwang, S. H. and Ikeda, K., 2006b Preliminary report of the loess-paleosol stratigraphy in Jangdongri Site, Korea. *The Paleolithic Archaeology and Quaternary Geology in Youngsan River Region*, 考古学叢書, 40, 269-289.

成瀬敏郎, 兪剛民, 渡辺満久, 2007 東アジア旧石器編年構築のための90万年前以降のレス-古土壌層序と編年. 公開国際セミナー 東アジアにおける古環境変遷と旧石器編年；予稿集, 13-22.

Shin, J. B., Naruse, T. and Yu, K. M., 2005 The application of loess-paleosol deposits on the development age of river terraces at the midstream of Hongcheon River. *Journal of the Geological Society of Korea*, 41, 323-334.

王社江, Richard COSGROVE, 鹿化煜, 沈辰, 2007 中国南洛河における旧石器考古学研究の新進展. 公開国際セミナー 東アジアにおける古環境変遷と旧石器編年：予稿集, 136-139.

楊達源, 韓輝友, 周旅復, 房迎三, 1991 安徽宣城地区中晩更新世風成堆積与環境変遷. 海洋地質与第四紀地質, 11 (2), 10-104.

Yi, Seon-Buk, 1984 Geoarchaeological Observations of Chon'gok-ri, Korea. *Korea Journal* (September), 4-10.

Yi, Seonbok, 1988 Quaternary Geology and Paleoecology of Hominid Occupation of Imjin Basin. *The Korean Journal of Quaternary Research*, 2(1), 25-50.

李鮮馥／小畑弘己訳, 1998 臨津江流域の旧石器遺跡の年代について. 旧石器考古学, 57, 67-81.

趙其国, 楊浩, 1995 中国南方紅土与第四紀環境変遷的初歩研究. 第四紀研究, 1995-2期, 107-116.

Paleoenvironmental Changes and Paleolithic Chronology in East Asia ; Results and Issues of the Studies in 2004-2007

Kazuto MATSUFUJI

Doshisha University

This project was planed to make a reliable time-scale for reconstructing East Asian Paleolithic chronology and to illuminate paleoenvironmental changes in East Asia including the Korean Peninsula and the eastern coastal China, on various scientific analyses with high resolution and accuracy to loess-paleosol sequences under the Grant-in-Aid for Scientific Research (A) in 2004-2007 by Japan Society for the Promotion of Science.

Most of the Paleolithic open air sites in this region are discovered in thick loess deposits that was transported with westerly and jet stream from inland Asian Continent since 2.6 Ma BP. In particular, a loess-paleosol sequence is a good indicator to reflect cold/arid and warm/wet climatic oscillation in Pleistocene linking with global marine isotope stages (MIS) such as shown in the SPECMAP chronology. It is also a remarkable indicator of the Asian monsoon oscillation in the Pleistocene. The loess-paleosol chronostratigraphy crosschecked with various scientific methods can provide the most reliable time-scale in this vast area.

To establish a local standard of such a loess-paleosol chronostratigraphy, we had cooperative works with Korean and Chinese archaeologists and earth scientists in Korea and China in 2004-2007. Before this project, we made a Korea-Japan cooperative project to illuminate the real age of the famous Chongokni Paleolithic site near DMZ in Korea in 2001-2003. As the result we have established a standard loess-paleosol chronostratigraphy from MIS 9 to 2 on the profile of the E55S20-Ⅳ pit, basing on analyses of the stratigraphy, tephra (volcanic ash) from the Japanese archipelago, magnetic susceptibility, magnetostratigraphy and K-Ar, FT, OSL datings to the loess-paleosol eolian sediments and the basalt under the sediment. The earlist industry comprised of small flake tools made of quartz from the Layer 11 at E55S20-Ⅳ pit in the Chongokni sites dates to MIS 9 (334-301 ka BP) at latest.

The age of the basalt was controversial since 1978. We tried to resolve this problem during the new project term in 2004-2007. On the basis of the stratigraphical studies and systematic K-Ar and FT datings to the basalt, it was proved that the basalt flow in the basin of Chongokni is largely divided into the Chongok basalt (c. 500 ka) and the Chatan basalt (c. 150 ka). It is the Chongokni site that lies on the Chongok basalt without Chatan basalt. Both basalts are also discernible on the chemical analysis.

In 2004, we had a sampling to make local loess-paleosol chronostratigraphy at the Jangdongri Yongdong site at Naju City in the southwestern Korean Peninsula. There were 10 paleosols in the sediment of 8.5 m thick. We found the Brunhes/Matuyama boundary (0.78 Ma) and a normal magnetozone possibly correlative to the Jaramillo Subchron (1.07〜0.99 Ma) in the middle part of the profile. This site lacks the sediments from MIS 8 to 19. There are 4 paleosols below the Brunhes/Matuyama boundary, so we can offer an evidence that the Asian monsoon climate had prevailed in the early Pleistocene in the Korean Peninsula. This is the first in the Korean terrestrial sediment. A few pebble tools were unearthed from the interval corresponding to the MIS 1, MIS 2 and the early part of MIS 3.

At the Mansuri site near Daejeon City, Korea, we discerned 8 paleosols on the profile of 7 m thick. They could be correlated with MIS 3 to 15, based on the loess-paleosol stratigraphy in Brunhes Chron. The AT volcanic ash (26-29 ka BP) was found from the MIS 2 loess, and the K-Tz (95 ka BP) was discovered from the MIS 5b loess as well as the Chongokni site. All the sediment belongs to the Brunhes Chronozone according to the magnetostratigraphy. Five Paleolithic cultural layers were recovered from the 5 horizons comparable to MIS 4, 5b, 5c-e, 8 and 14 at the site. All the industries from these horizons are composed of massive and crude stone artifacts made of quartz.

The lowest cultural layer, which contains a large core or chopper, would be dated up to MIS 14 (568-528 ka) according to the loess-paleosol chronostratigraphy. This is the earliest stone artifacts known in the Korean peninsula up to now.

Loess-paleosol is also distributed in the lower Chang-Jiang River basin in the Middle China. In 2004, 2005, 2007 we had 3 cooperative field works with Archaeological Institute of Nanjing Museum to decide the age of the stone industries from the Heshangdun Paleolithic site in Jintan City, Jiangsu Province, and to construct loess-paleosol chronostratigraphy in this area. As the result we estimate the earliest industry from the basal gravel of the highest lacustrine terrace comes from the horizon just above the Brunhes/Matuyama boundary (0.78 Ma) on the basis of the magnetostratigraphy and loess-paleosol stratigraphy.

Furthermore, we had a very remarkable discovery from tephra analysis in this area. We found a few pumice-type volcanic glasses with characteristic appearance in the horizon between MIS 3 and MIS 2 at the Paleolithic sites of the Heshangdun, Fangniushan and Jiangjunya in Jiangsu Province. This characteristic volcanic glass, which has not originated within the Japanese archipelago, will do very important role as a time marker in the Late Paleolithic chronology in the east coastal China after this. We assume the source of the volcano glasses to be some volcano in Philippine or Indonesia. It might has been carried by summer monsoon wind or typhoon into the eastern coast of China.

Key words : loess-paleosol chronostratigraphy, marine isotope stages, tephrochronology, magnetic susceptibility, magnetostratigraphy, K-Ar dating, FT dating, Chongokni Site, Mansuri Site Heshangdun Site

おわりに

　本プロジェクトは，2001年3月におこなわれた，朝鮮半島を南北に分断するDMZ（軍事境界線）に程近い全谷里遺跡E55S20-Ⅳpitの発掘調査に端を発する。年代をめぐって韓国内で論争が繰りひろげられていた全谷里旧石器遺跡に対する科学的な年代解明を目的とした日韓共同研究は，7年間におよぶ調査・研究を経て，旧石器を包含する堆積物の年代を絞り込むことを可能にし，当初の予想を超える大きな成果をもたらした。

　この間，円滑な調査遂行のため多大の便宜をはかっていただいた漢陽大学校裵基同教授ならびに火山灰・古地磁気分析用サンプリング，周辺地質調査，電探調査に際して献身的な助力をいただいた漢陽大学校大学院生諸氏に深甚の謝意を述べるものである。

　当初，檀原徹，岩田修一，松藤3名の手弁当によって着手された全谷里遺跡の年代研究は，2002年度には成瀬敏郎（兵庫教育大学学校教育学部）・林田明（同志社大学工学部）両教授の参加を見，2003年度は同志社大学学術奨励研究費・学術奨励研究Ⅱおよび同志社大学理工学研究所第1期部門研究費，2004年度以降は独立行政法人日本学術振興会の科学研究費補助金および同志社大学理工学研究所部門研究費の助成を得て渡辺満久教授（東洋大学社会学部），板谷徹丸教授（岡山理科大学自然科学研究所），長岡信治准教授（長崎大学教育学部），福間浩司准教授（同志社大学工学部），横尾頼子専任講師（同志社大学工学部），栅山徹也（東京大学大学院生），井上直人（京都大学大学院生，現；㈶地盤研究財団）諸氏からなる自然科学の諸分野を代表する第一線研究者による強力な陣容のもと，多方面にわたる専門領域にもとづいた多角的な研究を推進し，各分野の成果をクロスチェックしながら合理的な結論に達する道筋がつけられた。

　7年間にわたる日韓共同研究によって科学的に年代づけられた全谷里遺跡は，韓国のみならず東アジアにおいても最重要旧石器時代遺跡の一つとして再認識され，いまや名実ともに韓国国家史蹟としてその名に恥じない学術的裏づけを有するにいたった。

　全谷里遺跡で方法的な有効性を実証された本プロジェクトは，2004年度から独立行政法人日本学術振興会による科研費の助成を得て，さらに対象地域を拡大し，東アジアの第四紀陸上堆積物にもとづく古環境変動・旧石器編年枠組みとしてのレス－古土壌編年層序の確立に向け，全谷里遺跡周辺での補足調査（漢陽大学校裵基同教授との共同研究），全羅南道長洞里遺跡（木浦大学校李憲宗教授との共同研究），忠清北道萬水里遺跡（漢陽大学校文化財研究所との共同研究），中国江蘇省和尚墩遺跡（南京博物院考古研究所との共同研究）でのフィールド調査，各種分析用土壌サンプリングを実施し，韓国・長江下流域における78万年前以降のレス－古土壌編年層序の確立に向け歴史的な一歩を踏み出すこととなった。

　広大な東アジア地域を包括する旧石器編年の再構築を目指した研究は端緒についたばかりで，レス－古土壌編年作業の進展と連動しながら，松藤，麻柄一志，中川和哉によって着手されつつある。黄土高原に隣接した山西省・陝西省ではすでに中国人研究者によってレス－古土壌編年にもとづいた旧石器編年の見直しが進められているが，本プロジェクトでは朝鮮半島・長江下流域をも包括し

た汎東アジア的規模での旧石器編年の再構築に向け確かな見通しを得るにいたった。本プロジェクトの延長上に，世界的にも比類を見ないほど長期間にわたって堆積したレス－古土壌編年というグローバルな海洋酸素同位体編年に同期した高精度の時間尺度によって年代づけられた古環境変動と東アジア地域の人類文化進化を相互に検討する地平が拓けてきた。そう遠くない将来，東アジア地域はユーラシア大陸にあって最も信頼度の高い時間尺度のもとで飛躍的な研究の進展が期待される。本プロジェクトは東アジアの第四紀地史，古環境，古気候，古地理，古地形，考古学分野における研究上の大きな転換点として銘記されることになろう。

　本書は，ひとり科学研究費補助金にとどまらず，同志社大学の学内研究助成金のもとに遂行された国際・学際研究の成果を広く国民に還元・普及する目的で刊行されたものである。本書の出版をお引き受けていただいた株式会社雄山閣，また編集の任に当たられた羽佐田真一氏に心より謝意を表するものである。また，序文を寄せていただいた森浩一同志社大学文学部名誉教授に深く感謝するものである。

　2008年4月10日

研究代表者　松藤和人

| 2008年6月5日　初版発行 | 《検印省略》 |

東アジアのレス-古土壌と旧石器編年

編　者	松藤和人
発行者	宮田哲男
発行所	株式会社 雄山閣
	〒102-0071　東京都千代田区富士見2-6-9
	ＴＥＬ　03-3262-3231㈹／ＦＡＸ　03-3262-6938
	ＵＲＬ　http://www.yuzankaku.co.jp
	e-mail　info@yuzankaku.co.jp
	振　替：00130-5-1685
印　刷	広研印刷株式会社
製　本	協栄製本株式会社

© Kazuto Matsufuji　　　　　　　　　　　　　　　Printed in Japan　2008
ISBN978-4-639-02035-6　C3022